权威·前沿·原创

皮书系列为
"十二五""十三五"国家重点图书出版规划项目

中国双创发展报告
（2018~2019）

ANNUAL REPORT ON THE DEVELOPMENT OF CHINA'S
INNOVATION AND ENTREPRENEURSHIP (2018-2019)

主　　编／王京生
执行主编／陶一桃
副　主　编／魏建漳　王学龙

社会科学文献出版社
SOCIAL SCIENCES ACADEMIC PRESS (CHINA)

图书在版编目(CIP)数据

中国双创发展报告.2018~2019 / 王京生主编. －－北京：社会科学文献出版社，2019.7
（双创蓝皮书）
ISBN 978－7－5201－5099－6

Ⅰ.①中⋯ Ⅱ.①王⋯ Ⅲ.①创业－研究报告－中国－2018－2019 Ⅳ.①F249.214

中国版本图书馆 CIP 数据核字（2019）第129231号

双创蓝皮书
中国双创发展报告（2018~2019）

主　　编 / 王京生
执行主编 / 陶一桃

出 版 人 / 谢寿光
组稿编辑 / 周　丽
责任编辑 / 颜林柯

出　　版 / 社会科学文献出版社·经济与管理分社（010）59367226
　　　　　地址：北京市北三环中路甲29号院华龙大厦　邮编：100029
　　　　　网址：www.ssap.com.cn

发　　行 / 市场营销中心（010）59367081　59367083
印　　装 / 三河市东方印刷有限公司
规　　格 / 开 本：787mm×1092mm　1/16
　　　　　印 张：23.75　字 数：355千字
版　　次 / 2019年7月第1版　2019年7月第1次印刷
书　　号 / ISBN 978－7－5201－5099－6
定　　价 / 168.00元

本书如有印装质量问题，请与读者服务中心（010－59367028）联系

▲ 版权所有 翻印必究

中国双创发展报告编委会

主　　　编　王京生

执 行 主 编　陶一桃

副　主　编　魏建漳　王学龙

编委会委员　（按姓氏拼音排序）
　　　　　　　方海舟　胡　政　黄恒中　龙金林　聂细文
　　　　　　　王学龙　魏建漳　杨　文　于　潇　张　轶
　　　　　　　钟利红　周明旸

摘　要

改革开放四十年来，我国经济迅速发展，中国已成为世界第二大经济体。然而，在经济转型时期，我国面临人口红利下降、劳动力成本上升等严峻局面。2018年，国务院发布了《关于推动创新创业高质量发展 打造"双创"升级版的意见》，将创新创业提升到国家战略高度，并通过政府赋予了其进一步发展的动能，双创也进入了一个新阶段，但城市发展仍是双创大战略的主旋律和核心载体。基于国内外的双创研究，《中国双创发展报告（2018~2019）》构建了一套综合量化框架，较为全面地评估了我国主要城市的创新环境与创新能力，力求为决策者提供有可操作性的参考。

为进一步把握我国各大城市双创竞争力的发展与变动情况，揭示和发现其潜在的规律，并对未来城市创新和创业的趋势进行科学的评估和合理的预测，本蓝皮书通过对比国内外构建双创指数体系的理论和方法，从环境支持、资源能力和绩效价值三个维度构建了符合我国实际国情的双创指数评价模型。通过对全国100个城市（4个直辖市、96个地级行政区）相关数据的采集、处理和计算分析，对城市双创发展进行了综合测评和分维度测评。根据综合测评结果，深圳位居创新创业城市榜首，北京和上海分列第二、第三位。总体而言，通过对双创环境、双创资源和双创绩效的评估，发现东部经济发达地区的双创综合发展水平普遍强于中西部地区，而持粗放型经济发展模式的城市在绩效价值方面得分较低。

双创环境、双创资源和双创绩效均受不同指标因素的影响，其中区域因素的影响最为显著。相比东北和西部地区城市，一线城市、区域中心城市占据了大量优质的人力资本，具备知识密集型的特点，双创资源优势较强；长三角、珠三角地区具有典型的产业密集型特征，是制造业和创新产业的主要

聚集地，双创环境和绩效优势均较为显著。为改变这种区域不平衡，需要重视城市区域因素与其优势产业的耦合关系，同时加速细分创客平台，提升多元双创模式效率。

关键词 双创 城市 指数

序一　为创新造"海"

"大众创业、万众创新"是为创新造"海"的一次伟大尝试。本文提出"创新市场",目的是在政府推动下,解决"海"的问题。创新的根本出路,在于培育和壮大创新市场,让"海"更加波澜壮阔。

创新是人类演进的不竭动力,而城市则是人类各种创新活动的主战场。就创新对城市进程的影响力和决定性而言,没有哪一个时代像今天这么明显。

创新,不但是城市发展的驱动者,更是引领者,就像天空中的北极星,给任何追求现代化和未来的城市以定位和指引。

一　创新是城市腾飞最为核心的驱动力,就像城市的心脏,决定着城市的律动,或强大、或衰竭

从城市本身来看,古代城市的出现、发展与繁荣,深受城市所处地理环境、自然条件的影响,美国学者科特金将之归结为三点:地点的神圣性、提供安全和规划的能力、商业的激励作用。世界上的古城大多身处大江大海或内陆要津。新科技革命特别是互联网和人工智能时代的到来,进一步突破了地理环境和自然条件对城市发展的影响,使创新成为城市腾飞最为核心的驱动力。创新就像城市的心脏,决定着城市的律动,或强大、或衰竭。譬如湾区经济的形成,本是商贸与物流的产物,大的湾区旁必形成大的城邦。在今天,物流虽依然发挥着基础支撑的作用,但创新对湾区经济越来越具有决定性意义。

古代城市创新的要素相对简单,包含在行业或个人之中,比如某一领域

的技术发明带动了一个行业的兴起，甚至促进一个城市的兴盛。而今天，创新的要素显然要繁复得多，更强调对各种创新要素的集纳能力。这些创新要素主要包括：创新知识、信息的汇集，即城市强大的学习吸收和知识生产的能力；扶植创新研发的金融资本力量；吸引各种创新人才落脚生根的城市公共产品的供给能力，比如住房、医疗、教育等，为人才提供庇护所；具有相对完整的新型产业链，即城市的产业集群和结构代表全球产业发展趋势和方向；开放、多元、包容的城市文化。

总之，创新对城市演进的影响是一个越来越明显的过程。全球生产、服务性企业之间的信息、知识、资金以及技术管理人员流动构成的"城市流"，使全球城市网络得以形成，创新在其中的地位和作用更为凸显，成为今天城市发展中一种决定性、主导性的力量。每个城市都可以在这个网络中找到自己的位置，即是全球化城市、国际城市、区域城市还是小城市。

二　创新的集纳能力决定了城市的品质和层级，文化和文化的类型则决定着创新的生命和兴衰

刘易斯·芒福德在《城市文化》一书中指出："仅仅从城市的经济基础层面是没有办法去发现城市的本质的。因为，城市更主要是一种社会意义上的新事物……城市体现了自然环境人化以及人文遗产自然化的最大限度的可能性；城市赋予前者以人文形态，而又以永恒的集体形态使得后者物化或者外化。"他认为"城市是文化的容器"：城市的文化运行产生人类文明，因而城市是文明社会的孕育所，文化则是城市和新人类间的介质。不过芒福德似乎更强调城市对自然和文化遗产的重要性。比较起来，丹尼尔·贝尔在《资本主义文化矛盾》一书中的论述则更为直截了当，他说："文化已成为我们文明中最具活力的成分，其能量超过了技术本身……上述文化冲动已经获得合法地位，社会承认了想象的作用，而不再像过去那样把文化看作是制定规范、肯定其道德与哲学传统并以此来衡量、非难新生事物的力量……我们如今的文化担负起前所未有的使命：它变成了一种合法合理的、对新事物

永无休止的探索活动。"最后这句话,是我们今天理解文化重要性的最深刻的一种表达。他所强调的是文化和创新在今天的指向和追求上的高度一致。

因此,创新首先要打破的就是思想和文化的壁垒。没有文艺复兴、宗教改革,哪来的工业革命、科学革命?现在很多人在谈及创新要素时更多地集中在资源、人才、教育以及社会结构方面,这固然重要,但绝不能忽视文化的决定性意义。否则,就不能解释为什么一些国家和地区一直走在创新的前列,而有些国家和地区只能蹒跚而行。在我们看来,文化的不同造成了城市创新的迥异,城市创新的根本有赖于文化的驱动与支撑。

笔者曾在《什么驱动创新》一书中谈到文化的这种驱动和支撑作用主要表现在如下八个方面:一是文化提供支撑创新的核心价值;二是文化提供支撑创新的心理定式和新的传统;三是文化为创新提供与时俱进的观念支撑;四是文化提供创新所需要的创新自觉、创新自信;五是文化锻造创新所需要的企业家精神、工匠精神;六是文化培育创新所依赖的创新创意阶层;七是文化为"大众创业、万众创新"提供实现空间和环境支撑;八是文化为创新营造"鼓励创新、宽容失败"的氛围。文化的核心价值不仅是创新的根本推动力,也为创新设置了人文边界,即哪些是可创新的,哪些是不可创新的,比如对那些反人类、反生态的所谓创新行为,就应该坚决抵制。如果说创新一直是人类之友、社会发展的推动力,那么,在今天已经不再是单向的问题,而是机遇与风险并存。当科技发展到很高的程度,一些创新成果就可能危及人类的核心价值,危及人类的基本利益。目前这样的事实就发生在我们身边,而且是迫在眉睫必须谨慎思考和解决的问题,这就是科技伦理问题。所以,文化为创新注入人文关怀、守住伦理底线,是文化对创新的支撑作用的一个突出表现。

如果说创新的集纳能力决定了城市的品质和层级,那么,文化和文化的类型则决定着创新的生命和兴衰。

所谓"千江有水千江月",文化观念对创新的意义极其重要。一个城市要保持蓬勃的生命力,就必须有观念创新的能力,并通过观念创新,实现城市创新力的锻造和竞争力的提升。城市创新涉及全方位的创新,尤其需要观念的引领，这是人类发展史上的铁律。

作为中华民族伟大复兴的战略举措，改革开放本身就是与时俱进、思想解放的产物，没有党的十一届三中全会肯定的"解放思想、实事求是，团结一致向前看"打破思想的桎梏，何来波澜壮阔的改革开放四十年，以及我国经济、科技的腾飞？而作为其中的杰出代表，深圳之所以能在改革开放中异军突起、大放异彩，原因固然很多，但敢闯敢试、杀出一条血路的创新观念和开拓精神则是最根本的。这是一座"首先生长观念，然后再生长高楼大厦"的城市。2010年深圳经济特区成立三十周年之际评选出深圳十大观念：一是引领时代思想风尚，代表城市对国家的贡献，如"时间就是金钱，效率就是生命""空谈误国，实干兴邦"；二是体现了城市的本质，如"敢为天下先""改革创新是深圳的根，深圳的魂""鼓励创新，宽容失败""来了，就是深圳人"；三是体现城市的价值追求，如"让城市因热爱读书而受人尊重""实现市民文化权利""送人玫瑰，手有余香"……回顾四十年，深圳观念深深镌刻在改革开放的史册上，它是全中国唯一以城市命名的观念，闪烁着时代的人文光辉，更是这座城市的骄傲。从某种意义上说，深圳十大观念本身就是创新的十面旗帜。

三　创新要持之以恒，要建设创新型城市和国家，必须培育创新市场，让创新的各种要素在这个市场上汇集、交易、培育、转化

城市是文化的容器，也是创新的市场。在此强调"创新市场"这一概念。

何为"创新市场"？创新市场是有商业价值的原创性信息和知识交易的场所。创新市场交易的产品因其无形而有别于商品市场，因其原创性信息和知识而有别于一般的服务，也因其无形而存在市场交易风险，往往要求嵌入契约中以获得权益。自2000年美国学者布雷特·弗里希曼在《创新与制度：关于美国科学与技术政策的反思》中提出"创新市场"以来，国内外学者从法律、知识产权、科技发展等视角纷纷对创新市场展开研究。但在中国，

对这个问题研究还鲜有提及。

创新市场可分为三类：开发型、应用型和基础型。其中，开发型创新市场的主体是企业，其生产和交易的产品以专利、专有技术、商标等为主；应用型创新市场的主体是科研院所和企业，交易的主要产品是发明专利、标准等；基础型创新市场的主体是高校、科研院所和企业，其产品以论文、著作等新知识为主，可以与开发型、应用型创新市场主体进行交易。政府既是三大创新市场的需求者，又是创新市场秩序的守护者。

更重要的是，提出创新市场的概念，就是要与政府行为区别开。众所周知，我国政府在创新中可以说是竭力而为。从顶层设计到制度确立、人才引进、资金扶持、项目选择、舆论鼓动、落地开花，到处可以看到政府忙碌的影子。政府的行为是有效的，它使我国经济在规避"中等收入陷阱"的同时，依然强调创新的主题，并在世界上走出了"大众创业、万众创新"的新路径。

近年来创新在我国呈现四大趋势：正在从政府推动转为市场主导；正在从政策驱动转为价值引领；正在从本土创新走向全球创新；正在从数量为主转向质量优先。

创新光有政府这只手还不够，尽管它挥动得非常有力。要想使创新持之以恒，建设创新型城市和国家，必须培育创新市场，让创新的各种要素在这个市场上汇集、交易、培育、转化，用市场之手吸纳国内、国际乃至每个人头脑中的资源，为创新要素交易搭建公平、公正、公开的平台，让创新与财富在这里对接，让知识与产品在这里转化。其实在资本市场上，每天都在这样做，而创新市场的提出，要求更自觉、更规范、更大规模地去做，从而为创新造"海"。

培育壮大创新市场，一是有利于实现创新的市场化，使其与政府这只手相互配合，把创新资源更好地调动起来；二是有利于实现创新的便捷化，使创新成果的交易、转化更为便捷和迅速；三是有利于实现创新的法治化，使知识产权确权主体和转化主体之间建立明晰的法律关系；四是有利于实现创新的全球化，汇集全球创新资源为我所用。

四 深圳是世界城市史中"创新引领城市"的典型代表

经过多年的发展,深圳成为世界城市史中"创新引领城市"的一个典型代表。

众所周知,美国彭博《商业周刊》将深圳誉为"深谷",而英国《经济学家》杂志则赋之以"硅洲"(Silicon Delta)的美名。这很形象生动地将深圳与美国硅谷联系起来,足以说明深圳创新在国际视野中的地位与分量。

中国社会科学院与联合国人居署共同发布的《全球城市竞争力报告2018~2019》也显示,深圳首次进入全球前五名,位居纽约、洛杉矶、新加坡和伦敦之后。深圳的崛起及城市能级的提升,正是创新引领发展的结果。

首先,从制度创新看,大家都知道特区的产生和发展是制度创新的产物。诺贝尔经济学奖得主诺斯说:"制度是理解政治与经济之间的关系以及这种相互关系对经济成长(或停滞、衰退)的关键。"而深圳的制度创新主要体现在它率先对计划经济的逐步抛弃、对市场经济体制的积极探索之上,这是深圳区别于其他城市的活力之源。其次,从观念创新看,深圳是一座移民之城、梦想之城,更是一座创新之城、观念之城。最后,从产业创新看,从"三来一补"的加工型经济,到20世纪90年代开始布局金融业、高新技术产业(包括成立深交所、举办高交会)逐步实现转型,深圳高技术产业步入快速发展时期。可以看到,这两大布局极具前瞻性,是一举奠定深圳后继发展的战略之锚。在后工业时代,对金融资源的争夺已成为全球城市竞争的一个中心环节。同时,由于全球面临产能过剩的危机,以效率、效益为中心的产业转型升级也成为世界各个城市所面临的重大挑战,在此背景下,科技创新一跃成为全球城市经济竞争力提升的关键。由此可见,金融和科技资源已成为当今世界城市极力集纳的最为主要的资源要素,近年来甚至出现了一个新名词,即"金融科技"(Fintech)。进入21世纪,深圳产业创新再次将视野投向战略性新兴产业。从文化创意、高新技术、现代物流、金融四大支柱产业,到新一代信息技术、高端装备制造、绿色低碳、生物医药、数字经济、新材料、海洋经济等战略性新兴产业,深圳市政府在政策、资金、人才、用地等方面一直大力扶持和推进,成为深圳经济发展的主引擎。据统计,深圳2017年全年新兴产业增加值合计9183.55亿元,占GDP的比重为40.9%。正是制度、观念以及产业等方面的创新及所取得的巨大成就,使得深圳在全国乃至全球树立起以创新为明显标识的城市形象。

回望过去,深圳的创新发展之路虽饱含豪迈激情,但又是何等曲折艰难,在某些历史时期甚至充满了悲壮色彩。特别是在深圳发展早期的20世纪八九十年代,因深圳发展模式所引起的巨大质疑和争论,一度将这座城市置于风口浪尖;在21世纪之初,因受到央行管理体制改革、深交所主板停发新股、标志性企业外迁传闻等冲击,深圳陷入某种"迷茫"。但正是因为面对这些挑战和危机,深圳反而在产业转型升级的创新意识上更为坚决,通过先行一步抢占了先机。事实上,在我国经济进入新常态的情况下,前几年主要靠投资拉动经济高速增长、经济总量一度逼近乃至超过深圳的几个城市,纷纷出现某种疲态,而经济结构更加合理、创新能力更强的深圳则依然保持强劲的发展动能,无疑给我们带来了相当有益的启示。

还有一点不能忽略,就是深圳这座城市好学奋进的精神。以前总讲特区精神是"敢闯敢试""杀出一条血路",但其实忽略了一点,就是深圳在诸多城市中,是真正具有高度的学习精神的。深圳非常明白学习的迫切性,总是谦逊地、如饥似渴地学习,从对"三天一层楼"的速度、效率的学习,到管理、技术、理念等的全方位学习,正是勤于学习、善于学习,使这座城市能够真正自强于天下。行文至此,不禁想起1996年全国书市在当时新开业的深圳书城举办的壮观场面,想起每天早上在深圳图书馆门口自觉排队进场读书的市民,想起在深圳书城抱着熟睡的女儿醉心于阅读的年轻父亲……这些例子,包括迄今为止已连续成功举办了19届的深圳读书月,说明深圳从一开始就是一个学习型城市。

"学习"让深圳通往未来,其实这也是对中华民族"好学"传统的追溯和致敬。比如孔子就说过:"十室之邑,必有忠信如丘者焉,不如丘之好学也。"意思是说，有忠信之德者并不少见，但真正"好学"之人并不多。其他如"吾十有五而志于学，三十而立……""敏而好学，不耻下问，是以谓之文也"，都可看出孔子的确把"好学"看成非常重要而难得的品质和美德。正如陈来先生所说，整部《论语》把"学而时习之，不亦说乎"置于全书之首，应非偶然。"好学"对于中国文化之传续、发达，具有不可低估的作用，对中华民族的民族性格亦有重要的塑造作用。而深圳的学习态度和求知精神，直接回应了近年来知识经济快速发展所提出的新要求，成为驱动深圳发展的重要推力。没有持续创新，就没有持续发展。真正的可持续是人的可持续，而阅读是最好的可持续发展。在创新和发展的背后，是默默无闻的阅读在发挥着根本性作用。

深圳这座城市是如此热爱学习，充满创新创造活力，并且具备最有血性的奋斗精神，她必将拥抱更美好的未来！

王京生

国务院参事

序二　深圳创新体系"工字形"互动结构及其制度变迁动力

从"以开放促改革"到以"双创引致改革"是深圳改革所经历的一条经济持续发展的现实路径，这一路径既烙上了时代的印迹与具有时代的内涵，又体现了一座城市的精神与品质。如果说改革开放初期，深圳是"摸着石头过河"，以开发促改革，大力发展以民营经济和外向型经济为主体的市场经济，在计划经济的汪洋大海中首先建立起了市场经济的绿洲并示范全国。那么在改革开放40年的今天，在深化改革和转型发展的大背景下，深圳市政府以当年"杀出一条血路"的大无畏精神和勇气，首先逐步用政府的权力来减少、剥夺政府的权力，如出台"多规合一""强区放权"等措施，对深圳行政体制机制和立法体制进行了大刀阔斧的改革，逐渐为创新创业清除制度性障碍，提供制度性保障，真正开始了由服务型政府向授权型政府的转变。同时，政府又以包容、开放、自由的城市文化，鼓励和支持任何性质和规模的市场经济主体开展创新创业活动，采取多种渠道了解和采纳创新创业主体所反馈的体制机制调整需求，并在机制上促使各行政部门协同联动，降低制度供给的成本，提高制度创新的绩效。

或许人们会问，为什么"改革之城"深圳更具创新精神，或者说"创新之都"深圳更具改革精神？当我们在有关深圳"塔形双创体系"研究成果的基础上，进一步探索是什么因素持续推动深圳从塔基的制度创新，或者说深化改革，到塔尖的新兴产业发展，或者说双创活动不断积累循环，从而寻找持续发展的内在原动力的时候，我们会发现：结合深圳的具体情况，在"塔形双创体系"中包含一个"工字形"的双创与改革互动的逻辑关系。这一内在逻辑关系就是"大众创新、万众创业"与"深化改革"之间的深层

次理论与逻辑关系,以及两者的互动对深圳以创新驱动实现"两个走在前列"的影响与促进作用。

所谓"工字形"互动结构关系是指政府与市场之间实现信息传递和制度供给的"一垂直两平行"互动结构。所谓"一垂直"是指政府与市场之间的自上而下和自下而上的信息传递机制。经历40年的改革发展,深圳早已经形成了大市场、小政府的体制机制格局,这种大市场、小政府的格局通过"强区放权"的行政体制深化改革,不仅以减少交易成本的方式提高了资源配置效率,而且体现了小政府的大力量。市级政府只握有监督权和立法权,区政府拥有直接审批权并具有公共物品和准公共物品性质的制度创新与供给的权限。这在大大减少企业面对政府的权力层级的同时,赋予了原体制内中间层级的区级政府以相当大的决策权。区级政府成了直接受理企业家诉求和市场对制度需求的"说了算的政府"。

所以,在深化改革的今天,尽管上级政府无法完全洞悉微观层面的全部关键信息和关键问题,但是深圳业已形成的以较为完善的市场机制为基础、以充满活力的民营企业为主体、以高科技产业为引领的"塔形双创体系",可以自发地通过释放个体活力,及时反映双创进程中不同个体的不同制度需求。尽管个人理性并不必然构成社会理性,但是通过反映制度需求的个体"经济人"的双创活动,可以直接传递市场对制度的需求,从而促进区级政府进行有效的制度供给,同时推动上级授权政府的立法活动。这种垂直的没有中间层的信息传导机制,更准确地说,这种深圳率先实施的,由强区放权所构建的中间层变为决策层的高效行政管理机制,使双创作为一种发现制度性障碍和制度短缺的方式,在很大程度上能更及时、直接地推动自上而下的制度创新和正式制度的有效供给。当然,这种制度需求的传导机制,也有利于"敢闯""敢干"者们的诱致性制度变迁的产生,以及政府对这类制度变迁的事后认可。

所谓"两平行"是指在双创层面,首先是企业发现创新创业机会,然后机会信息通过价格机制在企业间进行传递,多个双创主体不同路径的尝试、探索,为破解制度难题提供多样化的选择方案;在政府层面,是政府获取改革信息，改革信息通过追责机制在部门间进行传递，多个职能部门联动，依据市场规律选择最佳方式实施改革与制度创新，以制度供给和授权的方式，为双创扫清障碍，提供制度—文化环境。如是，市场需求的信息在企业与市场中的"经济人"之间的传递结构是扁平的，其媒介是价格及机会成本；改革需求的信息在同一区级行政体制内是扁平的，其媒介是各司其职与自上而下的问责制；市场与政府之间的信息传导结构是垂直的，其媒介是改革、创新的动机。当然在这其中还有一个垂直关系没有明确表明，那就是市级政府与区级政府的关系。由于深圳率先推行了强区放权的行政体制改革，已经使市级政府在掌管监督权、立法权的同时由服务型政府逐步走向授权型政府，而直接面对市场并提供制度创新与供给的更多的是区级政府。

可以说，深圳所形成的"工字形"的市场与政府的扁平化信息互动传导机制结构，加快了信息在市场之间、政府之间，尤其是市场与政府之间的传递速度。这为快速发现问题、解决问题，准确实现制度创新与供给，高效推进深化改革，推动新经济的自由发展和新动能的有效转换提供了健康有序的社会运转机制保障。

正如价格是市场机制的信号一样，"工字形"信息传导机制的要旨就是充分发挥双创作为深化改革的"信号"作用和"加速器"作用，让创新创业的个体价值实现在推动社会制度变迁与创新的过程中上升为公共价值，在双创与改革的联动中实现"双创倒逼深化改革，改革全面提升民生幸福"。

深圳形成的独具率先改革意义的，政府与市场之间信息传递和制度供给的"一垂直两平行"的"工字形"互动结构，从根本上说是一种双创与改革互动关系所传导的制度变迁的内在逻辑结构。一方面，成熟的市场经济环境有利于个体潜能与创造力的自由释放，在提出对正式制度需求的同时产生诱致性制度创新；另一方面，被授权的区级政府直面市场制度需求，适时提供制度供给，从而适应深化改革和市场发展的需要。在制度变迁的演进中似乎自发地形成了构成社会内在机制的"双创引致改革、改革促进双创"的发展路径，同时形成了信息对称、价值包容、绩效显著的可持续的制度变迁

模式。

深圳已取得的成功经验以及正在推进的前沿改革举措,是中国社会特定背景下研究双创的典型样本,更是推进双创、深化改革的良好借鉴。对全国而言,深圳的很多做法不仅具有积极的启示意义,而且具有一定的可复制性、可推广性和制度模仿价值。

我们认为,深圳在"塔形双创体系"中形成的"工字形"信息传递和制度供给机制,具有以下诱发制度变迁的意义。

第一,营造宽松包容的制度—文化环境,以市场机制的力量完善供给侧改革。从制度变迁所需信息的采集机制来看,获取信息的门槛越低,市场中的各类经济主体,尤其是民营企业主进入市场自发地发现创新的机会就越小,边际收益就越大。而平等地获得信息,从而及时发现、捕捉有价值的改革信息,又是开展创新活动的重要基础。同时,创新知识的准公共物品属性,在很大程度上决定了创新知识具有由中心化逐渐走向分散化的演化路径。与此相适应,要求社会拥有包容性的制度—文化环境,在内在机制上平等地给予每一个主体获得最广泛的参与机会、最有价值的权利共享、最充分的信息反馈渠道、最大的社会改革的公约数。事实上,当双创企业家及参与者进入市场时,他们不仅要面对获取资本、雇用合适的员工、建立有效的销售渠道等操作层面的具体问题,而且还要面对许多既有制度的阻碍、约束与羁绊,在不完全市场竞争环境下更是如此。因此,那些具有改革精神的双创参与者,常常扮演着传统的无效或低效制度的破坏者和新市场经济制度建设者之先驱者的角色。正因为如此,只有给予各类市场经济主体以自由进出创新市场的自由,才能真正形成由价值规律主导的竞争性创新市场,从而建立适应新经济时代发展的供给侧结构体系。

另外,宽松包容的制度—文化环境有效地促进了社会公平。双创作为一种机会可以平等地给予所有有能力的人发挥自我潜能的可能,在促进社会公平竞争的同时提高人力资本效率,尤其是可以激发潜在的人力资本效能。双创还为每一个有意愿的参与者提供了多维的创业致富路径,从而扩张、拓展了社会资源流动渠道。

序二 深圳创新体系"工字形"互动结构及其制度变迁动力

第二,政府自身改革的力度,决定了双创发展的广度与深度。从信息传递机制上看,作为深圳政府自我革命的结果,"一垂直、两平行"的信息传递和制度供给的互动结构,是这座创新城市始终充满生命力和活力的关键所在,可谓制度决定了人的选择行为。诺贝尔经济学家斯彭斯(Spencer)曾指出信号传递对于市场效率起着至关重要的作用。在市场经济中,双创主体处于市场信息的优势,而政府则处于市场信息的劣势。在"一垂直"的无中间层的信息传导机制中,握有信息优势的双创主体,可以无障碍地、快捷地把市场对制度的需求传递给处于信息劣势的政府,从而实现有效率的制度供给机制。

由于在自上而下的强制性制度变迁中,政府是制度这一公共物品的供给者,所以双创在客观与现实中推动了政府的自我革命与优化,促进体制机制改革,激励政策、制度创新,提升制度环境的整体绩效,推进制度持续变迁与优化。

另外,深圳双创实践还告诉我们,特事特办、优惠政策对于转型社会而言更多的是改革初期的权宜之计。从长远来看,提供优惠政策不如提供法治、自由、包容的制度环境。前者由于优惠政策掌握在政府手中,为获得优惠政策企业不得不去游说政府官员,为寻租提供了土壤,从而增加了市场的交易费用,而后者则会因为真正无租可寻而切实降低交易成本。

第三,以双创为引领进一步完善市场经济体制,以市场经济体制的完善,推动双创规范化、市场化发展。双创作为带动经济发展的重要引擎,它将从市场基础、技术进步、结构转型三个方面逐渐扎实拓宽中国社会可持续发展的道路。首先,从市场基础方面来看,双创的实践将有利于培育多元化的市场经济主体,培育、巩固社会主义市场经济的微观基础,从而打破市场垄断格局,进一步完善市场经济体系,提高市场经济效率;其次,从技术进步方面来看,双创有助于推动、促进创新型国家构建,引致、诱发长期技术进步,发现、培育新兴增长动力,以改变要素结构的方式壮大经济整体发展的动能;再次,从结构转型方面来看,双创有利于从经济体内部增强转型动力,从而为产业的结构升级提供基础性要素保障。

最后,双创还将促进产生具有强劲外溢效应的经济模式,如七大战略性新兴产业,这类经济模式将会在相当长时期内引领中国社会的经济转型。同时,随着市场经济体制的日臻成熟完善,双创将真正作为市场中的理性"经济人"的一种理性行为,作为一部分富有创新偏好的人力资本的一种职业人选择,作为一种生活方式而嵌入我们的生活,而不是作为指标被列入我们的生活。

第四,创新文化的培育与养成,是一座城市保持持久创新能力的内在原动力。"大众创业、万众创新"绝不是一个口号,也不是解决目前社会经济问题的一种选择,而是对中国社会经济持久发展和繁荣具有深刻影响的民族富强战略。双创不仅有利于优化经济主体的文化素养,革新社会价值观念,培育创新文化,而且还会在创新中营造欣赏创造、宽容失败、看淡功名、崇尚存异的人文氛围,而这一切才是创新社会成长的土壤。从长远来看,创新给人类带来的文化和观念的收获甚至高于创新所创造的财富或产值。这也正是深圳这座城市的生命力与魅力之所在。

"大众创业、万众创新"不是一种结果,而是一个过程。创新对于社会来说更重要的不是单纯的专利发明数量的增长,而是与之相伴随的某种精神品格的养成与积淀,这才是创新给予我们的真正收获。社会发展的目标不仅是让每一个人都更加富足、幸福并拥有更多的自由,而且还要使每一个人都能够变得宽厚、从容并拥有更令人尊重的品格。如果说来自选择的自由会使人们的生活更加丰富而不受局限,那么来自品格的魅力则会使人们的生活更加具有情怀与尊严感。获得尊重有时并不是由于富有与显赫,而是因为一直把平凡看作伟大品格去珍视。这或许就是工匠精神的真谛。

从根本上说,深圳双创所取得的成就,不是简单的资源对资源的优势,要素对要素的胜利,而是理念收获理念、制度激励制度的结果。如果说中国改革的过程是一个用观念战胜观念的过程,那么双创的过程则是一个用观念碰撞观念的过程。在创新型国家建设的今天,我们一方面要从制度上解决现实中存在的市场开放度大于社会开放度的问题,另一方面还要从体制机制上真正解决人才国际化问题。开放的社会未必是一个人才国际化的社会。同时我们更要清楚，并不是任何改变都是改革，不能以改革的名义回到计划经济的过去。

陶一桃

教育部人文社会科学重点研究基地——

深圳大学中国经济特区研究中心主任

深圳大学"一带一路"研究院院长

"一带一路"国际合作发展（深圳）研究院院长、教授

目录

Ⅰ 总报告

B.1 中国双创指数报告（2018～2019） ……………… 魏建漳　杨维诚 / 001
　　一　宏观背景与研究意义 ………………………………………… / 002
　　二　双创指数构建与评估机制 …………………………………… / 005
　　三　测度结果与综合分析 ………………………………………… / 009
　　四　基本判断与对策建议 ………………………………………… / 013

Ⅱ 中国双创指数篇

B.2 双创主要指标与数据分析 ……………………… 于　潇　朱文静 / 016
B.3 城市双创指数评价分析 ………………………… 于　潇　刘莉红 / 037
B.4 城市双创指数子特征分析 ……………………… 于　潇　李佳熙 / 050

Ⅲ 产业篇

B.5 粤港澳大湾区背景下高铁经济发展路径 ……… 聂细文　龙金林 / 079
B.6 2018年深圳市南山区科技金融发展动态 ………………… 黄恒中 / 100

001

B.7　生命健康产业创新发展趋势与比较分析……………………方海舟 / 185

B.8　中国知识产权的保护之路……………………………………张　轶 / 214

B.9　国家信用、国有企业与经济增长……………………王学龙　卢旭阳 / 224

Ⅳ　国际篇

B.10　外资企业在深圳创新发展状况研究…………………………王正潮 / 243

B.11　国际科技创新中心发展经验与启示…………………………魏建漳 / 299

B.12　日本氢燃料电池汽车产业发展经验研究…………钟利红　胡　政 / 312

B.13　后记……………………………………………………………………/ 334

Abstract……………………………………………………………………/ 337
Contents……………………………………………………………………/ 339

皮书数据库阅读使用指南

总报告

General Report

B.1 中国双创指数报告（2018～2019）

魏建漳　杨维诚*

摘　要： 本报告通过构建中国双创指数，对全国"大众创业、万众创新"活动进行系统性分析。通过环境支持、资源能力和绩效价值3个维度的9项二级指标和30项三级指标，测度和对比全国100个主要城市的创新创业发展程度。通过对全国100个城市相关数据进行采集、处理和计算分析，对城市双创发展进行综合测评和分维度测评，有利于更加准确地理解我国的双创发展形势。

关键词： 创新　创业　双创指数

---

* 魏建漳，经济学博士，"一带一路"国际合作发展（深圳）研究院研究员，主要研究领域为创新创业、产业政策、产业规划；杨维诚，福建南平人，中央民族大学生命与环境科学学院本科生，主要研究方向为农地政策绩效分析、创新创业研究。

双创蓝皮书

一 宏观背景与研究意义

（一）研究背景

2018年9月18日，国务院印发了《关于推动创新创业高质量发展打造"双创"升级版的意见》（以下简称《意见》）。《意见》指出："以习近平新时代中国特色社会主义思想为指导，全面贯彻党的十九大和十九届二中、三中全会精神……按照高质量发展要求，深入实施创新驱动发展战略，通过打造'双创'升级版，进一步优化创新创业环境，大幅降低创新创业成本，提升创业带动就业能力，增强科技创新引领作用，提升支撑平台服务能力，推动形成线上线下结合、产学研用协同、大中小企业融合的创新创业格局，为加快培育发展新动能、实现更充分就业和经济高质量发展提供坚实保障。"《意见》的发布将创新创业推向了一个新的高潮和阶段，并成为促进双创事业迅速升级的战略性框架。

《意见》提出了打造"双创"升级版的八项政策措施：一是着力促进创新创业环境升级，包括简政放权、营造公平市场及优化服务等措施；二是加快推动创新创业发展动力升级，包括加大财税政策支持力度、完善双创产品和服务政策、加快推进首台（套）重大技术装备示范应用，以及建立完善知识产权管理服务体系；三是持续推进创业带动就业能力升级，包括鼓励人才投身科创事业、强化大学生双创培训、健全完善农民工返乡和退伍军人创业服务体系，以及推动归国和外籍人才等更多群体投身创新创业；四是深入推动科技创新支撑能力升级，并通过创新型企业引领、科研机构双创融合与科技成果转化等途径加以实现；五是深入推动科技创新支撑能力升级，涉及众创空间、大中小企业融通发展平台、工业互联网、"互联网＋"创新创业服务体系、双创重点展示品牌等方面；六是进一步完善创新创业金融服务，包括引导金融机构服务双创融资需求、发挥创业投资的支持作用、拓宽双创直接融资渠道及完善双创差异化金融政策；七是加快构筑创新创业发展高地，包括科技创新策源地、双创集聚区、双创示范基地及双创国际合作四个方面；八是切实打通政策落实"最后一公里"，包括双创政策统筹、落实和经验推广。

《意见》将创新创业提升到国家战略高度，并通过政府赋予了其进一步发展的动能，而这正是在我国经济由高速增长阶段转向高质量发展阶段背景下进行的。实际上，在双创战略不断深入人心的过程中，城市发展仍是双创大战略的主旋律和核心载体。正如《中国双创发展报告（2017~2018）》提出的："城市创业创新的定位被提升到中国经济转型、供给侧改革与动能转换的政策高度，目前正需要定量分析为政策的制定者提供有价值的参考依据。"因此，重视城市在创新创业发展过程中的基础性作用是极为重要的。

目前国内学者和科研机构对创新方面的研究较多，但对创业方面有影响力的研究相对较少。根据《中国双创发展报告（2017~2018）》的归纳，有代表性且影响力较大的创新评价体系仍然主要为科技部的《副省级城市和部分重点城市科技创新能力评价指标体系》、中国城市发展研究会的《中国城市创新能力科学评价》，以及中国人民大学的《全国31省市区创新能力评价指标体系》等；然而，创业方面的研究相对缺乏，主要有中国人民大学的《中国城市创业指数》。我国经济在发展过程中，呈现东部沿海地区发展较快、中西部地区相对滞后的局面，大部分双创研究局限于我国比较发达的地区，对中西部和东北部地区的研究较少，涉及的城市也较少。本书承接上一年度蓝皮书的研究范式，对我国100个双创城市指数进行研究和评价，以期对目前已有的研究不足进行相应的补充。

国际上的研究机构非常重视对新创企业及其发展进行评价与测量，这是由于欧美等发达国家的大学、科研机构与成果转化等产业链系统相对完善，创新能力较强。因此，创新企业常被作为衡量地区经济发展活力与发展质量的关键性指标。根据《中国双创发展报告（2017~2018）》的归纳，比较权威且有影响力的国际创新指数包括全球创新城市指数（由2thinknow发布）、全球创新指数报告及硅谷指数（世界经济论坛发布）；比较权威的创业指数

为全球创业观察指数（GEM，由英国伦敦商学院发布），美国最有影响力的新创企业指数考夫曼创业活动指数，以及Compass公司的全球创业生态系统指数。以上所列举的国际创新创业指数通过翔实的数据，对全球范围内的科技双创地区（城市）进行分析、计算、排序和评价，从而有效衡量不同地区创新与创业的发展水平。

（二）研究意义

改革开放四十年来，我国经济发展强劲，已成为世界第二大经济体，并成为世界上最大的出口国。然而，在经济转型时期，我国面临着人口红利下降、劳动力成本提升等严峻局面。对我国而言，加大研发投入、加强自主创新、提高内生增长的原动力，是未来经济可持续发展的重要途径。因此，衡量我国各地区的创新能力、挖掘各城市的双创热点、评估某些区位的双创潜力，成为经济转型期的重要任务，双创工作开展和扶持的意义也日益凸显。

基于《中国双创发展报告（2017～2018）》的思路和框架，研究团队继续构建最新的中国双创指数。利用权威、可获得的量化指标，组成了科学的指标体系，最终构建一套综合的、可操作的、较为准确的量化框架，较为全面地评估了我国大部分地区主要城市的创新环境与创新能力。创建中国双创指数是我国建设创新型国家、创新型社会的客观需要，对我国的创新活动实践和双创事业开展具有较为重要的指导和借鉴意义。

首先，为各级政府和管理者提供可行的决策依据。目前"大众创业、万众创新"理念深入人心，群众参与程度与城市的支持力度都达到了空前的程度，特别是北京、上海、深圳等一线城市及杭州、成都等新型创新城市。政府作为双创事业的发展主体和主要推手，需要了解和把握城市总体创新能力和创新领域的变化与细分，掌握未来城市双创事业发展的动向并有效预测其趋势。中国双创指数能够通过翔实的资料、案例和数据，指出双创城市存在的问题与改进方向，为政府提供有价值的决策参考。

其次，为我国城市加速创新的国际化步伐提供可行建议。"一带一路"

国际合作发展（深圳）研究院对中国双创指数的编制进行了详细指导，深圳市实维经济咨询有限公司与中央民族大学的研究团队负责指数的计算与分析工作。在编制和计算各城市指数的过程中，借鉴了国内外的前沿方法，利用国际通用的量化指标，力图使双创指数具有国际可比性，并使我国地区（城市）与国际发达地区能进行横向比较，从而体现真正的创新水平。

最后，为双创参与者提供有价值的参考与导向。本报告对2018~2019年中国100座城市的双创现状进行动态的指数评估。通过大数据运用和海量城市级数据评估，不但可以发现100个样本城市双创指数的变化情况并进行比较分析，而且有助于创业者根据区位优势寻找合适的工作地点进行创业或进行投资。因此，中国双创指数对双创参与者、投资者寻找全国热门的样本双创城市、发掘热门创业领域、评估有潜力的投资机会等均具有重大意义。

二 双创指数构建与评估机制

（一）中国双创指数指标体系的构建原则

《关于推动创新创业高质量发展 打造"双创"升级版的意见》指出："充分发挥创新创业集群效应。支持有条件的省市建设综合性国家产业创新中心，提升关键核心技术创新能力。依托中心城市和都市圈，探索打造跨区域协同创新平台。"可见，城市将进一步成为创新和创业资源汇聚的中心，并成为"大众创业、万众创新"整体经济格局的最终载体，从而实现双创生态链的优化，让创新成为城市发展的原动力，持续释放城市发展的新动能。

延续《中国双创发展报告（2017~2018）》的目标，笔者希望通过连续的数据和案例，进一步把握我国各大城市双创竞争力的发展与变动情况，力图揭示和发现其潜在的规律，并对未来我国城市创新和创业的趋势进行科学的评估和合理的预测。然而，如何科学评估和量化一个城市创新创业的进程是一个难点和关键性问题，故科学有效地建立双创发展综合指标体系就成为一个迫切的需求。在《中国双创发展报告（2017～2018）》出版之后，"一带一路"国际合作发展（深圳）研究院继续开展中国双创指数指标体系的研究，并力争逐步形成一套符合我国实际状况、学术高度与国际接轨、强调创新创业发展特色、为政府提供重要参考的指标体系。

（二）中国"双创"指数指标体系的构建方法

以联合国所采用评价体系的框架和功能为依据，采用反映中国城市创新创业发展支撑、能力、价值三位一体的指标，构建可以科学反映城市双创发展现状的指标体系，可评估创新创业活跃程度和发展潜力。

中国双创指数指标体系包括3项一级指标、9项二级指标和30项三级指标。

（三）中国双创指数指标体系权重的确定

中国双创指数指标体系的权重如表1所示。

表1 中国双创指数指标体系及各指标权重

一级指标	二级指标	三级指标
环境支持(46.67%)	市场结构	非公有制企业数量比重(%)
		小微企业数量比重(%)
		外商投资占GDP比重(%)
	产业基础	对外进出口总额(亿元)
		规模以上工业总产值(亿元)
		民间资本固定资产投资总额占GDP比重(%)
	制度文化	政府效率指数
		商业信用环境指数
		每万人图书馆数量
	配套支持	公共陆路交通效率(万人/天)
		物流业指数
		互联网宽带普及率(%)
		综合医院占医疗机构比重(%)
		国家级科技企业孵化器数量(个)

续表

一级指标	二级指标	三级指标
资源能力(26.67%)	人力资源	净流入常住人口(万人)
		高等学历人口比例(%)
		知识密集型服务业从业人员比例(%)
	资本投入	普通高校在校生数量(万人)
		科学技术支出占GDP比重(%)
		规模以上工业企业新产品开发经费支出(万元)
		年度IPO规模(亿元)
		年度新三板上市企业数量(个)
绩效价值(26.67%)	产业绩效	人均GDP(元)
		高技术产业增加值占GDP比重(%)
		规模以上工业企业新产品产值(万元)
	创新绩效	专利授权量(件)
		每万人国内发明专利申请量(件/万人)
		"互联网+"数字经济指数
	可持续发展	单位GDP能耗(吨标准煤/万元)
		空气质量优良(二级及以上)天数占比(%)

（四）中国双创指数指标体系城市研究样本的选择

2018年9月26日国务院发布《国务院关于推动创新创业高质量发展打造"双创"升级版的意见》，指出要发挥双创示范基地的引导示范作用，将全面创新改革试验的相关改革举措在双创示范基地推广，为示范基地内的项目或企业开通总体规划环评等绿色通道。充分发挥长三角示范基地的联盟作用，推动建立京津冀、西部等区域示范基地联盟，促进各类基地融通发展。开展双创示范基地十强百佳工程，鼓励示范基地在科技成果转化、财政金融、人才培养等方面积极探索。推进创新创业国际合作。发挥中国—东盟信息港、中阿网上丝绸之路等国际化平台的作用，支持与"一带一路"沿线相关国家开展创新创业合作。综上，中国双创指数指标体系所采用的城市研究样本涵盖长三角、京津冀、西部"一带一路"沿线等区域并且将拓展至地级行政区级别。

截至2018年,中国有31个省级行政区(不包含港澳台地区),334个地级行政区(294个地级市、30个自治州、7个地区、3个盟)。其中,地级市作为地级行政区的主体,成为该体系城市研究样本的基础单位。虽然双创活动的推广涵盖全国各个地区,但各城市的经济发展水平、资源禀赋等条件差异仍然显著,因此在全部334个地级行政区中,研究团队根据城市的经济发展状况及其区位的重要性,同时兼顾区域均衡,从中筛选出100个样本,作为中国双创指数指标体系的城市研究样本。

中国双创指数指标体系的城市研究样本包括4个直辖市、96个地级行政区[含31个省级行政区省会(首府)城市、15个副省级城市、5个经济特区、1个自治州,不包含港澳台地区数据]。以下为中国双创指数指标体系的城市研究样本的入选条件。

首先,直辖市、省级行政区首府城市无条件入选。

其次,根据各省、自治区的人口分布情况分配配额,以避免出现样本过度集中于经济发达地区的情况。

最后,根据各省、自治区所属地级行政区2017年生产总值排名,对地区生产总值数量分级,在数量级差异不显著的情况下,排名靠前者入选。若入选数量超过该省、自治区的样本配额,则从中择优选取高于同期全国生产总值平均增速者。若入选数量未达到配额,则对该省、自治区所属地级行政区的区位重要性进行评估(人口、交通、地缘等因素),选取符合条件的地级行政区;否则,多余样本配额将补充给配额紧张的省、自治区。

根据以上条件,中国双创指数指标体系的城市研究样本名单如表2所示。

表2 中国双创指数指标体系的城市研究样本名单

城市	城市	城市	城市
深圳	郑州	呼和浩特	绵阳
北京	中山	南昌	九江
上海	镇江	湘潭	济宁
广州	泰州	江门	洛阳
杭州	温州	太原	沧州
苏州	济南	漳州	襄阳

续表

城市	城市	城市	城市
天津	嘉兴	马鞍山	保定
南京	南通	安庆	常德
武汉	南宁	包头	拉萨
珠海	大连	徐州	唐山
厦门	金华	鄂尔多斯	乌鲁木齐
宁波	沈阳	株洲	湛江
长沙	海口	柳州	新乡
佛山	泉州	淄博	周口
合肥	哈尔滨	三亚	许昌
东莞	湖州	岳阳	荆州
重庆	惠州	桂林	银川
芜湖	威海	淮安	南阳
成都	台州	兰州	鞍山
青岛	贵阳	赣州	邯郸
无锡	长春	郴州	榆林
福州	昆明	茂名	焦作
西安	石家庄	衡阳	伊犁
常州	扬州	德州	西宁
绍兴	连云港	吉林	遵义

三 测度结果与综合分析

（一）中国双创城市综合测评结果

根据综合测评结果，深圳位居创新创业城市榜首，北京和上海分列第二、第三位，总指数得分均在80分以上；广州和杭州分别排第四、第五位，总指数得分均在65分以上（见表3）。总体而言，双创总指数排名前50城市中有38个属于东部城市，而排名后50的几乎都是中西部城市，这也从侧面反映出东部经济发达地区的双创综合发展水平普遍高于中西部地区。

表3　中国双创指数

排名	城市	总指数	区域	排名	城市	总指数	区域
1	深圳	92.58	东部	34	南宁	48.33	西部
2	北京	89.54	东部	35	大连	48.19	东北
3	上海	83.26	东部	36	金华	48.11	东部
4	广州	76.07	东部	37	沈阳	47.86	东北
5	杭州	66.56	东部	38	海口	47.67	东部
6	苏州	63.54	东部	39	泉州	47.39	东部
7	天津	63.34	东部	40	哈尔滨	47.35	东北
8	南京	62.40	东部	41	湖州	46.99	东部
9	武汉	60.67	中部	42	惠州	46.90	东部
10	珠海	59.62	东部	43	威海	46.82	东部
11	厦门	59.17	东部	44	台州	46.45	东部
12	宁波	58.81	东部	45	贵阳	46.32	西部
13	长沙	57.70	中部	46	长春	46.02	东北
14	佛山	56.92	东部	47	昆明	45.64	西部
15	合肥	56.60	东部	48	石家庄	45.28	东部
16	东莞	56.20	东部	49	扬州	44.85	东部
17	重庆	54.89	西部	50	连云港	44.51	东部
18	芜湖	54.28	东部	51	呼和浩特	44.50	西部
19	成都	54.25	西部	52	南昌	44.49	中部
20	青岛	54.18	东部	53	湘潭	44.25	中部
21	无锡	54.14	东部	54	江门	43.90	东部
22	福州	53.12	东部	55	太原	43.76	中部
23	西安	53.02	西部	56	漳州	43.66	东部
24	常州	52.82	东部	57	马鞍山	43.32	中部
25	绍兴	51.07	东部	58	安庆	43.17	中部
26	郑州	50.76	中部	59	包头	43.03	西部
27	中山	50.64	东部	60	徐州	42.83	东部
28	镇江	49.52	东部	61	鄂尔多斯	42.66	西部
29	泰州	49.09	东部	62	株洲	42.62	西部
30	温州	48.79	东部	63	柳州	42.59	西部
31	济南	48.76	东部	64	淄博	42.58	东部
32	嘉兴	48.51	东部	65	三亚	42.50	东部
33	南通	48.49	东部	66	岳阳	42.48	中部

续表

排名	城市	总指数	区域	排名	城市	总指数	区域
67	桂林	42.38	西部	84	拉萨	39.67	西部
68	淮安	42.20	东部	85	唐山	39.39	东部
69	兰州	42.12	西部	86	乌鲁木齐	39.39	西部
70	赣州	42.10	中部	87	湛江	38.95	东部
71	郴州	41.82	中部	88	新乡	38.74	中部
72	茂名	41.71	东部	89	周口	38.53	中部
73	衡阳	41.67	中部	90	许昌	38.21	中部
74	德州	41.62	东部	91	荆州	38.14	中部
75	吉林	41.29	东北	92	银川	38.04	西部
76	绵阳	41.07	西部	93	南阳	37.91	中部
77	九江	41.07	中部	94	鞍山	37.63	东北
78	济宁	40.99	东部	95	邯郸	37.04	东部
79	洛阳	40.86	中部	96	榆林	36.50	西部
80	沧州	40.80	东部	97	焦作	36.28	中部
81	襄阳	40.80	中部	98	伊犁	36.27	西部
82	保定	40.69	东部	99	西宁	36.20	西部
83	常德	40.33	中部	100	遵义	36.08	西部

（二）双创环境支持维度测评结果

由表4可见，东部城市在双创环境方面更具优势。上海、深圳、北京排名靠前，进入前10名的除武汉外均是东部城市，这些东部地区的大城市经济较为发达、产业基础雄厚、创新创业活动相关配套也更为完善，在落实创新创业政策支持方面更具有优势。

表4 双创环境支持维度前10名城市

排名	城市	双创环境得分	所属区域
1	上海	32.47	东部
2	深圳	30.96	东部
3	北京	30.52	东部
4	天津	28.17	东部
5	苏州	27.23	东部

续表

排名	城市	双创环境得分	所属区域
6	广州	26.52	东部
7	杭州	26.11	东部
8	武汉	25.50	中部
9	佛山	25.09	东部
10	青岛	25.07	东部

（三）双创资源能力维度测评结果

由表5可见，东部城市在双创资源方面表现较好。北京2017年超越上海位居榜首，深圳和上海分别居第二、第三位。资源能力维度表现较好的城市多数位于东部地区。

表5 双创资源能力维度前10名城市

排名	城市	双创资源得分	所属区域
1	北京	32.75	东部
2	深圳	29.24	东部
3	上海	27.86	东部
4	广州	24.99	东部
5	杭州	21.04	东部
6	南京	20.64	东部
7	武汉	18.53	中部
8	西安	18.43	西部
9	厦门	17.88	东部
10	天津	17.69	东部

（四）双创绩效价值维度测评结果

由表6可见，持粗放型经济发展模式的城市在绩效价值方面得分较低。在得分较高的城市中，深圳以绝对优势排第一位，创新创业氛围较浓的北京、广州、上海和苏州位居前五。这些城市重视对高技术产业的投入，注重集约式的可持续发展,鼓励创新发明。双创绩效价值得分较低的城市则主要是西部地区城市,这些地区经济发展的特点大多是粗放型增长模式。

表6 双创绩效价值维度前10名城市

排名	城市	双创绩效得分	所属区域
1	深圳	32.38	东部
2	北京	26.27	东部
3	广州	24.55	东部
4	上海	22.93	东部
5	苏州	20.25	东部
6	珠海	19.96	东部
7	杭州	19.41	东部
8	宁波	19.24	东部
9	东莞	18.97	东部
10	厦门	18.38	东部

四 基本判断与对策建议

双创环境、双创资源和双创绩效均受不同指标因素的影响,区域因素与这三者呈高度相关关系。首先,双创环境的重要影响因素涉及工业发展规模、创新孵化器数量以及外贸规模等硬指标,同时包括政府效率、商业信用环境等软指标;其次,双创资源的主要影响因素是高等学历人口比例及年度IPO规模等硬指标;再次,双创绩效的关键解释变量主要是人均GDP、专利授权量以及单位GDP能耗。此外,区域因素显著影响双创环境、双创资源和双创绩效。我国一线城市和区域中心城市集中了大量优质的受过高等教育的人力资本,往往具备知识密集型特点,双创资源优势较其他地区明显;而相对于创新能力较弱的东北和西部地区而言,长三角、珠三角地区具有典型的产业密集型特征,为我国制造业和创新产业的主要聚集地,双创环境和绩效优势均较为显著。

基于以上判断,本报告的建议如下。

第一，重视城市区域因素与其优势产业的耦合关系。一个区域在大力发展创新创业的同时，切忌盲目追求做强与做大兼顾。创新与创业虽需齐头并进式地发展，但更为重要的是要正确判断区域因素，合理发展特色和优势产业。此外，各地区还应重视自己原有的产业基础，积极推进产业升级和技术创新，为创新创业创造良好的基础。在国家层面，加速打造区域协同双创发展策略，连通环渤海、长三角及珠三角经济圈双创城市，扶持中西部区域性中心城市双创行业，以点带面，最终实现全国创新创业的高速发展。

第二，加速细分创客平台，提升多元双创模式效率。首先，在创客培养方面，要进一步有效细分创客平台，为不同层次和知识储备的创客提供多种创业机会，最终目标是各类不同的创客均有相应的平台；其次，在创业模式方面，继续并行推进"双创复合主体"与"多元双创模式"。各地区要扶植科研工作者、研发者及科学家等投入双创大潮，作为企业家或公司管理者，提升这种"双创复合主体"的产出比例；同时，加快多元双创模式发展的脚步，为创客提供更为灵活且多种类型的创业方式。

中国双创指数篇

The Mass Entrepreneurship and Innovation Index of China

为了对我国双创趋势进行深入探讨，本报告构建了符合中国国情、强调创新创业发展特色的指标体系，同时计算并剖析了样本城市各级指标及双创指数，着重分析了构成双创指数体系的双创环境、双创资源和双创绩效三个子特征。

本报告确定的中国双创指标体系继续强调科学性、前沿性和完备性。首先，双创100强城市的双创环境整体逐渐转强，且仍具有较大的发展潜力；其次，双创100强城市的双创资源得分较低，城市间双创资源差异较大；最后，样本城市的双创绩效价值得分两极分化极为明显，一线城市优势突出。

此外，100个样本城市的双创指数测量评估结果表明，双创工作呈现"整体态势平均，少数发展突出"的金字塔形结构，即发展趋势整体上升稳定，却呈现显著的异质性。双创排名靠前的城市以经济发达的城市为主，其中深圳市的双创指数得分最高。同时，本报告综合创新中心的定义以及《中国双创发展报告（2017～2018）》中的定义，将双创100强城市划分为四档：双创核心城市、双创枢纽城市、双创节点城市和双创潜力城市。

B.2
双创主要指标与数据分析

于 潇 朱文静*

摘 要： 本报告利用双创发展相关的具体指标对双创活动进行归纳与分析，以总报告中确定的双创指数评价体系作为主要依据，计算和剖析各城市各级指标的指数及双创指数。通过对具有重要影响的关键指标进行比较分析与相关分析，更加深入地理解全国"大众创业、万众创新"活动的总体形势和发展特征。通过对双创环境、双创资源和双创绩效间的关系进行相关性量化分析，更好地理解双创结构。

关键词： 关键指标 比较分析 相关分析

一 关键指标的选取与分析

关键指标是指总报告中确定的共计30项具体指标中对双创活动或双创子特征具有显著影响的指标。由于相关系数反映了两个变量每单位变化时的相似程度，因此以具体指标数据与双创指数或双创子特征的相关系数来界定影响的显著性，并选影响较显著的指标作为关键指标进行分析。

---

* 于潇，北京大学经济学博士，比利时根特大学历史学博士，中央民族大学经济学院副教授，研究领域为土地制度、农村劳动力流转、产业创新；朱文静，中央民族大学生命与环境科学学院本科生，主要研究方向为乡村振兴路径及生态产业链、创新创业。

（一）双创环境支持关键指标分析

总报告中确定的共计 30 项具体指标中双创环境支持共计 14 个子指标，其中规模以上工业总产值、对外进出口总额、国家级科技企业孵化器数量指标与双创环境支持得分的相关系数较高，依次为 0.8235、0.7965、0.783。据此对该三项指标进行分析，同时对其他几个指标如政府效率指数、商业信用环境指数等进行简要分析。

1. 规模以上工业总产值

规模以上工业总产值，是指规模以上工业企业在一定时期内生产的以货币形式表现的工业最终产品和提供工业劳务活动的总价值量，包括生产的成品价值、对外加工费收入、自制半成品在制品期末期初差额价值三部分。规模以上工业总产值反映了地区规模以上工业企业的生产情况，规模以上工业总产值越高，说明该地区的规模以上企业数量越多，工业越发达，工业越活跃。

本书所确定的双创指数 100 强城市中，2017 年度规模以上工业总产值最大的是上海，为 31136 亿元；最小的是三亚，为 55 亿元；100 强样本城市平均值为 7541 亿元，较 2016 年的 7330 亿元有所增长。双创指数 100 强城市规模以上工业总产值分布情况如表 1 所示。

表 1 规模以上工业总产值城市分布

规模以上工业总产值范围（亿元）	城市数量（个）	主要城市
10000 以下	74	德州、绍兴、石家庄、合肥等
10000~20000	20	无锡、广州、北京、青岛等
20000~30000	4	天津、深圳、重庆、佛山
30000 以上	2	上海、苏州

（1）双创指数 100 强城市 2017 年度的规模以上工业总产值主要集中在 20000 亿元以下。根据表 1，可发现双创指数 100 强城市规模以上工业总产值的分布特征：小于 10000 亿元的城市有 74 个；大于 10000 亿元小于 20000

亿元的城市共计20个；20000亿元以上30000亿元以下的城市共计4个；30000亿元以上的城市共计2个。

（2）双创环境支持与规模以上工业企业存在较大相关性。双创指数100强城市2017年度规模以上工业总产值与双创环境支持得分对比如图1所示。

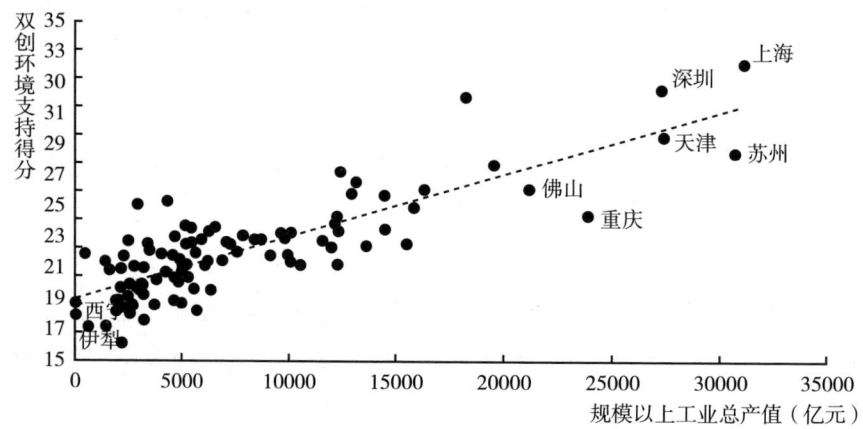

图1　各地区规模以上工业总产值与双创环境支持得分对比

根据测算，双创环境支持得分与其各子指标的相关系数中，规模以上工业总产值与双创环境支持得分的相关系数为0.8289，是双创环境各子指标中相关系数最高的。上海、苏州、天津、深圳、重庆和佛山等规模以上工业总产值较高的城市，其规模以上工业总产值与双创环境支持得分也较高；而伊犁、银川、呼和浩特和拉萨等城市的得分均较低。因此，双创环境支持与规模以上工业企业存在较大相关性，各城市可通过培育规模以上工业企业提高其双创环境支持中的基础配套条件。

2. 外商投资占GDP比重

由图2可见，在双创100强城市样本中，外商投资占GDP比重最高的是安徽省马鞍山市的9.44%。双创100强城市外商投资占GDP比重的均值为2.32%。

由图2可见，外资依存度较高的城市分布于我国各个地区，如中部的武

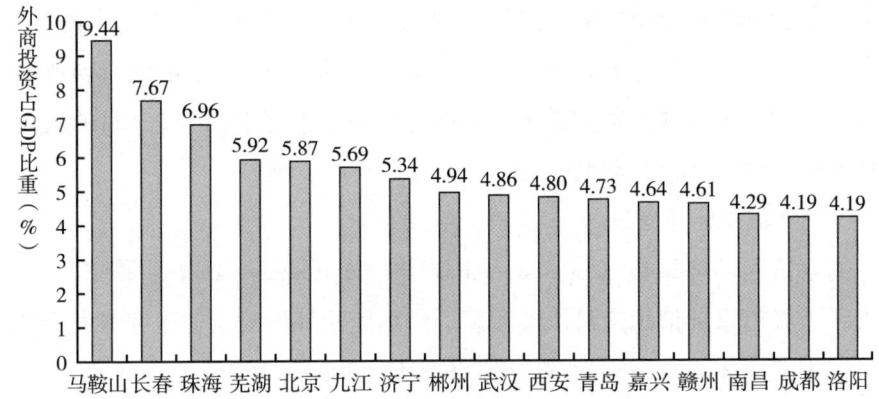

图2 双创100强城市中外资依存度较高的城市

资料来源：各城市2017年国民经济和社会发展统计公报。

汉、洛阳，西部的成都、西安，东部的青岛、马鞍山，南部的珠海、南昌，以及北部的北京、长春。这些样本城市对外资依赖程度较高，甚至高于其GDP增速，表明我国目前各地区招商引资的力度均在不断加大。

3. 政府效率指数

本书采用由北京师范大学发布的《2017中国地方政府效率研究报告》作为各城市政府效率指数的数据来源。

由表2可见，双创100强城市中深圳市政府效率指数以1.4501排全国第一，并且远高于其他城市。深圳政府效率指数高居首位，说明其制度环境非常有利于双创活动的开展。

表2 样本城市政府效率指数前3名城市

排名	城市	政府效率指数	双创指数排名
1	深圳	1.4501	1
2	北京	0.767	2
3	杭州	0.5835	5

由表2可见，城市政府效率指数较高的城市双创指数也较高，这说明较高的政府效率是促进城市创新创业发展的必要因素之一。正如《国务院关

于推动创新创业高质量发展 打造"双创"升级版的意见》中指出的,"各地方人民政府要切实打通政策落实'最后一公里'……强化创新创业政策统筹……细化关键政策落实措施……做好创新创业经验推广",目的就是通过提升政府效率来提升双创能力。

4. 商业信用环境指数

商业信用环境指数(Commercial Credit Environment Index,CCEI)用于评价一个城市市场信用交易风险程度、市场信用环境对企业生存和发展的影响、城市信用体系(各子系统)的完善程度和运行情况、城市信用经济发展的潜力以及各城市之间的信用经济发展差异。

本书商业信用环境指数数据来源于中国社会科学院、中国管理科学研究院、中国市场学会信用工作委员会编制的中国城市商业信用环境指数。双创100强城市中城市信用环境指数排名前10的城市依次为北京(90.63)、上海(86.996)、深圳(82.133)、广州(80.822)、成都(78.773)、天津(78.066)、海口(75.722)、厦门(75.708)、重庆(75.657)和杭州(75.383)(见表3)。

表3 双创100强城市2017年商业信用环境指数

城市	商业信用环境指数	城市	商业信用环境指数
北京	90.63	鄂尔多斯	70.362
上海	86.996	马鞍山	70.247
深圳	82.133	威海	70.09
广州	80.822	泉州	70.019
成都	78.773	嘉兴	70.004
天津	78.066	桂林	69.932
海口	75.722	银川	69.854
厦门	75.708	拉萨	69.702
重庆	75.657	绵阳	69.64
杭州	75.383	唐山	69.568
南宁	75.273	昆明	69.452
南京	75.092	柳州	69.428
兰州	74.675	长春	69.316

续表

城市	商业信用环境指数	城市	商业信用环境指数
福州	74.438	泰州	69.049
武汉	74.243	荆州	69.034
合肥	73.776	鞍山	69.021
金华	73.472	湘潭	69.004
惠州	73.335	保定	68.981
大连	73.22	淄博	68.977
太原	73.147	茂名	68.917
石家庄	73.035	济宁	68.763
西安	72.804	周口	68.714
济南	72.788	绍兴	68.65
郑州	72.763	焦作	68.527
呼和浩特	72.755	沧州	68.493
长沙	72.737	镇江	68.407
青岛	72.591	扬州	68.383
哈尔滨	72.385	邯郸	68.343
佛山	72.092	湖州	68.325
温州	71.919	湛江	67.947
伊犁	71.806	赣州	67.896
苏州	71.433	常州	67.791
西宁	71.432	洛阳	67.791
德州	71.382	襄阳	67.504
珠海	71.319	许昌	67.341
芜湖	71.292	南阳	67.229
南昌	71.227	新乡	67.207
东莞	71.187	淮安	67.183
南通	71.157	九江	67.182
无锡	71.072	遵义	66.725
台州	70.986	岳阳	66.678
安庆	70.954	榆林	65.945
三亚	70.91	常德	65.738
贵阳	70.846	徐州	65.635
中山	70.791	吉林	65.412

续表

城市	商业信用环境指数	城市	商业信用环境指数
包头	70.789	漳州	64.935
江门	70.768	郴州	64.553
乌鲁木齐	70.69	连云港	64.516
宁波	70.652	衡阳	64.374
沈阳	70.555	株洲	62.801

资料来源：《2017中国城市商业信用环境指数（CEI）蓝皮书》。

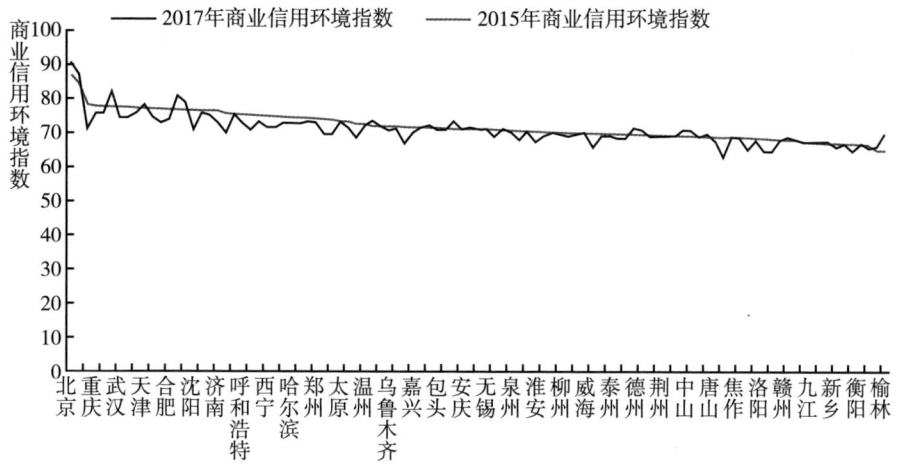

图3 双创100强城市商业信用环境指数排名

由图3可见，横坐标代表双创100强城市的商业信用环境指数排名，纵坐标代表其得分。2017年城市商业信用环境指数排名较高的城市得分较2015年有所提高，而排名较低的城市则有下降趋势，这说明样本城市应持续提升城市市场信用。此外，《关于推动创新创业高质量发展 打造"双创"升级版的意见》指出，市场监管总局、工业和信息化部要着力促进创新创业环境升级，营造公平市场环境。因此，加强社会信用体系建设，构建信用承诺、信息公示、信用分级分类及信用联合奖惩等全流程信用监管机制，是提升城市商业信用环境的有效途径。

5.每万人图书馆数量

在双创100强城市中，东莞、深圳是名副其实的"图书馆之城"，在双创文化建设上有着绝对优势。截至2017年末,东莞市有公共图书馆653个,较2016年的641个新增12个,折合每万人拥有的图书馆数量为0.7827个。

目前,深圳市拥有公共图书馆632座,远高于重庆(43座)、上海(24座)、北京(25座)和广州(14座)等城市。截至2017年末,深圳市每万人拥有的图书馆数量为0.5045个。

除东莞、深圳两个城市在图书馆数量上远高于其他样本城市以外,双创100强城市中其他城市的图书馆数多为1~25座,故其他城市此指标的整体差异不大。

6. 国家级科技企业孵化器数量

截至2017年底,我国共有983家国家级科技企业孵化器,比2016年新增121个。

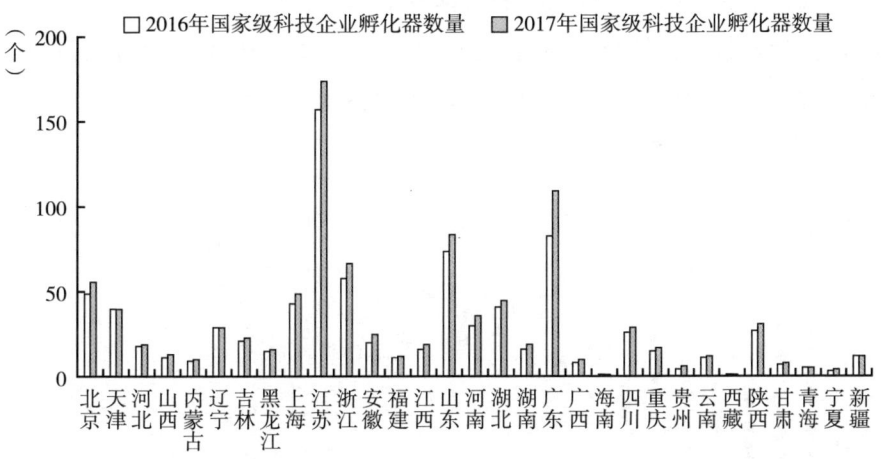

图4 国家级科技企业孵化器的省份分布

资料来源:根据科技部火炬中心资料整理。

由图4可看出以下两点。

首先,国家级科技企业孵化器集中分布在经济发达省份。2017年国家级科技企业孵化器数量最多的省份依次是江苏(175个)、广东(110个)、山东（84个）、浙江（67个）和北京（56个），其数量较2016年相比有显著提高。

其次，国家级科技企业孵化器有利于双创环境的提升。据测算，国家级科技企业孵化器与双创环境支持得分的相关系数为0.7829，相关性较为明显。

双创100强城市2017年国家级科技企业孵化器数量与双创环境支持得分对比如图5所示。通过绘制双创100强城市国家级科技企业孵化器数量与双创环境支持得分对比图发现，国家级科技企业孵化器数量较多的城市，如北京、上海、天津、苏州、杭州、南京、西安和深圳等城市，其双创环境支持得分往往也较高。这说明国家级科技企业孵化器有利于促进双创环境的提升。因此，各地区可通过培育各类科技企业孵化器来提升其双创环境。《国务院关于推动创新创业高质量发展 打造"双创"升级版的意见》指出，将国家级科技企业孵化器和大学科技园享受的免征房产税、增值税等优惠政策范围扩大至省级，符合条件的众创空间也可享受，其目的正是通过增加国家级科技企业孵化器数量来提升该地的双创环境。

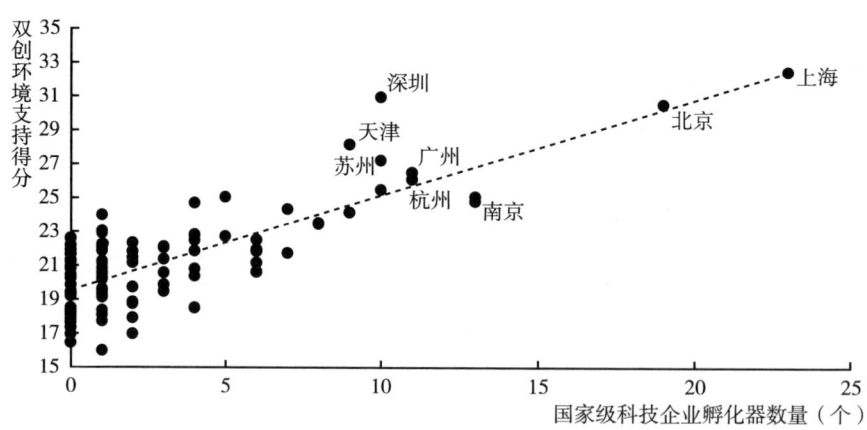

图5　各地区国家级科技企业孵化器数量与双创环境支持得分对比

7. 对外进出口总额

在双创100强城市中，2017年对外进出口总额最大的是上海市（32238

亿元);最小的是榆林市(12亿元);双创100强城市2017年对外进出口总额的平均值为2492.11亿元。

表4 2017年对外进出口总额分布

对外进出口总额范围(亿元)	城市数量(个)	主要城市
5000以下	88	重庆、佛山、大连、南京、郑州、成都等
5000~10000	6	天津、广州、厦门、无锡、杭州、青岛
10000~20000	3	苏州、东莞、宁波
20000以上	3	深圳、上海、北京

(1) 双创100强城市对外进出口总额大多在5000亿元以下。由表4可见,双创100强城市中2017年对外进出口总额在5000亿元以下的城市有88个;5000亿元以上10000亿元以下的有天津、广州、厦门、无锡、杭州和青岛6个城市;10000亿元以上20000亿元以下的有苏州、东莞和宁波3个城市;20000亿元以上的仅有深圳、上海和北京3个城市。

(2) 提高经济开放程度有利于提升双创环境。据测算,双创100强城市的对外进出口总额与双创环境支持得分的相关系数为0.6847,相关性明显。双创100强城市的对外进出口总额与双创环境支持得分的对比图如图6所示。

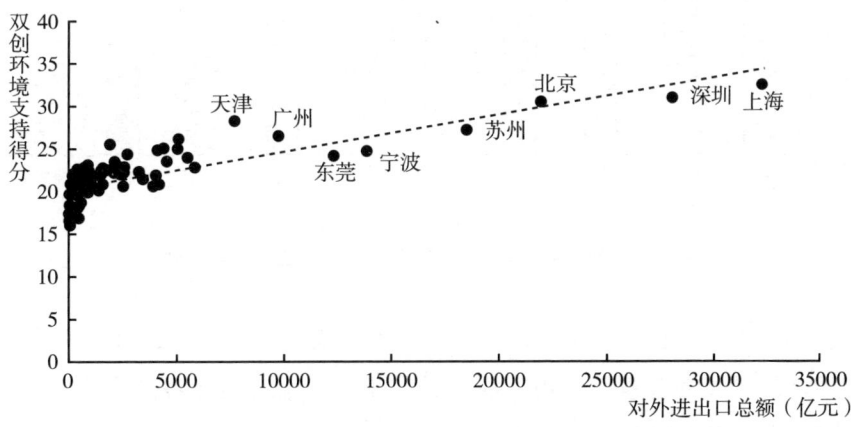

图6 各地区对外进出口总额与双创环境支持得分对比

根据图6可知，对外进出口总额较高的城市如上海、深圳、北京和苏州等，其双创环境支持得分也较高。大部分对外进出口总额较低的城市其双创环境支持得分也较低。因此，提高经济开放程度、加强对外合作与贸易有利于提升一个城市的双创环境。

（二）双创资源关键指标选取与分析

双创资源包括人力资源和资本投入两部分，本节选取与双创资源相关性较高的净流入常住人口作为双创资源关键指标予以分析。

本书以各城市《2017年国民经济和社会发展统计公报》和《统计年鉴》为数据来源，计算各城市的净流入常住人口。结果显示，2017年净流入常住人口较多的城市排序为深圳（55.08万人）、广州（45.05万人）、杭州（28.00万人）、重庆（26.73万人）、长沙（21.34万人）、武汉（19.8万人）和佛山（19.4万人）。

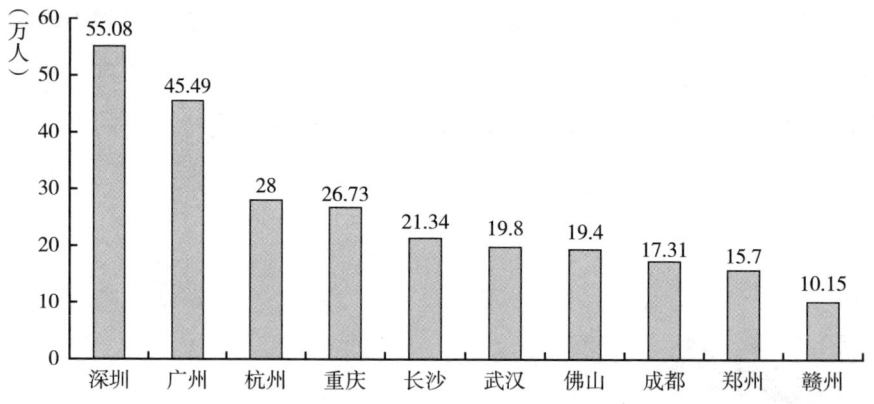

图7　双创100强城市中净流入常住人口前10城市

由图7可见，珠三角地区的深圳、广州净流入常住人口最多，其次是杭州、重庆以及中西部省会城市。深圳、广州作为珠三角经济的"两极"，对企业和双创人才的吸引力始终较大。

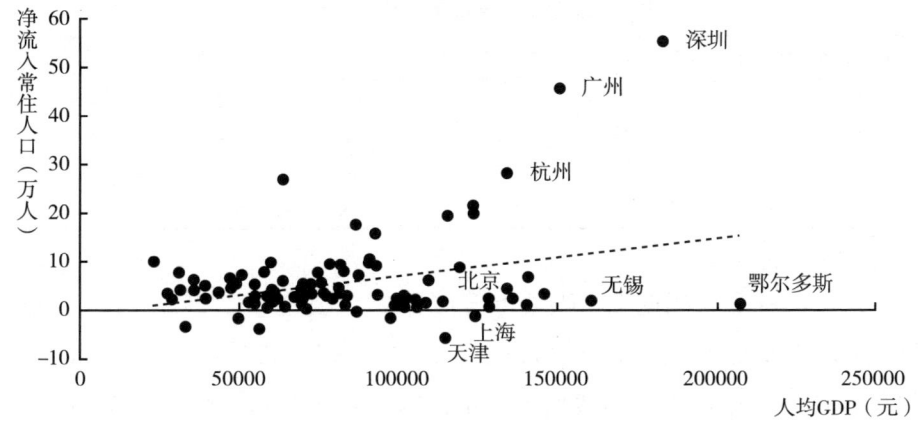

图 8　双创 100 强城市人均 GDP 和净流入常住人口对比

由图 8 可见，双创 100 强城市人均 GDP 和净流入常住人口数量存在一定相关性。人均 GDP 越高的城市，其净流入常住人口数量越多。这也从侧面反映了经济发达城市在双创资源方面具有较大优势，会吸引包括人力资本在内的各类双创资源。《国务院关于推动创新创业高质量发展打造"双创"升级版的意见》要求"创业带动就业能力明显提升"。因此，各地政府需培育更多充满活力、持续稳定经营的市场主体，创造更多的就业岗位，带动关联产业就业岗位的增加，促进就业机会公平和社会纵向流动，从而实现创新、创业和就业的良性循环。

（三）双创绩效价值关键指标的选取与分析

本节选择人均 GDP、专利授权量、"互联网＋"数字经济指数和单位 GDP 能耗四个指标作为双创绩效价值的关键指标予以分析。

1. 人均 GDP

在双创 100 强城市中，2017 年人均 GDP 最高的是鄂尔多斯，为 207163 元（主要原因是鄂尔多斯人口较少）；最低的是赣州，为 23148 元；100 强城市的均值为 80655 元。

表5 双创100强城市人均GDP分布

人均GDP(万元)	城市数量(个)	主要城市
5以下	19	九江、遵义、保定、邯郸、伊犁等
5~10	54	中山、福州、贵阳、扬州、成都等
10~15	23	南京、苏州、包头、珠海、武汉等
15以上	4	鄂尔多斯、深圳、无锡、广州

（1）2017年，双创100强城市人均GDP主要集中于5万~10万元区间。由表5可见，双创100强城市中，2017年人均GDP在5万元以下的城市有19个，其中以三、四线城市为主；5万~10万元的城市有54个；10万元以上城市共27个，其中鄂尔多斯、深圳、无锡和广州均超过15万元。

（2）双创活动对人均GDP有明显的拉升作用。据测算，双创100强城市2017年人均GDP与双创绩效得分的Pearson相关系数为0.6766，相关性显著。双创100强城市2017年人均GDP与双创绩效价值得分相关性如图9所示。

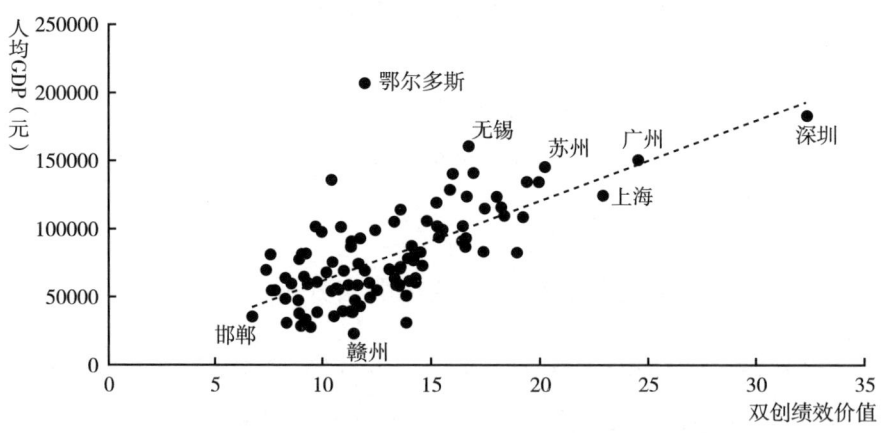

图9 人均GDP与双创绩效价值得分对比

绩效价值体现为创新创业资源投放的价值。指标考察经济效益、知识技术输出质量、创新创业生态的情况及对可持续发展的影响，反映创新创业资源投入产出效益及其经济成果。由图9可见，双创绩效价值得分越高的城市

(如深圳),其人均 GDP 往往也越高,这能够较好地说明双创活动能够显著提升一个地区的人均 GDP。

2. 专利授权量

在双创 100 强城市中,2017 年专利授权量最多的城市是哈尔滨,为 122115 件;最低的是拉萨,为 92 件;均值为 15392 件,较 2016 年的 13249 件提高约 15%。

表6 双创 100 强城市专利授权量分布

专利授权量(件)	城市数量(个)	主要城市
2000 以下	20	襄阳、荆州、遵义、柳州、呼和浩特等
2000~5000	24	绵阳、洛阳、贵阳、威海、马鞍山等
5000~10000	17	惠州、芜湖、珠海、沈阳、长春、淮安等
10000~15000	10	长沙、镇江、湖州、扬州、泰州、哈尔滨等
15000~20000	5	无锡、合肥、郑州、常州、金华、济南等
20000 以上	24	哈尔滨、北京、深圳、上海、苏州、广州、重庆等

(1)专利授权量与经济发展水平息息相关。由表 6 可见,双创 100 强城市中,有 80 个城市的专利授权量在 2000 件以上,其中 24 个城市的专利授权量在 20000 件以上,这些城市主要是哈尔滨、北京、深圳、上海、苏州及广州等经济发展水平较高的城市。

(2)专利授权量和城市互联网发展水平紧密相关。据测算,双创 100 强城市的专利授权量与各城市的"互联网+"数字经济指数的相关系数为 0.8409,相关性极为显著。双创 100 强城市专利授权量与各城市的"互联网+"数字经济指数相关性如图 10 所示。

"双创"升级版意见指出,要建立并完善知识产权管理服务体系。建立并完善知识产权评估和风险控制体系,鼓励金融机构探索开展知识产权质押融资,有助于完善知识产权运营公共服务平台,逐步建立全国统一的知识产权交易市场。此外,鼓励和支持创新主体加强关键前沿技术知识产权创造,以加速形成一批战略性高价值专利组合。

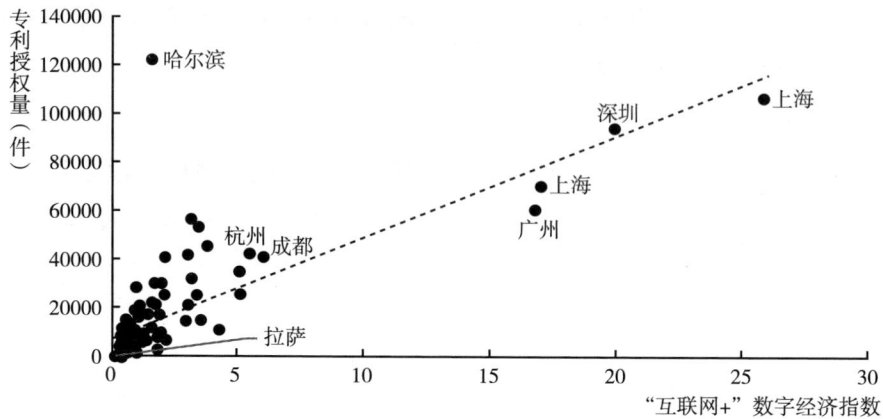

图10 专利授权量与"互联网+"数字经济指数对比

3. "互联网+"数字经济指数

"互联网+"数字经济指数下设基础、产业、创新创业、智慧民生4个分指数，共涵盖14个一级指标、135个二级指标，内容涉及社交、新闻、视频、云计算及三次产业的17个主要子行业、基于移动互联的创新创业、智慧民生等，直观反映"互联网+"数字经济在全国31个省份351个城市的落地情况。

"互联网+"已逐步渗透至经济社会发展的各个领域，与传统行业不断融合，并催生出多种创新的商业模式和产业业态，特别是在智慧民生领域。随着"十三五"规划的深入推进，"互联网+"数字经济发展水平有助于推动各城市双创的发展。

表7 双创100强城市"互联网+"数字经济指数分布

"互联网+"数字经济指数	城市数量(个)	主要城市
1以下	58	马鞍山、襄阳、包头、伊犁、拉萨等
1~2	21	沈阳、温州、济南、昆明、南宁等
2~10	17	成都、杭州、武汉、重庆、福州等
10以上	4	北京、深圳、上海、广州

（1）绝大多数样本城市"互联网+"数字经济指数在10以下。由表7可见，双创100强城市"互联网+"数字经济指数在1以下的城市有58个，

1~2 的城市有 21 个，2~10 的城市有 17 个，高于 10 的城市仅有 4 个。其中北京为 25.90，深圳为 19.97，上海为 17.05，广州为 16.78。

（2）"互联网+"数字经济指数与人均 GDP 有一定耦合关系。据测算，双创 100 强城市中"互联网+"数字经济指数与人均 GDP 的相关系数为 0.4612，有一定的相关性。双创 100 强城市中"互联网+"数字经济指数与人均 GDP 对比如图 11 所示。

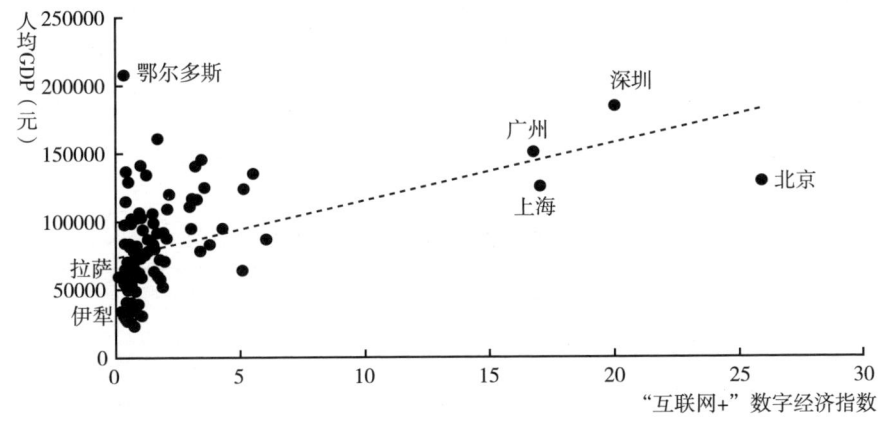

图 11　"互联网+"数字经济指数与人均 GDP 对比

由图 11 可见，"互联网+"数字经济指数较高的城市如北京、深圳、上海及广州等，其人均 GDP 也较高；而马鞍山、襄阳、包头、伊犁及拉萨等指数较低的城市，其人均 GDP 均低于双创 100 强城市均值。"双创"升级版的意见中指出，要完善"互联网+"创新创业服务体系，推进"国家创新创业政策信息服务网"建设，及时发布创新创业先进经验和典型做法，进一步降低各类创新创业主体的政策信息获取门槛和时间成本。可见，建设"互联网+"创新创业平台，进一步降低创新创业主体与资本、技术对接的门槛，才能使更多优质资源惠及创新创业人员。

4. 单位 GDP 能耗

在双创 100 强城市中，2017 年单位 GDP 能耗最高的城市是淮安，为 1.94 吨标准煤/万元；最低的是三亚，为 0.07 吨标准煤/万元；均值为 0.56

吨标准煤/万元，较2016年的0.60吨标准煤/万元降低了6.7%。

（1）双创100强城市的单位GDP能耗几乎集中在1.00吨标准煤/万元以下。由表8可见，双创100强城市2017年单位GDP能耗在1.00吨标准煤/万元以下的城市有89个，其中低于我国2015年0.63吨标准煤/万元的城市有72个，低于0.50吨标准煤/万元的城市有51个，这说明双创100强城市的能源利用效率较高。

（2）中西部地区单位GDP能耗有所降低。由表8可见，单位GDP能耗高于1.50吨标准煤/万元的城市是保定、湛江和淮安，单位GDP能耗在1.00~1.50吨标准煤/万元的城市是漳州、许昌、安庆、广州、榆林、伊犁、重庆及常州。其中，仅有榆林、伊犁和重庆为中西部城市。

表8 双创100强城市2017年单位GDP能耗分布

单位GDP能耗 （吨标准煤/万元）	城市数量（个）	主要城市
0.50以下	51	三亚、武汉、石家庄、上海、成都、天津、深圳、南京等
0.50~1.00	38	佛山、无锡、湘潭、海口、呼和浩特、厦门、贵阳、东莞等
1.00~1.50	8	漳州、许昌、广州、伊犁、重庆等
1.50以上	3	保定、湛江、淮安

二 双创结构分析

双创结构是指双创环境、双创资源与双创绩效之间的耦合关系。本节主要对双创结构各因素的关系进行分析。

（一）双创竞争力与经济发展水平的关系

理论上，双创竞争力越强的城市，创新能力和创业积极性也越高，经济活力越强；其经济发展规模越高，增长速度也越快。本书测算的各城市双创指数与其人均GDP的相关系数为0.6907，相关性较显著。各城市双创指数与人均GDP对比如图12所示。

双创主要指标与数据分析

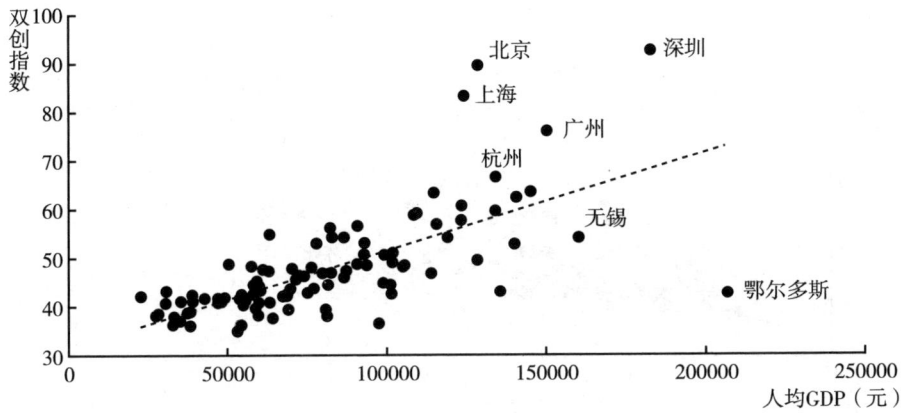

图12　各城市双创指数与其人均GDP对比

双创竞争力与经济发展水平联系密切。大多数双创核心城市或枢纽城市人均GDP和双创指数高于双创指数100强城市的平均水平；然而，也有些城市的人均GDP高于双创指数100强城市的平均水平，但其双创指数低于双创指数100强城市的平均水平，这样的城市为双创潜力城市。

（二）双创环境与双创资源的相关性分析

根据本书的评价方法，通过已构建的双创100强城市的双创环境支持和双创资源能力的综合指标，本节以前文构建的双创环境和双创资源的综合指标作为研究对象，考察双创环境支持与双创资源能力之间的关系。通过计算，双创环境支持和双创资源能力综合指标的相关系数为0.7599，相关性较强。双创环境支持和双创资源能力综合指标的相关性如图13所示。

双创环境支持与双创资源能力呈极强的线性相关。由图13可见，双创100强城市的双创环境支持和双创资源能力呈现双创环境越好，其双创资源越丰富的典型特征。例如深圳、北京、广州等一线城市和天津、苏州等经济发达城市，无论是双创环境还是双创资源均高于双创100强城市的平均值；

033

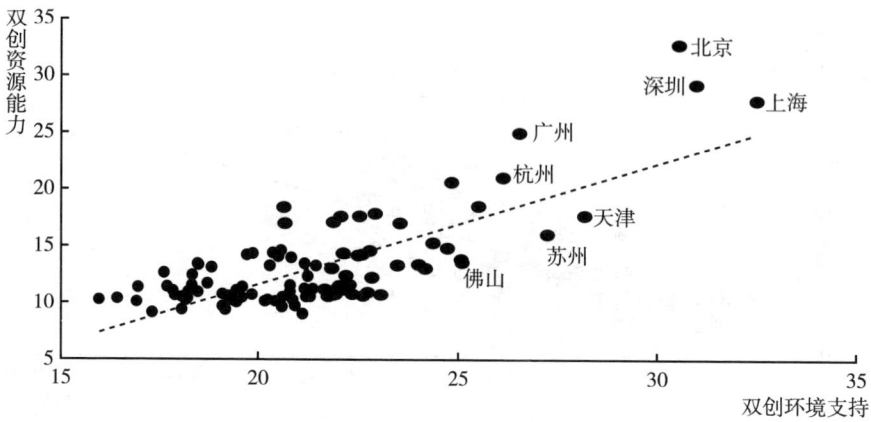

图 13　双创环境支持和双创资源能力综合指标相关图

某些双创环境高于双创 100 强城市平均水平，但其双创资源低于双创 100 强城市平均水平的城市（如佛山），往往是双创的潜力城市。因此，图 13 说明双创环境与双创资源呈线性相关，即双创环境的提升将加速并促进双创资源的汇集。

（三）双创环境与双创绩效价值的相关性分析

从理论层面看，提升双创环境会提高一个城市的双创效率，最终提高这个城市的双创绩效价值。通过测算，双创环境支持和双创绩效价值的相关系数为 0.7922，呈高度正相关关系。双创环境支持和双创绩效价值综合指标的相关图如图 14 所示。

双创环境与双创绩效具有十分显著的正相关关系。由图 14 可见，整体而言，双创 100 强城市的双创环境支持和双创绩效价值呈现典型的正相关特征。随着一个城市双创环境的不断提升，其双创绩效和双创城市的层次也将相应提升。因此，一个城市如果想出现双创绩效提升的效果，双创环境的提高是一个必要条件。

（四）双创资源能力与双创绩效价值的相关性分析

自然资源是有限的，双创示范城市可以整合有限的资源供给，利用

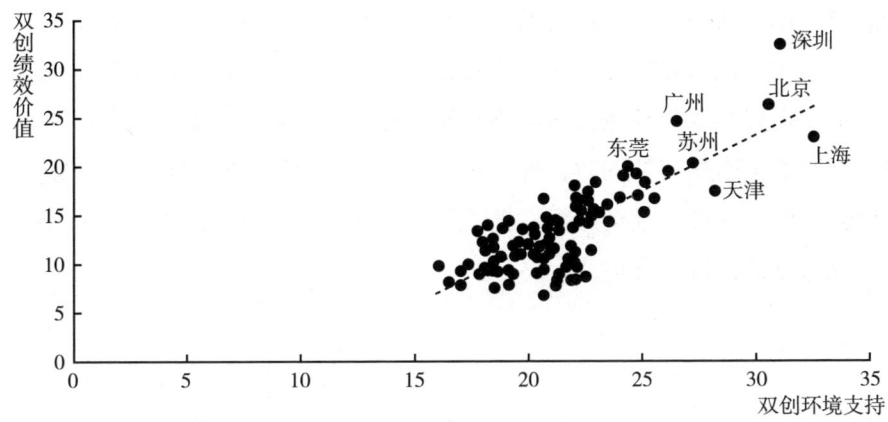

图14 双创环境支持和双创绩效价值综合指标相关图

其创新创造能力,提高资源利用效率,提高产业绩效和创新绩效。通过测算,双创资源能力和双创绩效价值之间的相关系数为0.7747,呈高度正相关关系。双创资源能力和双创绩效价值综合指标的相关图如图15所示。

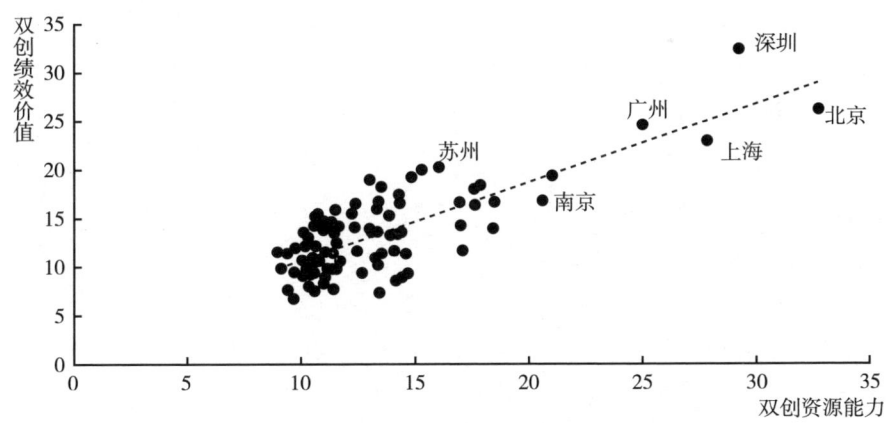

图15 双创资源能力和双创绩效价值综合指标相关图

双创资源能力对双创绩效价值具有较强的拉动作用,但效应较双创环境略低。根据图15,整体而言,双创100强城市的双创资源和双创绩效呈现一个典型特征:一个城市的双创资源越丰富,其双创绩效越高。然而,双创

资源与双创绩效的相关系数略低于双创环境与双创绩效的相关系数，这说明双创环境对双创绩效的促进作用要略高于双创资源。因此，优质的双创资源必须依托良好的双创环境，才能够有效拉升双创绩效。这就要求各城市在重视双创资源不断积聚的同时，进一步拓展创新创业国际交流合作，深度融入全球创新创业浪潮，推动形成一批国际化创新创业集聚地，为该地创新创业事业创造良好的制度环境。

B.3 城市双创指数评价分析

于 潇 刘莉红*

摘　要： 为进一步把握全国城市创新创业竞争力的发展与变动规律，本报告借鉴了国内外关于指数构建和指数评价的理论和方法，从城市的环境支持、资源能力和绩效价值三个维度，利用3个一级指标、9个二级指标、30个三级指标，构建了双创指数评价模型，对各样本城市的双创指数进行测度。从城市角度看，我国双创发展整体势头良好，同时存在明显的分层现象，少数主要城市发展强势，大部分城市还存在巨大的提升空间。

关键词： 关键指标　城市　评价　子特征

一　双创指数得分及城市排名

（一）总体情况

综合数据分析，我国各城市双创具有下述特点。

从发展趋势看，各城市创新创业态势良好。依据统计测算结果可知，在

---

* 于潇，北京大学经济学博士，比利时根特大学历史学博士，中央民族大学经济学院副教授，研究领域为土地制度、农村劳动力流转、产业创新；刘莉红，中央民族大学生命与环境科学学院本科生，主要研究方向为水资源管理、环境资源承载力、创新创业。

双创指数100强城市中,既有深圳、北京、上海、广州等"老牌"一线城市,也有西宁、焦作、常德、鄂尔多斯等非省会城市,这显示出在国家的大力号召以及社会各界的积极响应下,各级政府把双创工作落到实处,使各城市双创情况呈现稳定良好的发展态势。

从整体结构看,各城市双创工作呈现"整体态势平均,少数发展突出"的金字塔形分布结构(见表1)。

表1 双创指数百分位数及各层次的平均得分

百分位	百分位数	差值	排名	平均得分	差值
90%	59.58	—	前10	71.76	—
80%	54.17	5.41	前20	64.03	7.73
70%	48.78	5.39	前30	59.78	4.25
60%	47.20	1.58	前40	56.86	2.92
50%	44.50	2.70	前50	54.68	2.18
40%	42.73	1.77	前60	52.85	1.83
30%	41.91	0.82	前70	51.36	1.49
20%	40.80	1.11	前80	50.10	1.26
10%	38.14	2.66	前90	48.92	1.18

从以上两组数据来看,各排名层次以及百分位数位居前列的城市,其双创指数的平均得分较高,随着排名以及百分位数的降低,平均得分与差值逐渐减小,这说明全国各城市双创发展水平整体较低,部分城市发展较为突出,呈金字塔形结构。值得一提的是,与2017年相比,2018年城市各层次平均得分普遍更低,表明各城市双创发展有所放缓。

从得分区间看,我国创新创业发展仍具明显的层次性。如图1所示,双创指数100强城市中深圳、北京、上海3个城市的得分均达到"优秀"水平(80分及以上);广州、杭州、苏州、天津、南京、武汉6个城市处在"及格"水平(60~80分);珠海、厦门、宁波、长沙、佛山、合肥等44个城市则主要分布在44~59分;江门、太原、漳州等47个城市主要集中在36~44分(排名最靠后的城市为贵州遵义,得分为36.08)。因此,可依据双创得分区间将双创指数100强城市划分为4个梯队(见表2)。

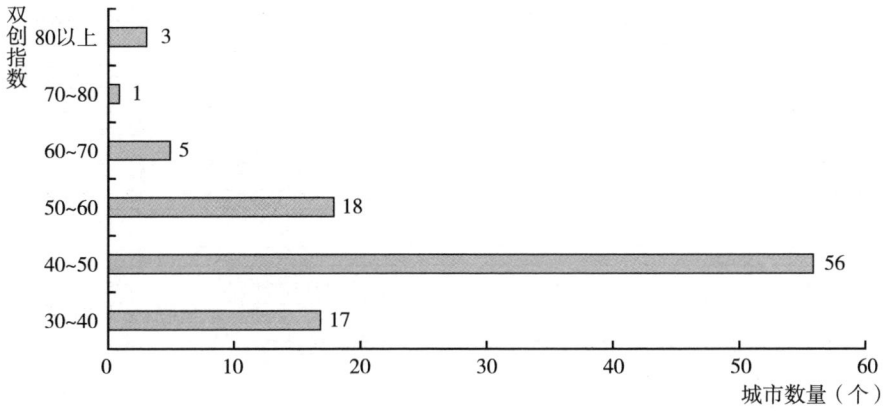

图 1　双创指数与城市数量分布

表 2　双创指数 100 强城市层次划分

双创指数区间	主要城市	层次
(36,43)	江门、太原、漳州、马鞍山等 47 个城市	第 4 梯队
(44,59)	珠海、厦门、宁波、长沙等 44 个城市	第 3 梯队
(60,75)	广州、杭州、苏州、天津等 6 个城市	第 2 梯队
80 以上	深圳、北京、上海	第 1 梯队

（二）双创指数前10强情况

依据本书确定的三级指标体系及指数评分计算方法，双创指数前 10 强城市依次为：深圳、北京、上海、广州、杭州、苏州、天津、南京、武汉、珠海（见表3）。

表 3　双创指数前 10 强城市

城市	环境支持	资源能力	绩效价值	双创指数	双创指数排名
深圳	30.96	29.24	32.38	30.96	1
北京	30.52	32.75	26.27	30.52	2
上海	32.47	27.86	22.93	32.47	3
广州	26.52	24.99	24.55	26.52	4
杭州	26.11	21.04	19.41	26.11	5
苏州	27.23	16.06	20.25	27.23	6

续表

城市	环境支持	资源能力	绩效价值	双创指数	双创指数排名
天津	28.17	17.69	17.47	28.17	7
南京	24.82	20.64	16.95	24.82	8
武汉	25.50	18.53	16.64	25.50	9
珠海	24.35	15.31	19.96	24.35	10

由表3可得出，排名前10的城市具有以下明显特征。

首先，排名前10城市仍以华东和华南的经济发达城市为主，非东部地区仅武汉一市跻身前10。在2017年，成都进入了前10，但2018年被珠海所取代。相较于其他城市，武汉3个一级指标的得分情况皆较为逊色，没有明显突出的方面。

其次，城市双创环境评价中资源能力方面占主要地位。根据对排名前10城市的3个一级指标与双创城市进行相关性检验得出：环境支持与双创指数的相关系数为0.8172；资源能力与双创指数的相关系数为0.8531；绩效价值与双创指数的相关系数为0.8762。上述数据表明城市资源能力相较于环境支持指标，对双创具有更显著的影响，这与上一年度的结果有所不同。

（三）双创前20强情况

依据本书确定的三级指标体系及指数评分计算方法，双创指数排名前20城市如表4所示。

表4 双创指数前20强城市

城市	双创指数	双创指数排名	城市	双创指数	双创指数排名
深圳	92.58	1	厦门	59.17	11
北京	89.54	2	宁波	58.81	12
上海	83.26	3	长沙	57.70	13
广州	76.07	4	佛山	56.92	14
杭州	66.56	5	合肥	56.60	15
苏州	63.54	6	东莞	56.20	16
天津	63.34	7	重庆	54.89	17
南京	62.40	8	芜湖	54.28	18
武汉	60.67	9	成都	54.25	19
珠海	59.62	10	青岛	54.18	20

表4反映出双创指数前20名城市具有如下特征。首先，双创20强城市仍主要集中在东部和南部的沿海地区。中西部仅武汉、长沙、合肥、成都4个省会城市以及直辖市重庆入围20强。其次，第11～20名的城市分差较小，竞争激烈但潜力较大。由表4可看出，从厦门（双创指数排名第11）到青岛（双创指数排名20），各城市双创指数紧密分布在（54.18，59.17）区间，且各城市之间双创指数分差微小，表明后10强城市之间差距较小，虽然竞争较为激烈，但潜力都比较大。

（四）双创指数100强城市排名

在借鉴已有研究基础上，依据确定的三级指标体系及指数评分计算方法，计算得出100个样本城市的双创指数以及排名情况，结果如总报告表3所示。

由总报告表3可知，东部和南部沿海城市的双创指数排名整体位居前列，中西部及东北地区城市整体偏后。这说明双创环境与经济发展水平有极强的耦合关系。此外，双创指数排名自中山市（27名）后，各城市得分均低于50分，说明我国双创环境有较大提升空间。

二 双创指数得分的频率分布

由总报告表3可知，双创100强城市平均得分为47.60，最高双创指数得分城市为深圳，得分为92.58；双创指数得分最低城市为遵义，得分为36.08。取（30.00，100.00）为得分区间，组距为10，可设置7组双创指数分数段，则可统计双创指数在不同区间的城市数量（见表5）。

表5 双创指数的区间分布

双创指数分数段	城市数量（个）	占比（%）
[30,40)	17	17
[40,50)	56	56
[50,60)	18	18

续表

双创指数分数段	城市数量(个)	占比(%)
[60,70)	5	5
[70,80)	1	1
[80,90)	2	2
[90,100]	1	1

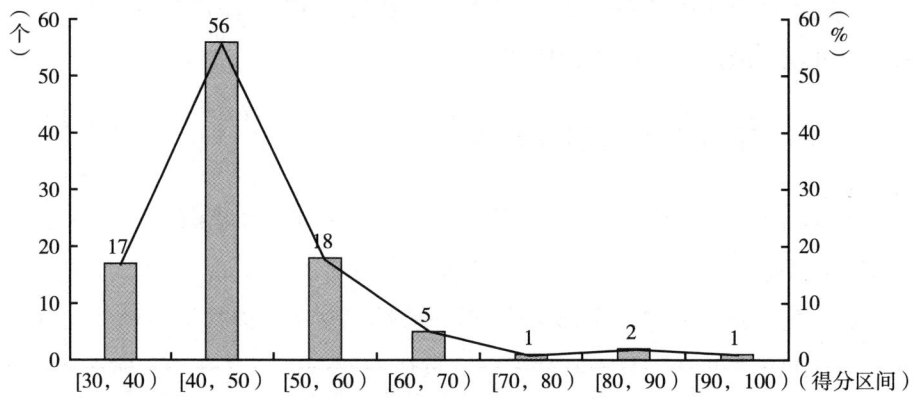

图 2　双创指数得分段的频率分布

少数城市双创环境发展突出，大部分城市仍有较大的发展潜力。如表 5 及图 2 所示，双创指数排名前 100 城市的得分主要集中在 [30.00, 60.00) 区间，双创指数超过 60 分的城市仅有 9 个。我国仅少数城市在双创方面表现强势，大部分城市还有很大的进步空间。

三　双创城市分层比较研究

（一）双创城市分层标准及结果

依照前文划分的 4 个双创中心层次，参照上一年度蓝皮书各层次评定方法，结合本蓝皮书测量结果，制定有关双创中心分层标准，具体情况如下：双创指数得分在 80 以上的为双创核心城市；双创指数得分区间在（70.00，80.00）的为双创枢纽城市；双创指数得分区间在（60.00，70.00）的为双创节点城市；双创指数得分区间在（50.00，60.00）的为双创潜力城市。

通过计算，深圳、北京和上海3个城市被评选为双创核心城市；仅广州一市被评选为双创枢纽城市；杭州、苏州、天津等5座城市被评选为双创节点城市；珠海、厦门、宁波、长沙等18座城市被评选为双创潜力城市。具体结果如表6所示。

表6 双创中心分层

双创指数排名	层次	城市	双创指数
1	双创核心城市	深圳	92.58
2		北京	89.54
3		上海	83.26
4	双创枢纽城市	广州	76.07
5	双创节点城市	杭州	66.56
6		苏州	63.54
7		天津	63.34
8		南京	62.40
9		武汉	60.67
10	双创潜力城市	珠海	59.62
11		厦门	59.17
12		宁波	58.81
13		长沙	57.70
14		佛山	56.92
15		合肥	56.60
16		东莞	56.20
17		重庆	54.89
18		芜湖	54.28
19		成都	54.25
20		青岛	54.18
21		无锡	54.14
22		福州	53.12
23		西安	53.02
24		常州	52.82
25		绍兴	51.07
26		郑州	50.76
27		中山	50.64

整体而言，目前我国双创核心城市和枢纽城市较少，尤其是枢纽城市仅有广州一市；双创节点城市和双创潜力城市相对较多。相较于上一年度报告的计算结果，本报告各层次城市数量均有所减少，这既说明了我国双创发展有所放缓，也表明我国整体的双创发展仍具有较大的潜力。

（二）双创城市分层宏观比较

双创核心城市在3个一级指标上均具有较大优势，且至少有1项指标得分具有显著优势。分别统计各城市在双创环境支持、资源能力和绩效价值上的平均得分，结果对比如图3所示。

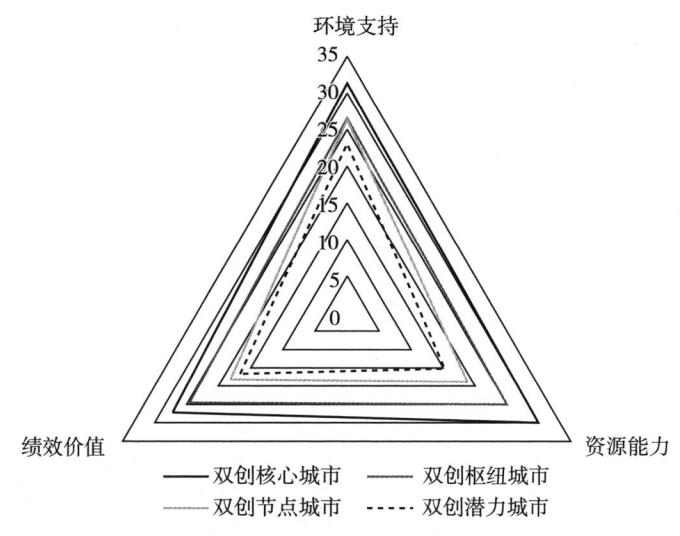

图3 双创各层次平均得分对比

由表6和图3可知，双创中心分层各层次有以下特征。

首先，较之资源能力和绩效价值，各层次城市在环境支持方面均具有良好表现，且环境支持得分随层次的递减而逐渐降低。经计算，双创核心城市在双创环境支持方面的平均得分为31.32分，枢纽城市平均得分为26.52分，节点城市平均得分为26.37分，潜力城市平均得分为23.04分。数据表明，在"大众创业、万众创新"的大环境下，各城市积极响应，落实构建良好双创环境，初步取得了相对良好的成果。

其次，在双创资源能力方面，各层次城市呈现较大的差异性。据计算结果，双创核心城市在双创资源能力方面的平均得分为29.95分，枢纽城市平均得分为24.99分，节点城市平均得分为18.79分，潜力城市平均得分为15.19分。数据表明，不同层次城市的双创资源能力具有一定差距，尤其是双创节点城市和潜力城市在双创资源能力方面表现较弱，与双创核心和枢纽城市差距较大。

最后，在双创绩效价值方面，核心城市绩效突出，枢纽城市紧随其后，节点城市和潜力城市略微逊色但有较大提升空间。依据统计结果，在双创绩效价值方面，双创核心城市的平均得分为27.19分，枢纽城市平均得分为24.55分，节点城市平均得分为18.14分，潜力城市平均得分为16.66分。依照上一年度蓝皮书确定的指数评价方法，双创绩效价值的满分为34分，因此，枢纽城市、节点城市、潜力城市仍需努力提升绩效价值。

（三）双创城市分层微观比较

1. 双创环境支持

根据本书确定的指标体系和权重，综合统计测定各城市双创环境支持得分，双创环境支持与该得分正相关。综上所述，计算各层次城市在环境支持4个二级指标上的平均得分，结果如图4所示。

（1）在市场结构方面，双创各层次城市的差别不大。双创核心城市的平均得分为6.32分，枢纽城市平均得分为4.92分，节点城市平均得分为6.21分，潜力城市平均得分为6.55分。该结果表明，由于双创各层次城市的非公有制企业占比和小微企业占比基本均在90%以上，所以在市场结构方面差距不大。值得一提的是，依据分层结果，双创枢纽城市仅广州一市，故该项计算存在较大的偶然误差。

（2）在产业基础和制度文化方面，双创核心城市仍具突出优势。双创核心城市的产业基础和制度文化的平均得分为8.63和6.86分，枢纽城市平均得分为6.15和3.86分，节点城市平均得分为5.72和3.64分，潜力

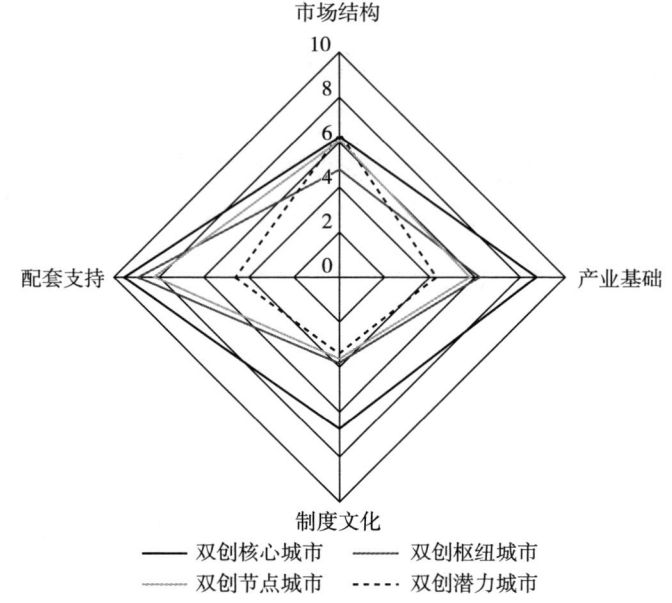

图 4 双创各层次的环境支持二级指标对比

城市平均得分为 4.25 和 3.49 分。双创核心城市均为老牌一线城市，长期以来具有较为活跃的民间投资、较高的政府效率以及良好的商业信用体系。

（3）在双创配套支持方面，双创核心城市、枢纽城市、节点城市均具有良好表现。依据统计结果，在双创配套支持方面，双创核心城市的平均得分为 9.52 分，枢纽城市平均得分为 8.96 分，节点城市平均得分为 8.18 分，潜力城市平均得分为 4.59 分。综合上一年度蓝皮书呈现的双创枢纽城市在双创配套支持方面"一枝独秀"的形势分析，我国各大城市互联网宽带等配套支持设施的普及率皆明显提升，但双创潜力城市在此方面有较大的提升空间。

2. 双创资源能力

根据本蓝皮书确定的指标体系和权重，综合统计测定各城市的资源能力得分，双创资源能力与该得分呈正相关。综上所述，计算各层次城市在双创资源能力 2 个二级指标上的平均得分，结果如图 5 所示。

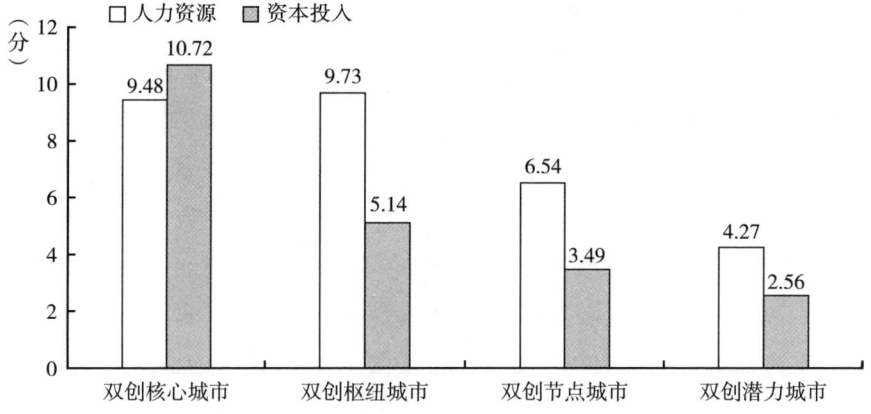

图5 双创各层次城市的资源能力二级指标对比

(1)双创核心城市和枢纽城市在人力资源方面具有明显优势。在人力资源方面,双创核心城市的平均得分为9.48分,枢纽城市平均得分为9.73分,节点城市平均得分为6.54分,潜力城市平均得分为4.27分。双创核心城市和枢纽城市在此方面的平均得分几乎高达节点城市和潜力城市的两倍,这主要是由于双创核心城市和枢纽城市中的北京、上海、广州均是著名高校的聚集地,具备完整独立的高科技园区,能提供大量高技术、人才导向型就业职位。

(2)双创核心城市在资本投入上显著突出。在资本投入方面,双创核心城市的平均得分为10.72分,枢纽城市平均得分为5.14分,节点城市平均得分为3.49分,潜力城市平均得分为2.56分。双创核心城市的资本投入表现优于在人力资源方面的表现,而双创枢纽城市、节点城市、潜力城市的资本投入得分远低于人力资源得分,且相较于核心城市的资本投入得分显著低下,说明枢纽城市虽然在人才资源储备方面已有良好基础,但缺乏相匹配的资本投入。而对于节点城市和潜力城市,必须在人力资源和资本投入方面"两手抓",才能提升其双创能力。

3. 双创绩效价值

根据本蓝皮书确定的指标体系和权重,综合统计测定各城市双创绩效价值得分，各城市创造双创绩效价值能力与该得分正相关。

根据对双创城市层次的划分，统计各层次城市在双创绩效价值二级指标上的平均得分，结果如图6所示。

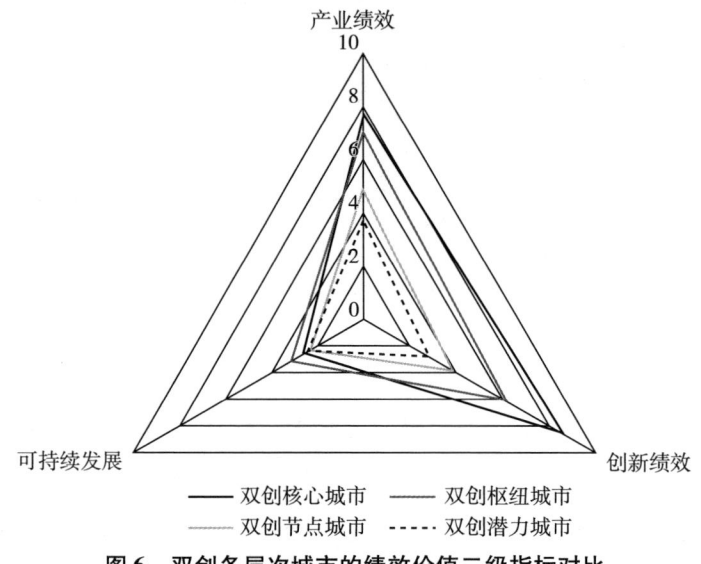

图6 双创各层次城市的绩效价值二级指标对比

（1）双创核心城市和枢纽城市在产业绩效方面仍具明显优势。在双创产业绩效方面，双创核心城市的平均得分为7.75分，枢纽城市平均得分为7.04分，节点城市平均得分为4.89分，潜力城市平均得分为3.84分。双创核心城市和枢纽城市的平均得分远高于其他层次城市。其中，双创核心城市和枢纽城市的人均GDP及高技术产业增加值占GDP比重是形成这一现状的主要原因。

（2）双创核心城市在创新绩效方面处于领跑地位。依据统计结果，在双创创新绩效方面，双创核心城市的平均得分为8.54分，枢纽城市平均得分为6.12分，节点城市平均得分为3.87分，潜力城市平均得分为2.84分。在双创创新绩效方面，双创核心城市明显高于其他各层次城市。虽然双创枢纽城市较之节点城市和潜力城市在得分上已经很接近核心城市，但是仍有2.42分的大分差。这种现象主要是由于双创核心城市在专利授权量和每万人国内发明专利申请量两方面具有良好的生长土壤。

（3）各层次城市在可持续发展方面呈非常低迷的状态。在双创创新绩效方面，双创核心城市的平均得分为 2.62 分，枢纽城市平均得分为 3.18 分，节点城市平均得分为 2.30 分，潜力城市平均得分为 2.51 分，均远远低于本蓝皮书所确定的满分 8.50 分。其中，双创枢纽城市较之其他各层次城市而言，虽然得分仍然较低，但有所突出，这主要归功于广州市以制造业和轻工业为主的工业体系。从统计结果整体来看，集约程度低、单位 GDP 能耗高的粗放型经济增长仍是我国大部分城市经济发展的主旋律。

B.4 城市双创指数子特征分析

于 潇 李佳熙*

摘 要: 双创指数由环境支持、资源能力和绩效价值3个子特征构成,本报告主要分析双创指数的3个子特征。从双创指数子特征看,在双创环境支持方面,我国双创环境整体良好,但双创100强城市的环境仍有待提升。在资源能力方面,双创资源丰富且呈现层次性,除一线城市外其他城市还有巨大提升空间。在绩效价值方面,双创100强城市两极分化态势明显。

关键词: 子特征 双创环境支持 双创资源能力 双创绩效价值

一 双创环境分析

(一)双创环境支持得分及排名

按照本书所确定的指标体系及指标权重,通过子指标的加权计算获得双创100强城市双创环境支持得分。得分越高,表明该城市的双创环境越好,越有利于双创活动的开展,反之则越差。表1为最终测算的结果及双创城市排名。

---

* 于潇,北京大学经济学博士,比利时根特大学历史学博士,中央民族大学经济学院副教授,研究领域为土地制度、农村劳动力流转、产业创新;李佳熙,中央民族大学生命与环境科学学院本科生,主要研究方向为区域环境规划、环境资产评估、创新创业。

城市双创指数子特征分析

表1 双创环境支持100强城市得分及排名

城市	双创环境支持	城市排名	城市	双创环境支持	城市排名
上海	32.47	1	福州	22.12	31
深圳	30.96	2	连云港	22.11	32
北京	30.52	3	长沙	22.05	33
天津	28.17	4	马鞍山	22.02	34
苏州	27.23	5	威海	21.96	35
广州	26.52	6	济宁	21.92	36
杭州	26.11	7	郑州	21.87	37
武汉	25.50	8	包头	21.87	38
佛山	25.09	9	洛阳	21.85	39
青岛	25.07	10	温州	21.83	40
南京	24.82	11	徐州	21.75	41
宁波	24.72	12	淄博	21.66	42
珠海	24.35	13	南宁	21.46	43
东莞	24.17	14	惠州	21.39	44
无锡	24.00	15	沧州	21.32	45
重庆	23.53	16	海口	21.26	46
常州	23.47	17	保定	21.25	47
泰州	23.06	18	唐山	21.21	48
厦门	22.92	19	长春	21.18	49
中山	22.84	20	湖州	21.17	50
济南	22.78	21	茂名	21.13	51
南通	22.73	22	鄂尔多斯	20.93	52
泉州	22.62	23	淮安	20.88	53
芜湖	22.59	24	大连	20.84	54
合肥	22.52	25	扬州	20.81	55
石家庄	22.49	26	台州	20.81	56
嘉兴	22.34	27	成都	20.66	57
金华	22.27	28	西安	20.63	58
绍兴	22.19	29	德州	20.62	59
镇江	22.12	30	邯郸	20.61	60

续表

城市	双创环境支持	城市排名	城市	双创环境支持	城市排名
南昌	20.58	61	昆明	18.86	81
贵阳	20.52	62	绵阳	18.76	82
吉林	20.45	63	兰州	18.53	83
太原	20.38	64	周口	18.52	84
呼和浩特	20.31	65	乌鲁木齐	18.51	85
漳州	20.25	66	三亚	18.38	86
江门	20.18	67	岳阳	18.36	87
沈阳	19.88	68	安庆	18.27	88
柳州	19.86	69	南阳	18.25	89
哈尔滨	19.74	70	鞍山	18.21	90
桂林	19.62	71	湛江	18.11	91
九江	19.61	72	荆州	18.10	92
赣州	19.48	73	襄阳	17.93	93
常德	19.48	74	银川	17.88	94
郴州	19.42	75	株洲	17.73	95
新乡	19.29	76	拉萨	17.65	96
衡阳	19.28	77	榆林	17.35	97
焦作	19.21	78	西宁	16.98	98
许昌	19.14	79	伊犁	16.95	99
湘潭	19.13	80	遵义	16.00	100

双创100强城市的双创环境支持整体逐渐转强。由表1可知，双创100强城市的双创环境整体较上年进步明显，且态势良好：双创100强城市中双创环境支持得分最高的是上海，为32.47分，而2017年为深圳，得分是26.62分；最低的是遵义，为16.00分，而2017年为拉萨，得分是7.57分；双创100强城市整体均值为21.92分。按照本书的评价方法，双创环境支持的满分为33.00分，得分在18.00以上的城市多达92个，占比为92%，而2017年同期得分为16.50分以上的城市仅为42个。因此，数据表明2018年双创100强城市的双创环境较上年整体显著提升。

（二）双创环境支持得分的频率分布

通过统计双创环境频率分布的情况，可以分析双创 100 强城市双创环境的分布特征。双创 100 强城市中双创环境支持得分最高的是上海，为 32.47 分；最低的是遵义，为 16.00 分。取区间（15.00，33.00），组数为 6，则组距为 3.00，统计 100 个城市双创环境支持得分的频率分布（见表2）。

表2　双创 100 强城市环境支持得分的频率分布

双创环境支持分数段	城市数量(个)	占比(%)
[15.00,18.00)	8	8
[18.00,21.00)	41	41
[21.00,24.00)	36	36
[24.00,27.00)	10	10
[27.00,30.00)	2	2
[30.00,33.00)	3	3

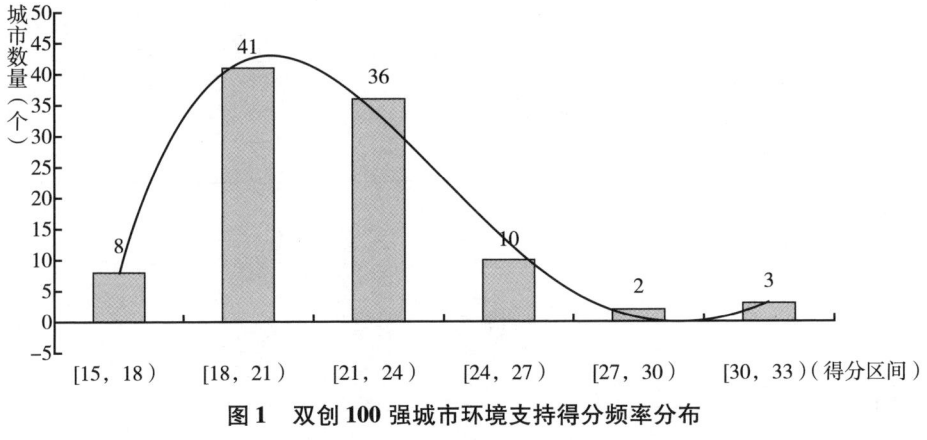

图1　双创 100 强城市环境支持得分频率分布

双创 100 强城市的双创环境整体较上年有显著提升，且仍具有较大发展潜力。由表2和图1可知，我国创新环境 100 强城市中有 87% 城市的得分集中在（18.00，27.00）区间，表明大部分城市均有双创所需的环境支持。按照本书所确定的指标体系，环境支持的满分为 33 分，双创环境 100 强城市中得分最高的是上海，得分为 32.47 分，整体得分均值为 21.92 分，表明部分城市的双创环境还有比较大的提升空间。因此，政府可加大双创环境支持力度，促进双创事业的发展。

（三）双创环境支持的子特征分析

1. 市场结构

按照确定的评价方法，市场结构得分越高，表明双创市场结构越完善，越有助于双创事业的发展；得分越低，则越不利于双创的发展。

取区间（1.55，9.25），组数为7，则组距为1.10。表3显示的是双创100强城市中市场结构得分的分布。

表3 双创100强城市市场结构得分的分布

得分	城市数量（个）	占比（%）
[1.55,2.65)	1	1
[2.65,3.75)	4	4
[3.75,4.85)	10	10
[4.85,5.95)	33	33
[5.95,7.05)	40	40
[7.05,8.15)	11	11
[8.15,9.25)	1	1

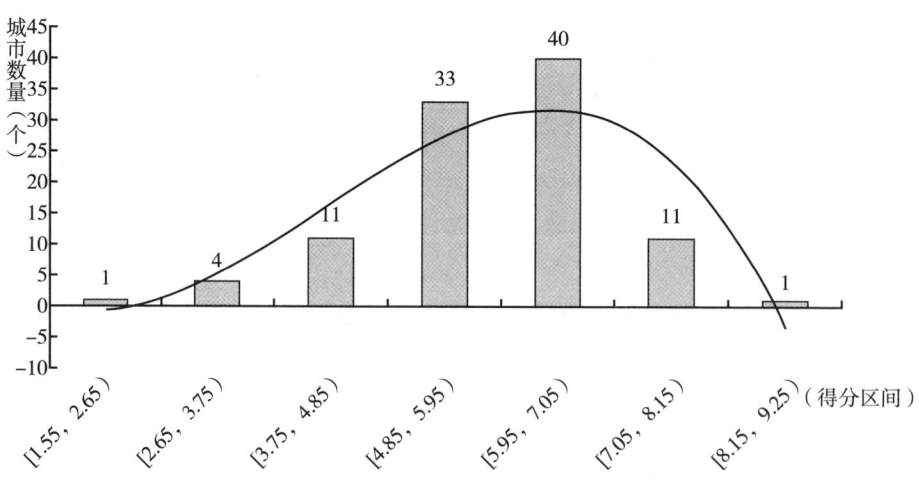

图2 双创100强城市市场结构得分频率分布

由表 3 和图 2，可总结出我国双创 100 强城市的市场结构具有以下特征。

（1）我国双创的市场结构发展已相对合理。根据双创 100 强城市中市场结构得分的分布，可以发现仅有 5% 的城市在双创市场结构上的得分上不到 3.75 分，过半城市得分达优良水平，而 2017 年近半城市得分不足 3.60 分。可见，目前我国双创的市场结构已相对合理，各地政府可通过大力发展民营及小微企业提高经济开放度，通过促进外商投资等措施进一步改善我国的双创市场结构。

（2）我国大部分城市的双创市场结构没有显著差异。根据双创 100 强城市的市场结构得分频率分布图，可以看出共有 94% 的城市的得分处于（3.75，8.15）区间，整体较 2017 年上升了一个台阶，但集中度较高且相邻城市间得分差距较小。可见，我国大部分城市的双创市场结构差异较小。因此，各地区仍需要大力加强制度建设和政策出台，通过支持民营及小微企业的发展、扩大招商引资来提高其双创市场结构得分。

（3）外商投资活跃、民营及小微企业占比高仍是改善双创市场结构的有效途径。通过对比双创市场结构得分前 5 名城市来进一步研究双创市场结构得分与城市间的关系，其结果如图 3 所示。

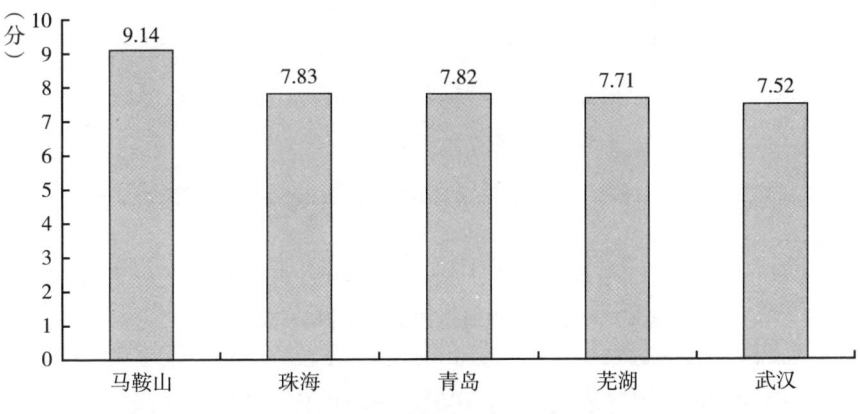

图 3　双创市场结构得分前 5 名城市

根据测算及图3，马鞍山、珠海、青岛、芜湖和武汉的市场结构得分较高。其主要原因是这些城市的民营企业和小微企业数量较多，且外商投资活跃，这对改善双创的市场结构、提高市场活力有相当大的积极作用。

2.产业基础

双创指数100强城市中产业基础得分最高的是上海，为9.75分；最低的是拉萨，为0.03分。取区间（0.00，9.60），组数为6，则组距为1.60。表4为双创100强城市中产业基础得分的分布。

表4 双创100强城市产业基础得分的分布

得分	城市数量(个)	占比(%)
[0.00,1.60)	3	3
[1.60,3.20)	36	36
[3.20,4.80)	48	48
[4.80,6.40)	8	8
[6.40,8.00)	2	2
[8.00,9.60)	3	3

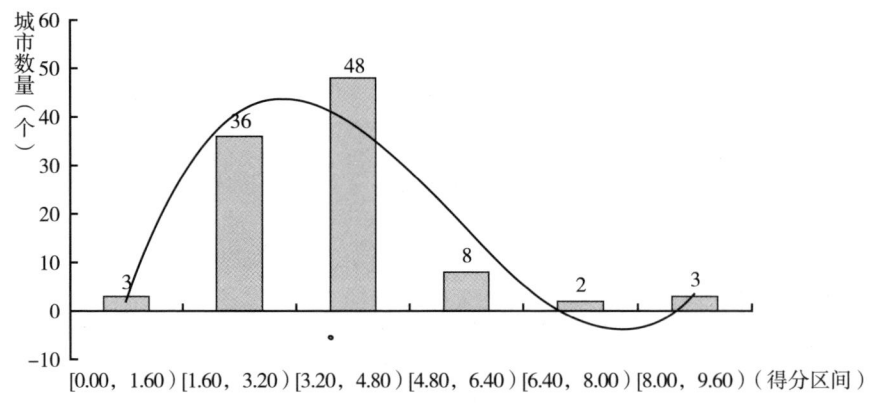

图4 双创100强城市产业基础得分频率分布

由表4和图4，可总结出双创100强城市的产业基础具有如下特征。

（1）整体来看，双创100强城市的产业基础处于中等水平。根据测算，双创100强城市的产业基础得分均值为3.63分,3%的城市产业基础得分在(0.00,1.60)区间,92%的城市产业基础得分在(1.60,6.40)区间,其中8个城市得分较高,在(4.80,6.40)区间。因此,整体而言,双创100强城市的产业基础中等。

(2)一线城市双创产业基础较好,而经济发展水平一般的城市仍需努力。通过对比双创产业基础得分前5名城市来进一步研究双创产业基础得分与城市间的关系,结果如图5所示。

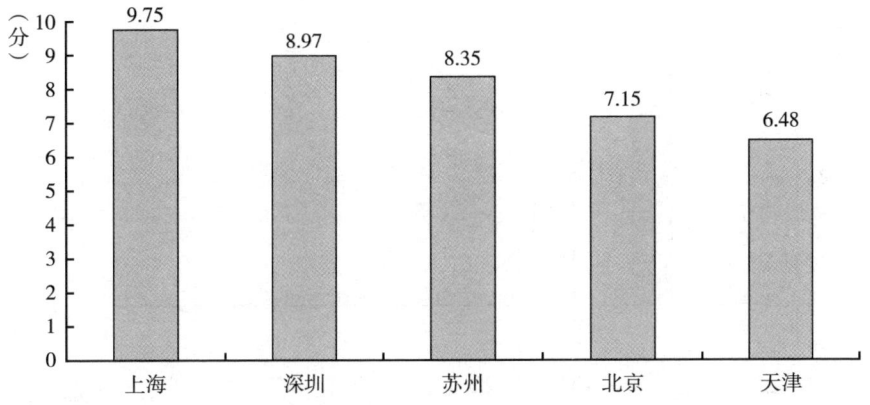

图5 双创产业基础得分前5名城市

根据对双创100强城市产业基础得分的分布统计,产业基础得分较高的前5名城市依次为上海、深圳、苏州、北京和天津,它们均为一线或经济发达城市,其他城市得分均低于6.48分。这样的结果表明,上海、深圳和北京为典型的一线城市,具有绝对出众的双创产业基础、环境和社会资源,而其他经济发展水平一般的城市仍需要进一步吸引民间资本,同时出台相关产业政策和优惠措施来刺激企业的创新能力,从而提升产业基础。

3. 制度文化

双创指数100强城市中制度文化得分最高的是深圳,为8.282分;最低的是三亚,为1.329分。取区间(1.40,7.10),组数为7,则组距为0.95。统计双创100强城市中制度文化得分的分布(见表5)。

表5　双创100强城市制度文化得分的分布

得分	城市数量（个）	占比（%）
[1.32,2.32)	12	12
[2.32,3.32)	57	57
[3.32,4.32)	24	24
[4.32,5.32)	3	3
[5.32,6.32)	2	2
[6.32,7.32)	1	1
[7.32,8.32)	1	1

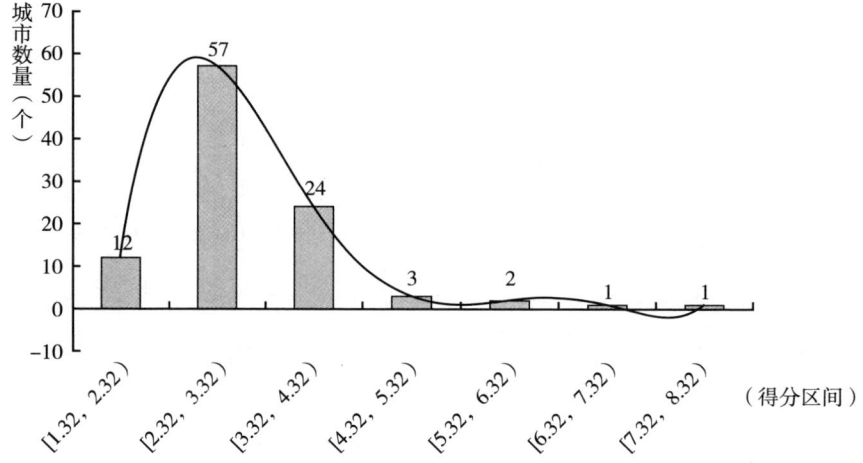

图6　双创100强城市制度文化得分频率分布

由表5和图6，可总结出双创100强城市的制度文化具有以下两个典型特征。

（1）大部分城市的双创制度文化建设仍相对较弱。根据对双创100强城市中制度文化得分的分布统计，双创100强城市的制度文化得分均值为3.155分，93个城市的双创制度文化得分均在4.32分以下，其中81个城市集中在（2.32，4.32）区间。因此，双创100强城市中大部分城市的双创制度文化建设仍相对较弱。这个测算结果与2017年相似，故加强双创城市的制度文化建设是未来各地政府需要花费精力解决的关键问题。

（2）商业信用环境指数和政府工作效率有利于促进双创制度文化建设。

通过对比双创制度文化得分前5名城市，可以进一步探究双创制度文化与城市间的关系，结果如图7所示。

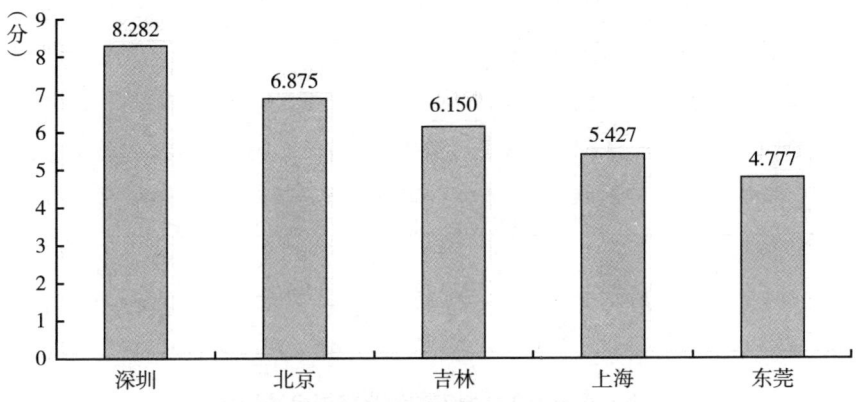

图7 双创制度文化得分前5名城市

根据图7，深圳市双创制度文化得分居第一位。这主要是因为深圳市注重商业信用环境指数和政府效率。此外，深圳市图书馆数量也名列前茅，以632座图书馆位居全国第二，仅次于东莞市。可见，制度文化是一个城市双创的内在动力及软实力。

4. 配套支持

根据测算，双创指数100强城市中配套支持得分最高的是北京，为10.76分；最低的是榆林，为0.47分。取区间（0.45，10.85），组数为8，则组距为1.30。样本城市中配套支持得分的分布如表6所示。

表6 双创100强城市配套支持得分的分布

得分	城市数量（个）	占比（%）
[0.45,1.75)	14	14
[1.75,3.05)	23	23
[3.05,4.35)	31	31
[4.35,5.65)	19	19
[5.65,6.95)	4	4
[6.95,8.25)	4	4
[8.25,9.55)	2	2
[9.55,10.85)	3	3

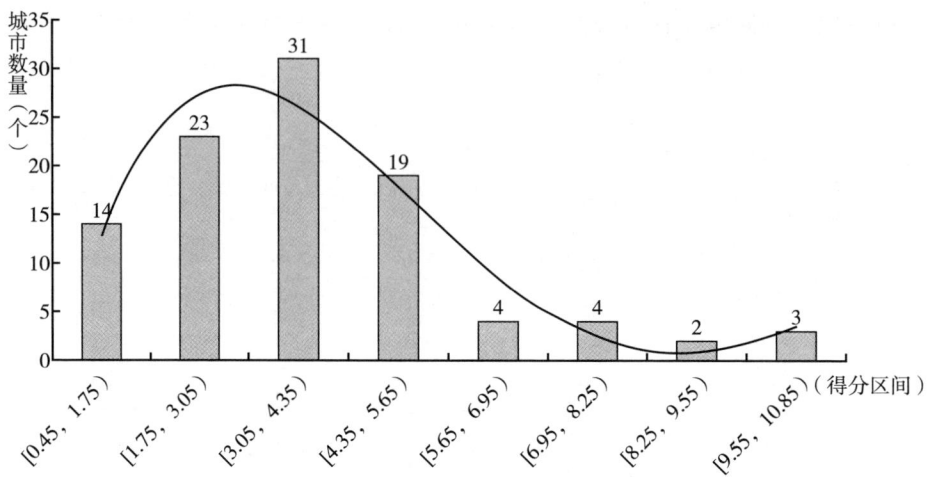

图 8 双创 100 强城市配套支持得分频率分布

根据表6和图8,可总结出双创100强城市的配套支持具有以下特征。

(1)大部分城市都具有相应的双创配套支持,且仍有进一步提升空间。按照本蓝皮书的评价方法及测算结果,双创100强城市中有73座城市的双创配套支持得分集中在(1.75,5.65)区间;100强城市配套支持得分均值为3.87分,低于本蓝皮书所确定的满分11.80分。可见,绝大多数城市此项得分较低,故随着双创浪潮的不断深入,城市双创配套支持方面有较大的提升空间。

(2)一线和准一线城市的双创配套支持较为突出。通过对比双创配套支持得分前5名城市,进一步探究双创配套支持与城市间的关系,结果如图9所示。

根据对100强城市中配套支持得分的分布统计,北京、上海、天津、广州、南京等一线和准一线城市的双创配套支持得分较高,不断地向更好的方向发展。其中,这些城市的互联网覆盖面较大,如天津市2016年互联网宽带普及率达到214.45%,大大高于其他城市。可见,在大数据背景和全球化时代下,加速互联网配套工作也是增强城市双创配套支持的必要手段。

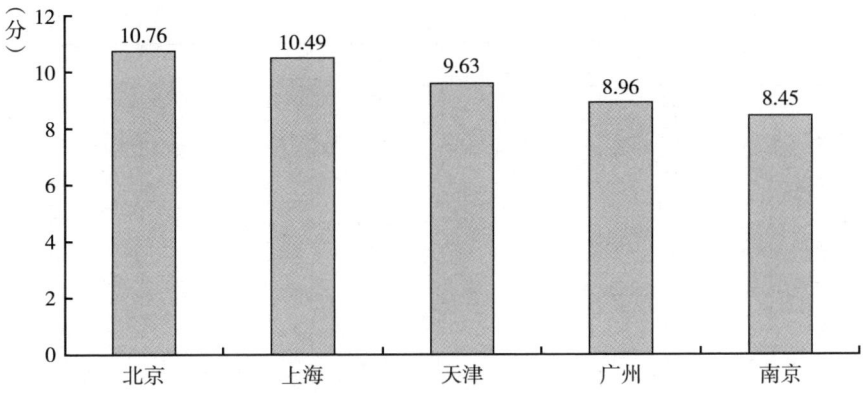

图9 双创配套支持得分前5名城市

二 双创资源能力分析

（一）双创资源能力得分及排名

双创资源能力是指能为城市双创事业的发展提供有效的资源，并且能够支持双创发展的能力。本蓝皮书评价方法所确定的双创资源能力主要通过被评价城市的人力资源和资本投入两个维度共8项指标加权计算而得。该项得分越高，表明该地区的双创资源越丰富，越有利于促进双创的发展；反之，则不利于双创发展。按照确定的评价方法，测算双创100强城市的双创资源得分并将其排名，结果如表7所示。

表7 双创资源能力100强城市得分及排名

城市	得分	排名	城市	得分	排名
北京	32.75	1	南京	20.64	6
深圳	29.24	2	武汉	18.53	7
上海	27.86	3	西安	18.43	8
广州	24.99	4	厦门	17.88	9
杭州	21.04	5	天津	17.69	10

续表

城市	得分	排名	城市	得分	排名
合肥	17.64	11	绵阳	11.74	46
长沙	17.62	12	金华	11.62	47
郑州	17.12	13	扬州	11.57	48
重庆	17.04	14	岳阳	11.57	49
成都	17.01	15	镇江	11.52	50
苏州	16.06	16	马鞍山	11.52	51
珠海	15.31	17	株洲	11.45	52
宁波	14.85	18	桂林	11.43	53
南昌	14.64	19	西宁	11.40	54
济南	14.60	20	湖州	11.28	55
太原	14.43	21	惠州	11.27	56
福州	14.39	22	威海	11.23	57
沈阳	14.37	23	淄博	11.21	58
芜湖	14.28	24	连云港	11.16	59
哈尔滨	14.25	25	赣州	11.14	60
石家庄	14.21	26	银川	11.09	61
贵阳	14.11	27	保定	11.08	62
大连	14.02	28	台州	11.01	63
青岛	13.85	29	安庆	11.00	64
佛山	13.59	30	周口	10.98	65
长春	13.50	31	南通	10.93	66
乌鲁木齐	13.46	32	湘潭	10.80	67
无锡	13.40	33	嘉兴	10.78	68
兰州	13.37	34	济宁	10.76	69
常州	13.34	35	柳州	10.75	70
南宁	13.30	36	泰州	10.74	71
呼和浩特	13.30	37	洛阳	10.71	72
昆明	13.15	38	包头	10.71	73
东莞	13.07	39	襄阳	10.67	74
温州	13.06	40	泉州	10.64	75
拉萨	12.67	41	衡阳	10.63	76
三亚	12.47	42	徐州	10.59	77
绍兴	12.42	43	沧州	10.58	78
海口	12.38	44	唐山	10.56	79
中山	12.26	45	荆州	10.55	80

续表

城市	得分	排名	城市	得分	排名
德州	10.54	81	郴州	10.17	91
新乡	10.50	82	伊犁	10.12	92
九江	10.49	83	常德	10.08	93
南阳	10.41	84	鄂尔多斯	9.76	94
淮安	10.30	85	许昌	9.71	95
漳州	10.30	86	邯郸	9.66	96
遵义	10.29	87	湛江	9.42	97
鞍山	10.25	88	焦作	9.41	98
吉林	10.18	89	榆林	9.16	99
江门	10.17	90	茂名	9.04	100

整体来看，双创100强城市的双创资源能力得分较低。由表7可知，双创100强城市中，仅有6座城市的得分在20.00分以上，其中得分30.00分以上的城市有且仅有北京一个。本蓝皮书所确定的双创资源能力的满分为33.00分，这表明双创100强城市的双创资源能力得分较低，整体偏弱。因此，双创资源能力可能是未来制约某地区双创事业发展的一个瓶颈。

（二）双创资源能力得分的频率分布

如表7所示，双创资源能力得分最高的城市是北京，得分为32.75分；最低的是茂名，为9.04分。取区间（9.00，33.00），组数为6，组距为4.00，统计双创100强城市双创资源能力得分的频率分布（见表8）。

表8 双创100强城市资源能力得分的频率分布

得分	城市数量（个）	占比（%）
[9.00,13.00)	60	60
[13.00,17.00)	25	25
[17.00,21.00)	10	10
[21.00,25.00)	2	2
[25.00,29.00)	1	1
[29.00,33.00)	2	2

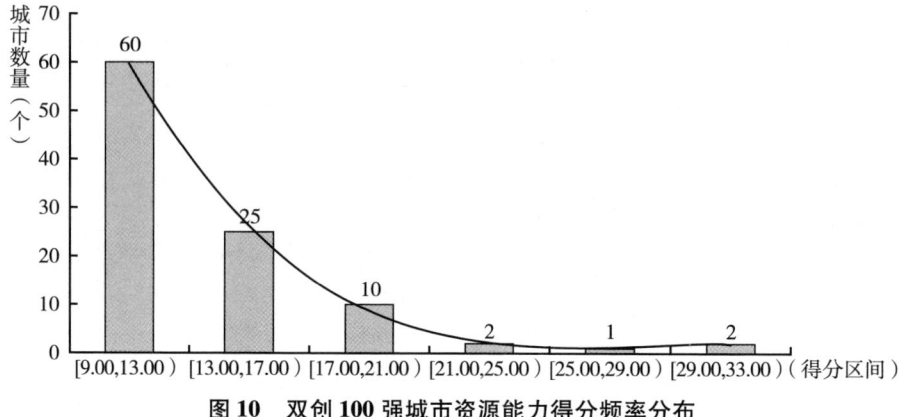

图10 双创100强城市资源能力得分频率分布

根据表8和图10，可以总结出双创100强城市的双创资源能力具有以下特征。

首先，整体上看，一线城市与区域中心城市的双创资源丰富，大多数城市资源相对匮乏。根据双创资源能力100强城市得分、排名及其分布，排名前10的城市包括4个一线城市和各区域的中心城市，这些城市对双创资源的吸引是其他城市难以比拟的。此外，60%的城市得分在（9.00，13.00）区间，且在得分区间（17.00，29.00），得分越高，城市数量越少，说明其他城市双创资源仍比较匮乏。

其次，城市的双创资源能力具有较大的提升潜力。根据双创100强城市双创资源能力得分频率分布，可看出双创100强城市中有35%的城市的双创资源能力得分集中在（13.00，21.00）区间，5%的城市的双创资源能力得分集中在（21.00，33.00）区间，这表明双创100强城市双创资源能力的提升具有非常大的空间。此外，双创100强城市整体创新资源能力的得分均值为13.14分，而创新资源能力的满分为33.00分，这也从侧面反映出这些城市双创资源能力的提升潜力。

（三）双创资源能力的子特征分析

1. 人力资源

根据计算结果，双创指数100强人力资源得分最高的城市是北京，为

12.63 分；最低的是榆林，为 0.86 分。取区间（0.85，12.85），组数为 6，则组距为 2.00。表 9 为 100 强城市中人力资源得分的分布结果。

表 9　双创 100 强城市人力资源得分的分布

得分	城市数量(个)	占比(%)
[0.85,2.85)	52	52
[2.85,4.85)	23	23
[4.85,6.85)	15	15
[6.85,8.85)	8	8
[8.85,10.85)	1	1
[10.85,12.85)	1	1

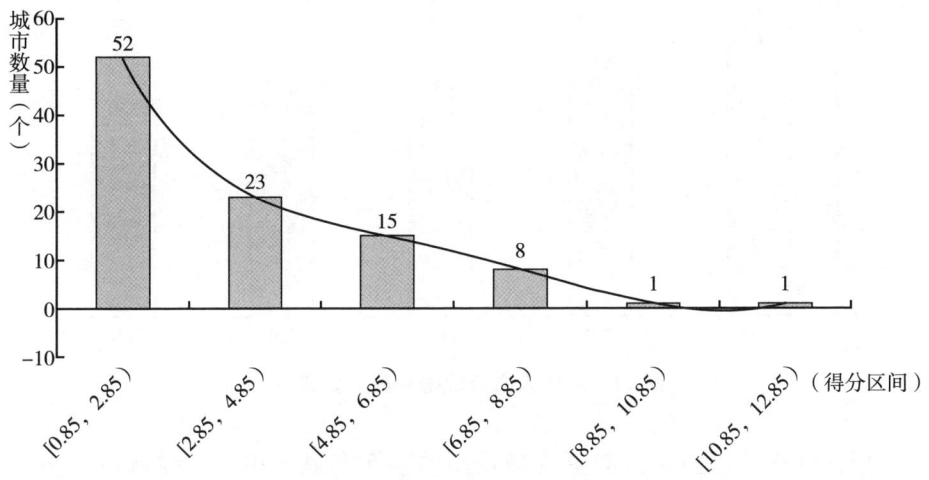

图 11　双创 100 强城市人力资源得分频率分布

根据表 9 和图 11，可总结出双创 100 强城市的人力资源呈现以下特征。

（1）优质双创人力资源大部分集中在一线城市和区域中心城市。根据对 100 强城市中人力资源得分的分布统计，100 强城市人力资源得分均值为 3.56 分，各城市双创人力资源的得分主要集中在区间（0.85，8.85），仅 2 个城市的得分超过 8.85 分。大部分城市的双创人力资源得分较低，这表明我国大部分城市的人力资源相对不足，而主要的优质人力资源大多集中在北京、上海、深圳等一线或区域中心城市。

（2）未来双创城市吸引人才的竞争可能会更加激烈。根据双创100强城市的人力资源得分频率分布，可以发现双创100强城市中90%的城市的双创人力资源得分在（0.85，6.85）区间，这表明大多数双创城市人力资源严重不足。基于此种情况，可以推测，未来各城市吸引人才的竞争趋于白热化，但人才流动极有可能继续显现马太效应。

（3）一线和区域中心城市的双创人力资源仍领先其他城市。通过分析双创人力资源得分前5名城市，来进一步探究双创人力资源与城市间的关系，结果如图12所示。

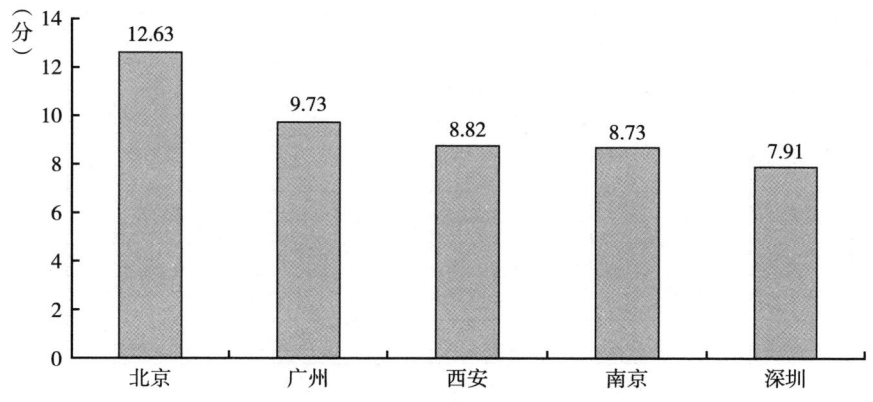

图12　双创人力资源得分前5名城市

根据计算，双创人力资源得分较高的前5名城市中，一线城市占据三席，分别是北京、广州和深圳；区域性中心城市占据两席，分别是西安和南京。除了深圳之外，这些城市具有数量众多的高等学校，有独特的区位优势、雄厚的经济实力和丰富的就业机会，能够使周围地区的人才向这些地区流动。

2. 资本投入

根据计算结果，双创指数100强城市中资本投入得分最高的城市是深圳，为11.09分；最低的是衡阳，为0.15分。取区间（0.10，11.30），组数为7，则组距为1.60，统计资本投入的得分分布如表10所示。

表10 双创100强城市资本投入得分的分布

得分	城市数量(个)	占比(%)
[0.10,1.70)	75	75
[1.70,3.30)	13	13
[3.30,4.90)	6	6
[4.90,6.50)	3	3
[6.50,8.10)	0	0
[8.10,9.70)	0	0
[9.70,11.30)	3	3

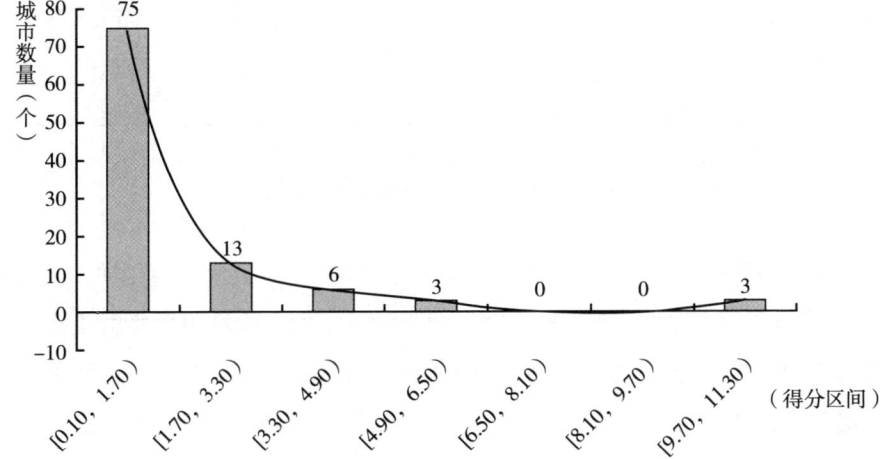

图13 双创100强城市资本投入得分频率分布

根据表10和图13，可总结出双创100强城市的资本投入具有以下特征。

（1）绝大部分城市的双创资本投入严重不足。双创100强城市资本投入得分均值仅为1.65分，88个城市的资本投入得分集中在（0.10，3.30）区间，仅有3个城市的得分超过9.70分，而第4名的得分只有5.21分。以上数据表明，绝大多数城市双创资本投入严重不足，这主要是因为本蓝皮书所确定的资本投入综合指标中的年度IPO规模、年度新三板上市企业数量两个指标的城市间差异较大。

（2）双创资本仍继续呈现极强的马太效应。对比分析双创资本投入得分前 5 名城市的得分情况，进一步验证双创资本投入与城市间的关系，结果如图 14 所示。

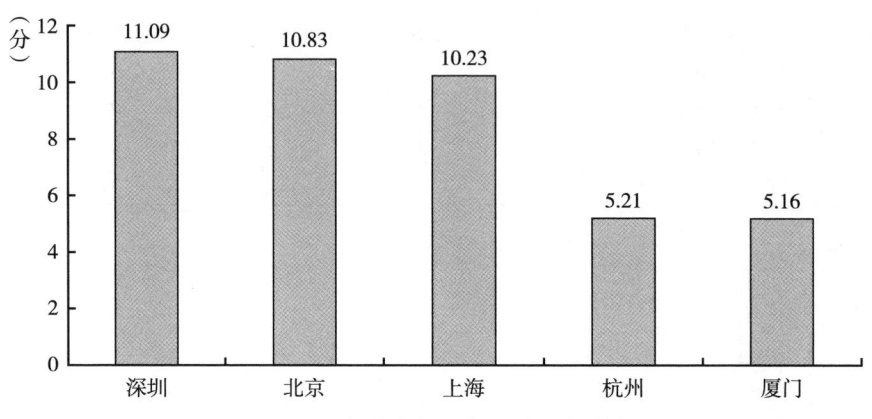

图 14　双创资本投入得分前 5 名城市

根据计算结果，100 强城市中资本投入得分前三名城市依次为深圳、北京和上海，而 2017 年为北京、深圳和上海。可见，这三大一线城市仍是资本投入最为青睐的地区，形成了"强者恒强"的典型马太效应。究其原因，这些一线城市或经济发达城市拥有绝对领先的科技研发水平，对科研的投入力度逐年增大，同时在软环境方面大力培育高科技企业。此外，由于资金的逐利性及进出的便利性，企业往往更倾向于在经济发达的城市进行投融资。因此，进一步促进城市双创资本的投入，加强一线城市与区域中心城市对周边城市的拉动作用，形成棋盘式发展格局，达到强强联合的效果，是双创资本投入的可行策略。

三　双创绩效价值分析

（一）双创绩效价值得分及排名

根据本蓝皮书确定的评价方法，测算双创 100 强城市的双创绩效价值得分并对这 100 个城市进行排名，结果如表 11 所示。

表 11 双创绩效价值 100 强城市得分及排名

城市	得分	排名	城市	得分	排名
深圳	32.38	1	金华	14.22	34
北京	26.27	2	泉州	14.14	35
广州	24.55	3	海口	14.03	36
上海	22.93	4	西安	13.97	37
苏州	20.25	5	安庆	13.9	38
珠海	19.96	6	温州	13.89	39
杭州	19.41	7	威海	13.63	40
宁波	19.24	8	昆明	13.63	41
东莞	18.97	9	沈阳	13.61	42
厦门	18.38	10	南宁	13.57	43
佛山	18.24	11	江门	13.55	44
长沙	18.03	12	株洲	13.43	45
天津	17.47	13	哈尔滨	13.36	46
芜湖	17.42	14	大连	13.34	47
南京	16.95	15	漳州	13.11	48
无锡	16.73	16	岳阳	12.54	49
武汉	16.64	17	扬州	12.46	50
福州	16.61	18	郴州	12.23	51
成都	16.58	19	襄阳	12.19	52
绍兴	16.47	20	柳州	11.98	53
合肥	16.43	21	鄂尔多斯	11.97	54
常州	16.01	22	郑州	11.77	55
镇江	15.88	23	衡阳	11.76	56
中山	15.54	24	贵阳	11.69	57
嘉兴	15.38	25	三亚	11.65	58
泰州	15.3	26	茂名	11.54	59
青岛	15.26	27	赣州	11.48	60
南通	14.83	28	湛江	11.42	61
台州	14.63	29	济南	11.37	62
湖州	14.54	30	长春	11.35	63
湘潭	14.32	31	桂林	11.33	64
重庆	14.31	32	连云港	11.24	65
惠州	14.25	33	淮安	11.02	66

续表

城市	得分	排名	城市	得分	排名
九江	10.98	67	南阳	9.25	84
呼和浩特	10.89	68	伊犁	9.2	85
常德	10.78	69	鞍山	9.17	86
吉林	10.67	70	银川	9.07	87
绵阳	10.57	71	周口	9.03	88
徐州	10.5	72	新乡	8.95	89
包头	10.45	73	太原	8.94	90
德州	10.45	74	沧州	8.91	91
兰州	10.22	75	石家庄	8.58	92
榆林	10	76	保定	8.36	93
遵义	9.79	77	济宁	8.3	94
马鞍山	9.78	78	洛阳	8.3	95
淄博	9.7	79	西宁	7.82	96
荆州	9.48	80	焦作	7.67	97
许昌	9.35	81	唐山	7.61	98
拉萨	9.34	82	乌鲁木齐	7.41	99
南昌	9.26	83	邯郸	6.78	100

整体而言，样本城市的双创绩效价值得分的两极分化现象极为明显。由表 11 可知，双创绩效价值最大的是深圳，得分为 32.38 分；最低的是邯郸，为 6.78 分。得分高于 20.00 的城市有 5 个，低于 15.00 的有 73 个，而双创绩效价值的满分为 34.00。这充分说明样本城市的双创绩效价值呈现强者恒强、弱者恒弱的两极分化特征。

（二）双创绩效价值得分的频率分布

根据测算，双创指数 100 强城市中绩效价值得分最高的是深圳，为 32.38 分；最低的是邯郸，为 6.78 分。取区间（6.70，32.50），组数为 6，则组距为 4.30。统计 100 强城市绩效价值得分分布，结果如表 12 所示。

表 12 双创 100 强城市绩效价值得分的频率分布

得分	城市数量(个)	占比(%)
[6.70,11.00)	34	34
[11.00,15.30)	40	40
[15.30,19.60)	20	20
[19.60,23.90)	3	3
[23.90,28.20)	2	2
[28.20,32.50)	1	1

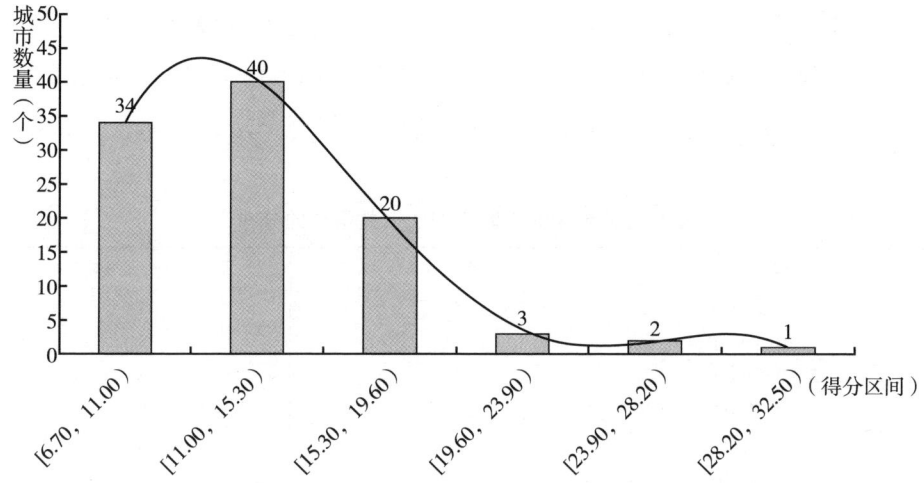

图 15 双创 100 强城市绩效价值得分频率分布

根据表 12 和图 15 可知，双创 100 强城市的绩效价值呈现以下两个典型特征。

首先，我国双创绩效价值整体偏低，一线城市具有极为突出的优势。根据绩效价值得分、排名及分布结果，100 强城市双创绩效价值得分的均值仅为 13.17 分，大部分城市的得分低于 19.60 分。然而，4 个一线城市稳居此项指标的前 4 位，展现了我国城市整体双创绩效价值偏低、一线城市独领风骚的局面。

其次，双创绩效价值与城市发展模式的相关性极强。根据计算结果，一线城市和经济发达城市的双创绩效价值排名靠前，这主要是由于这些城市对高新技术产业、高科技研发与投入很重视，同时遵循可持续发展理念，加大创新投入与产出。此外，很多双创绩效排名靠后的城市处于西部地区，粗放型经济增长路径、科技创新乏力及发展模式的落后极大地拉低了双创绩效价值的得分。

（三）双创绩效价值的子特征分析

1. 产业绩效

根据计算，双创指数100强城市中产业绩效得分最高的城市是深圳，得分为10.53分；最低的是西宁，为0.52分。取区间（0.50，10.70），组数为6，则组距为1.70，统计双创100强城市中产业绩效得分分布，结果如表13所示。

表13 双创100强城市产业绩效得分的分布

得分	城市数量（个）	占比（%）
[0.50,2.20)	45	45
[2.20,3.90)	35	35
[3.90,5.60)	13	13
[5.60,7.30)	6	6
[7.30,9.00)	0	0
[9.00,10.70)	1	1

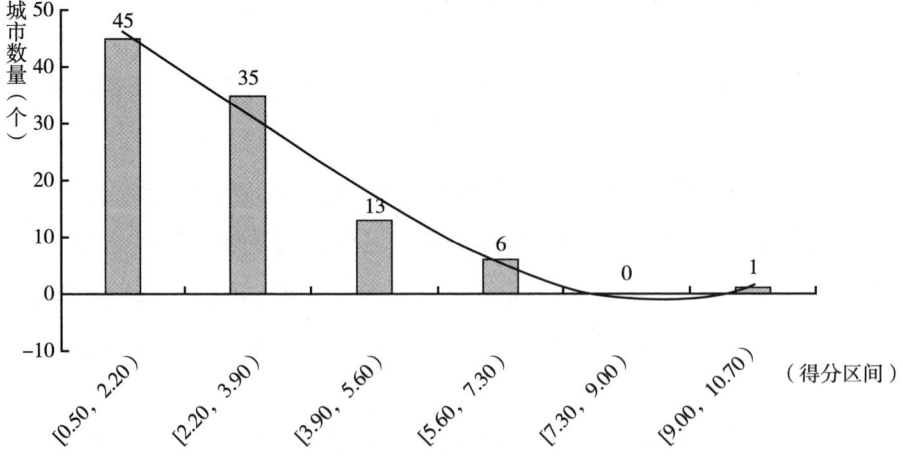

图16 双创100强城市产业绩效得分频率分布

根据表13和图16，可总结出双创100强城市的产业绩效具有以下特征。

（1）除深圳市外，其他100强城市的双创产业绩效整体较差。根据对100强城市中产业绩效得分分布的统计，100强城市的产业绩效得分均值为2.75分，仅7个城市的双创产业绩效得分超过7.30分，其中只有深圳市的得分超过9.00分，其余93个城市的得分集中在（0.50，5.60）区间，这表明绝大部分城市的双创产业绩效较差，未来需要有效提升。实际上，目前大部分城市的双创事业处于起步和探索阶段，产业绩效需要一定的"时滞"才能实现。

（2）双创产业绩效与经济发展水平高度相关。对比分析双创产业绩效得分前5名城市，进一步探究双创产业绩效与城市间的关系，结果如图17所示。

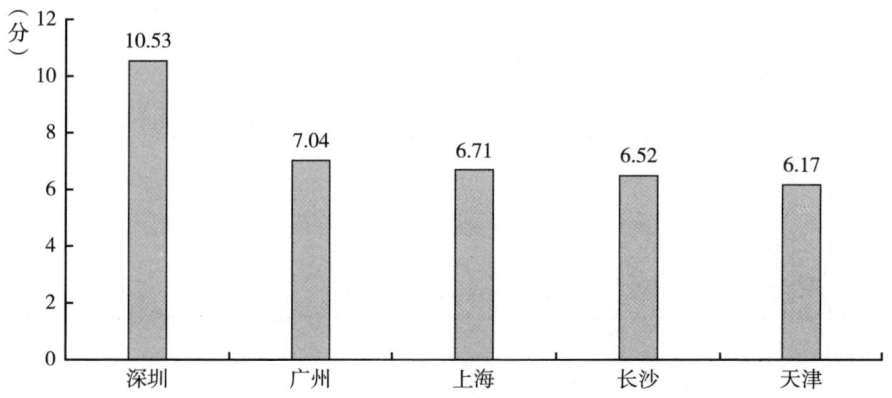

图17 双创产业绩效得分前5名城市

由图17可知，双创产业绩效得分前3名城市是深圳、广州和上海，长沙和天津分列第4、第5位。可见，一线城市的经济发展水平是全国其他城市学习的典范，其产业绩效也名列前茅，其他双创产业绩效排名靠前的城市也多为区域中心城市或经济发达地区，这表明双创产业绩效与城市经济发展水平息息相关。

2. 创新绩效

根据计算，双创指数 100 强城市中创新绩效得分最高的城市是北京，得分为 10.27 分；最低的是伊犁，为 0.03 分。取区间（0.00，10.50），组数为 7，则组距为 1.50，统计所得的创新绩效得分分布如表 14 所示。

表 14　双创 100 强城市创新绩效得分的分布

得分	城市数量（个）	占比（%）
[0.00,1.50)	64	64
[1.50,3.00)	17	17
[3.00,4.50)	14	14
[4.50,6.00)	1	1
[6.00,7.50)	2	2
[7.50,9.00)	0	0
[9.00,10.50)	2	2

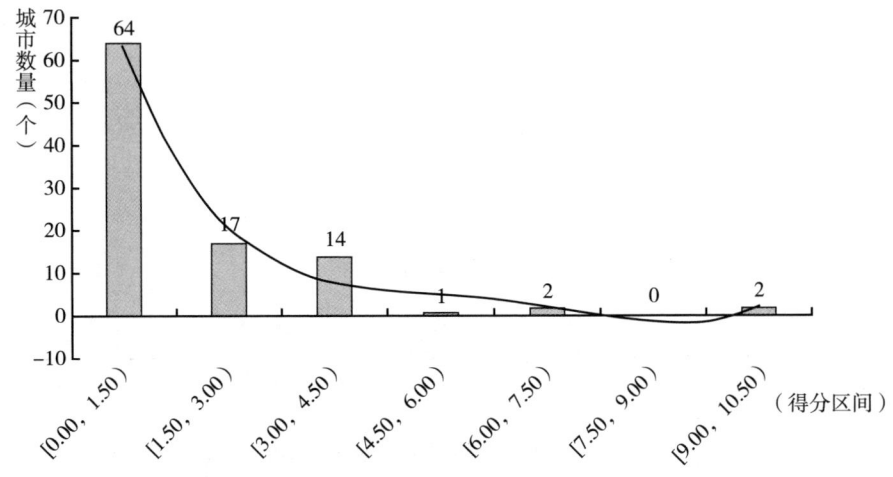

图 18　双创 100 强城市创新绩效得分频率分布

根据表 14 和图 18 可知，双创 100 强城市的创新绩效呈现以下两个典型特征。

（1）双创 100 强城市的创新绩效整体偏弱且没本质性改观。根据对 100 强城市创新绩效得分分布的统计结果，创新绩效整体得分均值为 1.59 分，

95%的城市创新绩效得分低于4.50分，高于5分的城市只有4个，这充分表明双创100强城市的创新绩效偏弱。与上一年的结果相比，仍没有本质性改观。与上一年类似，各大城市的每万人国内发明专利申请量指标仍偏低，双创100强城市的每万人国内发明专利申请量均值仅为12.95件。

（2）创新绩效与城市发展有较强的耦合关系。为进一步探究创新绩效与城市间的关系，对比分析创新绩效得分前5名城市，结果如图19所示。

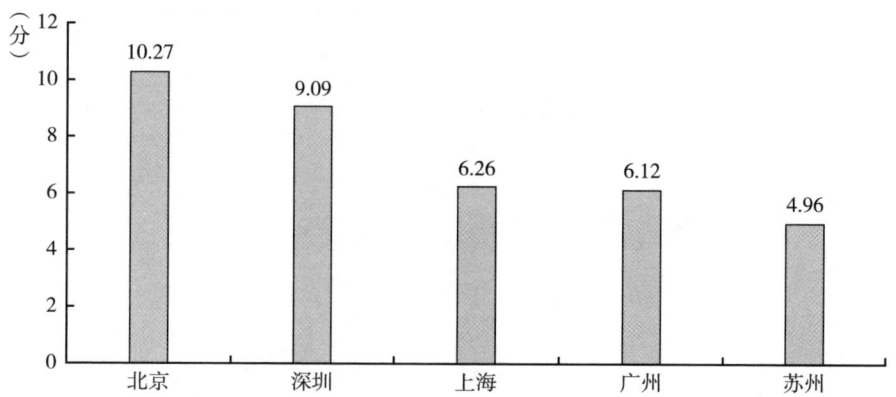

图19 双创创新绩效得分前5名城市

根据图19创新绩效得分的排序，4个一线城市的得分远远领先于其他城市，主要原因还是由于一线城市具有资金优势、创新环境优势，以及人才吸引优势。可见，一个城市若想提升创新绩效，城市发展是其中关键的一环。

3. 可持续发展

可持续发展是指各城市在发展双创的同时，保护和提升城市环境系统生产更新的能力。根据本书的评价方法，可持续发展综合指标是由各城市的单位GDP能耗、空气质量优良（二级及以上）天数占比两个子指标加权计算得到。得分越高表明其可持续发展程度越高；反之，则越低。

根据测算，双创指数100强城市中可持续发展得分最高的为伊犁，得5.94分；最低的是石家庄，得0.75分。取区间（0.60，6.20），组数为7，则组距为0.80。统计可持续发展得分分布如表15所示。

表15 双创100强城市可持续发展得分的分布

得分	城市数量(个)	占比(%)
[0.60,1.40)	9	9
[1.40,2.20)	19	19
[2.20,3.00)	30	30
[3.00,3.80)	24	24
[3.80,4.60)	13	13
[4.60,5.40)	3	3
[5.40,6.20)	2	2

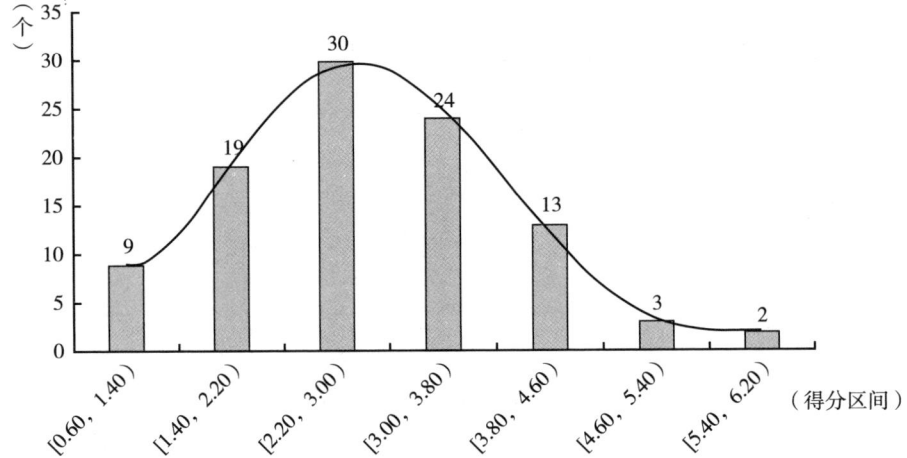

图20 双创100强城市可持续发展得分频率分布

根据表15和图20可知，双创100强城市可持续发展呈现以下特征。

（1）整体而言，大部分城市双创未达到"绿色双创"。根据对100强城市中可持续发展得分的分布统计，其得分均值为2.81分，95个城市双创的可持续发展得分集中在（0.60,4.60）区间，仅5个城市得分相对较高，超过4.60分。这表明大部分城市在开展双创活动的同时，要注重可持续发展，实现"绿色双创"。

（2）在开展绿色双创方面，西部及经济发展一般的城市较沿海城市有相对优势。对比分析双创可持续发展得分前5名城市，进一步探究双创的可持续发展与城市间的关系。

城市双创指数子特征分析

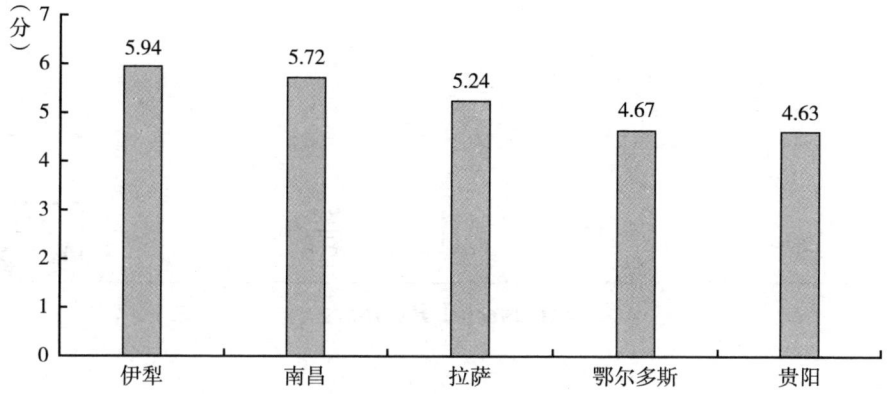

图 21　双创可持续发展得分前 5 名城市

由图 21 可知，双创可持续发展得分前 5 名城市无论是在双创环境还是在双创资源方面均较一线城市处于弱势，但其可持续发展得分相对沿海城市高很多。究其原因，很多城市以绿色产业为主，如贵阳主推大数据，鄂尔多斯的经济也逐渐转型。此外，诸如南昌、拉萨等城市在指标空气质量优良天数占比上具有一定优势。因此，沿海城市在开展绿色双创方面并无突出优势。

产 业 篇

Industrial Reports

为全面系统地了解我国双创背景下的产业发展情况,本篇对粤港澳大湾区的高铁产业发展路径以及资源优势、深圳市南山区科技金融产业发展动态,以及生命健康产业创新发展趋势进行了深入分析。

高铁产业成为拉动经济增长、重塑区域经济格局的重要因素。由于高铁能够更紧密地将"9+2"城市连接起来,便于形成优势互补、共建共享的协同发展格局,因此粤港澳大湾区已具备引领全球经济的客观条件。

数据驱动型金字塔服务体系是深圳市南山区科技金融产业的典型特征。深圳市正处于以新一代信息技术和互联网产业为主、由新兴赶超阶段迈向高端引领阶段的良性发展阶段,其指数评价高居样本城市榜首。

生命健康产业作为全球规模最大、最有前景的产业之一,占世界生产总值的10%左右,是全球经济发展的重要引擎。从全球视野看,创新成为产业大趋势;从全国视野看,改革创造产业新机遇;从区域竞合视野看,专业化发展才能塑造核心竞争力,打造专业化创新型国家级改革示范区是生命健康产业发展的基本方向。

知识产权刺激了技术创新,保护了商标品牌,推进文学艺术作品的创作和传播,甚至在保障交易公平、维护竞争秩序、促进市场繁荣方面也功不可没。

B.5 粤港澳大湾区背景下高铁经济发展路径

聂细文 龙金林*

摘 要： 在粤港澳大湾区背景下，高铁能够更紧密地将"9+2"城市连接起来，有利于形成优势互补、共建共享的协同发展格局。树立区域协同的理念，对发展高铁经济至关重要；创新协同机制，是促进高铁城市联动的基本保障；借力高铁，有望实现区域产业地位跃升。高铁经济的基本效应是区域分工深化。高铁推动区域服务业市场极化发展，有利于发达城市做大制造业总部；并且，核心区产业外溢是高铁新区的重要机遇。高铁经济的一般路径是先人后产：集聚人气是第一发展阶段的重要目标；产业空间是第二发展阶段的核心内容；重大活动是城市地位跃升的有力推手。高铁经济的发展条件是交通互联。改善交通微循环有利于提升高铁吸引力，促进空铁联动可以扩大高铁影响力。

关键词： 高铁经济 粤港澳大湾区 创新协同 区域分工

一 高铁经济的内涵

（一）高铁经济内涵

高铁即高速铁路，依据中国国家铁路局的定义，是指新建设计开行250

---

* 聂细文，深圳市龙华区工业和信息化局，研究领域包括产业规划、产业政策、产业园区；龙金林，实维咨询研究员，研究领域包括产业政策、对外贸易。

公里/小时（含预留）及以上动车组列车、初期运营速度不低于200公里/小时的客运专线铁路。1964年开通的日本新干线，是历史上第一个营运速度高于时速200公里的高速铁路系统。

高铁经济泛指因高铁而加速发展的相关产业，包括高铁直接相关产业和高铁间接相关产业两大类。高铁直接相关产业包括三大行业：一是高铁制造业；二是高铁建筑业；三是高铁服务业。高铁制造业包括高铁动车（包括整车、车轴、紧固件、控制器件等零部件）、电气化配置（包括通信信号系统和牵引供电系统）相关制造行业。高铁建筑业是指高铁基础设施建设，包含桥梁、隧道、车站、轨道建设等。高铁服务业包括高铁运营和维护，包括运营调度系统和客户服务系统建设。

高铁间接相关产业具有丰富内涵，主要是指因高铁建设运营而拉动的制造业与服务业。高铁间接相关产业具有一个显著特征，即对客流基础设施具有较高依赖性。高铁客流主要包括三种形式：商务交流，通勤，旅游探亲。能够借助高铁获得较好发展的产业，主要包括工业服务、消费者服务、传媒、零售、金融、房地产、软件与互联网、电信服务8个行业（见表1）。

表1 主要高铁间接相关产业

代码	行业	细分领域
C0302	工业服务	建筑与工程、工业贸易经销商、商业用品与服务
C0404	消费者服务	酒店餐饮与休闲、其他消费者服务
C0405	传媒	传媒
C0406	零售	消费品经销商、网络零售、百货商店、专营零售
C0701	金融	银行、证券、保险、投资信托、其他金融服务
C0703	房地产	房地产开发和管理、房地产服务
C0801	软件与互联网	互联网软件与服务、信息技术服务、计算机软件
C0901	电信服务	电信运营、电信增值服务

注：根据深圳证券交易所国证行业分类标准整理。整理过程如下：在行业分类中首先排除高铁直接相关产业，其次排除对客运基础设施依赖度不高的行业，进而在所剩行业中选取对客运基础设施具有明显依赖度的行业。其中金融业为国证行业分类的银行与综合金融合并项目。

(二)高铁的区域产业影响

高铁作为现代交通工具,主要服务对象为中高收入群体。从票价来看,高铁的票价一般是普通客车的3倍。从乘客收入来看,根据2014年世界银行的调查,在长吉城际(长春—吉林)高铁上,乘客平均月收入为4300元,而普通列车为3200元;天津—济南段高铁的乘客月收入为6700元,高于普通列车的4500元。说明高铁的多数乘客是中高收入者。

高铁线主要对应如下三个类别的交通需求:一是商务交流需求;二是通勤需求;三是旅游探亲需求。

高铁三种不同的功能,对产业发展具有不同意义。商务交流功能的产业意义在于发展制造业外溢经济,与高铁沿线城市进行产业合作,为制造业企业拓展发展空间;发展生产性服务业,满足高铁辐射圈内城市产业对生产性服务业的需求。高铁通勤功能的产业意义在于,在高铁商务区保持产业的高端性,同时提升高铁捷运化水平,完善公交系统接驳,重点发挥地铁周边产业空间以及周边片区的产业与商业价值。高铁旅游探亲功能的产业意义在于发展酒店、餐饮业,满足旅客的服务需求。

从生产性服务业的发展条件来看,高铁经济的本质意义不是人员的流动,而是市场的整合。通过高铁,若干分散的小规模市场可以更紧密地整合起来,形成大市场。大市场意味着更大的需求;基于更大的市场需求,可以发挥规模经济,促使企业更好地盈利,推动产业发展。具体而言,由于高铁沿线城市的产业主要是制造业,且大部分城市制造业发展水平不高,处于转型升级过程中,对生产性服务业的需求集中于金融业、科学研究和技术服务业、信息传输软件和信息技术服务业等能够为制造业转型升级提供资本、技术与服务的生产性服务业中。将高铁沿线城市急需的、不依赖本地生产的、与当地发展条件匹配性高的生产性服务业集聚起来,有助于当地通过发展以生产性服务业为核心的高铁经济,成为辐射高铁区域、引领产业协同发展的高地。

（三）高铁相对优势：强优势范围与弱优势范围

高速铁路和民航是目前中长途出行的主要方式，两者在中长途运输市场上各有其优势和劣势。旅客在选择出行方式时，往往会综合考虑列车或飞机运行时间、车站（机场）的距离、候车（机）安检时间、天气状况等一系列因素。高铁的运行速度慢于民航，但乘坐民航需经历更为烦琐的登机程序、容易受天气状况影响而延误、机场所在地距离市中心较远，使得候机时间长于高铁。因此存在某个平衡距离，使得乘坐高铁所耗费的总时间和乘坐飞机所用的总时间相同，即在这个临界距离以内，高铁凭借其时间和运价占据绝对优势。记这个平衡距离为 L，具体测算方法如下。

以深圳北站所在高铁线路为主要分析对象，包括已开通的广深港客运专线（京港客运专线南段）、厦深铁路（杭福深客运专线南段）和规划中的深茂高速铁路、赣深铁路（昌吉赣深客运专线南段）等。大部分高速铁路设计时速为 350 公里/小时，从已投入运营线路看，京广高铁目前运营速度为 310 公里/小时左右，厦深高铁运营时速 200 公里/小时，取高铁平均运行速度为 260 公里/小时。民航客机飞行速度一般为 900 公里/小时，从深圳飞往各大城市的航线信息看，深—沪航线全程 1343 公里，飞行多在 2 小时左右，飞行速度 895 公里/小时；深—厦航线全程 549 公里，飞行在 1 小时 15 分左右，平均运行速度 686 公里/小时（见表 2）。民航速度取 860 公里/小时进行测算。

表 2　深圳到部分城市航线信息表

航线	始发站—到达站	飞行距离	飞行时间	运行速度
深圳—北京	宝安机场—首都机场	2077 公里	2 小时 42 分	944 公里/小时
深圳—上海	宝安机场—虹桥机场	1343 公里	2 小时	895 公里/小时
深圳—厦门	宝安机场—高崎机场	549 公里	1 小时 15 分	686 公里/小时
深圳—武汉	宝安机场—天河机场	938 公里	1 小时 26 分	938 公里/小时

注：实际飞行时间应为飞行时间减去约 0.5 小时的滑行时间。
资料来源：去哪儿旅行网航班查询网站。

当运输距离为 L 时，选择高铁出行的总时间和乘坐民航的总时间相等，测算公式为：

$$\frac{L}{V_1} + T_1 + t_1 = \frac{L}{V_2} + T_2 + t_2$$

其中，V_1 代表高铁平均运行速度，T_1 代表高铁候车时间，t_1 代表旅客到车站所用时间，V_2 代表民航飞机平均飞行速度，T_2 代表民航候机时间，t_2 代表旅客到机场所用时间。由于高铁进出站手续相对简单，高铁候车时间约为 0.5 小时；机场登机手续较为烦琐，飞机候机时间约为 2 小时。此外，飞机上下机较高铁进出站平均多 0.4 小时。将数据代入公式，可以得到：$L = 894.4$ 公里。

当运输距离在 894.4 公里以内时，高铁占据优势地位，更多的旅客会选择高铁作为出行的首要方式。而众多研究表明，随着运输距离的拉长，民航运行速度快的优势更加明显，高铁的竞争优势逐渐减少。民航局研究表明，1500 公里以内高铁对民航都有不同程度的冲击影响，而在 1500 公里以上没有影响。因此，900 公里辐射圈为高铁的优势范围，1500 公里辐射圈为高铁的弱优势范围。根据国外专家学者对高铁与民航主要竞争区间的研究，高铁在距离 3 小时以内的短途运输市场上占据五成以上的市场份额，在 3 小时以上的中长途运输市场上，高铁份额小于五成，距离越长份额越小。900 公里是高铁对民航具有绝对优势的临界距离。其结果与本报告测算得出的高铁相对于民航的优势距离范围相近。

二 发达国家高铁经济经验启示

（一）高铁经济的本质是区域协同发展

1. 树立区域协同理念发展高铁经济

在以 GDP 为导向的"政绩锦标赛"发展模式下，我国经济具有明显的区域分割特征。交通基础设施、社会保障体系等一系列软硬基础设施尚未形成统一网络，限制了商品、服务与生产要素的流通，制约了经济效率的提升。如图1所示，随着经济的发展，经济发达城市面临越来越多的发展约束，区域协同的必要性日益提高。而高铁经济最重要的意义在于整合市场资源，通过区域协同提升经济效率。树立区域协同的发展理念，对于推动高铁经济至关重要。发达国家的高铁经济实践表明，区域协同有利于经济发展，特别是对经济发达城市具有更加积极的意义。

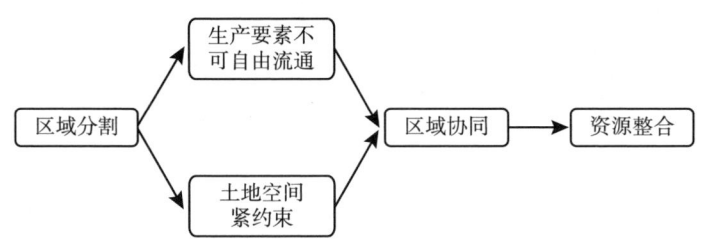

图1　区域协同的重要性

法国高铁城市里尔十分重视与周边市镇形成大区域协调发展格局。时任里尔市市长的皮埃尔·马龙意识到，必须使里尔所在的大区域整体发展，才能吸引足够的人流和投资。因此在1989年，里尔市镇联合体①的鲁贝、图尔昆等多个市镇政府达成协议，各地方政府共同支持"欧洲里尔"的公共事务和项目投资，同时由里尔市镇联合体帮助将里尔的地铁延伸至鲁贝和图尔昆，使里尔带动两地的城市更新，以此推动整个区域协调化发展。里尔市在高铁开通后，为带动高铁站点周边地区发展并吸引企业进驻里尔，专门制定相关政策，为已有的和新成立的公司提供支持，并为新成立的公司在高铁站附近专门设置产业孵化区。

2. 创新协同机制促进高铁城市联动

机制创新是保证区域协同的关键。从发达国家经验来看，推动高铁沿线城市协同发展的机制，不仅涉及交通配套，而且涉及社保体系、教育、医疗

---

① 20世纪50年代，法国政府开始推行市镇联合政策，鼓励市镇通过协商建立不同形式的市镇联合体。里尔市镇联合体在欧洲里尔项目中主要起到城市规划和区域协调的作用。

等诸多方面。从机制创新模式来看,既可以不同地区政府合资入股成立合资公司,又可以签订长期合作协议,推动重大项目建设。政府间协同机制的创新,对高铁城市联动发展具有积极意义。

美国旧金山湾区著名的加州火车,是政府间合作的典型案例。加州火车贯穿湾区南部各大城市,形成经济走廊,主要连接旧金山市区、半岛以及南湾三大区域。从旧金山出发,途经生物医药科技企业集聚的南旧金山市、知名学府斯坦福大学、谷歌所在地山景城以及硅谷"首都"圣何塞等地,最终到达吉尔罗伊市,形成"加州火车走廊"。

加州火车原属南太平洋铁路公司。1991年12月,由旧金山、圣马刁、圣克拉拉三县组建的半岛走廊共同权力委员会(The Peninsula Corridor Joint Powers Board)以2.2亿美元购买了旧金山至圣何塞的线路路权,直接经营,并从1993年开始由三县摊付通勤列车的经营亏损。加州火车自半岛走廊共同权力委员会成立以来,服务水平不断提高,运行速度和客流量也大幅提升,有效促进了区域协同发展。

3. 借力高铁实现区域产业地位跃升

高铁带来的不仅是客流,更是客流所承载的发展机遇。如图2所示,高铁通过对服务与生产要素市场的整合,重构区域发展格局。在这个格局重构过程中,能够把握发展机会,将给城市带来区域竞争力的显著提升,从而实现城市区域产业地位的跃升。从日本、法国等高铁经济的发展历程来看,一些新兴城市均通过挖掘高铁机遇实现了城市蝶变。

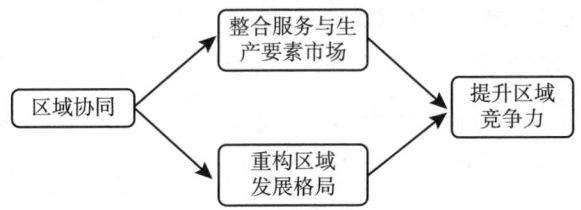

图2 区域协同助力区域产业竞争力提升路径

在法国,高铁促使里尔成功从低端工业城市转型为高科技产业城市。20世纪60年代之前,里尔市作为法国北部加莱海峡大区最大的工业城市,主导产业为煤炭、钢铁、机械制造和纺织等传统产业。TGV 高铁线路开通之后，里尔开始用 30 年的时间进行产业升级和调整，使工业由价值链低端向高端移动。时至今日，这个过去以钢铁和纺织业为荣的城市，已发展成为一座以生物健康、医药、铁路、汽车、IT 等高新科技产业为主的都市。

在日本，高铁促使横滨北部由一片山区发展成为 IT 产业集聚的新城中心。横滨市自新干线设站后，新横滨地区 50 多年来从一片乡村逐渐发展成为当今日本屈指可数的 IT 产业中心以及横滨市的新中心。新干线极大地促进了当地经济的发展，随着车站的班次增多和地铁建成，该地区的交通更便捷，从 1989 年开始客流量呈跨越式增长，吸引了大量商业、商务和 IT 产业聚集。至今，横滨已发展成为日本的第三大城市。

在美国，加州火车促使圣何塞从一个以农产品加工业为主的小城市，迅速成长为一个以高科技产业为主导的大城市。初期，火车通车的便利使圣何塞发展成为农产品物流基地。1864 年 Caltrain 通车后，直接连接圣何塞与旧金山，圣何塞发展成为圣克拉拉县的谷底农产品集散和加工中心，直接运输到旧金山。Caltrain 的存在极大地促进了圣何塞交通的发展，20 世纪 70 年代，San Joseclara 谷地由农产品基地发展成为高科技中心，即硅谷，形成了由圣何塞到旧金山的狭长工业带，随即带动了周边人口、商业、房地产业、高科技产业、旅游业等的兴旺。

（二）高铁经济效应是区域分工深化

1. 高铁推动区域服务业市场极化发展

高铁的重要意义在于对服务与生产要素市场的整合。市场一旦整合，企业的市场范围将大大拓展，区域间的产业竞争将更加明显。在市场整合进程中，原本具有区域竞争优势的企业、产业将获得更多资源，原本在区域发展中竞争力较弱的企业、产业将受到较大冲击。这种竞争格局决定了高铁推动区域服务业市场极化发展的趋势。如图 3 所示，在服务业市场极化发展格局之下，经济中心城市服务业集中于金融、科技服务、信息服务等与市场可分离度较高的服务业，边缘城市服务业集中于为小区域提供生产生活配套的服务业。从各国高铁经济发展实践来看，高铁站点周边均为服务业发展区，而服务业市场联通不断强化市场竞争之下的产业分化。

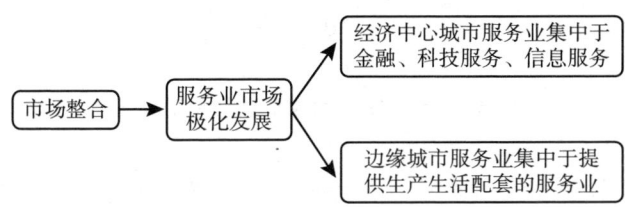

图3 服务业市场极化发展

日本东海道新干线促使东京与名古屋服务业差异化发展。在东海道新干线开通之前，名古屋只是日本一个默默无闻的小城市；东海道新干线通车后，名古屋进入"东京一小时都市圈"。东京借助新干线，大大提升了区域辐射力与要素吸引力，成为更具影响力的国际化大都市。名古屋的产业与周边地区错位发展，与东京形成互补，成为日本核心城市之一。东京注重建设金融中心、研发中心，名古屋则着力发展汽车制造、电子、纺织、商贸等先进制造业和现代服务业，同时大力建设以名古屋站为中心的商务中心。据名古屋市公布数据，2012年制造业占名古屋市生产总值的8.8%，信息通信业占生产总值的10%，金融、保险业占生产总值的6.2%，批发、零售业占比较大，为24.5%。

2. 高铁有利于发达城市做大制造业总部

如图4所示，高铁大大降低了商务交流的成本，提高了总部与制造环节分离的可能性。在较高的沟通成本下，制造业企业必须将总部与制造环节绑定在一起，即便遇到成本冲击，也只能整体搬迁。但高铁使制造业企业能够有效提升异地统筹的效率，既可以利用经济中心城市的金融、商务资源，又可以利用高铁沿线地区较低的土地、劳动力成本。因而，高铁有利于发达城市进一步做大制造业总部经济规模，通过发展外溢经济实现区域资源协同。从各国高铁经济案例分析来看，经济重心城市的总部功能呈现持续强化态势。

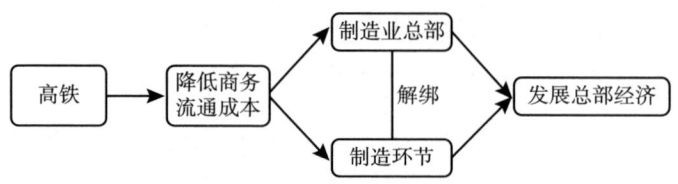

图 4　高铁有利于发展制造业总部经济

从法国高铁经济实践来看，高铁促进了巴黎总部经济的发展。1993 年，巴黎至里尔的高速铁路建成后，巴黎的一些公司开始在里尔等地建设分公司，公司管理人员可以在巴黎总部与分部之间当天往返，形成"总部 + 分支"的模式。高铁促进了总部经济在巴黎拉德芳斯的集聚。目前，拉德芳斯区域内已入驻企业超过 1600 家，其中包括法国最大的 5 家银行及近 200 家金融机构，190 多家世界著名跨国公司总部和地区总部。整个商务区的工作人员超过 15 万人，拥有欧洲最大的商业中心。在已建成的中心区写字楼中，法国最大的企业 50% 进驻其中。

3. 核心区产业外溢是高铁新区重要机遇

专业化是 300 年来市场经济发展史证明的大趋势。在技术不断进步、协调成本不断下降的进程中，专业化总是有利于提升经济效率。正是专业化的经济效率，导致分工不断深化，进而导致新产业不断涌现。如图 5 所示，分工深化导致的新产业总是在经济中心城市出现，其原因在于经济中心城市较高的人口密度与较大的经济规模能够通过规模效应显著降低创新的平均成本。新产业通过技术、工艺与模式创新获取超额利润，因而使经济中心城市集聚了高收入群体；在资源约束下，城市中心成本必然不断提高。成本上升导致利润率较低的产业外溢。产业的外溢包括两个层面：一是向城市外延地区外溢，二是向其他城市外溢。无论哪种情况，核心区产业的外溢，都是新兴发展区的重要发展机遇。

旧金山湾区的交通网络发展与产业变迁，印证了产业外溢带来的发展机遇。在 19 世纪 80 年代以前，旧金山湾区的交通网络线密集程度较低。此时轻工业和重工业发展并举。随着跨海大桥、高速公路网与铁路网的修建完

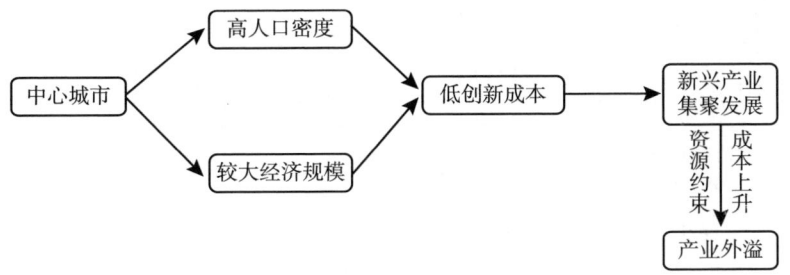

图5　核心城市产业外溢是高铁新区的发展机遇

善,旧金山湾区工业化快速发展,中心城市集聚发展;交通网络增强了城市间的联系,旧金山率先实现产业转型,成为西部商业贸易和金融中心。此时,中心城市的地价和劳动力成本的上升使得部分低成本制造业,如钢铁和冶炼业逐渐从旧金山外迁,带动周边城市制造业发展。同时,商业贸易的发展也促使了金融行业服务细分,金融机构更加细化,分工更加明显,产生了商业银行、保险公司和股票交易三种主要形式;而周边地区则由于承接了核心区产业,获得了快速发展。

(三)高铁经济的一般路径是先人后产

高铁经济不能一蹴而就,一般要经历三个发展阶段(见图6)。第一阶段是集聚城市人气,通过人口规模的提升促进城市生产生活的配套发展;第二阶段是提升商务功能,重点拓展服务业发展的空间资源;第三阶段是提升城市的区域地位,通过重大赛事、国际性交流活动提升城市知名度与影响力。

1. 集聚人气是第一发展阶段的重要目标

人气是城市可持续发展的重要方面。较大的人口规模可以降低软硬基础设施投资的平均成本,可以通过规模经济促进一系列生产生活配套服务的发展。有了较好的软硬基础设施以及较好的生产生活配套,商务功能才可以顺利发展。高铁经济比较成功的城市,其发展路径一般是"先人后产"。通过各种配套建设与政策吸引人气,是高铁经济第一发展阶段的重要目标。

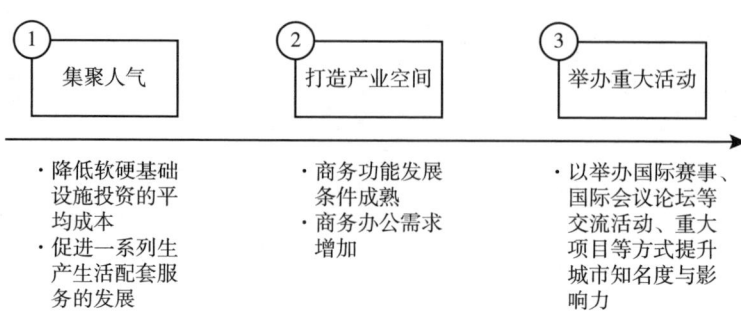

图6 高铁经济发展三阶段

2. 产业空间是第二发展阶段的核心内容

随着城市人气集聚，商务功能发展条件逐渐成熟。市场对商务办公空间的需求越来越高，因此在高铁经济第二阶段，满足服务业发展的空间资源成为发展的核心内容。在产业空间拓展的基础上，服务业发展进入爆发期，城市产业结构转型加速；产业与人口的相互促进效应渐强，人口增长与产业增长同步。在高铁经济第二发展阶段，政府对主导产业的支持具有重要意义。通过符合市场规律的有效政策，能够加速具有区域比较优势的产业集聚发展，塑造区域产业竞争新优势。

法国高铁里尔站为当地带来了大量的商务旅客、通勤人流以及游客等资源。里尔政府把握机遇，围绕高速铁路车站实施"欧洲里尔计划"，拓展产业空间，建设会展中心、欧洲办公大厦、银行大楼、大型商业中心等。该计划的实施将里尔打造成为欧洲又一商贸中心。欧洲里尔项目选址在欧洲—里尔站与里尔—弗兰德雷斯站新旧车站之间约70公顷的占地范围内。为提升欧洲里尔项目的竞争力，其商店类型选择了更具国际化、时尚化的精品店，从而与市中心的传统商业错位发展、相互补充。欧洲里尔作为一个大型城市项目，从最早的规划阶段开始，就设计了具有办公、住宅、酒店、商店、会展以及城市娱乐功能的综合性开发计划，从而成为该地区"第三产业的动力"。

3. 重大活动是城市地位跃升的有力推手

对于多数高铁新城，在高铁经济的第二阶段实现了产业与人口的大发展，高铁新城逐渐具备了城市地位跃升的基础条件。一些城市开始采用举办国际赛事、国际会议论坛等交流活动、重大项目等方式提升城市知名度与影响力。城市知名度的提升,有助于城市吸引更多优秀人才和企业,有助于城市保持区域竞争力。

日本高铁城市善于利用重大赛事活动提升城市地位。以横滨为例,2002年世界杯在横滨综合竞技场举行,吸引了世界各地的球迷聚集于此,提升了新横滨的知名度。世界杯之后,新干线客流量稳步上升。此外,名古屋借2005年爱知世博会的成功举办,强化了其区域商务核心区的地位。

(四)高铁经济的发展条件是交通互联

1. 改善交通微循环提升高铁吸引力

高铁的核心在于商务交流。因此,只有高铁站点能够把人方便地送出去,才有望把产业引进来。从各国高铁经济案例来看,发展较好的高铁城市均高度重视各种交通方式的联动发展,特别是地铁与高铁的对接。

日本横滨的发展,说明了交通微循环的重要性。新横滨高铁站开通初期,效果并不明显。然而,1985年连接横滨市中心和新横滨的横滨市营地铁3号线开通并在新横滨停站后,整体城市进入急速发展阶段。计算机中心、尖端技术企业、事务所、专业学校、城市旅馆等集聚新横滨站北部地区,促进了业务、商业、文化、体育设施等多种功能的发展。新干线横滨站作为大范围交通起始站对城市开发产生了带动作用,办公、商业等多种大范围功能在此集中,目前相关设施已向新横滨北部地区发展。

加州火车的案例也充分说明了与市中心交通对接的重要性。加州火车沿线地区是全美交通最拥挤的地区之一,Caltrain的开通缓解了这一状况,但同时带来了更大的客流量,城际轨道交通载客量非常大,因此客流的疏散和集聚十分重要。为此,城际轨道交通尽可能延伸到城市中心,并与城市公共交通相配合。为保持城际轨道交通与公路交通的协调,城际轨道交通自身十分注意提供相应的设施和服务。如加州火车有自己的公共汽车队伍,以方便乘客中转。在沿途4个车站设有免费汽车接送服务,包括旧金山、圣何塞国际机场。通勤列车在旧金山中心与Muni的轻轨相连,在Mountain View和

Tamien 这两个站也与圣何塞的轻轨连接。

2. 促进空铁联动扩张高铁影响力

高铁经济的发展不应囿于高铁网络,而应最大限度地扩张交通网络。高铁相对于飞机而言,在900公里范围内具有显著优势,在1500公里范围内具有相对优势。但涉及更大范围内的交流,尤其是国际交流,高铁无法取代飞机。因此,要充分发挥高铁促进商务交流的核心价值,应当是高铁网络与航空网络有效对接,最大限度地提升高铁影响力。从国际经验来看,"空铁联运"是主要城市大力发展的基础服务。

只有使多种运输方式互相补充、相互衔接,才能最大限度地发挥高铁的作用。美国加州火车与旧金山国际机场、圣何塞机场的接轨,不仅减轻了交通压力,还在很大程度上提升了客流量(30%~60%),增强了与外界的联系。此外,日本开通了从新横滨到成田机场的大巴,高铁与空港联运为IT产业快速进行信息交换和汇集提供了更大的平台,吸引了更多IT企业进驻。

三 粤港澳大湾区高铁经济资源

(一)粤港澳大湾区发展背景

2017年3月,李克强总理在政府工作报告中指出"要推动内地与港澳深化合作,研究制定粤港澳大湾区城市群发展规划,发挥港澳独特优势,提升在国家经济发展和对外开放中的地位与功能"。粤港澳大湾区建设正式上升为国家战略。7月1日,在习近平总书记的见证下,国家发改委与粤港澳四方签署《深化粤港澳合作 推进大湾区建设框架协议》,标志着粤港澳大湾区建设全面启动。

1. 粤港澳大湾区的内涵

湾区是带动全球经济发展和科技创新的重要增长极。目前,纽约湾区、旧金山湾区、东京湾区等知名湾区,发挥着引领创新、聚集辐射的重要功能。世界银行数据显示,全球60%的经济总量集中在港口海湾地带及其直接腹地，世界上75%的大城市、70%的工业资本和人口集中在距海岸100公里的海岸带地区。

打造粤港澳大湾区，建设世界级城市群，是贯彻落实国家"十三五"规划纲要和2017年政府工作报告的重要举措，也承载着推动广东省提质增效、转型升级、协调发展的重大使命。粤港澳大湾区的主要范围包括珠三角9个市（广州、深圳、佛山、东莞、惠州、中山、肇庆、江门、珠海）和港澳2个区（9+2），其面积约为5.65万平方公里，人口超过6765万，拥有世界上最大的海港群和空港群，其辐射半径可以延伸到中西部多个省份以及东南亚国家。

与纽约湾区、东京湾区、旧金山湾区等世界大湾区相比，2016年粤港澳大湾区经济总量已达到1.36万亿美元。粤港澳大湾区进出口贸易额是东京湾区的3倍以上，区域港口集装箱吞吐量是世界三大湾区总和的4.5倍。陆地面积分别是纽约湾区、东京湾区、旧金山湾区的2.6倍、1.5倍、3.1倍，但人均GDP只有它们的32%、41%和18%。2016年，粤港澳大湾区经济增速分别是纽约湾区、东京湾区、旧金山湾区的2.26倍、2.19倍和2.93倍。粤港澳大湾区已经具备条件发展成为引领全球经济的世界级湾区。

2. 粤港澳大湾区的时代意义

建设粤港澳大湾区，既是粤港澳区域经济社会文化自身发展的内在需要，也是国家区域发展战略的重要构成和动力支撑点。建设粤港澳大湾区，至少有五方面的重大意义。

一是有利于构建更开放的国际化格局。建设大湾区能借助港澳国际化窗口，对开放性经济新体制做出重要探索，发挥高端区域在国家发展中的引领功能，从而提升大湾区在泛珠三角的带动作用，并延伸成辐射东南亚、南亚的重要经济支撑带。

二是有利于发挥产业转型升级示范作用。中国产业发展在全球化过程中面临诸多挑战，需要站在国家发展战略需求层面对区域进行整体规划，利用港澳国际化窗口优势，促进资源、要素、信息等自由流动，通过创新驱动产业转型升级、提质增效，迈向中高端水平，实现在更高层次上参与国际分工与竞争，为经济持续增长积累动能。

三是有利于建设"一带一路"核心支点。大湾区可以凭借特殊的历史文化、区位优势背景和国际金融贸易、航运、信息、创新和科技中心等功能，构建"走出去""引进来"双向平台的重要区域，发挥21世纪海上丝绸之路的"新支点功能"和巨型门户枢纽作用。

四是有利于"一国两制"的发展创新。建设大湾区是港澳经济发展的长远动力，成功实践"一国两制"是达到港澳长远繁荣稳定和凝聚港澳向心力的重要措施，有利于建立和保持"两制"下不同城市间协作分工的关系。

五是有利于探索新时代粤港澳合作新模式。打造粤港澳大湾区和世界级城市群，是党中央、国务院立足国内外发展新形势、新要求，立足新时代做出的重大战略部署，有利于构建粤港澳深化合作新格局。建设粤港澳大湾区，重点是推动要素便捷流动、基础设施互联互通、合作打造全球创新发展高地、共建金融核心圈和优质生活圈，把粤港澳大湾区建成绿色、宜居、宜业、宜游的世界级城市群。

（二）粤港澳大湾区的产业资源是高铁经济的发展基础

1. G94是粤港澳大湾区产业干线

珠江三角洲地区环线高速公路（简称珠三角环线高速，国家高速公路网编号G94）是连通粤港澳大湾区城市群的重要交通基础设施，贯通粤港澳大湾区的核心城市，包括香港、澳门、珠海、中山、江门、佛山、肇庆、广州、东莞、深圳。从线路走向来看，珠三角环线连通了粤港澳大湾区香港、深圳、广州等生产性服务业核心与广大产业腹地城区，是粤港澳大湾区产业协同发展的骨干性基础设施。

珠三角环线高速沿线地区经济规模占粤港澳大湾区的半壁江山。2016年，珠三角环线高速沿线城区GDP总计4.55万亿元人民币，占粤港澳大湾区GDP（9.35万亿元）的48.7%。仅考虑广东省内珠三角环线高速涉及的城区，2016年GDP总量为2.03万亿元，占广东省GDP（7.95万亿元）的25.5%。珠三角环线上的深圳三区（福田区、龙华区、龙岗区）2016年

GDP 合计 8595 亿元，占珠三角环线省内城区 GDP 总量（2.03 万亿元）的 42.3%，占广东省 GDP 的 10.8%。龙华区 2016 年 GDP 占珠三角环线省内城区 GDP 总量的 9.1%。珠三角环线区域 2016 年主要经济数据如表 3 所示。

表 3 珠三角环线区域 2016 年主要经济数据

单位：亿元

城市	城区	GDP	工业增加值	服务业增加值
香港	香港	22129.4		
澳门	澳门	3095.3		
珠海	香洲区	1056.52	370.82	625.46
中山	中山市	3202.78	1606.48	1457.26
江门	江海区	158.51	81.79	57.79
江门	蓬江区	604.92	265.63	322.16
江门	鹤山市	287.04	137.99	115.22
佛山	高明区	757.32	592.23	145.91
佛山	三水区	1083.21	742.84	237.81
肇庆	高要区	389.55	233.14	101.33
肇庆	四会市	328.62	147.41	133.12
广州	花都区	1168.62	634.93	485.27
广州	从化区	374.68	139.83	187.29
广州	增城区	1046.83	478.75	488.31
东莞	松山湖	303		
东莞	塘厦镇	334.12	152.21	138.86
东莞	大朗镇	242.1	119.7	120.3
东莞	寮步镇	226	113.68	111.41
东莞	石碣镇	145.99	90.5	
深圳	龙华区	1856.67	970.81	817.9
深圳	龙岗区	3177.06	1935.00	1129.67
深圳	福田区	3561.44	183.06	3337.56

从珠三角环线高速途经城区主导产业分布情况来看，沿线城区集中了大量电子信息产业、电气机械产业、汽车制造业以及其他实体经济。珠三

角环线高速是粤港澳大湾区实体经济产业干线,是连通香港、深圳等的高端服务业资源与实体经济的重要路线,是制造业与服务业融合发展的潜力带。

2. G94与高铁网络具有巨大协同发展潜力

通过高铁经济促进区域协同发展。在珠三角环线所经大陆城区中,有6个建有高铁站,有6个建有普通火车站。G94沿线城区火车站点分布如表4所示。依托高铁可以促使珠三角环线产业带城区间构建更紧密的商务交流网络,促进区域分工深化,实现粤港澳大湾区产业协同发展。

表4 G94沿线城区火车站点分布

城市	城区	高铁站	普通火车站
珠海	香洲区	珠海站	—
中山	中山市	中山北站、中山站	—
江门	江海区	—	江门东站
	鹤山市	—	江门北站(建设中)
佛山	三水区	—	三水站
肇庆	高要区	—	肇庆西站(货运站)
	四会市	—	四会站
广州	花都区	广州北站	—
	增城区	—	新塘站
东莞	塘厦镇	塘厦站(规划中)	—
深圳	龙华区	深圳北站	—
	福田区	福田站	—

四 粤港澳大湾区高铁经济措施建议

坚持区域协同发展理念,重点推进"三个协同":产业协同、(硬件)交通协同、(软件)机制协同。搭建基于实体经济、现代金融、科技创新、人力资源协同的新型高铁经济发展模式。

（一）提升定位，构建战略支撑平台

将粤港澳大湾区打造成为协同发展示范区。落实十九大报告提出的加快建设实体经济、科技创新、现代金融、人力资源协同发展的产业体系要求，立足经济发展新常态，积极推进供给侧结构性改革，以全局视野，将粤港澳大湾区打造成为协同发展示范区。以协同推创新，以创新促转型，以转型谋飞跃，实现大湾区综合竞争力提升。将产业融合发展作为产业转型的基本方向，将交通协同作为促进产业转型的有力支撑，将机制协同作为产业转型的重要保障，通过供给侧结构性改革实践，落实创新、协调、绿色、开放、共享新发展理念，形成高铁经济、航空经济、港口经济支撑的海陆空交通经济大格局。

积极贯彻落实区域协调发展战略。落实党的十九大报告中关于"贯彻新发展理念，建设现代化经济体系""实施区域协调发展战略"的要求。确立协同发展新思维，促进产业通过联动发展，获得更多市场资源。重点考虑围绕主导产业展开区域间产业联动、空间联动、创新联动、机制联动。明确制造业与服务业的联动发展关系，制定富有针对性的供给侧改革措施，指引制造业与服务业联动发展及转型升级路径。重点塑造各大重点产业片区的区域联动关系，通过打造大型产业平台，整合周边区域优势资源，促进科技与金融资源融合发展，促进产业转型与集群竞争力提升。

（二）实施湾区融合计划，打造创新协同先行区

打造高标准虚拟孵化器，以湾区双创体系辐射全国。通过平台对接中小企业、银行、担保机构、风险投资机构、管理咨询公司、商务服务公司成长所需的各种资源，形成可复制的商业化模式。依托虚拟孵化器服务全国范围内的创新创业活动，将深圳优质的资本与孵化服务带到全国各地。联合在海外开展国际投资和孵化器的机构，实施海外孵化企业引入工程，促进园区与基金机构结对，形成"投资－孵化－引进－加速"的生态链。

开发中小企业投资价值指数，为风险投资机构提供指引。结合政府产业

资金业务积累的海量数据，建立"团队-业务-财务"三维架构的中小企业投资价值指数，对不同行业的中小企业进行投资价值评估，引导风险投资机构向优质企业注入更多资源。

做好优质项目导入的载体支撑，提供充分的落地空间。全面摸查产业空间拓展潜力，对产业园区和工业区块线类控制用地进行摸底。在存量方面，全面分析旧工业区建设年代、形态特征、产权类型、发展效益等现状特征；在增量方面，全面分析产业用地储备、整备潜力，判断新出让产业用地潜力分布。

建立粤港澳科技创新协调组织，优化创新要素流动。调动社会力量，共同打造粤港澳创新都市区联合体，以区域创新分工促进区域创新体系建设。在《深港创新圈合作协议》基础上进行改革突破，在创新体制、政策和体系上进一步融合，从制度上解决深港跨境人才流动和科研资金跨境使用的难题，加速"深港创新同城化"。

探索粤港澳创新券制度，促进创新服务的区域流动。粤港澳主要城市联合供给创新券，属地企业可以在科技服务和科技金融发达的香港和深圳购买科技服务和科技金融扶持服务，打破创新券的地域性限制，实现区域创新资源深度整合与协同效果。

（三）实施交通互联计划，打造交通协同先行区

打造联通海内外的大开放新格局。以高铁为核心，构建高铁至飞机场、高铁至产业园区、高铁至商业中心区、高铁至重大战略平台等的交通网络。站位全球高度，全面提升开放水平，全方位推进高铁商务中心区现代化、国际化，打造高铁经济核心增长极，借助引进更多巨型优质外资项目，以产业、市场、要素及合作四维度、全方位开放为目标，大力推进对外开放国际化，力促大湾区开放在更高层面展开和延伸，力促大湾区深度参与世界城市分工和全球产业合作，打造联通国内外的大开放新格局。

打造高铁城市创新联盟，促进高铁城市间创新资源流动。通过打造高铁城市创新联盟，充分发挥高铁在增强市场紧密度、促进生产要素流动方面的

积极作用,增强区域创新协同效应。成立高铁城市创新联盟理事会,负责联盟日常运作以及高铁城市创新基金、高铁城市创新论坛、高铁城市联席会议,为高铁城市双创环境改善提出有深度的改革建议。

每年召开高铁城市论坛,推动城市协同优化创新机制。支持具有丰富论坛经验的高校、科研机构联合举办高铁城市论坛,论坛重点研究、研讨成果形成决策建议,报送相关政府部门,为高铁城市协同创新提供有益参考。

探索区域人才安居工程,降低创新创业人才成本。探索高铁城市人才保障房供给体系:政府提供引导资金和配套公共服务支持,由符合条件的高铁城市供给土地,与资质优良的开发商合作共建双创人才保障房,缓解空间资源约束对双创的制约作用。

B.6
2018年深圳市南山区科技金融发展动态

黄恒中*

摘　要： 科技金融体系是南山区制度环境的重要组成部分。依托"南山科技金融在线平台"，南山区科技金融生态逐步完善，科技金融合作队伍加速壮大，科技金融产品日趋丰富。南山区金融机构贷款金额不断上升，达到历史最高水平，科技金融推广工作成效显著。其中超半数贷款为无抵押无担保贷款，显著降低了中小科技企业的融资门槛。在科技金融合作机构方面，南山区提供具有不同市场定位、瞄准不同类型科技企业的科技金融机构支持。在科技金融产品方面，南山区构建了覆盖企业全生命周期的科技金融产品体系，并不断探索开发新产品，提高科技金融供需双方的对接效率。

关键词： 南山区　科技金融　生态体系

一　南山区科技金融发展背景

数据驱动型金字塔服务体系是南山区科技金融的突出特征。南山区利用科技金融服务平台积累的数据对中小科技企业画像，剖析中小科技企业的产业发展情况。从产业分布上看，平台企业集中在新兴产业，以新一代信息技术和互联网产业为主；整体创新成果丰富，产业链完善，区域分布

---

* 黄恒中，高级经济师，北京大学深圳研究院研究员，主要研究方向为科技金融。

高度集中。从企业特征上看,平台中小科技企业管理层人员多为经验丰富的高层次人才,整体创新能力较强,具备较强的偿债能力及发展潜力。南山区对不同层级的企业制定了金字塔形的服务体系,形成了"基础服务+债权支持+股权支持+定制服务"的科技金融服务包,解决不同层级企业的发展需求。

(一)经济发展

1. 经济发展迈向"快强优"新时代

从经济增速来看,在中高端水平上维持中高速增长。2017年,南山区地区生产总值位居全市第一,实现4601.5亿元,同比增长9.1%(见图1)。2012~2017年,地区生产总值翻了近一番,年均增长高达10.2%,历年增速均超过9%,区域发展动能加速释放。2017年,南山区地均生产总值达到24.55亿元,是全市地均生产总值(11.23亿元)的两倍多①。

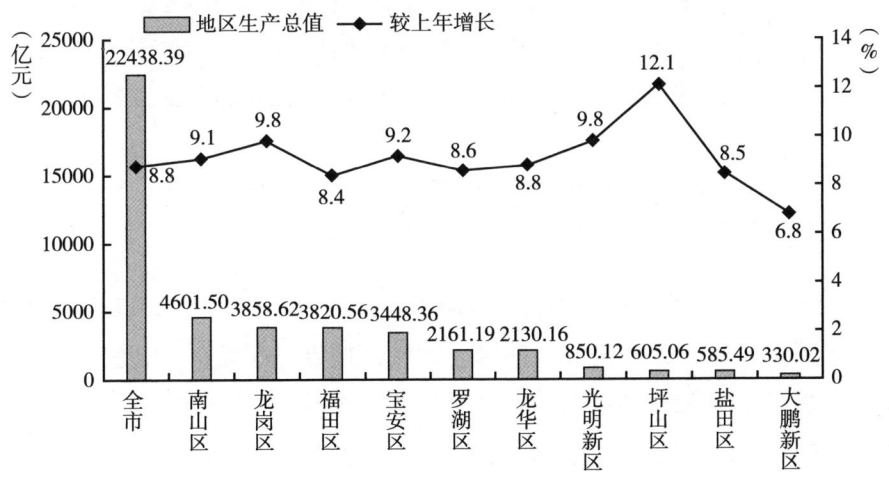

图1 2017年深圳市各区地区生产总值对比

资料来源:深圳市2017年国民经济和社会发展统计公报。

---

① 根据2017年深圳市统计年鉴中各区面积计算。

从经济结构来看，战略性新兴产业竞争力日益提升。2017年南山区战略性新兴产业实现增加值2821.89亿元，同比增长16.0%，占南山区地区生产总值的61.3%，占全市战略性新兴产业增加值的29.2%（见图2）。其中，新一代信息技术、互联网和文化创意产业是南山区战略性新兴产业的重要支撑。2017年新一代信息技术产业实现增加值961.71亿元，比上年增长6.4%；互联网产业727.74亿元，比上年增长30.7%；文化创意产业1115.95亿元，比上年增长24.1%[①]。

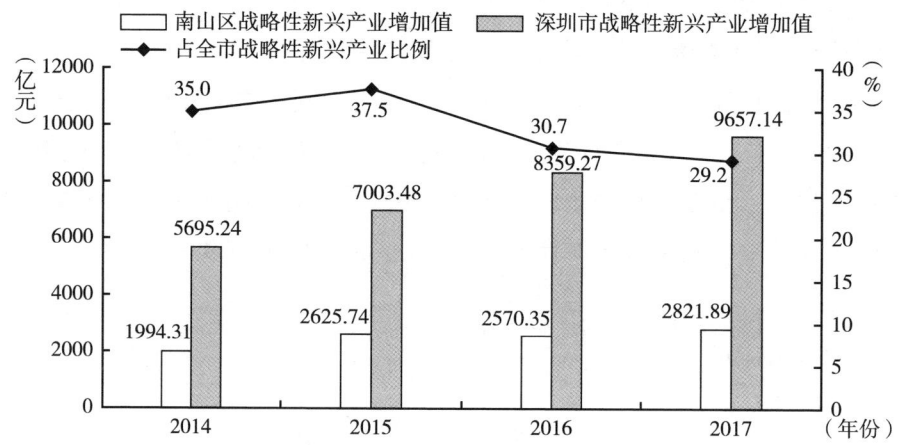

图2　2014～2017年南山区战略性新兴产业与全市对比

资料来源：南山区统计局及深圳市统计局各年统计公报。

从经济质量来看，优质企业总部集群化发展态势明显。2017年南山区总部企业增至43家，占全市比重超过30%；世界500强企业2家，分别为恒大、腾讯；中国500强企业9家，占全市的30%；广东500强企业59家，居全省各区（县）第一[②]。此外，深圳6个总部基地中南山区有4个；留仙洞总部基地入驻4家高新技术企业总部和鹏城实验室[③]；中兴通讯、深圳湾

---

① 深圳市南山区2017年国民经济和社会发展统计公报。
② 深圳市南山区人民政府－南山区2017年度经济成绩"汇报表"。
③ 《留仙洞总部基地　新兴产业别有洞天》，《深圳商报》2018年8月9日。

全球总部等多个南山区湾区总部经济带项目已开工①。

2. 科技产业创新中心建设不断推进

从创新主体来看，创新型企业、团队与载体不断集聚。在创新型企业方面，2017年南山区新增国家高新技术企业718家，总数达2941家，新增上市企业23家，总数达145家，居全国各区（县）第二位。在创新型团队方面，2017年南山区全职院士、"千人计划"、"孔雀计划"人才分别增至15人、230人、1901人，分别占全市总量的50.0%、40.0%、70.0%；新增省、市创新团队7个，总数占全市的72.0%②。在创新型载体方面，新增国家、省、市级创新载体44个，总数达937个，占全市的60%；新增众创空间55家、孵化器16个，其中前海创投孵化器"以投带创"模式被写入国务院文件；全市60%的诺贝尔奖科学家实验室和40%的制造业创新中心入驻南山区③。

从创新成果来看，高水平专利与奖项数量屡创新高。2017年南山区专利申请量达5.73万件，其中发明专利申请量3.14万件；经授权的专利数量2.46万件，其中经授权的发明专利数量0.76万件；PCT国际专利申请量1.13万件，占全市总量的55.1%；年末有效的经授权发明专利数量为4.60万件，占全市总量的43.1%④。其中中兴、迈瑞等12家企业和机构，摘取10项国家科学技术奖，占全市的2/3；微芯生物、国民技术获2项中国专利金奖，占全国的1/10⑤。

（二）制度创新

1. 南山区科技创新政策体系

南山区高度重视科技创新发展，构建了"1+7"科技创新政策体系

---

① 《南山总部基地建设进程加快》，《南方都市报》2018年7月13日。
② 南山区科创局（科协）2017年工作总结和2018年工作计划。
③ 南山区科创局（科协）2017年工作总结和2018年工作计划。
④ 深圳市市场和质量监督管理委员会－市知识产权局。
⑤ 深圳市南山区人民政府－南山区2017年度科创成绩"汇报表"。

(见图3)。其中"1"即《南山区自主创新产业发展专项资金管理办法》（以下简称《办法》），《办法》对促进南山区创新驱动和提升全区社会经济发展水平提供政策性支持进行了详细说明，包括扶持类别、范围、对象，以及"专项资金"的设立、预算管理、主管机构及其职责、资金使用规则、监督检查等方面。

"7"即《南山区自主创新产业发展专项资金分项资金实施细则》，共7项，包括《南山区自主创新产业发展专项资金经济发展分项资金实施细则》《南山区自主创新产业发展专项资金科技创新分项资金实施细则》《南山区自主创新产业发展专项资金人才工作分项资金实施细则》《南山区自主创新产业发展专项资金文化产业发展分项资金实施细则》等。

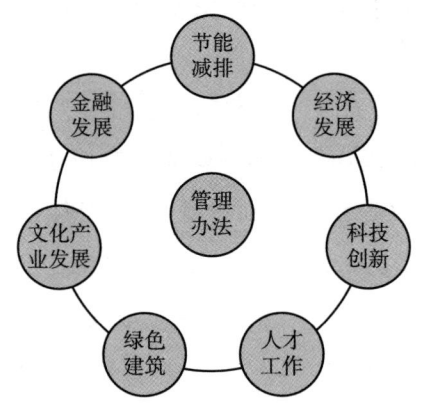

图3　南山区"1+7"科技创新政策体系

2. 南山区促进科技创新具体举措

科技金融政策是南山区推动科技创新的有力抓手。南山区突出支持战略性新兴产业、未来产业等重点领域，落实"总部经济+科技创新"双轮驱动发展战略，引导辖区企事业单位加快转变经济发展方式，不断推动产业优化升级。具体举措主要涵盖三大类：专业服务、创新服务、金融服务（见图4）。

在专业服务方面，针对知识产权、金融审判工作专业性要求高、审理难度大的问题，2017年在前海成立了深圳知识产权法庭和深圳金融法庭，确保审判质量、提升审判效率。此外，设立了深圳南山知识产权保护中心，其服务涉及知识产权价值链各个环节，强化科技创新企业的知识产权保护。6家保护机构、3家产业自律组织和14家运营机构同时入驻，形成"6+3+14"的知识产权保护运营架构。各机构共同探索协同运营模式，织就知识产权的保护链、运营链、转化链、协同链、支撑链①。

在创新服务方面，通过"创业之星"大赛、南山博士论坛等项目及科技品牌活动，吸引大批高层次人才及优质创新创业项目。制定专项支持奖励政策，对"领航计划"人才、创新创业人才、创新创业团队、创新创业人才载体和人才服务机构四大创新实践主体予以鼓励，激发人才创新活力，促进创新创业发展。

在金融服务方面，南山科技金融城通过"产、学、研、投、创"全产业链体系的打造，连接金融与科技，实现产业全面融合。南山区通过搭建科技金融在线平台，面向全区不同成长阶段的科技中小型企业，推出"孵化贷""成长贷""集合信贷""微业贷"等覆盖企业全生命周期的科技金融产品，满足小微企业的融资需求。2017年重点支持的科技金融城，目前已入驻北京银行深圳分行等金融机构区域总部及区政府相关金融部门。未来3年，科技金融城将吸引超300家金融及高新技术企业落户，创造2.3万个就业岗位，贡献超800亿元年产值，管理超1700亿元资金②。

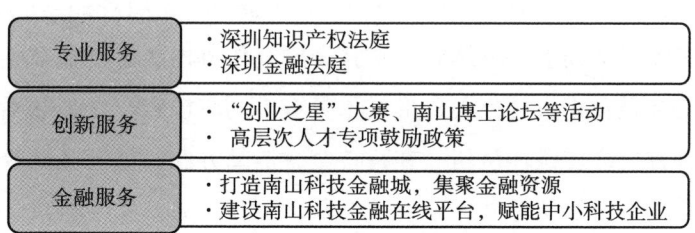

图4　南山区促进科技创新具体举措

---

① 南山区科创局（科协）2017年工作总结和2018年工作计划。
② https：//wallstreetcn.com/articles/3267173.

(三)数据驱动型金字塔服务体系

南山区已形成"1138"科技金融生态,即"1个平台、1个系统、3个联动、8项产品"的科技金融生态系统。其中,政企联动、银保联动、投贷联动的科技金融生态圈,进一步活跃了区域科技金融氛围;"孵化贷""成长贷""集合发债""集合担保信贷""知识产权质押贷""研发贷""科技保理贷""微业贷"8项科技金融产品特点鲜明,全方位、精准地满足了科技企业的融资需求。

南山区构建了以"数据驱动型金字塔服务体系"为主要特征的科技金融2.0版本。该版本具有以下三个特点:一是经过长期运作,企业评级系统积累了海量数据,可准确、客观、全面地评估中小科技企业;二是形成了基于数据分析的中小科技企业画像,大大提高了科技金融支持的精准性,并据此对企业进行分层服务,以"基础服务+债权支持+定制服务"的科技金融服务包,为不同层级的企业提供支持;三是通过与北京大学合作打造的"智慧金融实验室"链接全国创新资源,联合天使投资、风险投资、私募股权投资、政府基金共同打造"虚拟孵化器",提升了南山区科技金融的全国影响力。

二 南山区科技金融机构与产品

南山区在以"1个平台、1个系统、3个联动、8项产品"为特征的科技金融生态体系基础上,继续壮大科技金融合作机构队伍,丰富科技金融产品。在科技金融合作机构方面,形成了具有不同市场定位、瞄准不同类型科技企业的全方位合作伙伴队伍。在科技金融产品方面,基于平台数据不断探索创新,与战略合作伙伴共同开发数据驱动型新产品,实现科技金融产品的差异化和多元化。

(一)科技金融产品

1. 总体概况

(1)科技金融产品体系。南山区吸引了大量高质量的创新型科技企业。

在创新型科技企业中,中小微企业占较大比例,因资产轻、变化快、信息不对称等问题普遍面临"融资贵、融资难"困境。针对这一问题,南山区于2008年启动"科技金融扶持计划",开始了由政府主导、弥补金融服务缺陷的尝试。

经过不断探索,南山区面向全区不同成长阶段的科技型企业,推出了"孵化贷""成长贷""集合担保信贷"等覆盖企业全生命周期的科技金融产品;针对科技企业资产轻的特点,充分盘活软性资产,推出了"知识产权质押贷"等金融产品,形成了完备的科技金融产品体系,实现对区内企业从零销售额到拟上市公司的全覆盖支持(见表1)。

表1 南山区企业不同成长阶段对应金融产品类别

成长阶段	对应的金融产品
种子期	集合担保信贷(投贷联合)
初创期	孵化贷、微业贷
成长期	成长贷、知识产权质押贷
成熟期	集合发债

(2)科技金融贷款规模。南山区科技金融在过去10年间实现了从无到有、从弱到强、从探索到引领的跨越式发展。2008~2017年,南山科技金融在线平台累计支持2274家科技企业获得133.7亿元银行贷款,单笔贷款金额为587.99万元。2017年,南山区科技金融贷款规模达到42.5亿元,单笔贷款规模为596.2万元(见表2)。

表2 南山区科技金融支持企业数量及贷款金额

实施年度	支持企业数量(家)	支持贷款金额(亿元)	单笔贷款金额(万元)
2008	7	0.25	357.14
2009	52	5.6	1076.92
2010	33	1.0	303.03
2011	79	4.6	582.28
2012	108	6.5	601.85

续表

实施年度	支持企业数量(家)	支持贷款金额(亿元)	单笔贷款金额(万元)
2013	144	7.9	548.61
2014	262	12.4	473.28
2015	324	18.1	558.75
2016	552	34.8	631.28
2017	713	42.5	596.20
合计	2274	133.7	587.99

从科技金融支持企业数量来看，南山区科技金融发展迅猛。2008年，南山区科技金融平台资助企业数量仅7家。2012~2017年，支持企业数量从108家猛增至713家，呈持续上升趋势（见图5）。

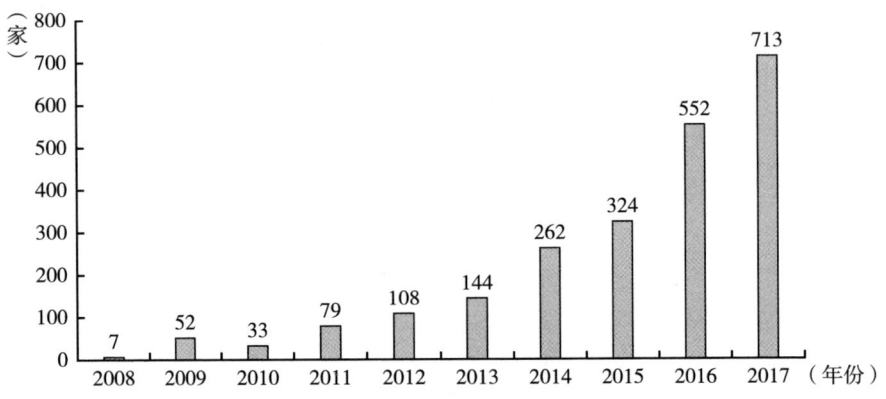

图5 南山区科技金融支持企业数量

从贷款金额来看，南山区科技金融发展成效卓著。2008年，南山区科技金融贷款金额为0.25亿元，2009年以2140%的增幅发展到5.6亿元（见图6）。2011~2017年，南山区科技金融贷款金额从4.6亿元增长至42.5亿元。从单笔平均贷款金额来看，主要面对的扶持对象是中小科技企业。

（3）科技金融贷款结构。南山区科技金融计划基本实现了对区内企业从零销售额到拟上市公司的全覆盖支持。2017年，南山区科技金融平台企业的销售收入主要集中在1亿元以下区间，企业数量占比达75.6%（见图

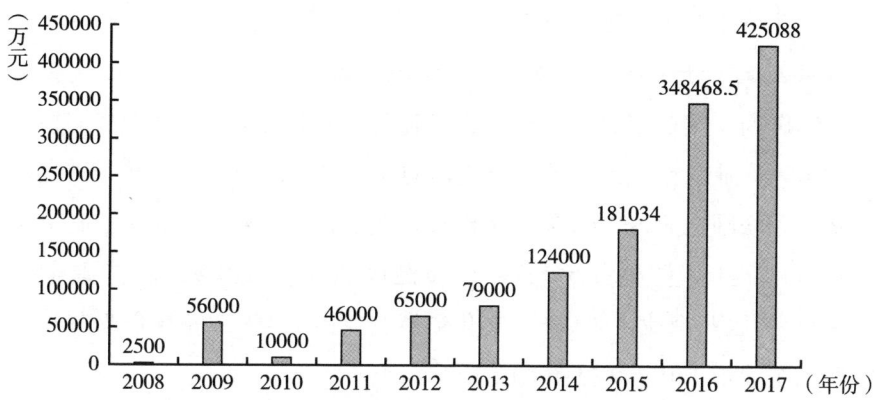

图6 南山区科技金融支持贷款金额

7）。其中，销售收入在 0.5 亿元以下的企业占比最高，达到 54.6%，销售收入 2 亿元以上的仅占 6.3%，充分体现出科技金融对科技型中小微企业的扶持力度。

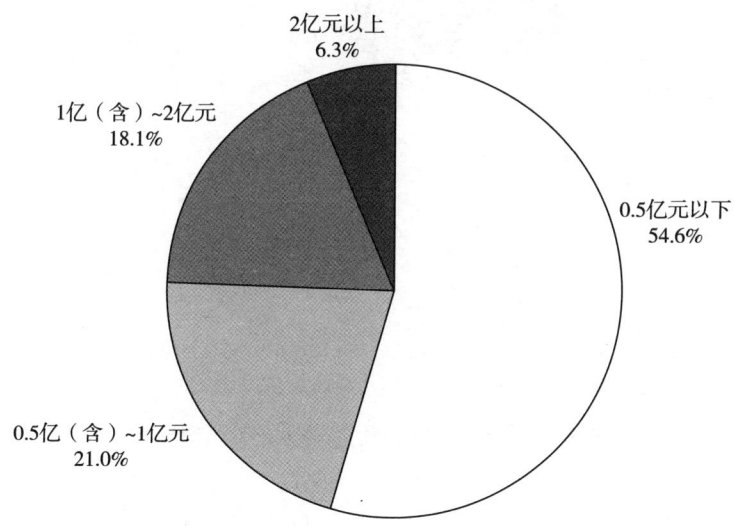

图7 2017 年按销售收入分类的南山区科技金融贷款企业分布

注：按企业填报的 2017 年全年销售收入分类统计，已剔除无效数据。

从产业分布来看，2017年南山区科技金融平台企业主要集中在新一代信息技术领域。新一代信息技术、新能源、新材料、互联网、高端装备制造、生物医药、生命健康、海洋、航空航天是南山区重点支持的战略性新兴产业和未来产业。南山区科技金融支持的新一代信息技术企业数量占比达到46.3%，互联网企业占19.3%，节能环保企业占8.5%，高端装备制造企业占6.6%，新材料企业占5.1%，生命健康企业占4.0%，新能源企业占2.8%，生物医药企业占2.0%，文化创意企业占1.4%，海洋企业占1.1%，航空航天企业占1.0%（见图8）。

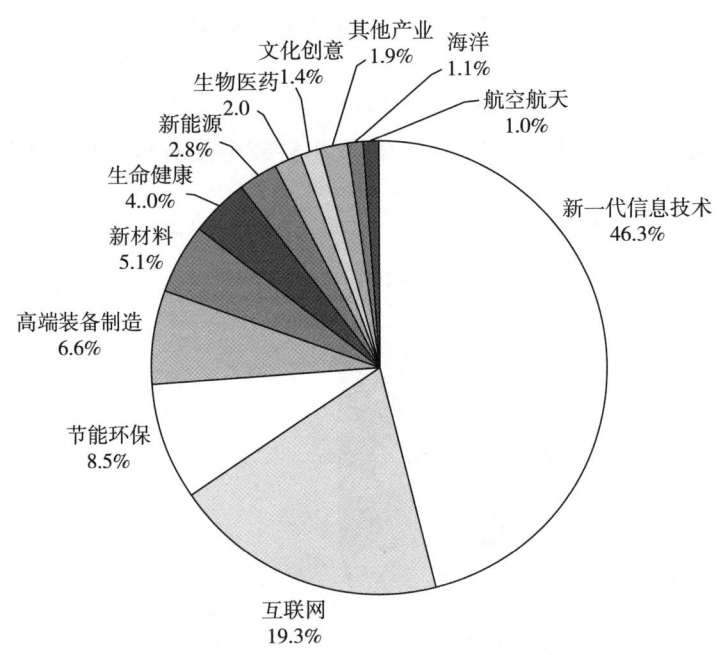

图8　南山区科技金融贷款企业产业数量分布

从运营状况来看，南山区科技金融平台企业普遍表现出良好的增长势头。2017年，平台支持的战略性新兴产业和未来产业企业平均销售收入为0.72亿元，平均销售收入增长率高达67.5%，平均销售毛利润率为42.1%。分产业看，2017年，新能源、新材料产业的企业平均销售收入最高，分别达到 1.06 亿元和 0.92 亿元；互联网产业的企业平均销售收入增长率最高，达到 114.9%；生命健康产业的企业平均毛利润率最高，达到 48.4%（见表3）。

表3　2017 年南山区科技金融贷款企业运营状况

产业	平均销售收入（亿元）	平均销售收入增长率（%）	平均毛利润率（%）
新能源	1.06	69.6	34.0
新材料	0.92	36.7	37.8
生物医药	0.88	61.2	46.3
海洋	0.86	2.8	34.0
互联网	0.84	114.9	46.7
新一代信息技术	0.72	70.1	42.2
节能环保	0.72	43.7	34.7
高端装备制造	0.54	85.0	40.2
航空航天	0.41	26.4	29.5
生命健康	0.33	91.0	48.4

注：按平均销售收入排序。

2. 知识产权质押贷

南山区知识产权质押贷业务增长稳健，产品日渐成熟。从获得贷款的企业数量来看，2012 年仅 26 家企业获得贷款；2013 年获得贷款的企业数量增长 150%，达到 65 家；2014~2016 年获得贷款企业数量较为稳定，分别为 94 家、98 家、97 家；2017 年获得贷款企业数量破百，达到 102 家（见图9）。经过几年的成长，知识产权质押贷获得贷款的企业数量扩张了 3.9 倍。知识产权质押作为全球性科技金融难题，因知识产权评估、流转相关制度与产业环境约束，对科技金融产品构成了重重困难。伴随着国家对知识产权保护的制度建设迈入新阶段，知识产权质押贷有望获得新的发展机遇。

从贷款规模来看，知识产权质押贷增速明显回升。2012 年知识产权质押贷的贷款规模为 1.2 亿元；2013 年贷款规模增速为 74%，达到 2.09 亿元；2014 年贷款规模增速为 78%，达到 3.70 亿元；2015 年贷款规模增速

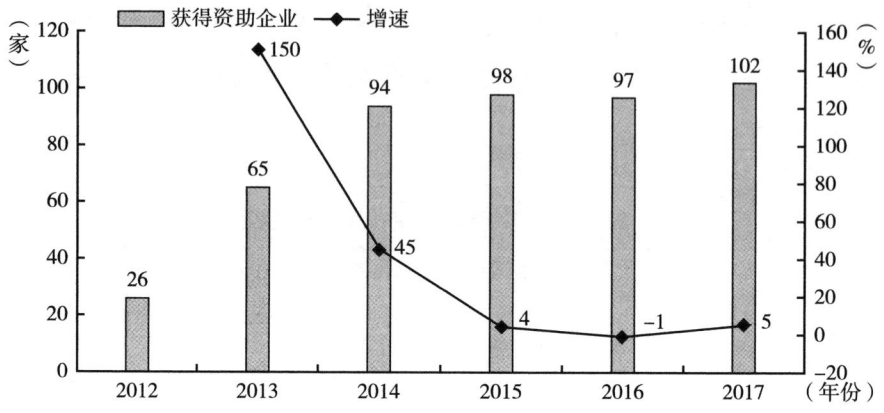

图9 南山区知识产权质押贷历年资助企业数量

为39%,达到5.15亿元;2016年贷款规模增速为3%,达到5.28亿元;2017年贷款规模增速为27%,达到6.70亿元(见图10)。

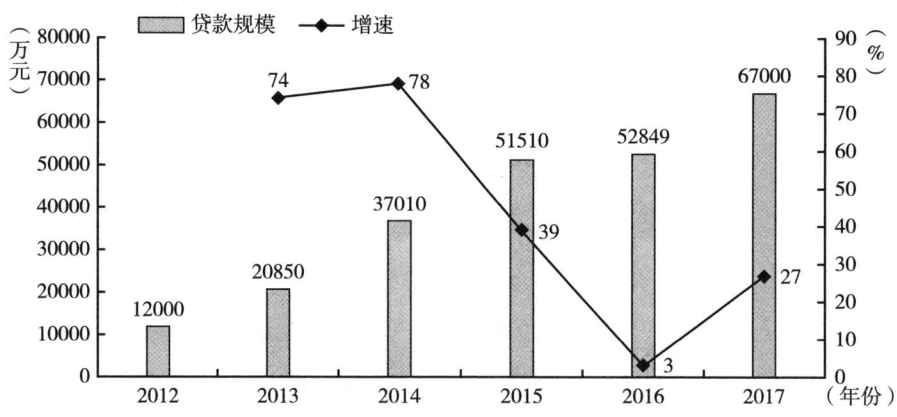

图10 南山区知识产权质押贷历年贷款规模

从平均贷款额度来看,南山区知识产权质押贷对贷款企业的平均贷款额度在2013年有所下降,随后保持上升趋势。2012年企业平均获得贷款462万元,2013年平均获得贷款321万元,2014年为394万元,2015年为526万元,2016年为545万元,2017年为657万元(见图11)。平均贷款额度上升的主要原因是,南山区在知识产权质押贷产品设立初期规定单笔贷款额度不能超过 500 万元。经过 3 年的摸索，2015 年将单笔贷款金额放宽到 1000 万元。此举进一步满足了企业的资金需求，从而整体拉高了平均贷款额度。

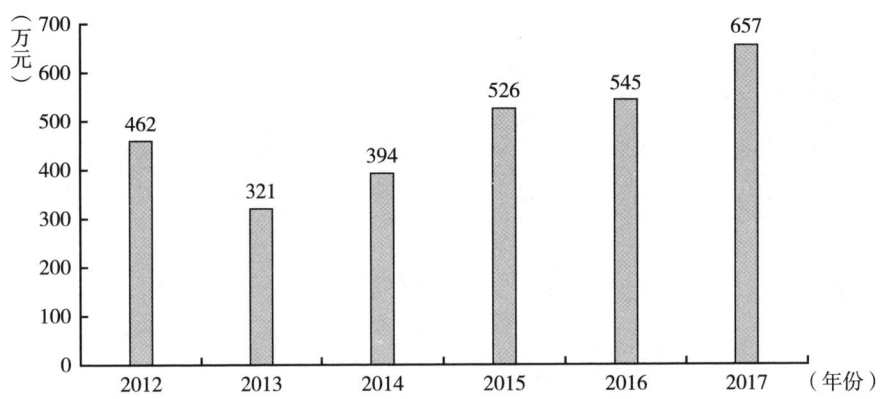

图 11 南山区知识产权质押贷历年平均贷款额度

3. 集合信贷（投贷联合）

南山区集合信贷（投贷联合）业务保持稳步增长态势。从资助企业数量的角度来看，2012 年为集合信贷（投贷联合）业务设立的第一年，资助企业仅 7 家；2013 年资助企业数量增长 129%，达到 16 家；2014 年增长 150%，达到 40 家；2015 年资助企业数量进一步增长到 55 家；2016 年资助企业数量增长 36%，达到 75 家；2017 年资助企业数量增加到 90 家（见图 12）。经过 3 年多的成长，集合信贷资助企业数量扩张了 13 倍。

从贷款规模的角度看，集合信贷（投贷联合）增长稳健。2012 年项目设立之年贷款规模为 0.21 亿元；2013 年贷款增速为 32%，达到 0.28 亿元；2014 年增速为 292%，达到 1.11 亿元；2015 年贷款规模进一步增长到 1.68 亿元；2016 年贷款增速为 43%，达到 2.39 亿元；2017 年贷款增速为 24%，达到 2.96 亿元（见图 13）。与资助企业数量的增长幅度类似，2017 年贷款规模相比于 2012 年增长了 13 倍。

南山区集合信贷（投贷联合）对贷款企业的平均贷款额度为 300 万元

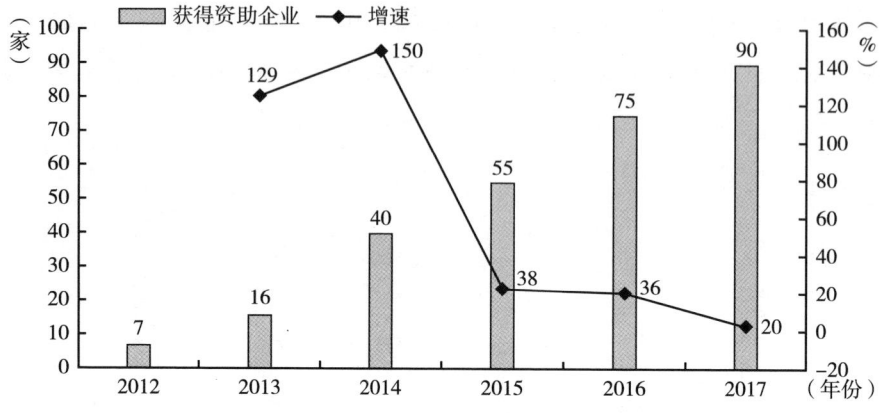

图12 南山区集合信贷（投贷联合）历年资助企业数量

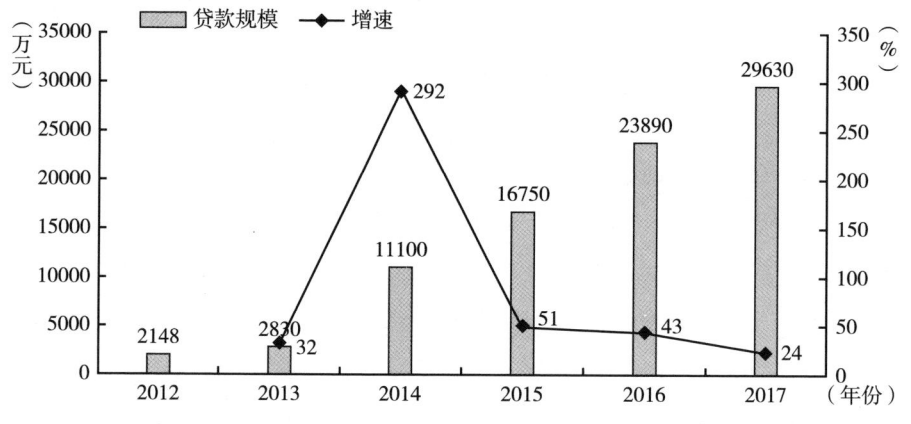

图13 南山区集合信贷（投贷联合）历年贷款规模

左右。企业2012年平均获得贷款307万元，2013年平均获得贷款177万元，2014年为278万元，2015年为305万元，2016年为319万元，2017年为329万元（见图14）。从平均贷款金额来看，集合信贷面向的主要是区内的小微科技企业，300万元的贷款额度基本可以满足多数小微科技企业的资金需求。并且，南山区科技创业服务中心对贷款期限为1年的贷款产品给予了十分优惠的贴息比例，在很大程度上降低了小微科技企业的融资成本。

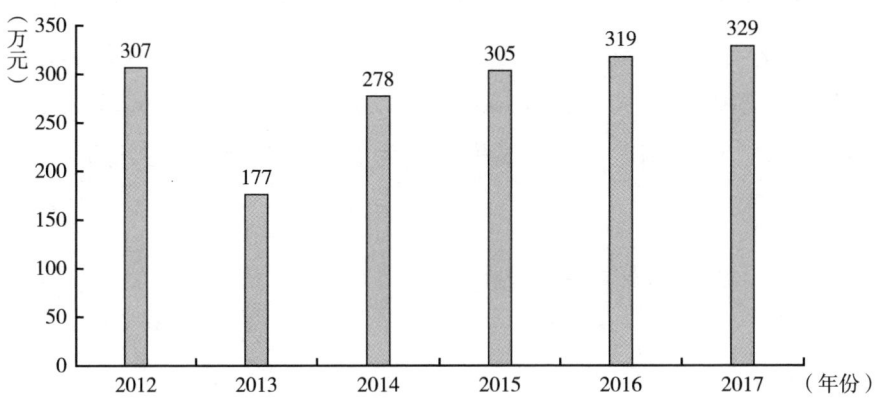

图14 集合信贷(投贷联合)历年平均贷款额度

4. 成长贷

2017年成长贷支持企业数量达323家。从获得贷款的企业数量来看，2012年仅10家企业获得贷款；2013年获得贷款企业数量增长170%，达到27家；2014年增长104%，达到55家；2016年获得贷款企业数量大幅增长到228家；2017年增加到323家(见图15)。2012~2017年，成长贷获得贷款的企业数量扩张了31倍。

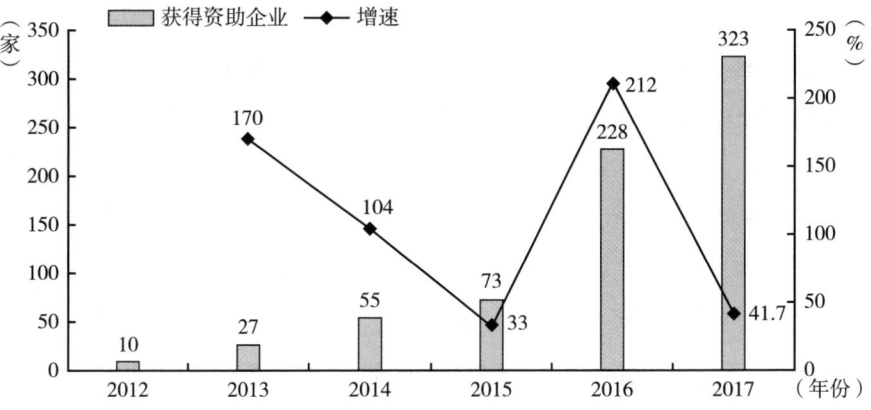

图15 南山区成长贷历年资助企业数量

2012年成长贷贷款规模为0.79亿元；2013年贷款规模增速高达222%，达到2.54亿元；2014年贷款增速为66%，达到4.22亿元；2015年贷款增速为52%，规模进一步增长到6.40亿元；2016年贷款规模大幅增长225%，达到20.77亿元；2017年贷款规模增速为21%，达到25.13亿元（见图16）。

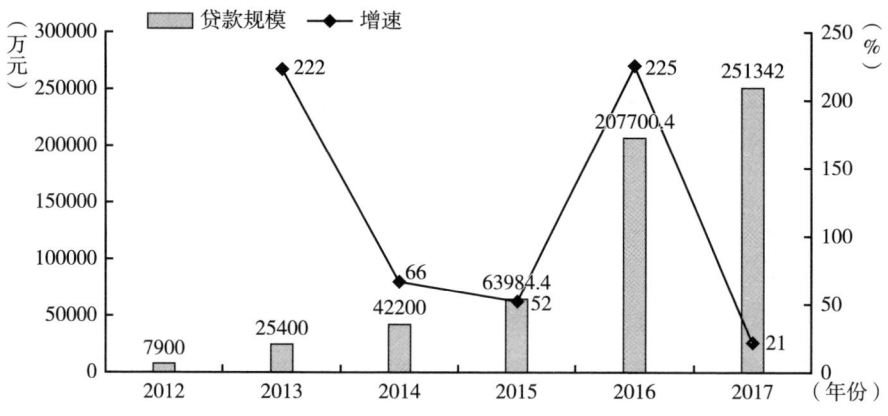

图16　南山区成长贷历年贷款规模

南山区成长贷主要面对的是区内成长型企业，近年平均贷款额度出现下降趋势，表明金融机构渠道逐步下沉，带来的影响是对中小企业的扶持逐步加强。从具体数额来看，2012年企业平均获得贷款790万元，2014年为767万元，2015年为876万元，2016年为911万元，2017年为778万元（见图17）。

5. 孵化贷

经过几年的发展，南山区孵化贷业务保持较高增长态势。从获得贷款的企业数量看，2012年共23家企业获得贷款；2013年获得贷款企业数量增长126%，达到52家；2014获得贷款的企业数量为24家；2016年获得贷款企业数量大幅增长到112家；2017年获得贷款企业数量增长到173家（见图18）。经过几年的成长，成长贷获得贷款的企业数量扩张了近7倍。

从贷款规模来看，孵化贷业务增长速度迅猛。2012年项目贷款规模为

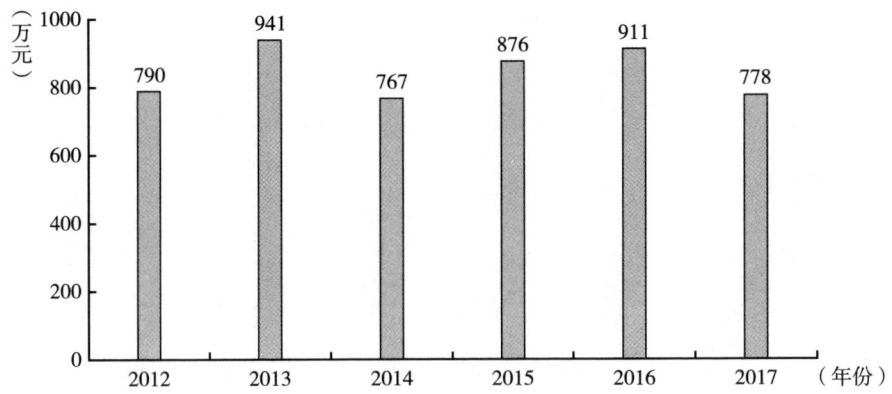

图 17　南山区成长贷平均贷款额度

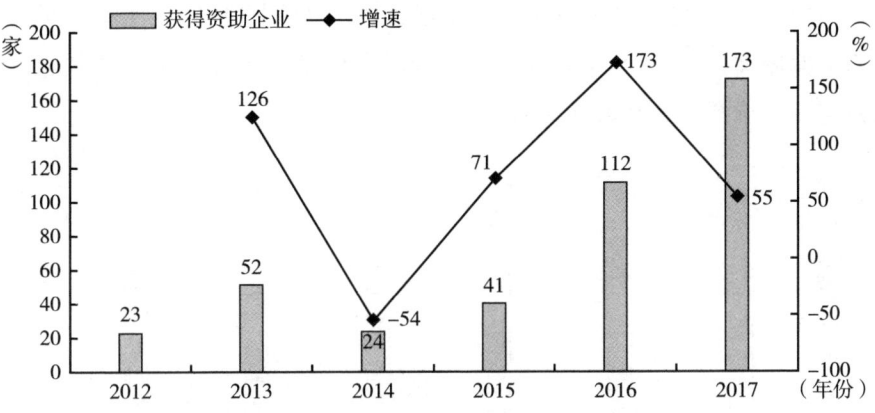

图 18　南山区孵化贷历年资助企业数量

0.72 亿元；2013 年贷款规模增速高达 168%，达到 1.94 亿元；2014 年贷款规模为 1.04 亿元；2015 年贷款规模增长到 1.47 亿元；2016 年贷款规模增长 166%，达到 3.90 亿元；2017 年贷款规模达到 6.18 亿元（见图 19）。2017 年贷款规模较 2012 年增长了 7.5 倍。

南山区孵化贷面对的企业主要是销售金额为 5000 万元以下的小微科技企业。从统计数据上看，对贷款企业的平均贷款额度维持在 350 万元左右。2013 年企业平均获得贷款 373 万元，2014 年为 433 万元，2015 年为 358 万

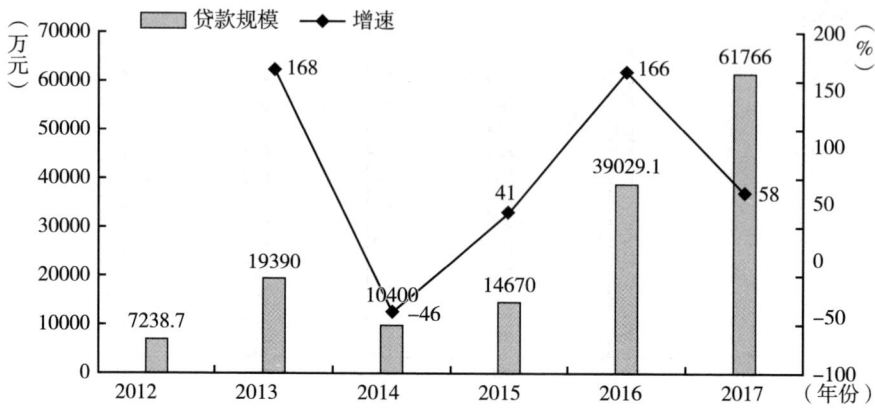

图19 南山区孵化贷历年贷款规模

元,2016年为348万元,2017年为357万元(见图20)。近年来,孵化贷平均贷款额度在2014年达到最高峰,2015~2017年孵化贷平均贷款额度进入稳定期,维持在350万元左右。

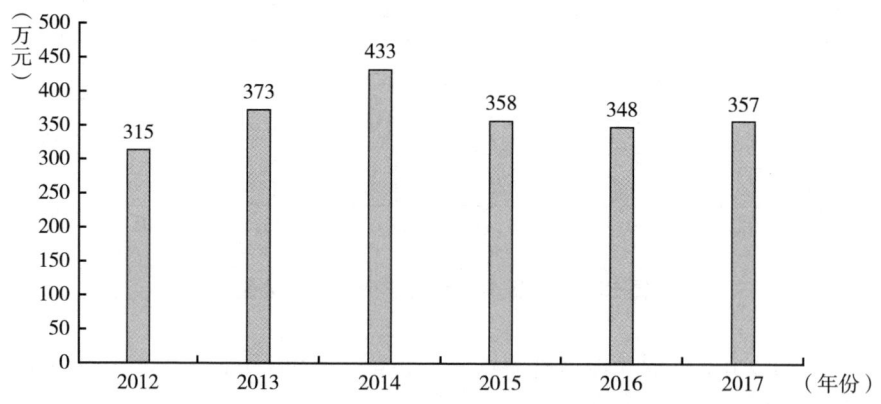

图20 南山区孵化贷历年平均贷款额度

6.科技金融新产品

注重差异化需求,强化银企互动。目前,南山科技金融在线平台已构建覆盖全生命周期的科技金融产品体系,未来平台将更加重视不同产业、企业之间的差异性,结合平台数据,联合银行共同研发针对不同类型企业的科技金融新产品,并实现新产品线上推送。基于企业差异性进行产品开发,不仅能满足中小科技企业的切实需求,更能充分调动金融机构的积极性,强化风险管理机制。

构建数据驱动型产品是工作的基本思路(见图21)。具体而言,南山区将依托南山科技金融在线平台积累的数据资源,对企业特征数据进行提取、分类;联合银行依据特征数据,有针对性地为具备某些典型特征的企业研发标准化的新产品,并实现新产品的线上推送。

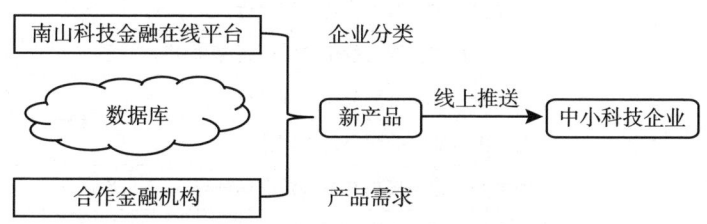

图21 南山区科技金融新产品工作思路

(二)科技金融机构

1. 总体概况

南山区科技金融以南山科技金融在线平台为依托,构建多维主体参与的科技金融"朋友圈"(见表4)。目前参与到南山科技金融的金融机构多达42家,其中银行机构33家(涵盖中国银行、建设银行等大型国有银行,招商银行、兴业银行等股份制商业银行,江苏银行、杭州银行等全国性城市商业银行)、类金融机构9家(包括8家担保机构、1家保理机构)。

表4 南山科技金融合作机构

序号	机构类别	机构名称
1	银行	招商银行股份有限公司深圳分行
2		江苏银行股份有限公司深圳分行
3		兴业银行股份有限公司深圳分行
4		包商银行股份有限公司深圳分行

续表

序号	机构类别	机构名称
5	银行	上海浦东发展银行股份有限公司深圳分行
6		深圳农村商业银行股份有限公司
7		中国银行股份有限公司深圳分行
8		杭州银行股份有限公司
9		中国建设银行股份有限公司深圳分行
10		深圳南山宝生村镇银行股份有限公司
11		华夏银行股份有限公司深圳分行
12		中国邮政储蓄银行股份有限公司深圳分行
13		中国农业股份有限公司深圳分行
14		北京银行股份有限公司深圳分行
15		中国光大银行股份有限公司深圳分行
16		交通银行股份有限公司深圳分行
17		宁波银行股份有限公司深圳分行
18		广发银行股份有限公司深圳分行
19		平安银行股份有限公司深圳分行
20		中信银行股份有限公司深圳分行
21		广东南粤银行股份有限公司深圳分行
22		浙商银行股份有限公司深圳分行
23		广州银行股份有限公司深圳分行
24		深圳前海微众银行股份有限公司
25		渤海银行股份有限公司深圳分行
26		东莞银行股份有限公司深圳分行
27		汇丰银行（中国）有限公司深圳分行
28		上海银行股份有限公司深圳分行
29		深圳龙岗中银富登村镇银行有限责任公司
30		中国工商银行股份有限公司深圳分行
31		中国民生银行股份有限公司深圳分行
32		珠海华润银行股份有限公司深圳分行
33		浦发硅谷银行有限公司深圳分行

续表

序号	机构类别	机构名称
34	担保	深圳市奔达康融资担保股份有限公司
35		深圳市中小微企业融资再担保有限公司
36		深圳市银盛信用融资担保有限公司
37		深圳市不动产融资担保股份有限公司
38		深圳市中小企业融资担保有限公司
39		深圳市高新投融资担保有限公司
40		深圳市力合科技融资担保有限公司
41		深圳市兴业融资担保有限公司
42	保理	金诺（天津）商业保理有限公司

不同类型的科技金融合作机构具有迥异的业务风格。2017年，各机构合计发放科技金融贷款713笔，放款金额42.5亿元（见图22、图23）。从发放贷款笔数来看，高新投贷款笔数为220笔，招商银行为106笔，中小担保为82笔，江苏银行为56笔；从发放贷款金额来看，高新投贷款金额为10.96亿元，招商银行为10.31亿元，中小担保为4.04亿元，江苏银行为3.25亿元；从单笔贷款金额来看，招商银行单笔均额为973万元，包商银行单笔均额435万元，深圳农商行单笔均额376万元；高新投、中小担保单笔均额近500万元（见表5）。

统计数据充分体现了当今金融环境下担保机构对中小微科创企业的重要支撑作用。另外，近年来发生了一些新的变化。在传统概念中，担保机构应该比银行渠道更加下沉，但最近几年，部分小型城市商业银行开始发力科技金融业务，瞄准的客群为小微型双创企业，其客群甚至下沉到担保机构之下。

2. 科技金融合作银行

（1）合作银行贷款规模。南山区的合作银行及提供的贷款金额增长迅猛。科技金融合作银行由2012年的2家发展至33家；2012年，合作银行共为科创企业贷款1.5亿元，2017年贷款金额增长至25.17亿元，扩张了15.8倍（见表6）。南山区科技金融合作银行以股份制商业银行和全国性城市商业银行为主。总体来看，招商银行和江苏银行贷款总额较高，分别达到10.31亿元和3.25亿元。

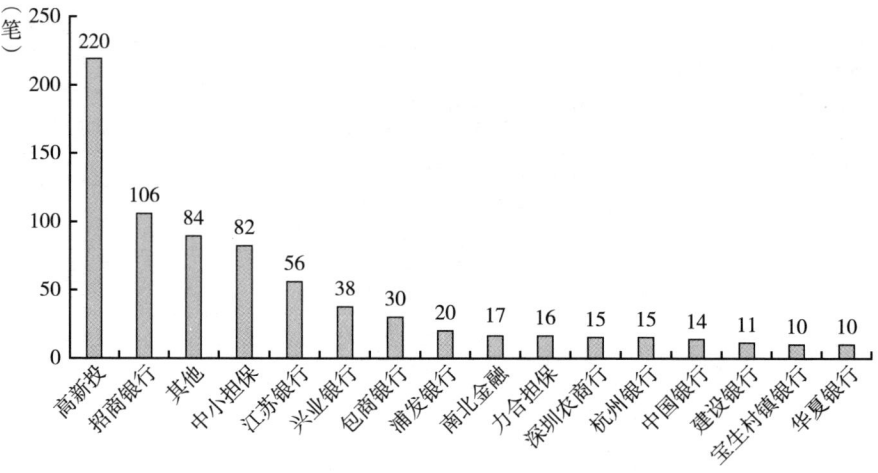

图22　2017年南山区科技金融合作机构发放贷款笔数

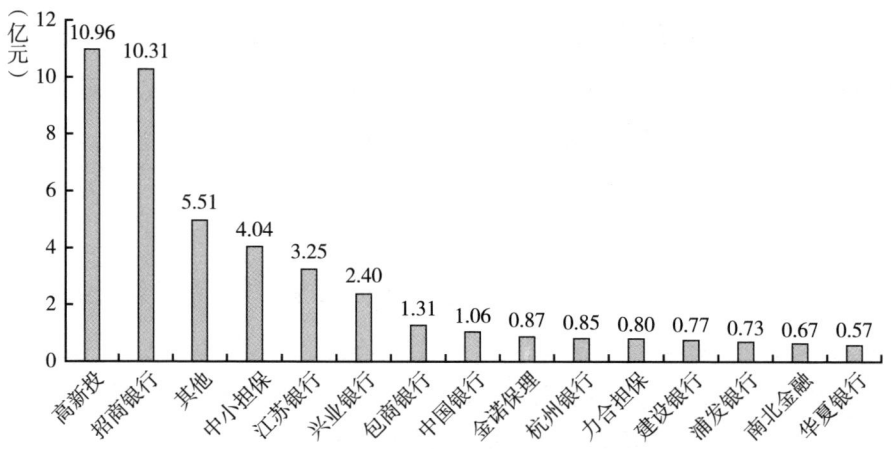

图23　2017年南山区合作机构发放贷款金额

表5　2017年南山区科技金融合作机构发放贷款笔数及金额

合作机构	贷款笔数	贷款金额（亿元）	每笔均额（万元）
高新投	220	10.96	498
招商银行	106	10.31	973
中小担保	82	4.04	493

续表

合作机构	贷款笔数	贷款金额(亿元)	每笔均额(万元)
江苏银行	56	3.25	581
兴业银行	38	2.40	631
包商银行	30	1.31	435
中国银行	14	1.06	757
杭州银行	15	0.85	563
力合担保	16	0.80	500
浦发银行	20	0.73	367
南北金融	17	0.67	391
深圳农商行	15	0.56	376
其他	84	5.51	656
合计	713	42.45	596

表6 南山区合作银行历年贷款规模

单位：亿元

序号	2017年		2016年		2015年	
	合作银行	贷款金额	合作银行	贷款金额	合作银行	贷款金额
1	招商银行	10.31	招商银行	7.14	江苏银行	2.53
2	江苏银行	3.25	江苏银行	4.46	建设银行	1.32
3	兴业银行	2.40	浦发银行	1.84	浦发银行	1.28
4	包商银行	1.31	兴业银行	1.43	中国银行	1.16
5	中国银行	1.06	中国银行	1.05	杭州银行	0.70
6	杭州银行	0.85	建设银行	0.90	兴业银行	0.67
7	建设银行	0.77	包商银行	0.70	招商银行	0.37
8	浦发银行	0.73	光大银行	0.51	上海银行	0.16
9	华夏银行	0.57	杭州银行	0.50	南粤银行	0.11
10	深圳农商	0.56	广发银行	0.37	广发银行	0.05
11	宝生村镇银行	0.55	华夏银行	0.31	包商银行	0.04
12	光大银行	0.52	北京银行	0.25	民生银行	0.04
13	农业银行	0.45	宁波银行	0.12	—	—
14	交通银行	0.44	南粤银行	0.08	—	—
15	邮储银行	0.35	宝生银行	0.08	—	—
16	北京银行	0.35	交通银行	0.07	—	—
17	广发银行	0.25	深圳农商	0.03	—	—
18	宁波银行	0.16	—	—	—	—

续表

序号	2017年		2016年		2015年	
	合作银行	贷款金额	合作银行	贷款金额	合作银行	贷款金额
19	平安银行	0.13	—	—	—	—
20	中信银行	0.12	—	—	—	—
21	南粤银行	0.04	—	—	—	—
22	浙商银行	0.02	—	—	—	—
合计	—	25.17	—	19.82	—	8.42

（2）合作银行融资成本。合作银行的融资成本普遍处于较低水平。2017年纳入统计的22家银行中，共有16家银行的贷款平均利率在6%及以下，占比为72.7%；6家银行的贷款平均利率在6%以上，占比为27.3%（见图24）。总体来看，2017年超七成银行的贷款利率在6%及以下，较2016年（43.8%）有大幅提升。

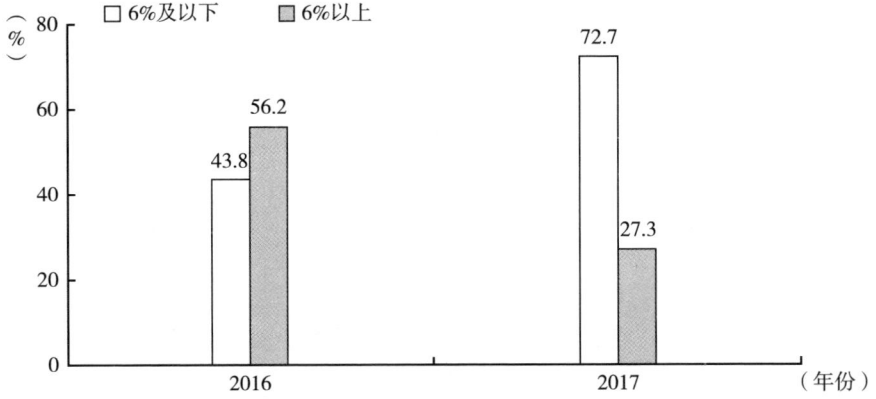

图24　2016年和2017年南山区合作银行融资成本结构对比

注：根据各融资成本区间的合作银行数量计算占比。

（3）无抵押贷款比例。超半数合作银行贷款是无抵押无担保贷款。2017年各合作银行累计发放贷款370笔，金额为25.17亿元。其中无抵押无担保贷款203笔，占贷款总笔数的54.9%；金额为13.72亿元，占合作银行贷款总金额的54.5%（见表7）。从无抵押无担保贷款笔数占比来看，宝生村镇银行、深圳农商和浦发银行分别为100%、80%和80%；从总体抵押率来看，宝生村镇银行、深圳农商和招商银行最低，分别为0、24.8%和27.7%。以上数据充分凸显了宝生村镇银行、深圳农商、浦发银行和招商银行在科技企业信贷方面具备较强的审批优势。

表7 2017年南山区合作银行无抵押无担保贷款情况

单位：亿元，%

银行	笔数	占本行贷款笔数比重	贷款金额	占本行贷款金额比重	抵押率
招商银行	73	68.9	7.24	70.2	27.7
江苏银行	22	39.3	1.18	41.9	132.9
兴业银行	20	52.6	1.03	43.0	83.3
包商银行	16	53.3	0.55	42.2	83.1
浦发银行	16	80.0	0.58	82.4	32.4
深圳农商	12	80.0	0.42	74.5	24.8
宝生村镇银行	10	100.0	0.55	100.0	0.0
杭州银行	10	66.7	0.56	66.3	38.5
建设银行	4	36.4	0.25	32.5	98.1
中国银行	4	28.6	0.44	41.5	80.3
光大银行	3	50.0	0.28	53.7	67.1
华夏银行	3	30.0	0.27	47.8	62.3
农业银行	3	42.9	0.07	15.7	122.4
邮储银行	3	37.5	0.06	17.0	111.9
其他银行	4	16.7	0.24	15.9	—
合计	203	—	13.72	—	—

3. 非银行金融机构

（1）总体情况。非银行金融机构中高新投和中小担保为主力。2015~2017年，非银行金融机构中高新投贷款金额最高，达到10.96亿元（见表8）。近三年，高新投贷款规模连续保持第一；中小担保业务量增长较快。从抵押率看，非银金融机构对资产抵押的要求显著低于银行类金融机构。

表8 南山区非银行金融机构历年贷款规模

单位：亿元，%

2017年			2016年		2015年	
机构名称	贷款金额	抵押率	机构名称	贷款金额	机构名称	贷款金额
高新投	10.96	3.3	高新投	8.40	高新投	5.06
中小担保	4.04	7.3	中小担保	3.41	中小担保	1.83
金诺保理	0.87	0.0	金诺保理	1.46	南北金融	1.69
力合担保	0.80	0.0	南北金融	1.05	力合担保	0.30
南北金融	0.67	0.0	力合担保	0.71	兴业担保	0.06
合计	17.34	—	合计	15.03	合计	8.94

（2）高新投。高新投为南山区中小科技企业提供了有力支持。2013～2017年，高新投的贷款规模均列类金融机构首位。2012年，高新投的贷款规模为0.21亿元；2013年贷款规模增长至1.20亿元，增幅达457.7%（见图25）。经过几年的发展，2017年高新投的贷款规模为10.96亿元，较2012年扩张了50倍，历年贷款规模增速均高于30%。

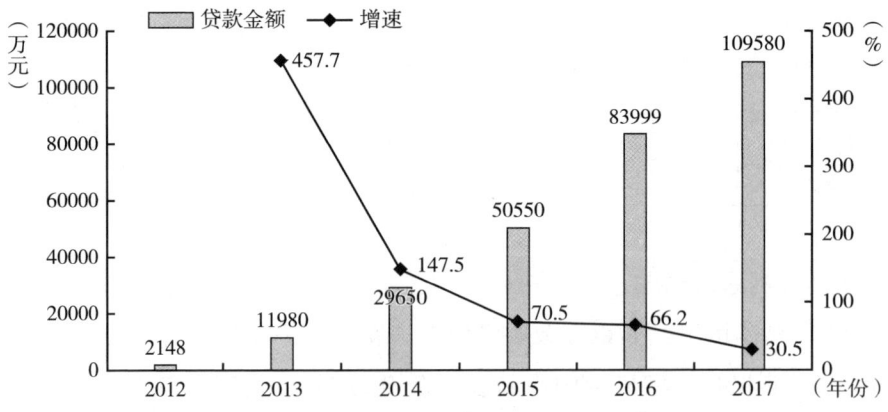

图25 高新投历年贷款规模及增速

（3）中小担保。中小担保贷款规模近3年实现倍增。2012年，中小担保贷款规模为0.97亿元；2013～2017年，中小担保贷款规模增速逐年上升。2017年，中小担保贷款金额为4.04亿元，较2016年增长了18.4%，比2012年扩张了3.2倍（见图26）。

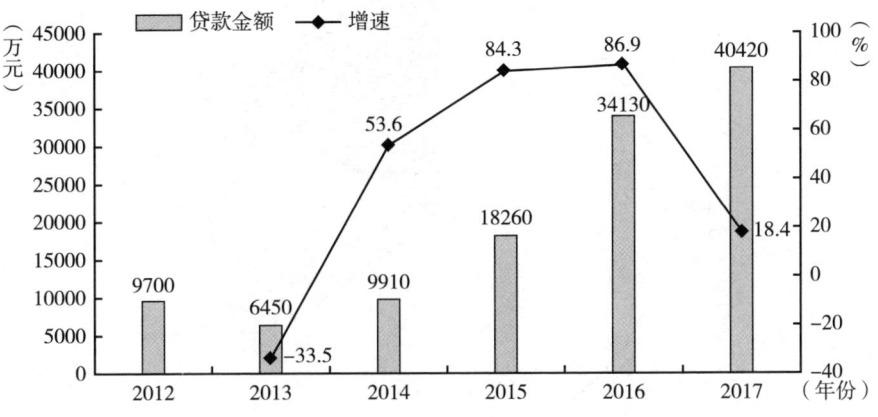

图26 中小担保历年贷款规模及增速

三 南山区中小科技企业画像

南山区利用科技金融在线平台沉淀数据，结合"四位一体"的科技金融评价体系，完整、客观地形成了中小科技企业画像，多维度展现了区内中小企业的发展情况。

（一）平台企业总体情况

1. 企业评分与评级分布

南山科技金融在线平台以科技企业创新能力综合评价指标系统为基础，通过"创新能力－管理能力－经营环境－财务指标"四位一体的评价体系对被支持企业进行评级，评估企业的发展潜力。目前，平台累计获得近1400家中小科技企业的评级数据。

企业评级分布呈金字塔形。在分布上，企业评级集中在 A 级，占平台企业总数的 65.0%；评为 AA 级企业的，占 17.9%；B 级、AAA 级企业占比相对较少，分别为 16.2%、0.9%（见图 27）。

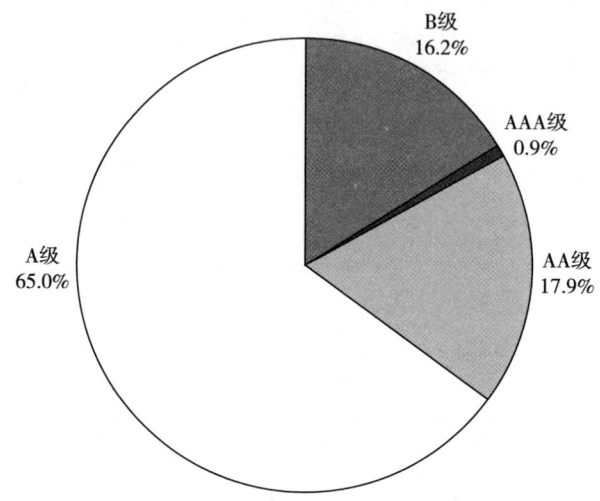

图 27　南山科技金融在线平台企业评级分布

2. 企业评级额度分布

企业授信额度呈阶梯状分布。总体来看，企业获得授信额度的，占平台企业总数的 83.1%。从授信额度分布来看，总体呈阶梯状分布，且主要集中在 800 万～1200 万元的区间内，占比为 42.5%（见图 28）。分产业看，平台生物企业均获得授信，94.5% 的新材料企业获得授信。

（二）平台企业的管理能力特征

1. 领导者素质

（1）管理层学历背景。生物企业聚集了大量的高学历人才，技术负责人多拥有博士学位。从产业看，生物企业拥有硕士、博士学位的占该产业人才总数的 38.6%，生命健康企业拥有硕士、博士学位的占该产业人才总数的 36.6%。从管理层来看，技术负责人中拥有博士学位的占比最高，博士

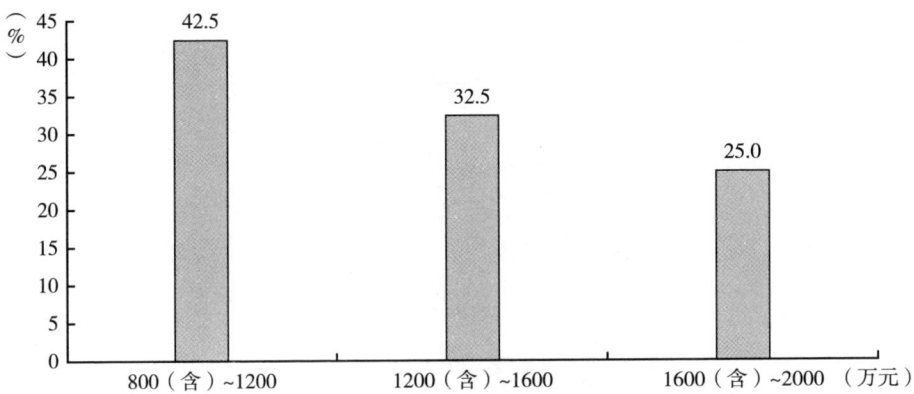

图 28　南山科技金融在线平台企业授信额度分布

人数占比为7.2%，比重分别高出董事长和总经理0.8和1.4个百分点，表明平台企业普遍重视技术负责人对前沿知识的掌握（见图29）。

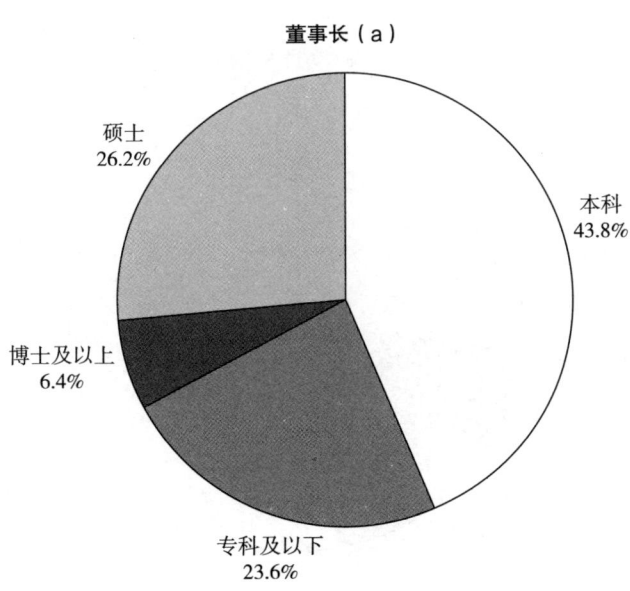

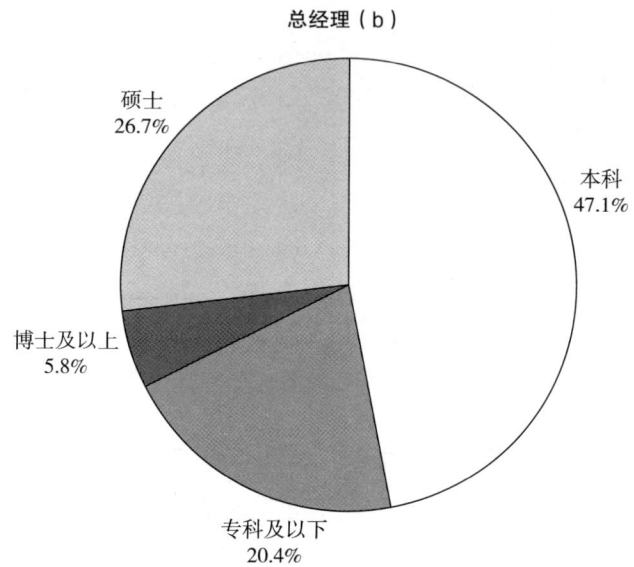

总经理(b)

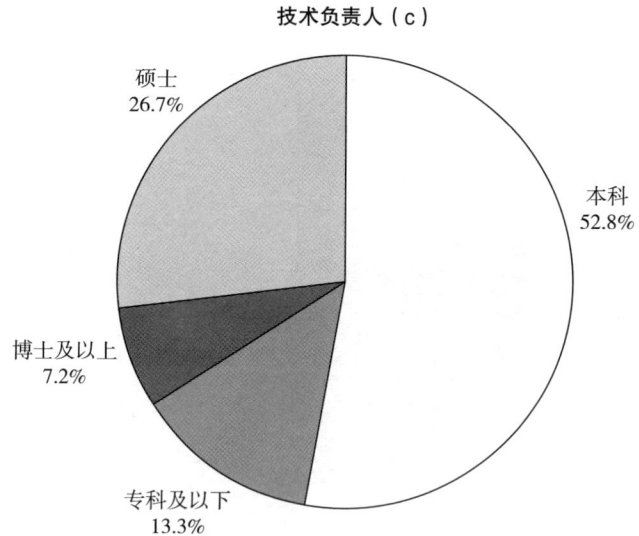

技术负责人(c)

2018年深圳市南山区科技金融发展动态

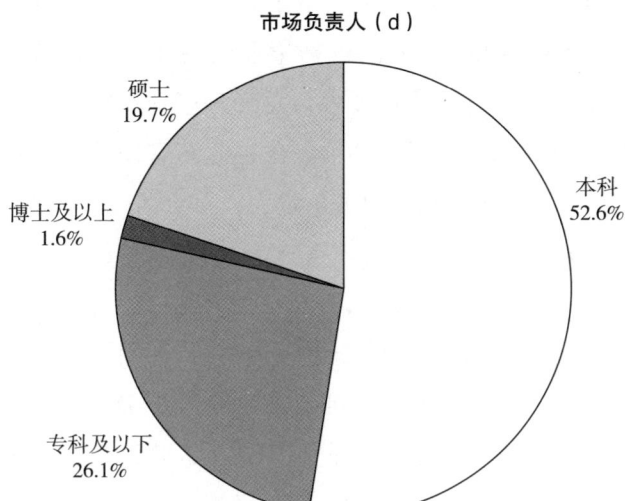

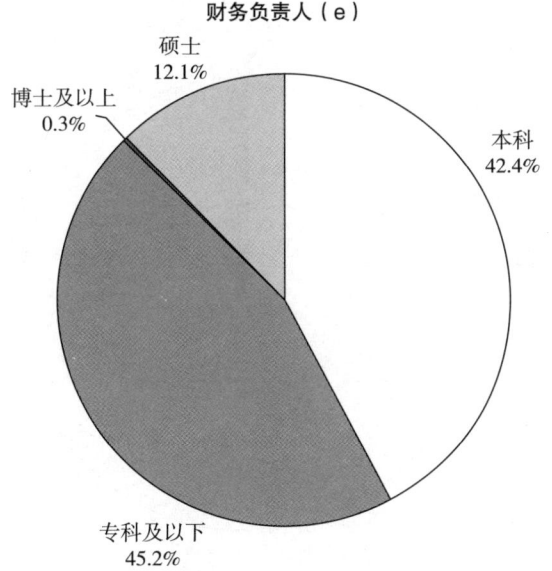

图 29 管理层学历背景分布

（2）管理层毕业院校。企业管理团队大多出身名校，以技术负责人最为突出。从管理层各层级来看，企业董事长从名校（欧美 Top30 名校、欧美 Top100 名校、985 高校、211 高校）毕业的占比为 50.8%；总经理毕业于名校的占比为 54.5%；技术负责人与总经理毕业院校分布较为相似，毕业于名校的占比为 54.2%（见图 30）。在企业高管团队中，技术负责人出身名校的占比显著高于董事长、财务负责人，符合名校日益成为技术创新主阵地这一国际趋势。

（3）管理层人才等级。管理层人员多获得国家、省、市认证及奖励。企业管理层人员获得中、高级职称与市级奖励的，占平台企业总数的比重较高。此外，企业管理层为"孔雀计划"人才的，共 55 人；为"千人计划"人才的，共 27 人（见图 31）。平台企业集聚了大量高层次人才，未来发展潜力巨大。

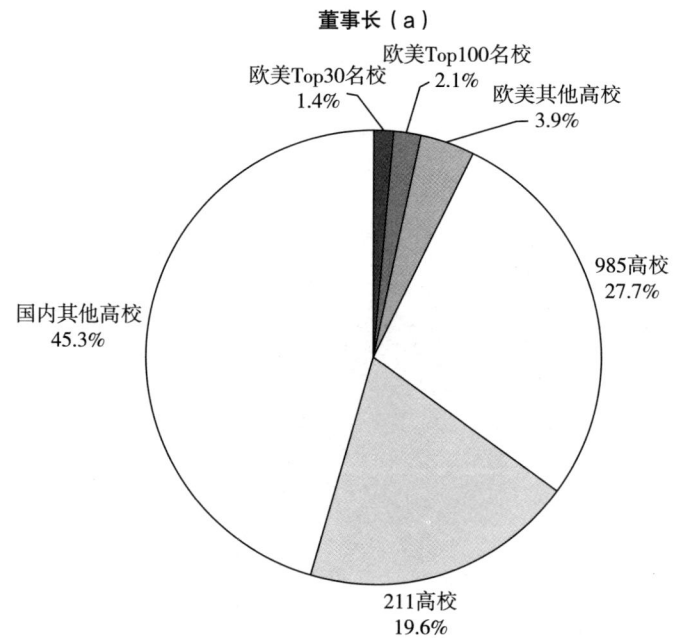

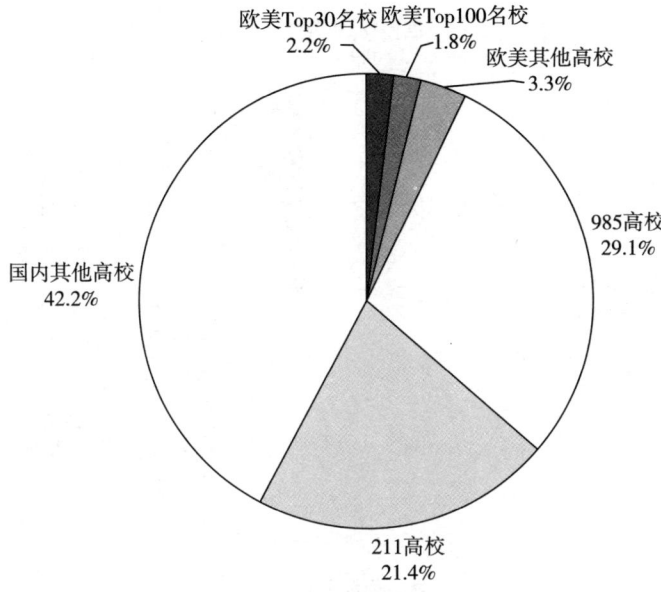

总经理（b）

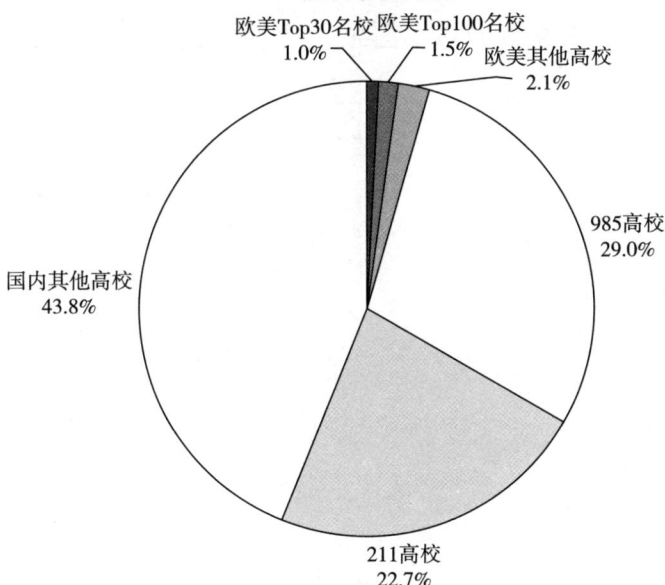

技术负责人（c）

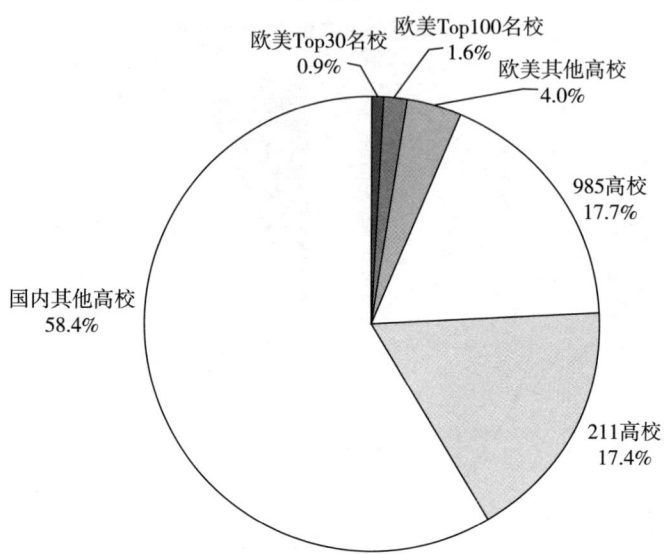

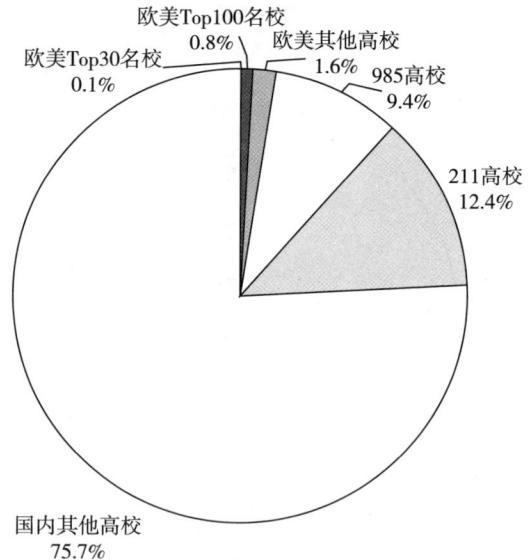

图30 平台企业管理层毕业院校分布

2018年深圳市南山区科技金融发展动态

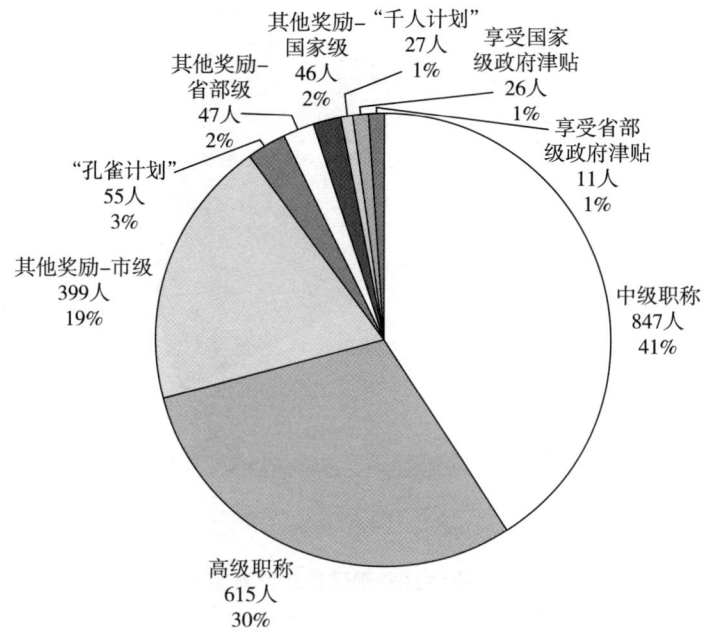

图31 高层次管理层人才分布

（4）管理层工作背景。董事长与总经理多具有名企工作经历。企业董事长有名企（包括世界500强、中国500强、深圳100强）工作经历的，占比为33%（见图32）。技术、市场和财务负责人有名企工作经历的，占比相对较低。名企工作经历与不同岗位在企业中的角色定位有紧密联系。对于董事长、总经理而言，有名企工作经历更利于企业内部管理与社会资源获取。一方面，先进的管理经验能提高公司的整体运行效率；另一方面，高端人脉资源能营造更好的外部经营环境。

（5）管理层工作年限。中小科技企业高管普遍具有10年以上工作经验。从分布规律上看，主要分为两类：一是董事长、总经理工作年限呈中间大、两头小的分布；二是技术、市场、财务负责人工作年限呈阶梯状分布。整体来看，管理层人员工作经验均较为丰富，七成以上管理人员工作年限在10年以上。

企业董事长工作年限在10年以上的，占比为92.4%。其中，企业董事

135

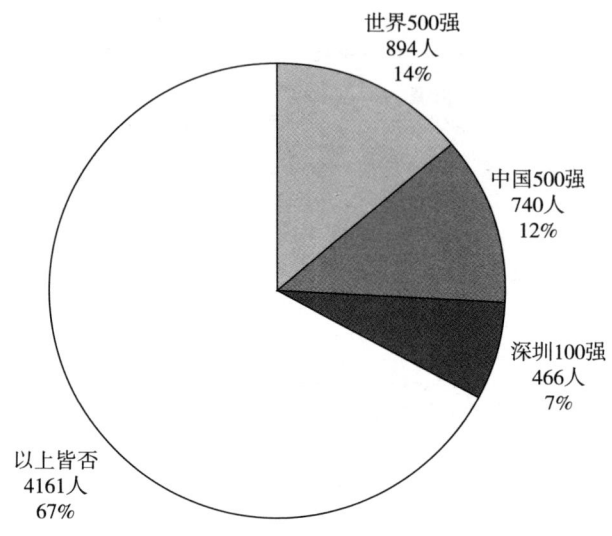

图 32 平台企业管理层工作背景分布

长工作年限在15~20年的,占比为27.3%;工作年限在30年以上的,占比为10.0%(见图33)。

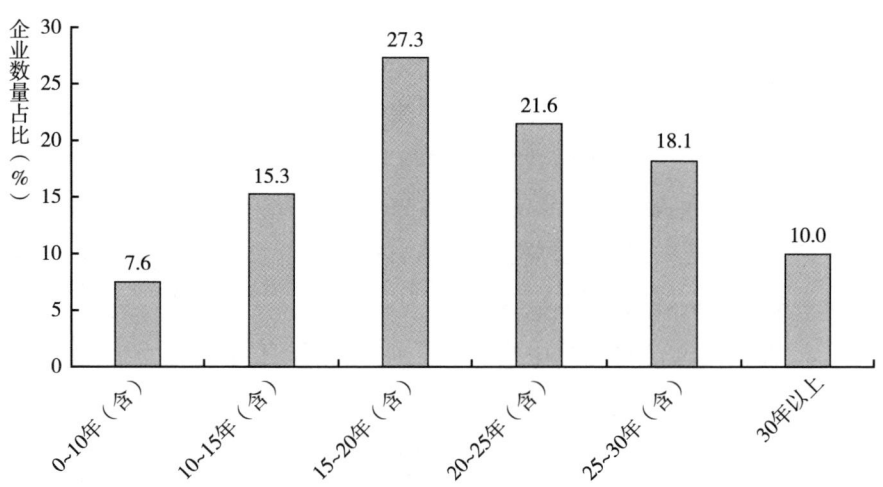

图 33 平台企业董事长工作年限分布

企业总经理工作年限在10年以上的，占比为89.1%。其中，总经理工作年限在15～20年的，占比为32.8%；工作年限在30年以上的，占比为5.4%（见图34）。

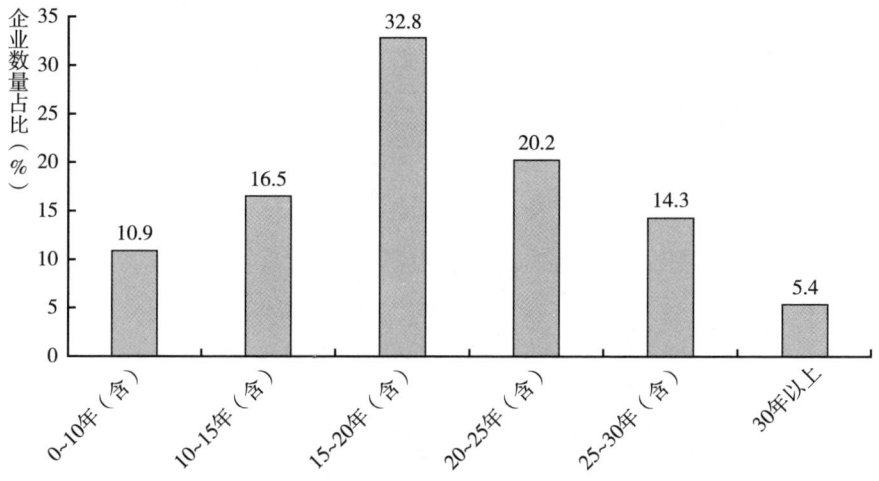

图34 平台企业总经理工作年限分布

企业技术负责人工作年限在10年以上的，占比为72.8%。其中，技术负责人工作年限在10～15年的，占比为28.2%。技术负责人工作年限在30年以上的，占比为4.4%（见图35）。

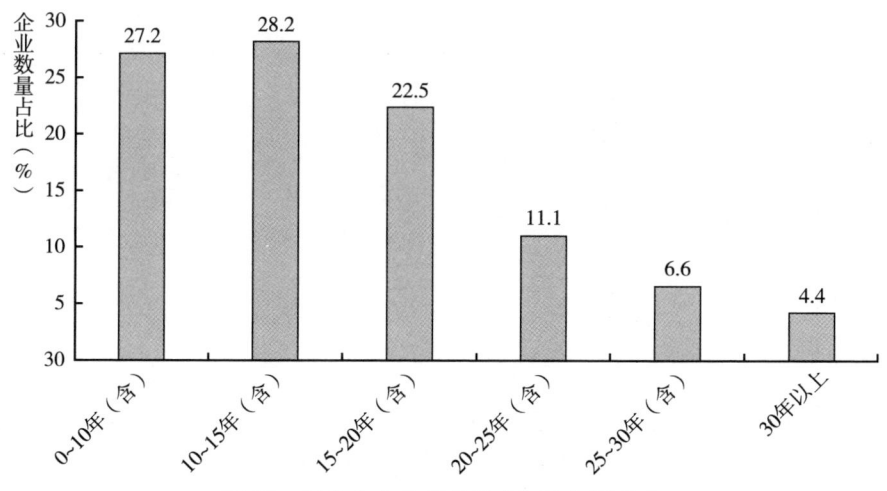

图35 平台企业技术负责人工作年限分布

企业市场负责人工作年限在10年以上的，占比为72.0%。其中，市场负责人工作年限主要集中在10～15年，占比为30.3%；市场负责人工作年限在30年以上的，占比为2.1%（见图36）。

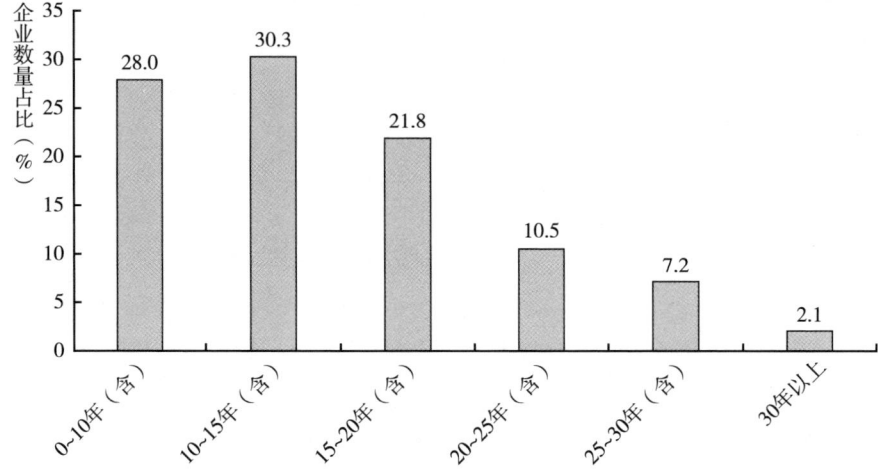

图36　平台企业市场负责人工作年限分布

企业财务负责人工作年限在10年以上的，占比为72.4%。其中，财务负责人工作年限在10～15年的，占比为24.3%；财务负责人工作年限在30年以上的，占比为3.5%（见图37）。

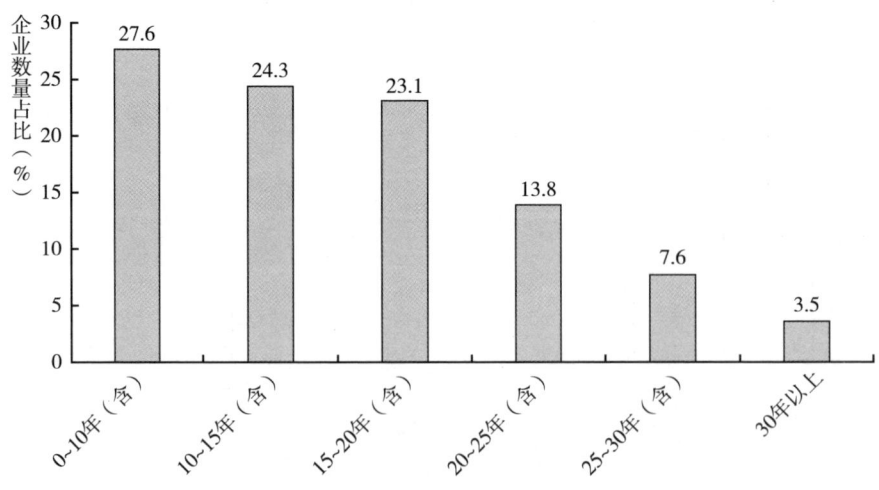

图37　平台企业财务负责人工作年限分布

2. 组织与管理

（1）员工构成。平台企业员工以本科学历为主，研发人员占比逐年上升。从学历构成来看，企业员工主要以本科学历为主，历年占比均高于50.0%。从研发人员占比看，2015年研发人员占比为38.6%，2016年占比为40.4%，2017年比重进一步提升至41.8%（见图38）。

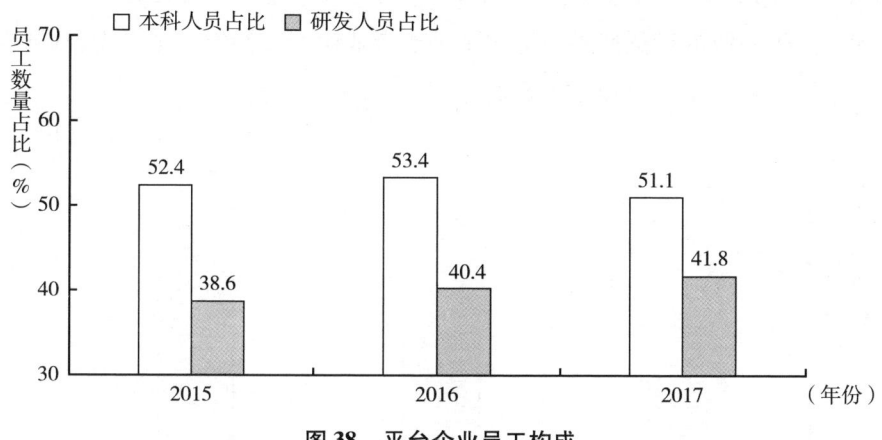

图38 平台企业员工构成

注：各年数据中剔除企业重复值。

（2）组织与制度。高管团队出现重大人员变更的企业占比显著上升。如表9所示，从人员变动情况来看，2017年高管团队出现重大变更的企业占平台企业总数的21.8%，较2015年、2016年分别高出12.2个、12.9个百分点。在完善规章制度方面，2015年有完善规章制度的企业占平台企业

表9 平台企业历年组织与制度概况

单位：%

组织与制度	2017年	2016年	2015年及以前
近三年公司高管团队有重大人员变更	21.8	9.6	8.9
公司有完善的各项内部管理规章制度	99.1	96.5	96.3
公司设置了内部审计部门	15.9	23.0	24.4
公司实施了骨干人员持股计划	32.6	36.2	34.0

总数的96.3%；2016年占比为96.5%；2017年占比提高至99.1%，平台企业基本实现制度化管理。在骨干人员持股方面，三成以上的企业实施了骨干人员持股计划，人才奖励措施相对比较完善。

（3）企业信息化水平。信息化建设是平台中小科技企业规范发展的重要工具。2015年建立IT系统的，占企业总数的89.3%；2016年建立IT系统的，占比为91.0%；2017年建立IT系统的占比进一步提高至96.2%（见图39）。IT系统的广泛使用，优化了平台企业生产、销售、客户管理中的各个环节，有利于中小企业规范发展。

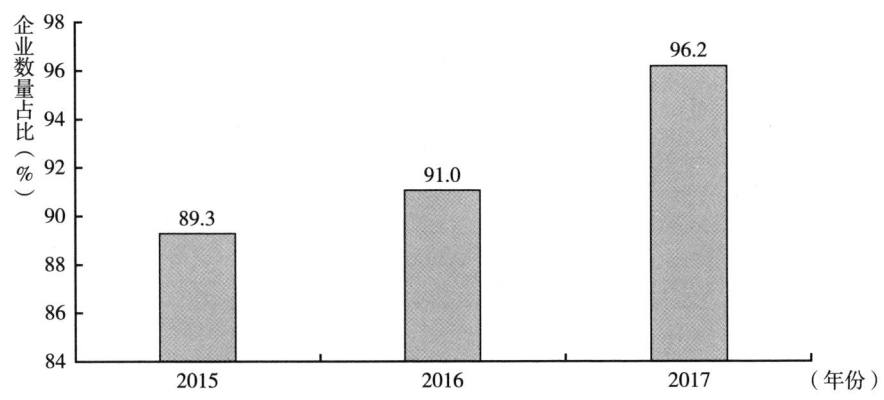

图39 平台企业建立IT系统支撑公司管理情况分布

（三）平台企业的创新能力特征

1. 组织与人才

（1）创新机构设置。平台企业设置研发机构的比重高达95%（见图40）。其中，研发机构认定为区级及以上的，占比为5.0%。设立研发机构是企业技术创新的关键，是改进产品、吸引创新人才集聚的有效方式。

（2）创新队伍建设。平台企业致力于打造高水平创新队伍。平台企业研发团队拥有高级职称人员、博士的，占比为44.3%。研发团队拥有高级

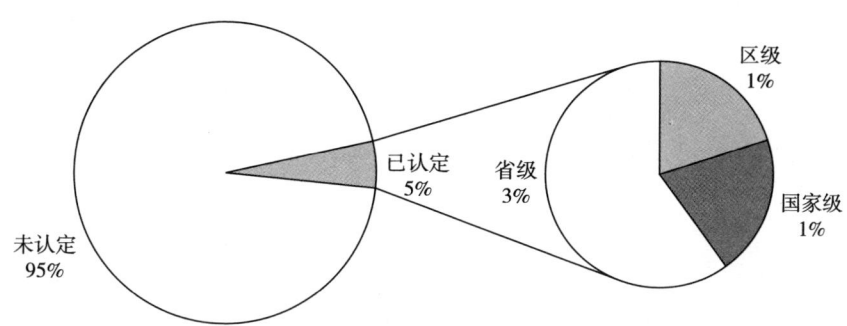

图40 平台企业经认定设置研发机构的比重分布

职称人员、博士的企业中,高级职称人员、博士占比在50%以上的共有9家;企业研发团队拥有高级职称人员、博士的占比主要集中在0~20%,比重为39.3%(见图41)。

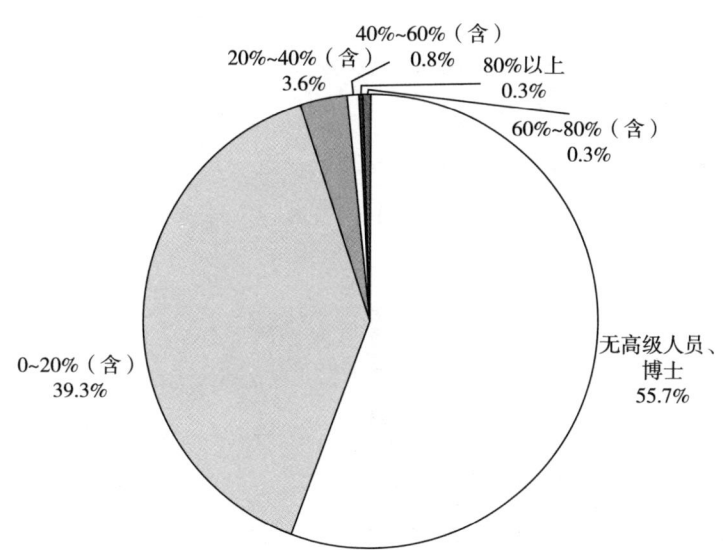

图41 平台企业研发团队拥有高级职称人员、博士比例分布

企业研发团队核心成员普遍具有丰富的研发经验。研发团队核心成员工作经验在10年以上的,占比为28.1%;核心成员工作年限大于15年的,占比为7.4%(见图42)。

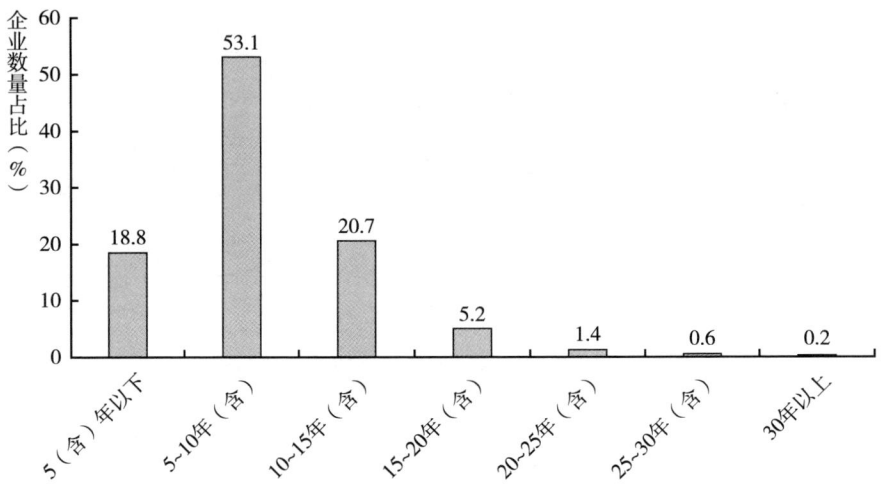

图 42　平台企业研发团队核心成员平均工作经验年限分布

2. 体制与机制

（1）创新投入机制。半数企业研发强度高于10%。97.3%的平台企业设置了研发资金，提升企业研发强度。其中，近五成以上企业科技活动经费支出额占产品销售收入的比重在10%以上；近一成企业科技活动经费支出额占产品销售收入的比重在50%以上（见图43）。较高的经费投入充分表

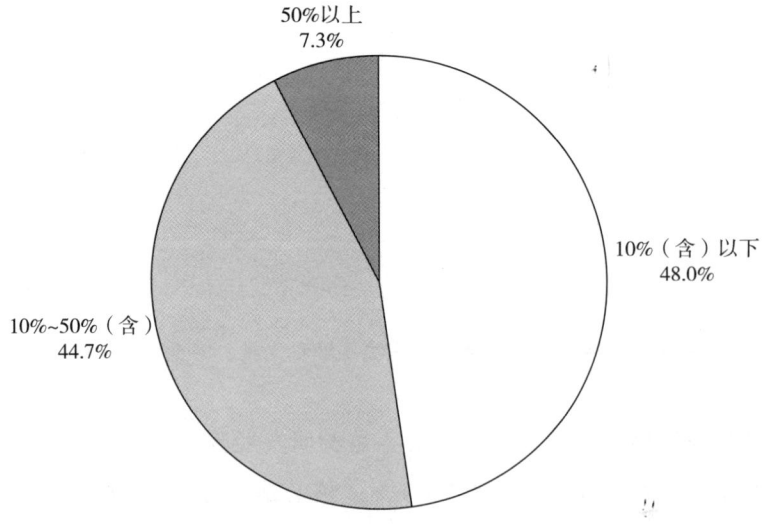

图 43　平台企业科技活动经费支出额占产品销售收入比重分布

明南山区科技企业对创新的重视程度,保障了企业未来的竞争力。

(2)人才激励机制。研发人员年均收入逐年增加,薪资高于全国平均水平。从研发人员工资看,年薪10万元以下的研发人员占比逐年下降;研发人员年薪在10万~20万元的,占比逐年增加(见图44)。从薪资水平来看,2017年平台企业研发人员年均收入为15.45万元,远高于2017年全国平均工资7.43万元。

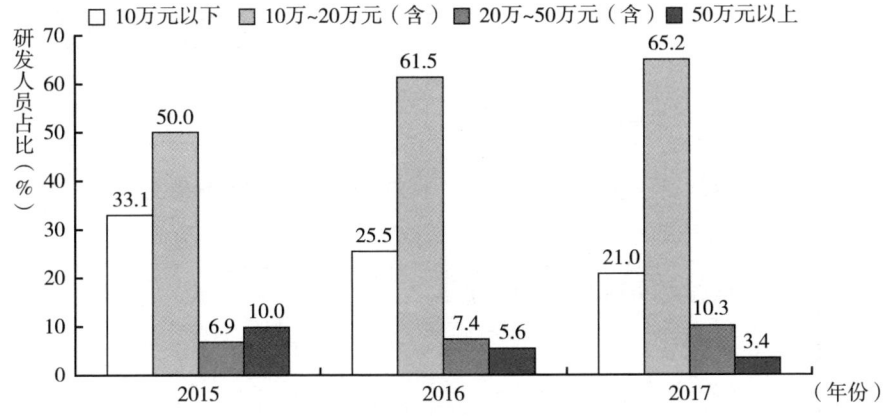

图44 平台企业研发人员年均收入分布

(3)外部资源利用。产、学、研合作是提升企业创新能力的有效方式。平台企业与高等院校、科研院所合办开发机构的,占比为40.3%(见图45)。与院校合办开发机构数量为1个的,占比为26.3%;合办开发机构为2个的,占比为9.6%。通过企业技术创新需求,带动科研院所或高等学校研发成果转化,促进创新要素有效组合,是激发区域整体创新活力的重要方式。

3. 技术与积累

(1)所有专利总数。企业整体创新成效显著。2017年拥有专利的企业占平台企业总数的77.5%。其中,企业专利数在1~15件的,占比为64.0%,较2015年、2016年分别高出5个和1个百分点,整体创新能力较强,科技创新效果显著(见图46)。

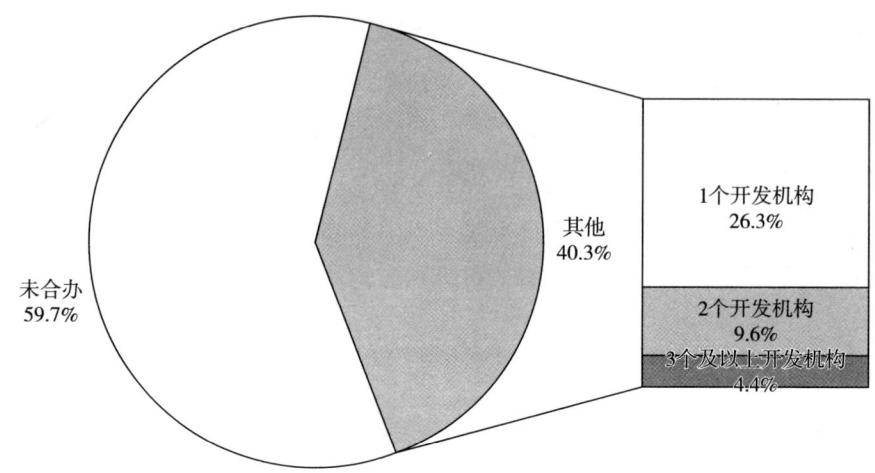

图45 平台企业与高等院校、科研院所合办开发机构情况

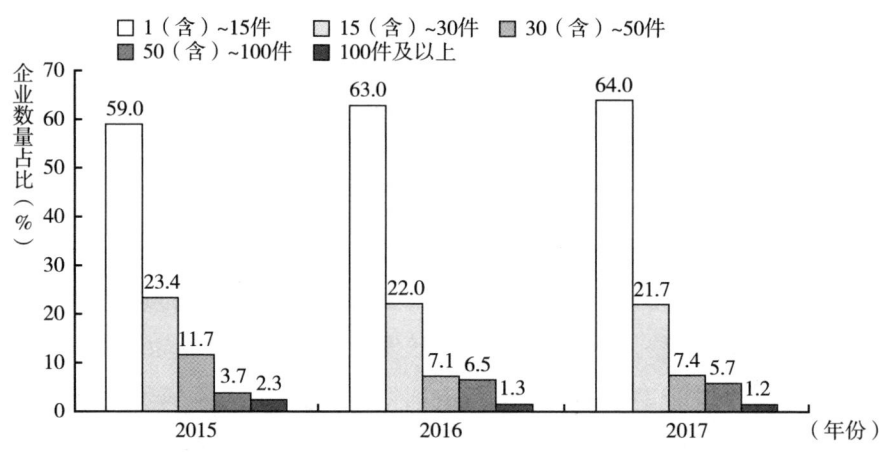

图46 平台企业历年所有专利总数情况分布

(2)经授权的发明专利数量。创新能力与企业评级具有显著正相关关系。总体来看,平台企业拥有经授权发明专利的,占比为52.3%。总体来看,企业拥有的发明专利授权数量集中在1~20件,占拥有专利企业家数的92.5%。从评级来看,AAA级企业全部拥有经授权发明专利;AA级企业拥有经授权发明专利的共161家,占AA级企业的78.5%;A级企业中拥有经

授权发明专利的共342家，占A级企业的48.3%；B级企业中仅34家企业拥有经授权发明专利，占B级企业的27.6%（见表10）。

表10 各评级企业的经授权发明专利数量家数分布

单位：件，家

企业评级	100及以上	50(含)~100	20(含)~50	1(含)~20	无发明专利	数量合计
AAA级	1	0	4	7	0	12
AA级	0	3	9	149	44	205
A级	2	2	19	319	366	708
B级	0	0	2	32	89	123

（3）经授权的PCT发明专利数量。评级越高的企业国际化创新能力越强。从评级来看，平台企业拥有经授权PCT发明专利的，占比为6.8%。其中AAA级企业拥有经授权PCT发明专利的共4家，占AAA级企业的36.4%；AA级企业中拥有经授权PCT发明专利的共32家，占AA级企业的15.6%；A级企业中拥有经授权PCT发明专利的共33家，占A级企业的4.7%；B级企业中拥有经授权PCT发明专利的共2家，占B级企业的1.6%（见表11）。

4. 产出与效益

（1）新产品销售收入。平台企业整体创新能力较强。平台企业新产品销售收入占比在50%及以上的企业，占平台企业总数的60.3%；新产品销售收入为产品全部销售收入的企业，占比为21.0%（见图47）。

表11 各评级企业的经授权PCT国外发明专利数量家数分布

单位：件，家

企业评级	50及以上	20(含)~50	10(含)~20	1(含)~10	无经授权发明专利数量	数量合计
AAA级	1	0	0	3	7	11
AA级	1	4	3	24	173	205
A级	1	0	3	29	675	708
B级	0	0	0	2	121	123

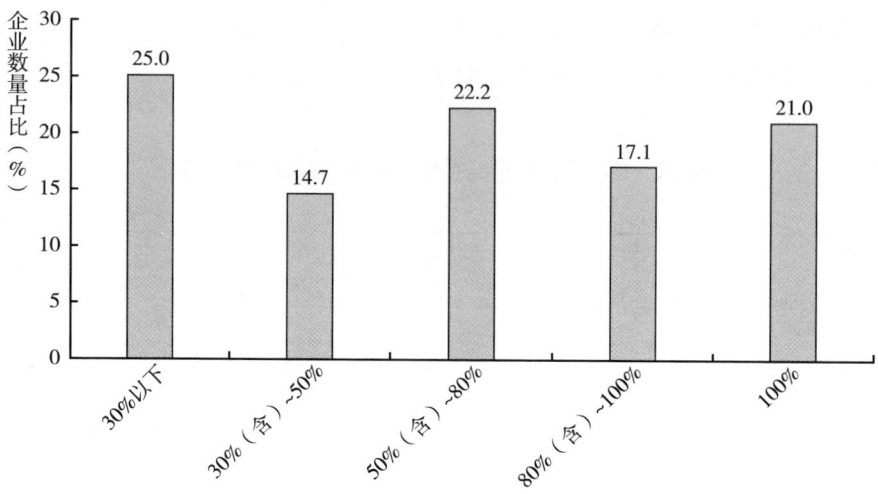

图47 平台企业新产品销售收入占产品总销售收入比重

（2）新产品销售利润。新产品是平台企业销售利润的重要来源。近六成的平台企业新产品销售利润占产品销售总利润的比重在50%及以上。其中，企业新产品销售利润为其全部产品销售利润的，占比为20.8%（见图48）。

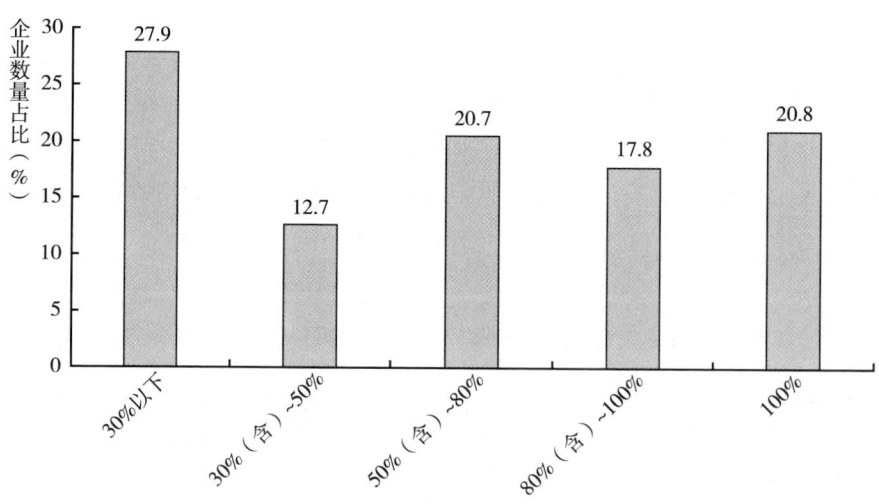

图48 平台企业新产品销售利润占产品销售利润的比重

（四）平台企业的产业地位与外界评价

1. 国家高新技术企业认定

国家高新技术企业占比较高。总体来看，国家高新技术企业占平台企业总数的70%以上。从历年占比情况看，2017年国家高新技术企业占企业总数的比重为78.8%，较2016年提高了7.0个百分点（见图49）。

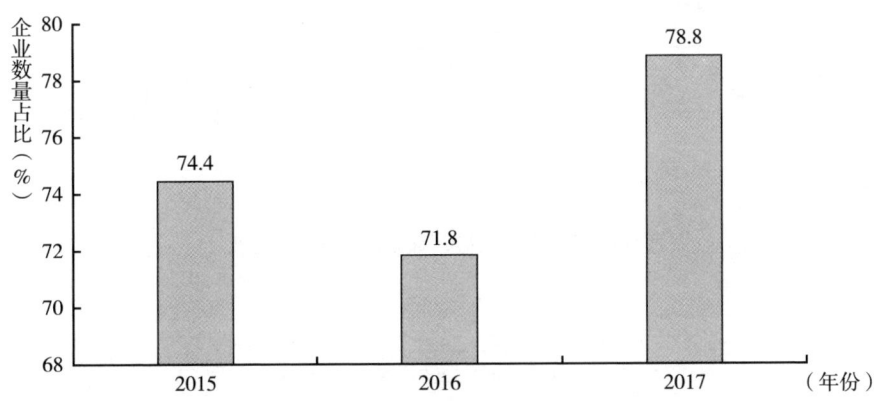

图49　平台企业历年国家高新技术企业比重

2. 风险投资

互联网产业与海洋产业引入风险投资的比重最高。2017年引入风险投资的企业，占平台企业总数的25.3%。分产业来看，海洋产业引入风险投资的企业占该产业企业总数的比重最高，占比为28.6%；其次是互联网产业，占比为24.8%（见图50）。

（五）平台企业的财务状况

1. 企业偿债能力

（1）资产负债率。平台企业的资产负债结构较为合理，企业偿债能力较强。总体来看，2017年平台企业资产负债率的均值为54.4%，较2016年提高了7.9个百分点，资产负债率处于合理水平。从历年分布情况看，平台企业历年资产负债率主要集中在20%~40%，处于合理区间（见图51）。

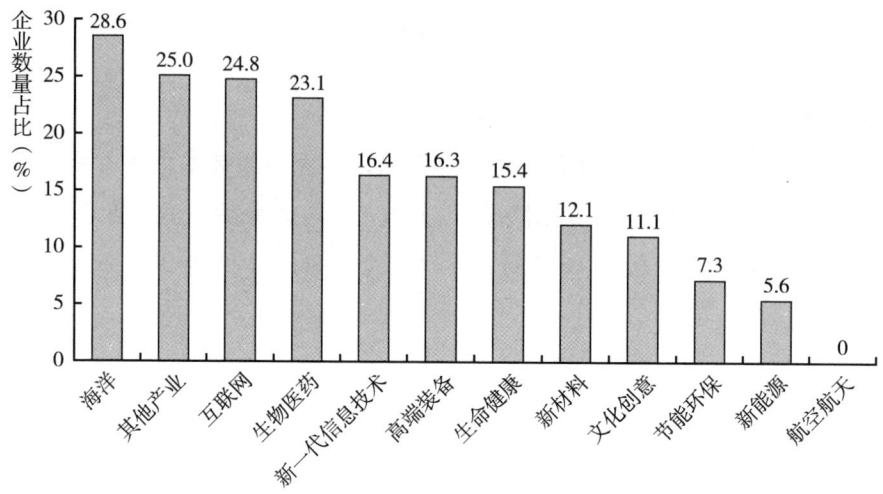

图50 平台企业引入风险投资的数量占比

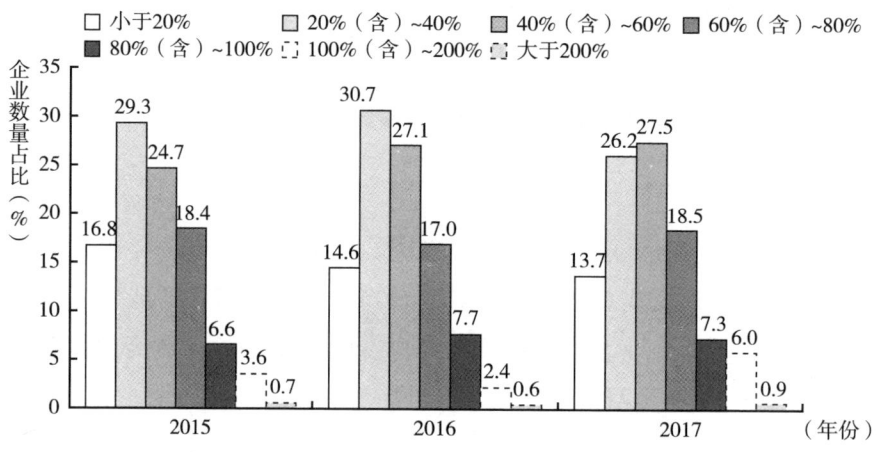

图51 平台企业资产负债率分布

（2）流动比率。平台企业流动性较好，具有较强的短期偿债能力。平台企业流动比率大于1的，占比为83.3%；流动比率大于1.5的，占比为57.5%。企业的流动比率主要集中在2~6区间内，占比为31.6%；流动比率为6及以上的，占比为11.2%（见图52）。

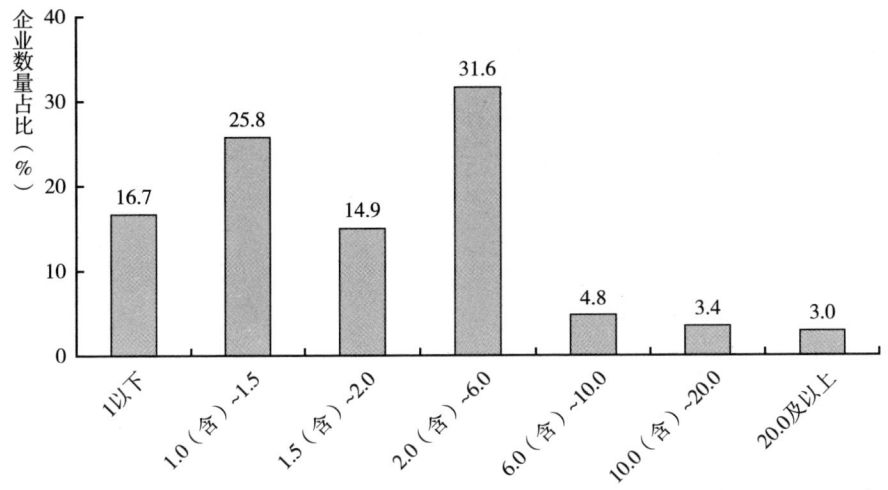

图52 平台企业流动比率分布

2. 企业盈利能力

(1) 销售毛利率。企业销售毛利率呈上升趋势。总体来看，2017年平台企业销售毛利率均值为42.1%，较2016年提高4.7个百分点。从历年增长情况看，企业毛利率在40%~60%的企业占平台企业总数的比重逐年上升（见图53）。

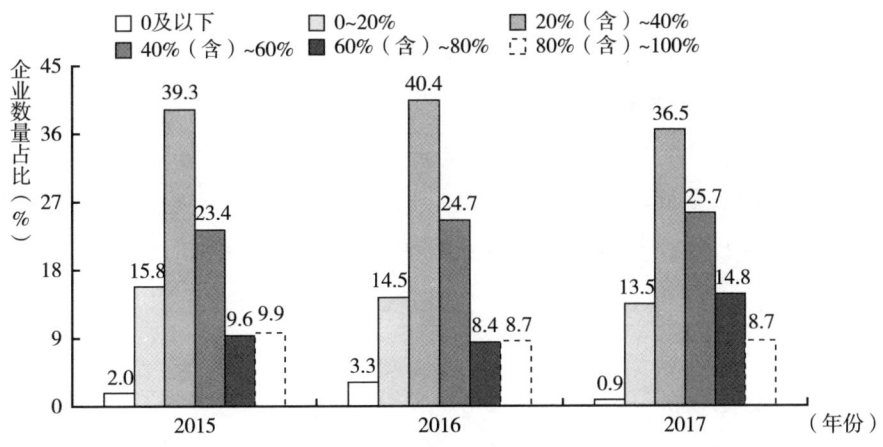

图53 平台企业销售毛利率分布

(2) 总资产报酬率。平台企业多具有较高资产报酬率，互联网企业整体获利能力较强。总体来看，企业的总资产报酬率在10%及以上的，占比为35.2%（见图54）。分产业来看，互联网企业整体资产报酬率较高，42.4%的互联网企业资产报酬率高于10.0%，17.8%的互联网企业总资产报酬率超过25.0%。

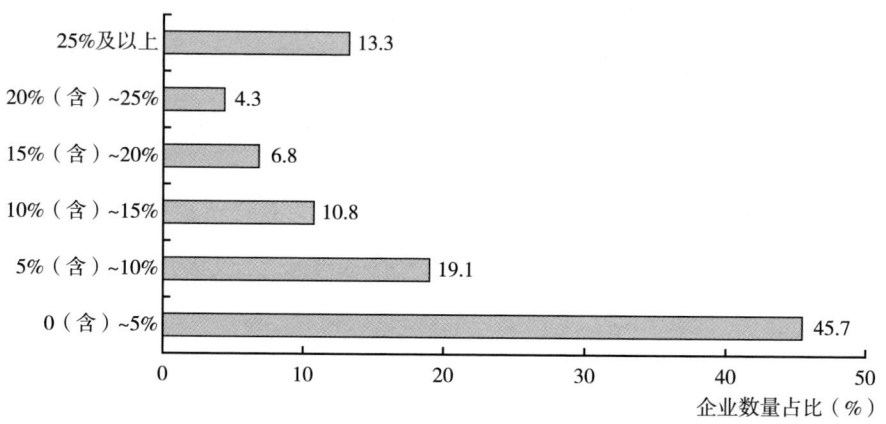

图54 平台企业总资产报酬率分布

3. 企业营运能力

（1）流动资产周转率。多数企业流动资产周转率高，资本运营能力较强。流动资产周转率大于1的，占比为70.3%。流动资产周转率在1~2.5区间的，占比为13.9%；流动资产周转率在10及以上的，占比为42.9%（见图55）。

（2）应收账款周转率。部分企业应收账款周转率处于较高水平。应收账款周转率在1及以上的，占企业总数的比重为88.5%；应收账款周转率在1~5区间内的，占比为21.2%；应收账款周转率在50及以上的，占比为43.6%（见图56）。

4. 企业发展能力

（1）销售收入增长率。平台企业销售收入增长迅速。总体来看，2017年，平台企业销售收入增长率均值为67.5%，较2016年提高了3.2个百分

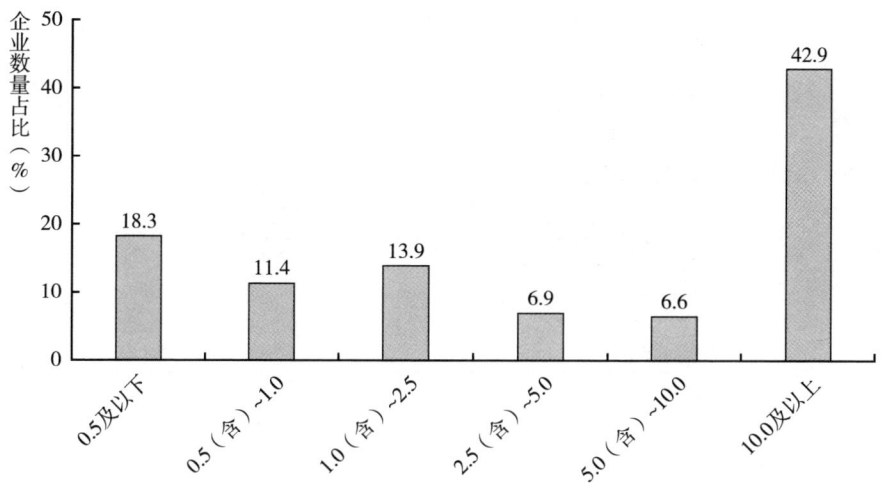

图 55 平台企业流动资产周转率分布

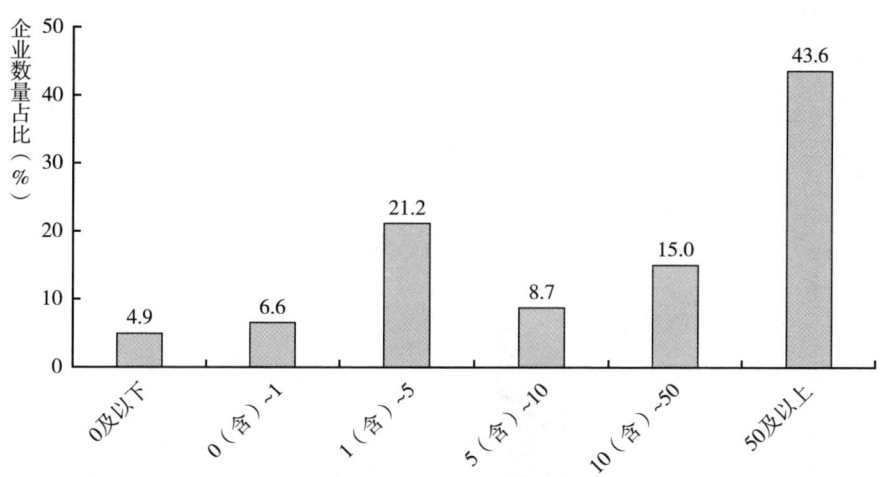

图 56 平台企业应收账款周转率分布

点,整体增长迅速。从历年增长情况来看,销售收入增长率在100%~500%区间内的企业,占平台企业总数的比重逐年上升(见图57)。

(2)净利润增长率。多数企业净利润为正增长,高评级企业表现尤为突出。总体来看,平台企业净利润正增长的企业占企业总数的比重为68.2%。其中净利润增长率在100%~500%区间内的企业,占企业总数的14.6%;净利润增长

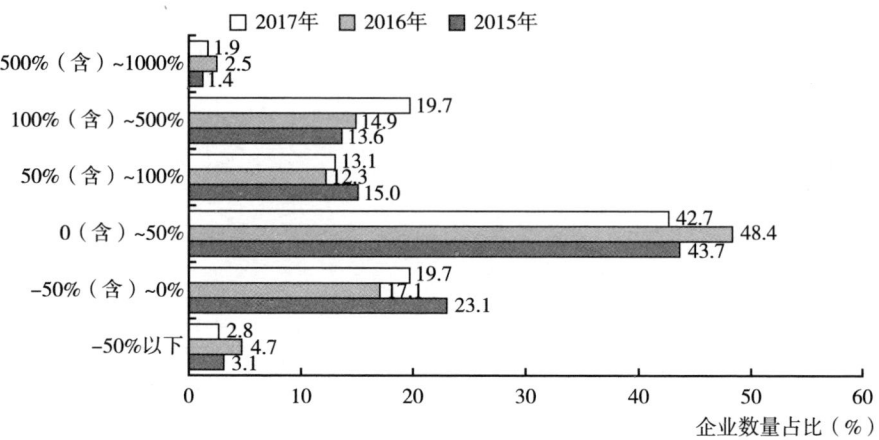

图57　2015~2017年平台企业销售收入增长率企业数量分布

注：销售收入增长率为每年四季度数值，已剔除极端值。

率在1000%及以上的企业，占企业总数的3.6%。从评级来看，净利润增长率为正的AAA级企业，占AAA级企业总数的83.3%；净利润增长率为正的AA级企业，占AA级企业总数的83.0%。另外A级和B级企业中，净利润增长率为正的，占A级与B级企业总数的比重分别为64.3%和66.7%（见图58）。

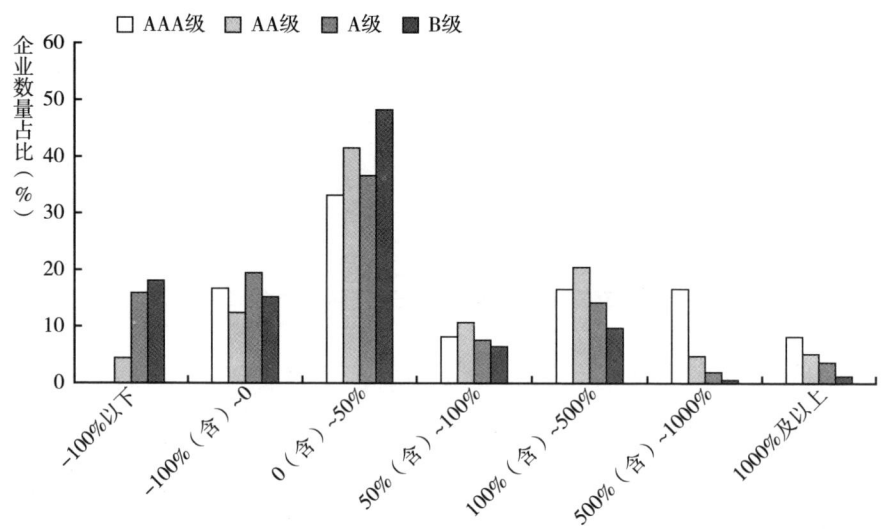

图58　平台企业评级与净利润增长率占比情况

四 基于平台数据的产业分析

新兴产业是南山区科技金融的重点支持对象。从总体发展情况来看，平台新兴产业重视研发投入，研发产出水平较高；从产业链来看，平台新兴产业主要集中在研发、服务等附加值较高的领域，产业链较为完善；从产业集群来看，平台新兴产业分布高度集中，主要集中在科技园周边。

（一）新材料产业

1. 总体发展情况

新型功能材料是平台新材料企业的主要发展方向。依据2017年国家发改委发布的《战略性新兴产业重点产品和服务指导目录（2016版）》，将平台新材料产业划分为三大类。南山科技金融在线平台的新材料企业有53家，主要集中在新型功能材料领域，共44家，占比高达83.0%，远高于其他两类主要材料领域（见图59）。

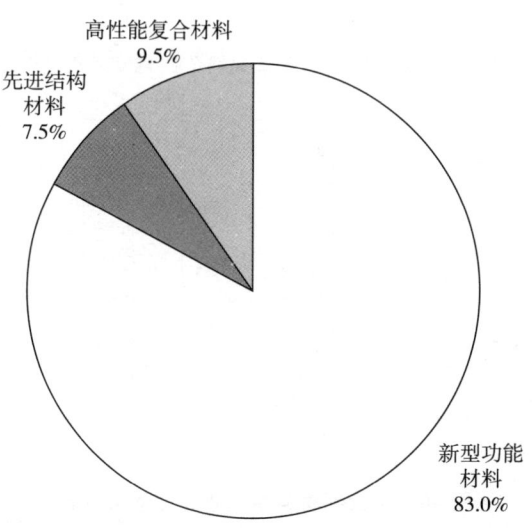

图59 南山科技金融在线平台新材料产业分类

平台新材料企业整体研发创新能力较强。如表12所示，整体来看，南山科技金融在线平台的新材料企业专利覆盖率相对较高，达到84.9%，略低于我国创业板上市公司2.9个百分点。平台新材料企业经授权的发明专利数量平均值为5.1件，接近创业板上市公司平均水平（7.8件）。

表12　南山科技金融在线平台新材料企业专利情况

	专利覆盖率(%)	经授权的专利数量平均值(项)	经授权的发明专利数量平均值(件)
平台新材料企业	84.9	13.7	5.1
创业板上市公司	87.8	35.9	7.8

注：创业板上市公司数据来源于《中国创业板上市公司无形资产蓝皮书（2016~2017）》。

近八成平台新材料企业总经理的学历在本科及以上。平台新材料企业总经理学历在本科及以上的，占比为78.4%，略低于创业板上市企业4.5个百分点。其中，总经理为本科学历的占比最高，达到45.1%，超过创业板上市公司的36.9%；总经理为博士及以上的，占比为7.8%，仅低于创业板上市企业1.1个百分点（见图60）。

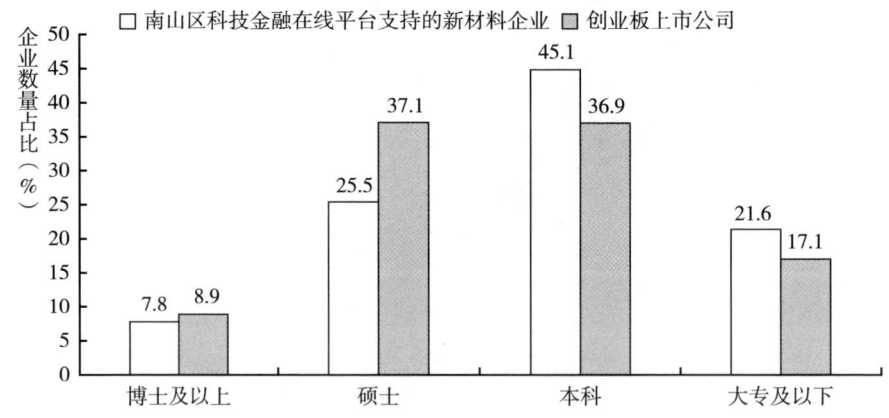

图60　平台新材料企业总经理学历分布

注：剔除未填报数据的企业。

平台新材料企业员工整体学历水平较高。创业板上市公司本科及以上人员占比为33.2%①，超六成的平台新材料企业本科及以上人员占比超过该水平。其中，本科及以上人员比重在40%以上的企业数量占比为53.9%（见图61）。

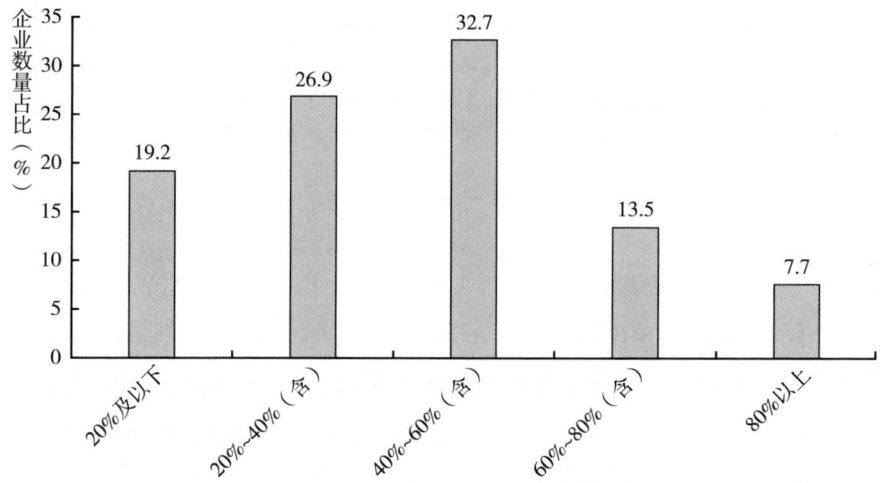

图61　平台新材料企业本科及以上人员占比分布

注：剔除未填报数据的企业。

2. 产业链分布

（1）新材料产业链简介。新材料是指新出现的具有优异性能或特殊功能的材料，或是传统材料改进后性能明显提高或产生新功能的材料。新材料产业按上下游产业链条可分为基础材料研发生产、中间零部件制造、应用产品及服务②。其中上游为基础材料研发生产，主要指通过物理研究、材料加工等方式研发高性能材料；中游为中间零部件制造，主要是利用上游新材料制作电子产品等中间零部件；下游为应用产品及服务，应用产品指面向消费者的完整产品，如热防护服装等，服务包括对应用产品的合格情况进行检测的服务（见图62）。

---

① 由创业板上市公司本科及以上人员数量除以总人数而得，下同。
② 根据产业研究报告和南山区战略性新兴产业地图整理而成，其他产业链的划分方法类似。

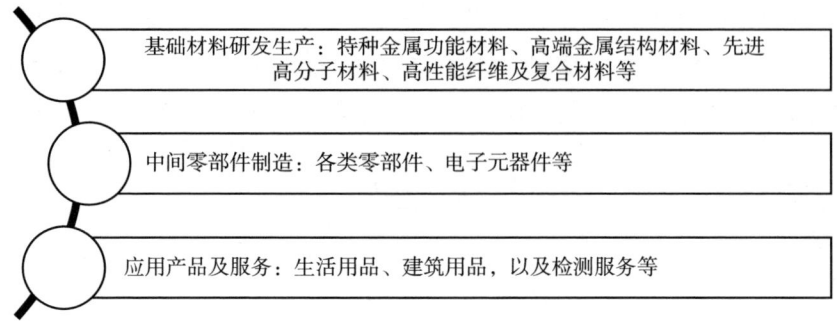

图62　新材料产业链

（2）平台企业在新材料产业链上的数量分布。平台新材料产业链分布较为均匀。南山科技金融在线平台的新材料企业中，位于中间零部件制造环节的企业有19家，占平台新材料企业比重最高，为35.8%，主要从事电子零部件产品的研发与生产；位于上游基础材料研发生产的企业数量与下游相当，均为17家，占比为32.1%（见图63）。

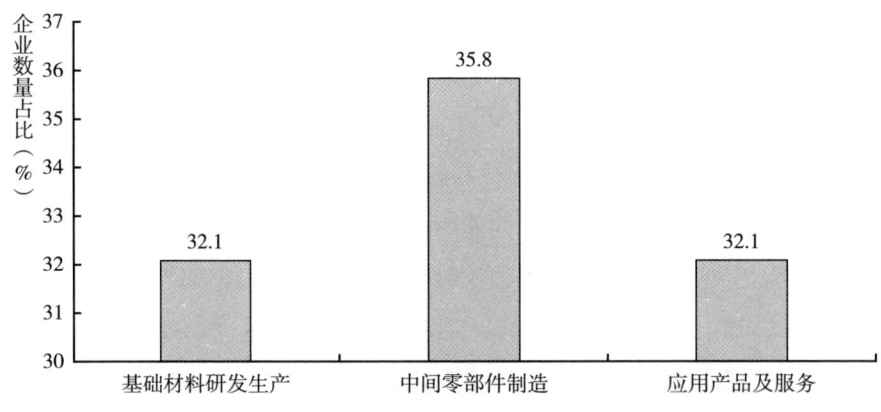

图63　平台企业在新材料产业链上的数量占比情况

（3）平台企业在新材料产业链上的营收规模分布。产业链上游企业平均营收规模更高。平台新材料企业中，中游企业营收总规模最高，为11.89亿元；上游企业平均营收规模最高，为0.68亿元，体现出产业链上游环节整体竞争力较强；下游企业平均营收规模相对较低，为0.47亿元（见表13）。

表13　平台企业在新材料产业链上的营收规模分布

	营收总规模（亿元）	平均营收规模（亿元）
上游:基础材料研发生产	11.52	0.68
中游:中间零部件制造	11.89	0.63
下游:应用产品及服务	7.99	0.47

注：营收规模以企业最新申报数据为准，剔除未填报数据的企业。

3. 创新链分布

（1）平台企业在新材料产业链上的专利分布。上游企业创新能力更加突出。如表14所示，在平台新材料企业中，产业链上游企业所有专利总数及平均值，远高于产业链中、下游企业。上游企业经授权的发明专利数量平均值高达8.3件，高于我国创业板上市企业均值（7.8件）。

表14　平台企业在新材料产业链上的专利分布

单位：件

产业链	所有专利		经授权的发明专利数量		经授权的PCT国外发明专利数量	
	总数	平均值	总数	平均值	总数	平均值
上游	320	18.8	141	8.3	13	0.8
中游	165	8.7	62	3.3	0	0.0
下游	241	14.2	68	4.0	27	1.6

（2）平台企业在新材料产业链上的研发投入。上、下游企业研发投入水平更高。在平台新材料企业中，产业链上、下游研发人员占比较高，分别为31.2%、31.3%；下游科技活动经费支出额占产品销售收入的比例为16.1%，高出上游企业2.7个百分点，高出中游企业7.7个百分点（见表15）。

表15　平台企业在新材料产业链上的研发投入

单位：%

产业链	研发人员占比	科技活动经费支出额占产品销售收入的比例
上游	31.2	13.4
中游	25.3	8.4
下游	31.3	16.1

注：比重为各企业比重的均值；剔除未填报数据的企业。

4. 产业集群分布

平台新材料企业以科技园为中心分布，集中分布在南山中心区，其中新型功能材料主要集中在科苑北路及南海大道沿线。

上、下游新材料企业的分布更为集中。南山科技园是大量优质研发人才集聚区，更多的发展资源推动上游新材料企业向中心区集聚；产业链下游企业主要沿科苑北路分布；中游零部件制造企业对研发资源的要求相对偏低，布局较为分散。

（二）新能源（含新能源汽车）产业

1. 总体发展情况

新能源应用是平台新能源企业的主要发展方向。根据南山区战略性新兴产业地图及《战略性新兴产业重点产品和服务指导目录（2016版）》，将平台新能源产业划分为风能产业、太阳能产业和新能源汽车产业三大类。其中，新能源汽车作为新能源产业的重要衍生领域，是国家重点支持的发展方向。南山科技金融在线平台的新能源企业共有46家，主要集中在新能源汽车领域，有32家，占比高达69.6%；太阳能领域企业居第二位，有13家，占28.2%；风能领域的企业规模最小（见图64）。

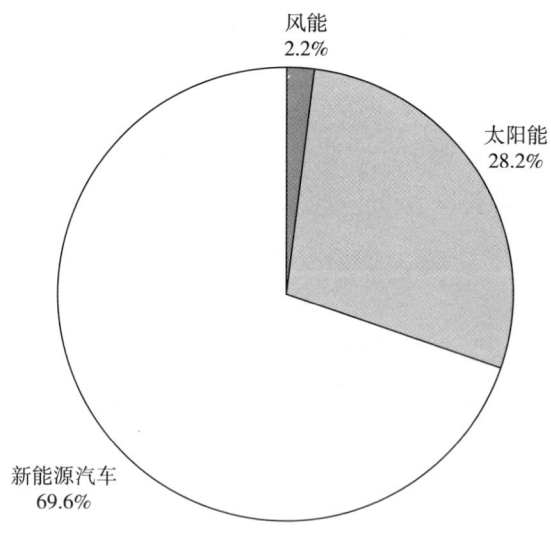

图64 平台新能源（含新能源汽车）产业分类

半数新能源（含新能源汽车）企业总经理的学历为本科。平台新能源（含新能源汽车）企业总经理学历在本科及以上的，占比为82.6%，略低于创业板上市企业0.3个百分点。其中总经理为本科学历的占比最高，达到50.0%；博士及以上学历的，占8.7%，略低于创业板上市企业0.2个百分点（见图65）。

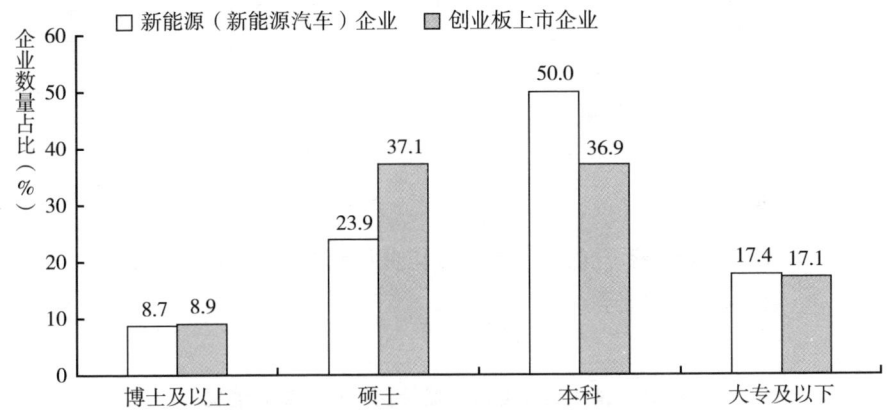

图65　平台新能源（含新能源汽车）企业总经理的学历分布

注：剔除未填报数据的企业。

新能源（含新能源汽车）企业普遍构建了高层次的人才体系。创业板上市公司本科及以上人员占比为33.2%，近八成平台新能源（含新能源汽车）企业本科及以上人员占比超过该水平。其中，本科及以上人员比重在40%以上的企业数量占比为68.9%（见图66）。

平台新能源（含新能源汽车）企业研发成果丰富。如表16所示，整体来看，南山科技金融在线平台的新能源（含新能源汽车）企业专利覆盖率相对较高，达到82.6%，低于我国创业板上市公司5.2个百分点。平台新能源（含新能源汽车）企业经授权的专利数量平均值为14.1件，经授权的发明专利数量平均值为3.7件。

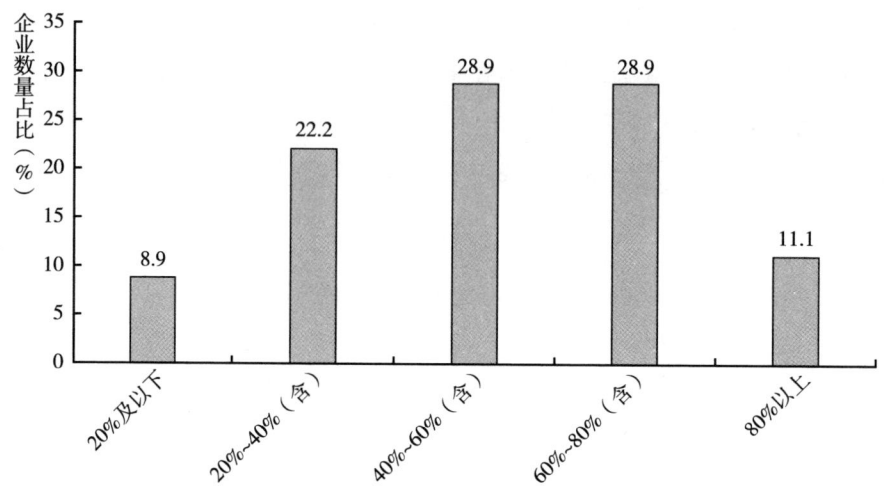

图 66　平台新能源（含新能源汽车）企业本科及以上人员占比分布

注：剔除未填报数据的企业。

表 16　南山科技金融在线平台的企业专利情况

	专利覆盖率(%)	经授权的专利 数量平均值(项)	经授权的发明 专利数量平均值(件)
平台新能源企业	82.6	14.1	3.7
创业板上市公司	87.8	35.9	7.8

2. 产业链分布

（1）新能源汽车产业链简介。新能源汽车作为新能源产业重点衍生领域和政策重点支持的发展方向，吸引众多中小科技企业布局。新能源产业链以制造流程为划分依据，分为三个环节。其中上游是基础材料和相关配件的研发生产，如电池相关材料、电机相关材料；中游是新能源汽车的三大核心系统，包括电机、电池和电控；下游是新能源企业的应用服务领域，主要是整车制造、充电桩的生产及运营（见图67）。

（2）平台企业在新能源汽车产业链上的数量分布。电池及充电桩的研发生产是平台新能源汽车企业的重点发展领域。平台新能源汽车企业主要集中在产业链中游，共15家，占比为46.9%；产业链下游企业共9家，占

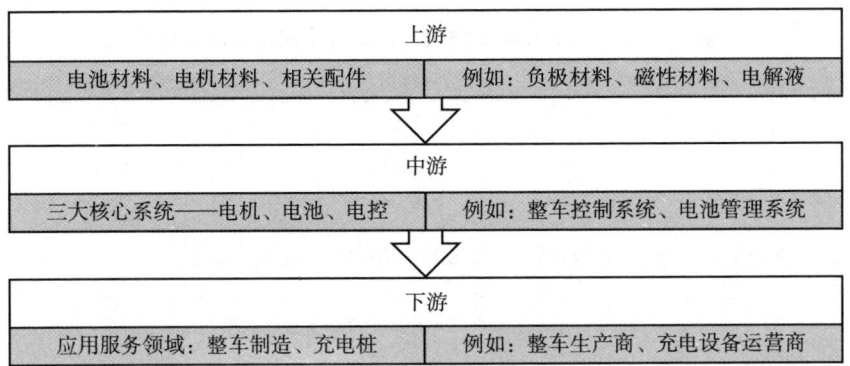

图 67　新能源汽车产业链

28.1%（见图68）。产业链中游企业主要集中从事新能源汽车电池及电池管理系统的研发生产，产业链下游企业受资产规模较小的影响，主要集中在充电桩设备生产，不涉及新能源汽车整车制造环节。

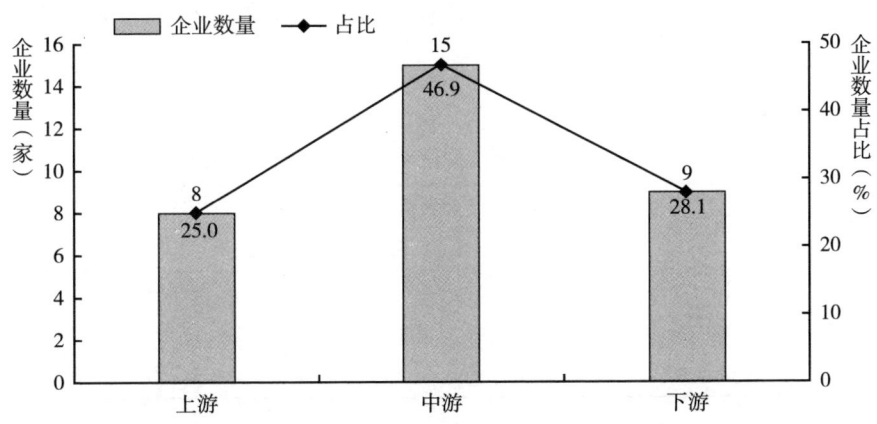

图 68　平台企业在新能源汽车产业链上的数量分布及占比

（3）平台企业在新能源汽车产业链上的营收规模分布。中游企业营收规模最高。新能源汽车中游企业营收总规模为10.50亿元，平均营收规模为0.81亿元，营收规模相对更大；下游企业规模最小，平均营收规模为0.38亿元（见表17）。

表17 平台企业在新能源汽车产业链上的营收规模分布

产业链	营收总规模(亿元)	平均营收规模(亿元)
上游	5.65	0.81
中游	10.50	0.81
下游	3.43	0.38

注：营收规模以企业最新申报数据为准，剔除未填报数据的企业。

3.创新链分布

（1）平台企业在新能源汽车产业链上的专利分布。下游企业经授权的发明专利数量均值最高。如表18所示，从经授权的所有专利数量上看，平台新能源企业下游企业拥有的专利数量最多，达279件，平均专利数量高达31件；上游企业专利数量最少，仅70件。从经授权的发明专利数量上看，下游企业经授权的发明专利数量平均值最高，为4.8件；上游企业经授权的发明专利平均数量为3.6件；中游企业经授权的发明专利平均数量为4.5件。

表18 平台企业在新能源汽车产业链上的专利分布

产业链	企业数量(家)	经授权的专利数量(件)		经授权的发明专利数量(件)	
		总数	平均值	总数	平均值
上游	8	70	8.8	29	3.6
中游	15	219	14.6	68	4.5
下游	9	279	31.0	43	4.8

（2）平台企业在新能源汽车产业链上的研发投入。上游企业科研投入占比更高，中游企业研发人才占比更高。平台新能源汽车上游企业科技活动经费支出额占产品销售收入的比例为25.2%，高出下游企业5.0个百分点，高出中游企业4.8个百分点；平台新能源汽车中游企业研发人员占比最高，为39.7%（见表19）。

表 19　平台企业在新能源汽车产业链上的研发投入

产业链	研发人员占比(%)	科技活动经费支出额占产品销售收入的比例(%)
上游	36.6	25.2
中游	39.7	20.4
下游	31.9	20.2

注：比重为各企业比重的均值；剔除未填报数据的企业。

4. 产业集群分布

平台新能源汽车产业链各环节企业布局特色鲜明。新能源汽车产业链上游企业以科技园南区为起点，沿地铁 2 号线向南延伸。产业链中游企业分布较为零散，主要布局在轨道交通附近，如地铁 11 号线及 5 号线。产业链下游企业受生产空间影响，分布区域轨道交通便利性相对较弱。从新能源产业分类布局情况来看，新能源汽车企业分布较分散。其他两类新能源企业中，太阳能企业以科技园为中心环绕分布，风能企业主要落户科技园北区。

（三）高端装备产业

1. 总体发展情况

平台高端装备企业主要集中在智能制造装备领域。依据 2017 年国家发改委发布的《战略性新兴产业重点产品和服务指导目录（2016 版）》，将平台高端装备产业分为智能制造装备产业、轨道交通装备产业、海洋工程装备产业和航空产业四大类。南山区科技金融平台支持的高端装备企业共有 80 家，主要集中在智能制造装备领域，有 70 家，占平台高端装备企业总数的 87.5%（见图 69）。其他三类产业规模相对较小。

高端装备企业专利覆盖率较高。如表 20 所示，南山科技金融在线平台的高端装备企业专利覆盖率相对较高，达到 87.5%，仅低于我国创业板上市公司 0.3 个百分点。平台高端装备企业经授权的专利数量平均值为 17.9 件，经授权的发明专利数量平均值为 3.9 件。

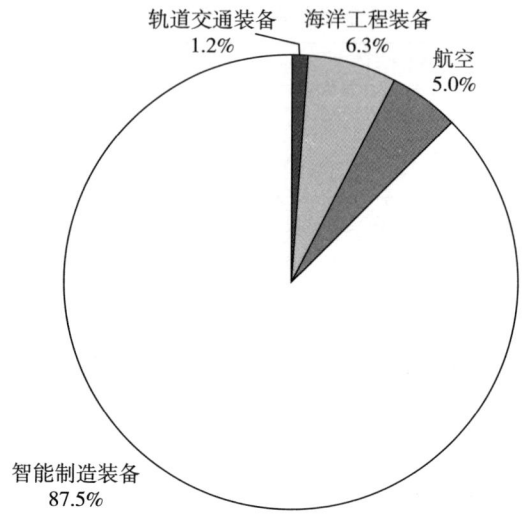

图69 高端装备产业分类

表20 南山科技金融在线平台高端装备企业专利情况

	专利覆盖率(%)	经授权的专利数量平均值(件)	经授权的发明专利数量平均值(件)
平台高端装备企业	87.5	17.9	3.9
创业板上市公司	87.8	35.9	7.8

高端装备企业总经理为博士学历的比例高于创业板上市企业。平台高端装备企业总经理学历在本科及以上的，占比为81.2%，低于创业板上市企业1.7个百分点。其中总经理为本科学历的占比最高，达到47.5%；博士及以上学历的，占10.0%，高出创业板上市企业1.1个百分点（见图70）。

平台高端装备企业本科及以上人员占比较高。创业板上市公司本科及以上人员占比为33.2%，超七成的平台高端装备企业本科及以上人员占比超过该水平。其中，本科及以上人员比重在40%以上的企业数量占比为59.5%（见图71）。

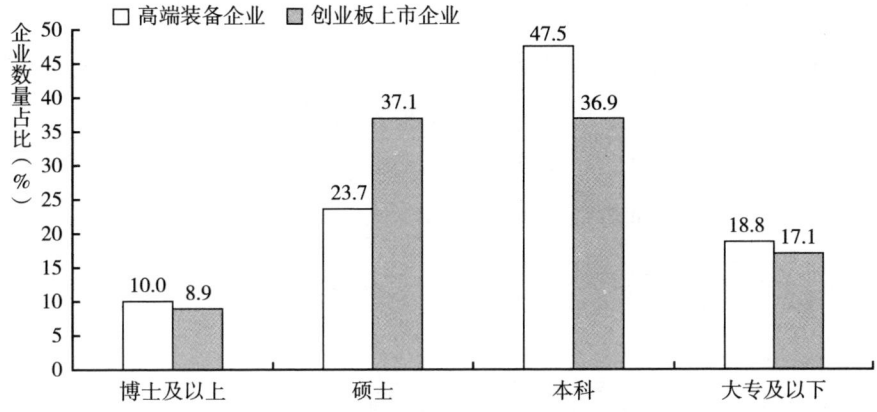

图70 平台高端装备企业总经理学历分布

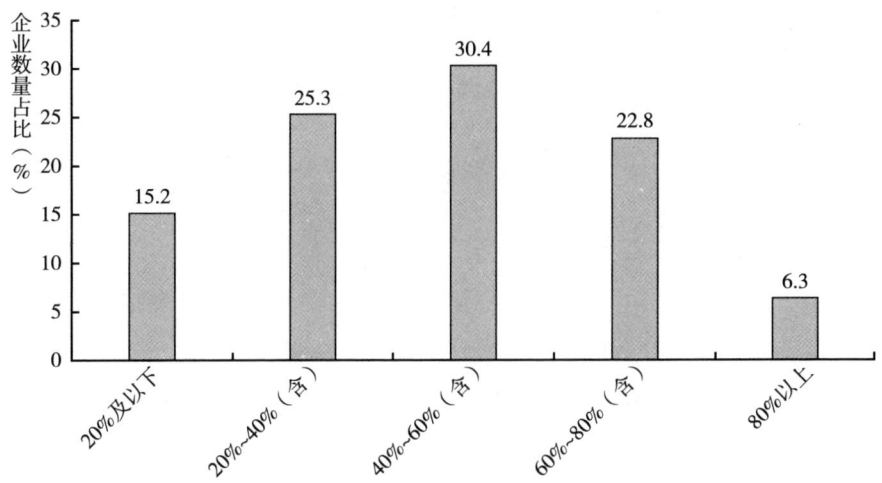

图71 平台高端装备企业本科及以上人员占比分布

注：剔除未填报数据的企业。

2.产业链分布

（1）智能制造装备产业链简介。智能制造装备是指具有感知、分析、推理、决策、控制功能的制造装备，是先进制造技术、信息技术和智能技术的集成和深度融合，是南山区科技金融在线平台高端装备企业的主要集聚领域。智能制造装备产业链以"智能制造"的实现流程为划分依据，分为三个方面。

其中，上游是智能制造感知层，主要涉及传感感知技术和信息采集技术,如传感器的生产和机器视觉的研发;中游是智能制造网络层,实现感知层数据的信息处理及网络传输,包括云计算、大数据、工业互联网等技术;下游是智能制造执行层,主要包括装备及零部件生产商,生产机器人、智能机床等产品(见图72)。在设备运行时,由感知层进行信息采集,然后传达至网络层进行数据处理传输,最后由执行层完成指令。

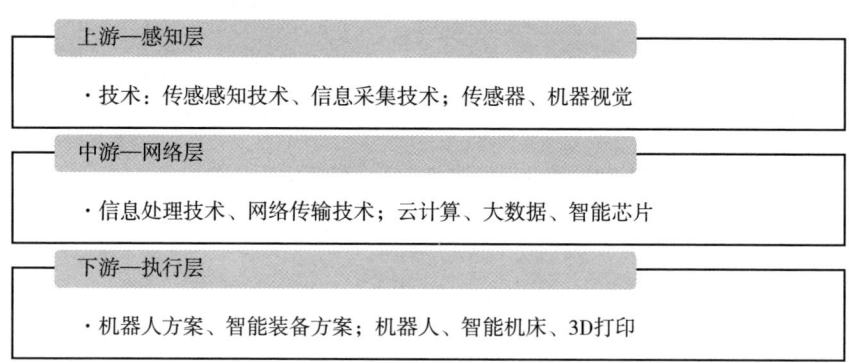

图72 智能制造装备产业链

(2)平台企业在智能制造装备产业链上的数量分布。平台智能制造装备企业集中在执行层。平台智能制造装备企业主要处于产业链执行层,有43家,占比为61.4%;在智能制造装备产业链网络层的有18家,占比为25.7%;在智能制造业装备产业链感知层的有9家,占比为12.9%(见图73)。

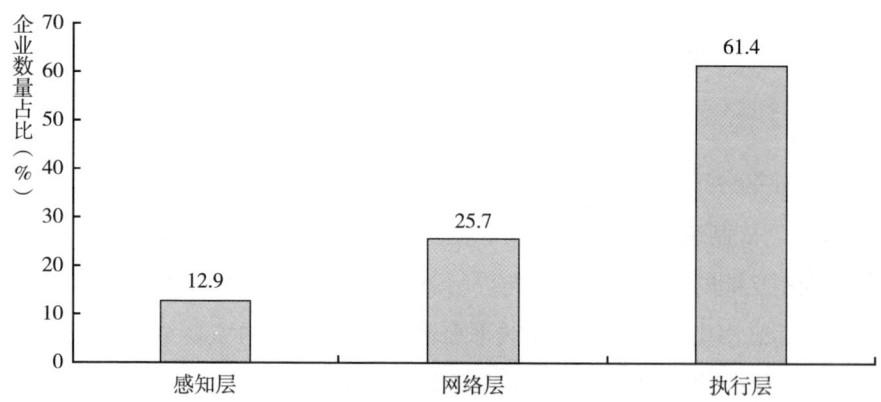

图73 平台企业在智能制造装备产业链上的数量分布

(3) 平台企业在智能制造装备产业链的营收规模分布。执行层企业营收总规模高于其他产业链环节。处于智能制造装备产业链执行层的企业营收总规模为17.03亿元，平均营收规模为0.45亿元；网络层企业营收总规模为10.76亿元；感知层企业营收总规模为1.12亿元（见表21）。

表21 平台企业在智能制造装备产业链上的营收规模分布

	营收总规模（亿元）	平均营收规模（亿元）
感知层	1.12	0.14
网络层	10.76	0.60
执行层	17.03	0.45

注：营收规模以企业最新申报数据为准，剔除未填报数据的企业。

3. 创新链分布

(1) 平台企业在智能制造装备产业链上的专利分布。执行层企业整体创新成果更加丰硕。平台智能制造装备企业中，产业链执行层企业经授权的专利数量远高于产业链其他环节，达到764件，是网络层经授权的专利数量的2.3倍，是感知层的5.6倍；在经授权的PCT国外发明专利数量上遥遥领先（见表22）。从均值来看，产业链网络层企业经授权的专利数量和经授权的发明专利数量均值，均高于平台智能制造装备产业链其他环节企业。

表22 平台企业在智能制造装备产业链上的专利分布

单位：件

产业链	经授权的 专利数量		经授权的发明 专利数量		经授权的PCT国外 发明专利数量	
	总数	平均值	总数	平均值	总数	平均值
感知层	137	15.2	19	2.1	3	0.3
网络层	326	18.1	113	6.3	0	0.0
执行层	764	17.8	108	2.5	54	1.3

(2) 平台企业在智能制造装备产业链上的研发投入。产业链感知层企业研发投入水平更高。在平台智能制造装备企业中，产业链感知层企业研发

投入明显更高。其中，感知层企业科技活动经费支出额占产品销售收入的比例为36.5%，分别高出产业链网络层、执行层企业17.7个、10.6个百分点；感知层企业研发人员占比为47.9%，分别高出产业链网络层、执行层企业7.0个、14.9个百分点（见表23）。

表23　平台企业在智能制造装备产业链上的研发投入

单位：%

产业链	研发人员占比	科技活动经费支出额占产品销售收入比例
感知层	47.9	36.5
网络层	40.9	18.8
执行层	33.0	25.9

注：比重为各企业比重的均值；剔除未填报数据的企业。

4. 产业集群分布

平台高端装备制造企业整体分布零散，以科技园为中心向四周扩散。在高端装备制造企业中，智能制造装备产业主要分布在地铁5号线沿线的大学城周边及科技园区域。海洋工程装备企业的分布适应产业发展需求，集中在南山区南部，靠近港口和码头的位置。

智能制造装备网络层企业的分布更为集中。从智能制造装备产业链来看，执行层企业需要更大的生产办公区域，分布相对零散，主要集中在科技园北边及5号线沿线的工业园区。智能制造装备网络层企业需要更多的技术软件开发人才，集中在南山科技园周边。

（四）新一代信息技术产业

1. 总体发展情况

（1）南山区新一代信息技术产业发展情况。南山区新一代信息技术产业增长稳健。2017年南山区新一代信息技术产业实现增加值961.71亿元，同比增长6.4%，占全市战略性新兴产业的34.1%（见图74）。整体来看，南山区新一代信息技术产业增速明显趋缓，但保持稳步增长态势。

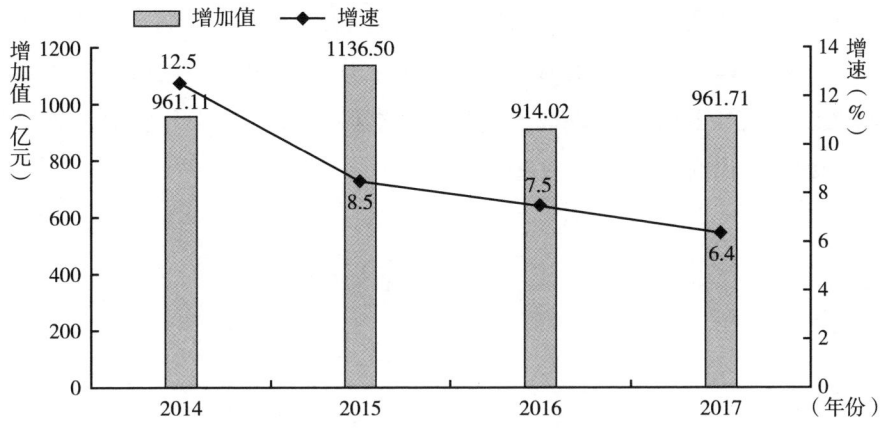

图74 南山区新一代信息技术产业增加值及增速

（2）平台支持的新一代信息技术企业发展情况。新一代信息技术企业总经理的学历集中在本科。平台新一代信息技术企业总经理学历在本科及以上的，占比为80.4%，低于创业板上市企业2.5个百分点。其中总经理为本科学历的占比最高，达到48.1%；为硕士学历的，占比为26.8%；为博士及以上学历的，占5.5%（见图75）。

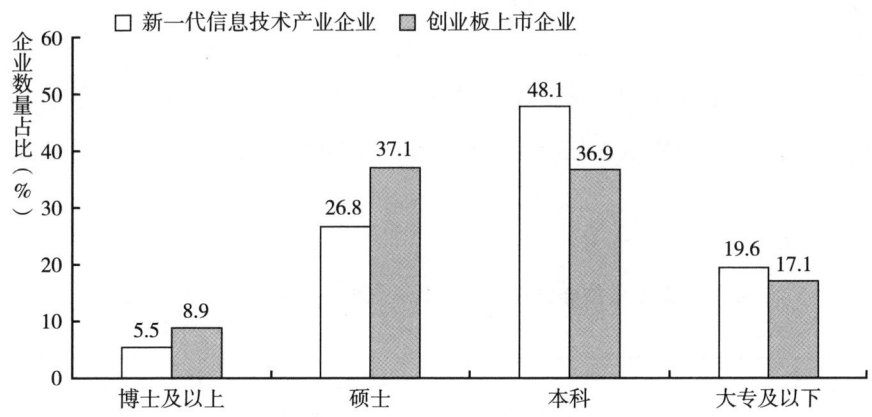

图75 平台新一代信息技术企业的总经理学历分布

注：剔除未填报数据的企业。

平台新一代信息技术企业员工为本科及以上学历的占比较高。创业板上市公司本科及以上人员占比为33.2%，近七成的平台新一代信息技术企业本科及以上人员占比超过该水平。其中，本科及以上人员比重在40%以上的企业数量占比为69.6%（见图76）。

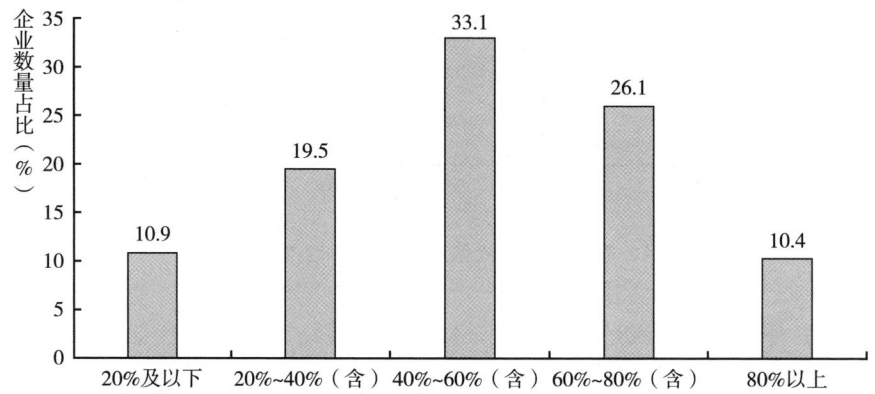

图76 平台新一代信息技术企业本科及以上人员占比分布

注：剔除未填报数据的企业。

平台新一代信息技术企业的专利覆盖率相对较低。如表24所示，整体来看，南山科技金融在线平台新一代信息技术企业的专利覆盖率相对较低，为72.1%，低于我国创业板上市公司15.7个百分点。平台新一代信息技术企业经授权的专利数量平均值为14.7件，经授权的发明专利数量平均值为5.4件。

表24 南山科技金融在线平台新一代信息技术企业专利情况

单位：%，件

	专利覆盖率	经授权的专利数量平均值	经授权的发明专利数量平均值
平台新一代信息技术企业	72.1	14.7	5.4
创业板上市公司	87.8	35.9	7.8

2. 产业链分布

(1) 新一代信息技术产业链简介。新一代信息技术产业不仅具有传统信息产业的特征，而且被新时代赋予新的特点，高度重视信息技术领域的拓展及研发。新一代信息技术产业按产业链可以分为基础设施、软件与系统、应用服务三个环节。其中，基础设施包括基础元器件、组件、应用电子、网络与通信等终端产品及零部件；软件与系统为基础软件、应用软件、系统集成、IT服务；应用服务为PC应用服务、移动应用服务、物联应用服务（见图77）。

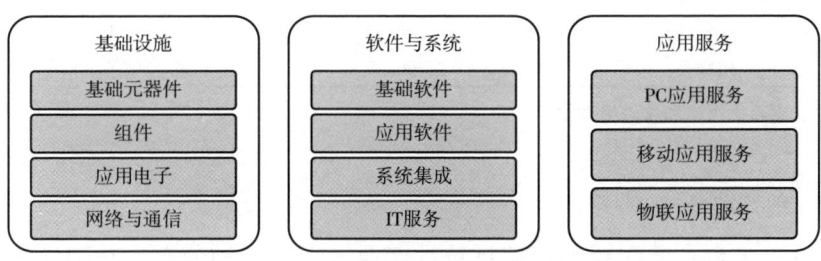

图77 新一代信息技术产业链

(2) 平台企业在新一代信息技术产业链上的数量分布。平台企业主要分布在基础设施领域。新一代信息技术企业主要分布在基础设施领域，共284家，占比为45.9%，包括多家芯片设计及研发生产企业；应用服务、软件与系统企业数量分别为167、168家，占比分别为27.0%、27.1%（见图78）。其中应用服务领域企业主要集中于智慧城市、智能家居等领域。

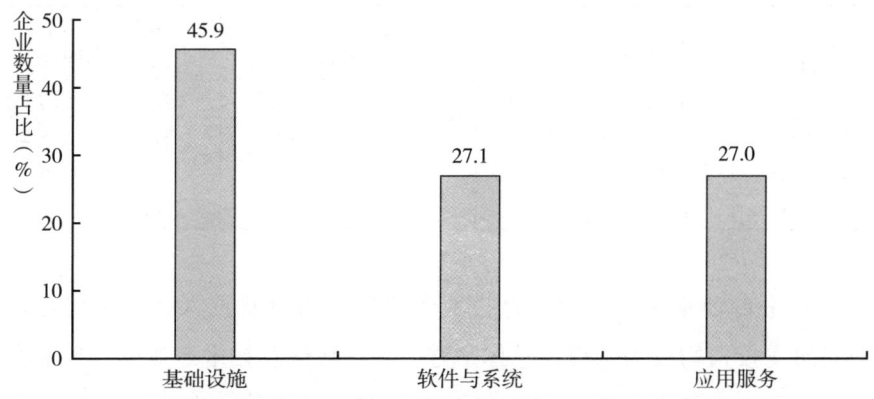

图78 平台企业在新一代信息技术产业链上的数量分布

（3）新一代信息技术企业在产业链上的营收规模分布。平台新一代信息技术产业在基础设施领域的营收规模较高。在平台互联网企业中，基础设施层营收总规模与平均营收规模远高于产业链其他环节，营收总规模分别是软件与系统层、应用服务层的3.2倍、2.2倍（见表25）。

表25 平台企业在新一代信息技术产业链上的营收规模分布

	营收总规模（亿元）	平均营收规模（亿元）
基础设施	146.56	0.56
软件与系统	46.37	0.30
应用服务	66.20	0.44

注：剔除极端值和未填报数据的企业。

3. 创新链分布

（1）平台企业在新一代信息技术产业链上的专利分布。基础设施层企业的创新能力相对较强。在平台新一代信息技术企业中，基础设施层企业经授权的专利数量总数达到5945件，均值为20.9件；经授权的发明专利数量达到2309件，均值为8.1件；经授权的PCT国外发明专利数量总数达到917件，均值为3.2件，均高于产业链上其他环节企业（见表26）。

表26 平台企业在新一代信息技术产业链上的专利分布

单位：件

产业链	经授权的专利数量		经授权的发明专利数量		经授权的PCT国外发明专利数量	
	总数	平均值	总数	平均值	总数	平均值
基础设施	5945	20.9	2309	8.1	917	3.2
软件与系统	1148	6.8	354	2.1	9	0.1
应用服务	2037	12.2	654	3.9	61	0.4

（2）平台企业在新一代信息技术产业链上的研发投入。产业链各环节企业对研发投入均较为重视。总体来看，新一代信息技术产业链各环节企业的研发人员占比基本相当，均处于40%~55%；科技经费占研发投入的比

重均维持在25%以上。其中，软件与系统和应用服务层科技活动经费占产品销售收入的比重较高，分别为43.3%、41.9%（见表27）。

表27 平台企业在新一代信息技术产业链上的研发投入

单位：%

产业链	研发人员占比	科技活动经费支出额占产品销售收入的比例
基础设施	41.6	25.1
软件与系统	50.1	43.3
应用服务	45.2	41.9

注：比重为各企业比重的均值；剔除未填报数据的企业。

4. 产业集群分布

平台新一代信息技术各产业链环节的分布特色明显。从新一代信息技术产业整体落位看，企业高度集中在科技园周围。从产业链上看，基础设施及应用服务企业的分布较为零散。其中基础设施企业在南山区北部形成小集聚，分布在科技园的企业主要从事基础设施的研发；应用服务企业集中在南山区中南部人流较大、商业较为发达的区域。此外，产业链上的软件与系统企业集中分布在科技园周边。

（五）互联网产业

1. 总体发展情况

（1）南山区互联网产业发展情况。南山区互联网产业增长动能强劲。2014年至今，南山区互联网产业保持高速增长态势，历年增速均超过15%。2017年实现增加值727.74亿元，同比增速高达30.7%，占全市战略性新兴产业的比重提升至25.8%（见图79）。

（2）平台支持的互联网企业发展情况。互联网企业总经理的学历集中在本科，博士及以上学历人员占比相对较低。平台互联网企业总经理学历在本科及以上的，占比为81.1%，低于创业板上市企业1.8个百分点。其中

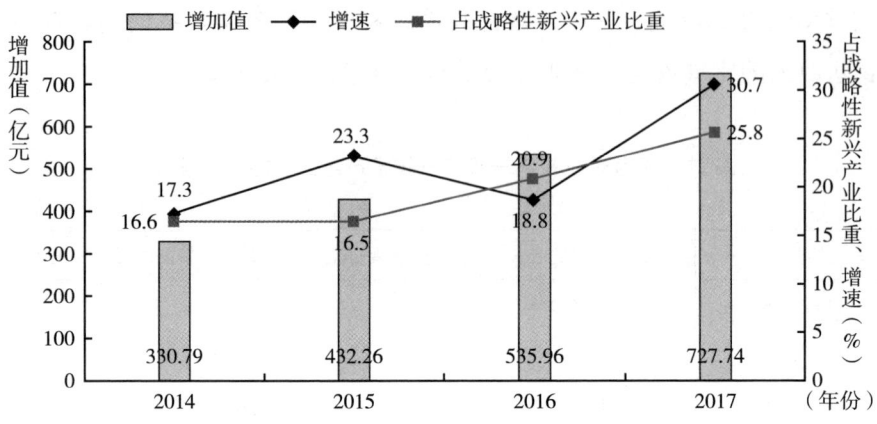

图79 南山区互联网产业发展情况

总经理为本科学历的占比最高，达到48.0%；总经理为硕士学历的，占比为29.1%；为博士及以上学历的，占比为4.0%（见图80）。

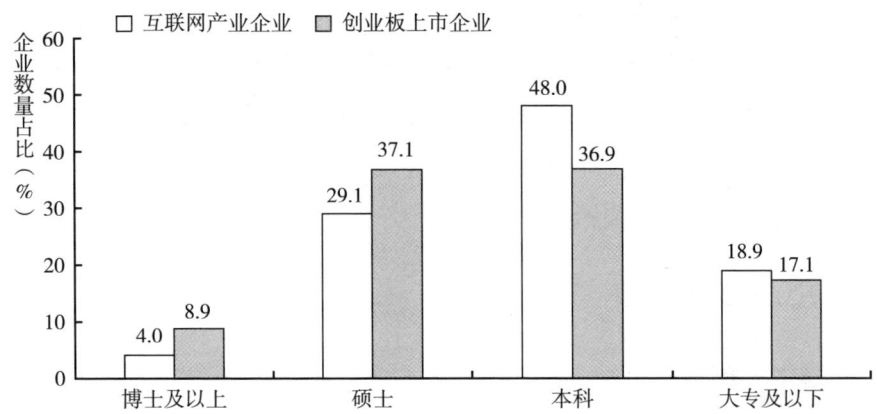

图80 平台互联网产业企业的总经理学历分布

注：剔除未填报数据的企业。

多数互联网企业重视员工的学历水平。创业板上市公司本科及以上人员占比为33.2%，近八成平台新一代信息技术企业本科及以上人员的占比超过该水平。其中，本科及以上人员占比在40%以上的企业占78.5%；本科及以上人员占比在80%以上的，占9.4%（见图81）。

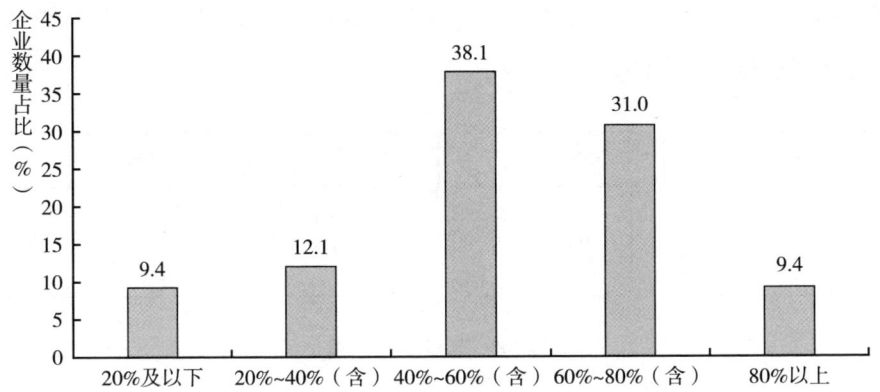

图 81　平台互联网企业本科及以上人员占比分布

注：剔除未填报数据的企业。

平台互联网企业整体研发产出水平相对较低。如表28所示，整体来看，南山科技金融在线平台的互联网企业多集中在电子商务、游戏开发等领域，由于产业性质，专利覆盖率相对较低，为45.7%。平台互联网企业经授权的专利数量平均值为3.6件，经授权的发明专利数量平均值为1.0件。

表28　南山科技金融在线平台互联网企业专利情况

单位：%，件

企业类型	专利覆盖率	经授权的专利数量均值	经授权的发明专利数量均值
平台互联网企业	45.7	3.6	1.0
创业板上市公司	87.8	35.9	7.8

2.产业链分布

（1）互联网产业链简介。互联网是专门从事网络资源搜集和互联网信息技术的研究、开发、利用、生产、贮存、传递的信息商品，是为经济发展提供有效服务的产业集合体。互联网产业根据信息的传输和运用可分为硬件层、数据层、网络层以及应用层。其中硬件层包括芯片、传感器、显示器、移动智能终端等；数据层包括电信运营商、云技术服务商以及相关设备厂商等；网络层为无线通信等实现网络连接与传输产品；应用层则是系统软件开发与网络服务（见图82）。

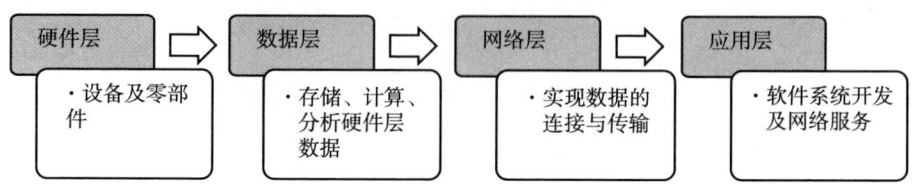

图82　互联网产业链

（2）平台企业在互联网产业链上的数量分布。平台互联网企业主要分布在产业链应用层。互联网企业主要分布在应用服务层，共207家，占比为88.5%，远超其他产业链环节的企业规模；其次是网络层，有13家，占比为5.6%；硬件层与数据层占比较少，分别为3.4%、2.5%（见图83）。

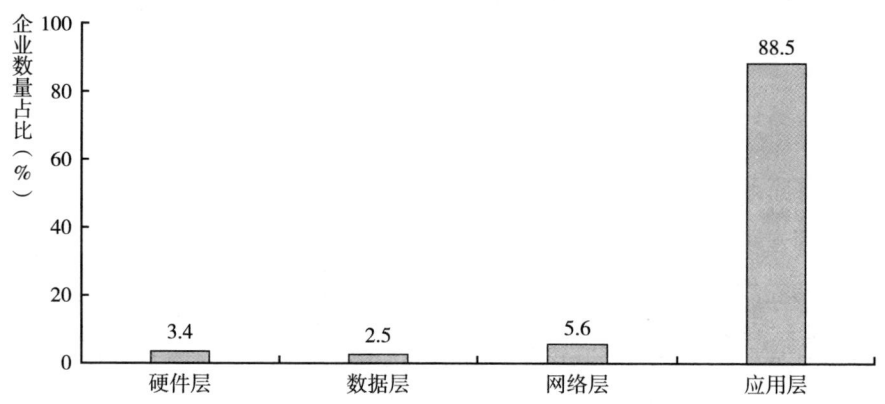

图83　平台企业在互联网产业链上的数量分布

（3）平台企业在互联网产业链上的营收规模分布。互联网产业应用层优势明显。在平台互联网企业中，应用层营收总规模达76.89亿元，远高于产业链其他环节，凸显出中小企业主要集中在互联网应用服务；网络层企业平均营收规模达到0.87亿元，居各环节之首（见表29）。

表29 平台企业在互联网产业链上的营收规模分布

单位：亿元

产业链	营收总规模	平均营收规模
硬件层	4.15	0.52
数据层	2.96	0.49
网络层	11.36	0.87
应用层	76.89	0.37

3. 创新链分布

（1）平台企业在互联网产业链上的专利分布。硬件层企业整体创新能力较强。总体来看，硬件层企业基数虽然较少，但经授权的专利数量及经授权的发明专利数量的均值较高，平均每家企业拥有7.5件专利，是应用层企业的2.3倍，凸显了硬件层企业的整体创新能力（见表30）。

（2）平台企业在互联网产业链上的研发投入。平台互联网数据层企业研发人员占比最高，硬件层企业科研投入占比最高。从研发人员占比来看，数据层企业研发人员占比达到48.4%；从科技活动经费支出占比来看，硬件层企业在科技活动经费支出占产品销售收入的比重最高，为26.1%，远高于数据层企业和网络层企业（见表31）。

表30 平台企业在互联网产业链上的专利分布

单位：件

产业链	经授权的专利数量		发明专利授权		经授权的PCT国外发明专利数量	
	总数	平均值	总数	平均值	总数	平均值
硬件层	60	7.5	23	2.9	0	0.00
数据层	26	4.3	0	0.0	4	0.67
网络层	88	6.8	33	2.5	0	0.00
应用层	660	3.2	174	0.8	9	0.04

表31 平台企业在互联网产业链上的研发投入

单位：%

产业链	研发人员占比	科技活动经费支出额占产品销售收入的比例
硬件层	36.9	26.1
数据层	48.4	16.4
网络层	46.7	16.3
应用层	41.9	23.0

注：比重为各企业比重的均值；剔除未填报数据的企业。

4. 产业集群分布

互联网企业呈现中南部"双中心"环绕分布。从互联网企业整体落位来看，集中在南山区中南部区域。其中，分布在南山区中部科技园的企业，利用区域集聚的大量创新创业资源，以深圳大学为中心，呈半环绕分布；分布在南山区南部的企业，围绕南山公园分布。

（六）生物医药产业

1. 总体发展情况

生物医药企业总经理为博士及以上学历的占比较高。平台生物医药企业总经理学历在本科及以上的，占比为81.4%，低于创业板上市企业1.5个百分点。其中总经理为博士及以上学历的，占11.4%，高出创业板上市公司2.5个百分点；为硕士学历的，占34.3%；为本科学历的，占35.7%（见图84）。

平台生物医药企业本科及以上人员占比较高。创业板上市公司本科及以上人员占比为33.2%，超六成的平台生物医药企业本科及以上人员比重超过该水平。从本科及以上人员占比情况来看，平台生物医药企业本科及以上人员占比集中在40%~60%区间内，比重为28.8%；另外，本科及以上人员占比80%以上的，比重为9.6%（见图85）。

生物医药企业基本实现专利全覆盖。如表32所示，整体来看，受产业性质影响，南山科技金融在线平台的生物医药企业专利覆盖率达89.0%，

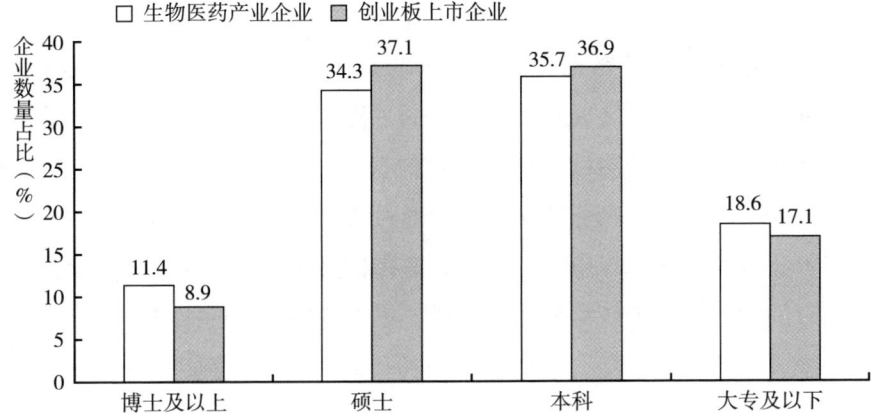

图84 平台生物医药企业总经理学历分布

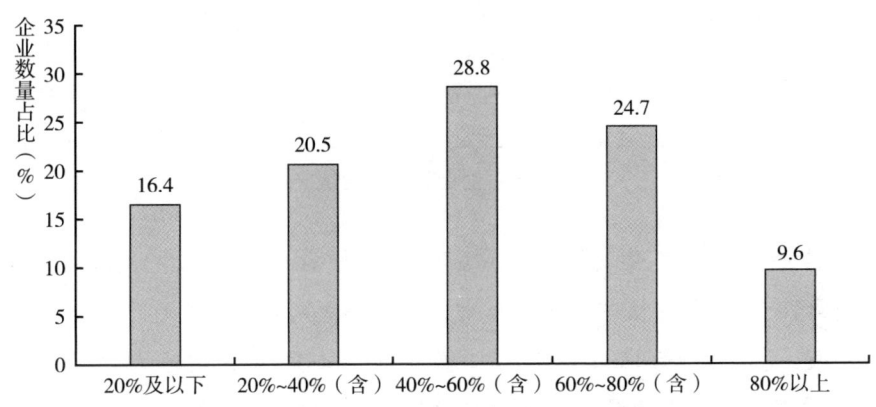

图85 平台生物医药企业本科及以上人员占比分布

高出我国创业板上市公司1.2个百分点。平台生物医药企业经授权的专利数量平均值为16.2件,经授权的发明专利数量平均值为5.5件。

表32 南山科技金融在线平台的生物医药企业专利情况

单位:%,件

企业类型	专利覆盖率	经授权的专利数量平均值	经授权的发明专利数量平均值
平台生物医药企业	89.0	16.2	5.5
创业板上市公司	87.8	35.9	7.8

2. 产业链分布

（1）生物医药产业链简介。生物医药是防病、治病、人体功能辅助及卫生保健材料、制品、装置和系统技术的总称。生物医药按上下游产业链条可分为药品生产及医疗器械制造、医疗信息化与医药商业、医疗保健服务。其中上游为药品生产及医疗器械制造，通过新药研发与医疗器械制造，以更快捷、更高效的方式治疗患者；中游为医疗信息化与医药商业，主要是实现医疗信息的共享与患者所需药品的提供；下游为医疗保健服务，医疗保健服务涵盖患者自疗的全过程，包括治疗前的诊断、治疗过程中的信息化服务、治疗后的康复保健等（见图86）。

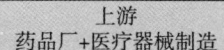

图86　生物医药产业链

（2）平台企业在生物医药产业链上的数量分布。平台企业主要分布在生物医药产业上游。从产业链分布来看，生物医药企业分布在产业链上游的有49家，占比为67.1%；其次是下游企业，共15家，占比为20.6%；中游企业规模最小，仅9家，占平台生物医药企业总数的12.3%（见图87）。

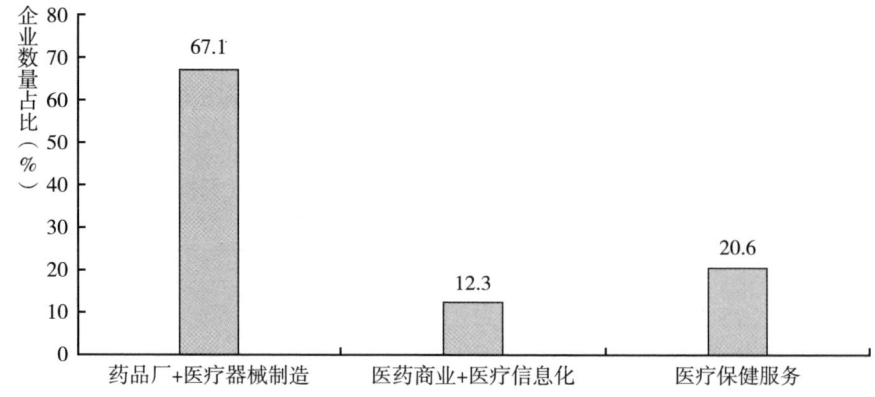

图87　平台企业在生物医药产业链上的数量分布

(3) 平台企业在生物医药产业链上的营收规模分布。产业链上游企业平均营收规模更高。从营收总规模来看，在平台生物医药企业中，上游企业营收总规模远高于中、下游企业，为17.97亿元；从平均营收规模来看，上游企业与中游企业基本相当，分别为0.37亿元、0.32亿元（见表33）。

表33 平台企业在生物医药产业链上的营收规模分布

单位：亿元

产业链	营收总规模	平均营收规模
上游：药品厂+医疗器械制造	17.97	0.37
中游：医药商业+医疗信息化	2.90	0.32
下游：医疗保健服务	1.59	0.11

3. 创新链分布

（1）平台企业在生物医药产业链上的专利分布。如表34所示，从经授权的专利数量总数来看，上游企业远高于中、下游企业，为849件。从经授权的专利数量均值来看，中游企业优势最为明显。从经授权的PCT国外发明专利数量均值来看，下游企业最高，为1.1件。

表34 平台企业在生物医药产业链上的专利分布

单位：%

产业链	经授权的专利数量		经授权的发明专利数量		经授权的PCT国外发明专利数量	
	总数	平均值	总数	平均值	总数	平均值
上游	849	17.3	285	5.8	17	0.3
中游	185	20.6	42	4.7	0	0.0
下游	150	10.0	71	4.7	16	1.1

（2）平台企业在生物医药产业链上的研发投入。上、下游企业研发投入水平更高。在平台生物医药企业中，产业链上、中、下游研发人员占比基本相当，分别为33.7%、34.6%、35.5%；下游科技活动经费支出额占产品销售收入的比重为58.9%，远高于上、中游企业（见表35）。

表35 平台企业在生物医药产业链上的研发投入

单位：%

产业链	研发人员占比	科技活动经费支出额占产品销售收入的比例
上游	33.7	24.3
中游	34.6	24.8
下游	35.5	58.9

注：比重为各企业比重的均值；剔除未填报数据的企业。

4. 产业集群分布

生物医药企业的分布较为零散，集中趋势较不明显。整体来看，生物医药企业的集中分布趋势较弱。其中，中游和下游企业主要集中在中部、南部区域；受生产空间及租金影响，上游企业在北部邻近宝安区域，形成小范围集聚。

五 科技金融未来发展建议

（一）加速要素集聚，构建科技金融生态链

构建多元化的科技金融服务机构体系。鼓励更多银行在现有业务模式下，设立科技特色支行，为中小科技企业提供特色、专业服务。鼓励科技信托、科技保险、融资租赁等非银行金融机构入驻，增强科技金融的风险控制能力。积极引入金融"全牌照"机构入驻，完善科技金融服务体系。鼓励金融科技企业与科技金融机构合作，提升科技金融的服务效率。深化金融机构和科创企业的交流合作，创新业务模式，促进金融资源与科技资源有机结合，推动产融对接。

积极发挥科技园区的桥梁作用。科技企业受组织架构影响，对科技金融政策、产品了解较少。通过科技园区搭建科技金融服务平台，能有效实现金融与科技资源的信息对接，解决科创企业融资中的信息不对称难题。同时，依托园区对入驻企业的了解，可增强金融机构对科技创新投入的信心，扩大

科技金融服务群体。

建设科技金融专业人才队伍。科技金融的发展是科技与金融的高度融合。目前，既懂金融又懂技术的复合型人才缺乏，导致银行等金融机构难以评估科技项目，科技金融产品创新难以满足科技型企业的实际需求。未来应加大对科技、金融复合型人才的吸引力度，重视对具有理工科背景的金融人才的招揽，提高科技金融人才增量。积极开展各类金融、科技专项培训与讲座，加强金融机构与科技企业对接，提高工作人员的整体专业素养。

（二）完善服务周期，提供全方位服务平台

建立动态监测数据库。在原有企业的评价体系上，扩充数据来源，构建动态监测评价体系，及时了解、评估贷款企业的最新动态，提高企业成长性评估能力。提升科技金融后期跟踪服务，不断提升主动发现和提前预警金融风险的能力。数据库需结合商标、行政执法案件等工商系统数据，交通、质监等部门的公开数据，以及互联网新闻动态等数据，形成动态循环的监测数据机制，实现政府部门信息与互联网信息整合，打破"数据壁垒"。

搭建资源共享平台。沟通政府金融职能部门与科技职能部门，联合产业机构、社会团体等非营利性机构和专业研究机构构建多方位资源共享平台，汇聚政策信息跟踪、高端智库专家、产业创新动态、专题专项研究等内外部、多维度创新资源，打造平台科技金融知识库。

构建全方位专业服务平台。除了为中小科技企业提供贷款融资渠道外，在支持中小科技企业健康发展方面，可扩大平台服务范围，优化平台服务职能。建立科技服务对接机制，为中小科技企业提供知识产权保护、供应链管理、财务管理等全方位科技专业服务。

（三）强化供需对接，增加科技金融产品灵活性

细化科技金融产品分类。从产业上看，针对新兴产业各细分领域，联合金融机构、产业分析机构，针对各产业的性质、综合发展情况、未来发展前景等指标设立不同产业专项科技金融产品，区别设置贷款要求、风险等级及

授权额度，满足各产业的资金需求。从产品生命周期看，关注前沿科技领域企业，重视研究院和高校研究成果产业化进程，根据前期投入大、周期长、风险高的特点，联合金融机构、保险机构等强化科技金融产品的孵化能力，并加强风险控制能力。

建立科技金融产品可变利率模式。根据科技创新企业的特点和成长发展规律，探索开发可变利率定价模式。结合平台动态监测数据库及企业自主上报数据，按中小科技企业的经营水平动态调整利率，对成长性好的企业适当降低利率水平，实现银企共赢。

B.7
生命健康产业创新发展趋势与比较分析

方海舟[*]

摘　要： 打造专业化创新型国家级改革示范区是生命健康产业发展的基本方向。从全球视野看，创新成为产业大趋势。生命健康产业创新发展势头迅猛，技术与模式创新主导生命健康产业大变革的关键时期。从全国视野看，改革创造产业新机遇。中国医疗卫生改革进入第五阶段，生物医药行业迎来历史性发展机遇，医疗大数据（含人工智能）、精准医疗（分子诊断、靶向治疗）、POCT、非公医疗等行业成为热点领域。从区域竞合视野看，专业化发展才能塑造核心竞争力。区域竞合日益聚焦于优质产业资源，区域合作聚焦于生产要素与生活配套的共建共享。

关键词： 生命健康　区域竞合　生物医药

一　生命健康产业发展趋势

（一）全球视野：创新成为产业大趋势

1. 万亿级生命健康产业发展动能不减

生命健康产业作为全球最大的产业之一，占世界生产总值（GWP）的10%左右，是全球经济发展的重要引擎。2008～2015年期间，全球健康产

---

[*] 方海舟，经济学博士，深圳市坪山区发展研究中心，研究领域包括产业规划、区域协同、社会治理创新等。

业平均增速保持在4.8%左右①，高出全球经济增长近2个百分点，显示了生命健康产业强劲的发展势头（见图1）。

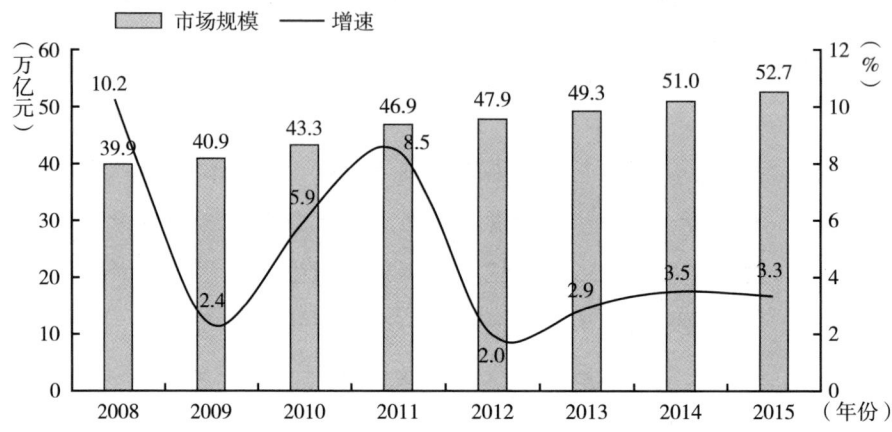

图1 2008~2015年全球大健康产业市场规模

资料来源：根据世界银行、世界卫生组织公开资料整理，汇率使用6.6。

2. 医疗医药依然是生命健康产业结构主体

在全球生命健康产业结构中，医疗与医药占据主体地位。如图2所示，从2015年全球生命健康产业分布来看，医疗服务占19.6%，医药产业（含药品和药械）占17.1%，两者之和为36.7%。此外，健康管理占10.9%，保健食品占6.8%②。伴随经济的进一步发展，具有就医能力的人口将持续增长，医药产业与医疗服务市场将不断扩大。

3. 技术与模式创新主导生命健康产业大变革

生命健康产业属于典型的技术驱动型产业。生命健康产业中的生命信息、高端医疗的全领域以及健康管理、养生保健的部分领域均对科研有较强的依存特性，尤其是生命信息中的基因组研究和高端医疗中的医药开发环节。基因技术、生物技术、医学研究、信息科技、电子科技和传统中医药都

---

① 世界银行与世界卫生组织。
② 理实国际咨询：《大健康产业未来十年发展机会研究报告》。

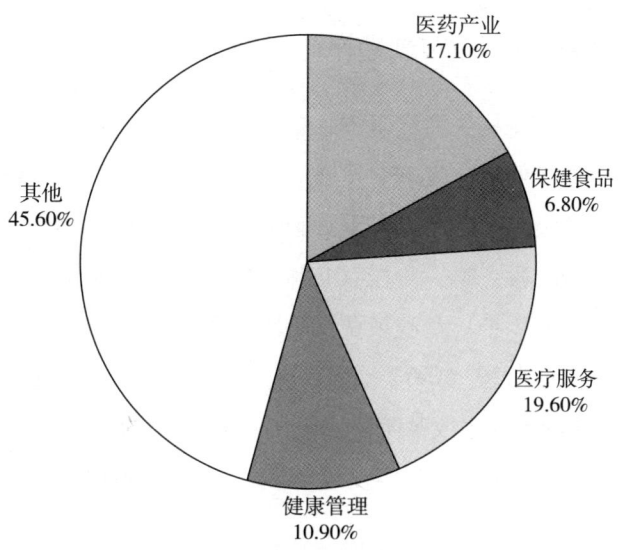

图 2　2015 年全球生命健康产业市场结构分布

资料来源：理实国际咨询《大健康产业未来十年发展机会研究报告》。

为生命健康产业的发展注入了强大的推动力（见图 3）。根据产业领域分类来看，技术创新对生命信息、高端医疗、健康管理和养生保健的带动尤为明显。

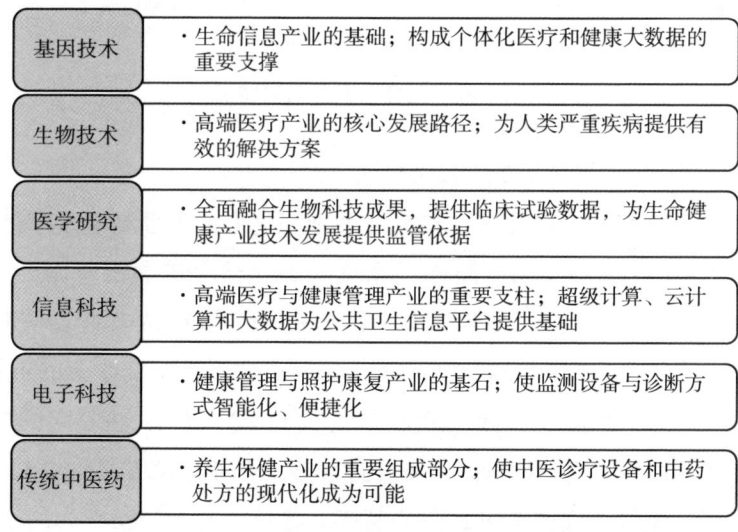

图 3　生命健康产业应用领域与技术驱动

（二）全国视野：改革创造产业新机遇

1. 医疗卫生改革重构生命健康产业格局

我国生命健康产业是在改革中发展的重要民生产业。每一波医疗卫生体制改革，都对生命健康产业格局具有重大影响。从历史进程来看，我国医疗卫生改革可以分为5个阶段：第一阶段（1978~1984年）主要做恢复性基建工作，第二阶段（1985~1992年）是政策调试阶段，第三阶段（1992~2000年）是初步市场化阶段，第四阶段（2000~2011年）是"三改并举"阶段，第五阶段（2012年至今）是深入推进改革阶段（见图4）。改革的持续深入推进，将不断释放新兴市场领域，拓展社会资本发展空间，重构生命健康产业发展格局。

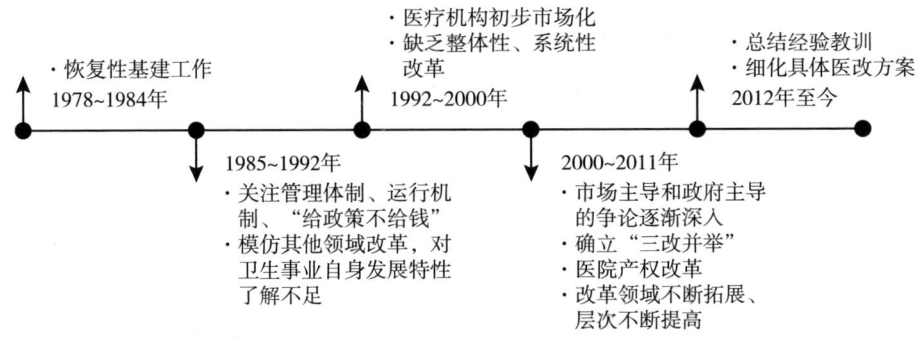

图4　我国医疗改革各阶段特点

2. 生物医药行业迎来历史性发展机遇

国务院于2017年10月9日印发《关于深化审评审批制度改革鼓励药品医疗器械创新的意见》（以下简称《意见》），主旨是破除现有制度性障碍，鼓励企业创新。这是继2015年8月《国务院关于改革药品医疗器械审评审批制度的意见》之后，又一个深化药品医疗器械审评审批制度改革的重要文件，对我国医药产业的创新发展具有里程碑意义。《意见》提出，将临床试验机构资格认定改为备案管理，支持临床试验机构和人员开展临床试验（见表1）。

对临床试验等方面的制度性障碍解绑，将催生若干规模庞大的新兴产业领域。从生命健康产业发展的历史进程来看，历次重大改革均导致新兴领域的产生和壮大，能够把握历史机遇、在制度改革上迅速对接国家计划的城市，往往能获得产业发展的"改革红利"，形成对生命健康企业强大的吸引力。北京、上海生物医药产业的发展史，充分说明了把握国家改革机遇的重大意义。

表1 《关于深化审评审批制度改革鼓励药品医疗器械创新的意见》具体举措

项目	具体举措
改革临床试验管理	临床试验机构资格实行备案管理
	支持临床试验机构和人员开展临床试验
	接受境外临床试验数据
	支持拓展性临床试验
	严肃查处数据造假行为
加快上市审评审批	加快临床急需药品审评审批
	支持罕见病治疗药品医疗器械研发
	严格药品注射剂审评审批
	药品与药用原辅料和包装材料关联审批
	建立专利强制许可药品优先审评审批制度
	探索建立药品专利链接制度
	完善和落实药品试验数据保护制度
	促进仿制药品生产
	支持新药临床应用
提升技术支撑能力	完善审评审批制度
	加强审评审批能力建设
	加强国际合作

资料来源：根据文件重点内容整理。

3. 生命健康产业资本热度保持较高水平

生命健康产业已是仅次于TMT的重要投资领域。根据《2017上半年生命健康产业融资报告》披露的投融资数据，2017年上半年国内生命健康产业共披露融资179笔，明确披露融资金额的有104笔，涉及金额193.62亿元人民币，单笔平均融资约为1.86亿元人民币（见图5）。医疗大数据（含人工智能）、精准医疗（分子诊断、靶向治疗）、POCT、非公医疗等为2017年上半年产业融资的热点领域，其中医疗大数据（含人工智能）成为 2017 年上半年生命健康产业融资规模最大领域，共有 33 家企业完成融资。

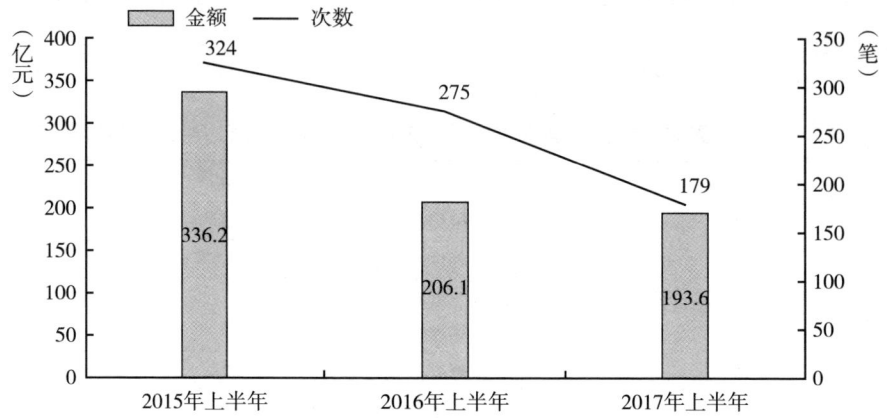

图 5　2015～2017 年生命健康产业融资次数及金额对比

资料来源：《2017 上半年生命健康产业融资报告》。

二　国家生命健康产业基地比较分析

（一）产业集群能级比较

1. 上市企业

从全国国家生物产业基地看，Wind 数据库显示，北京、上海、广州等国家生物产业基地上市公司总部分别有 15 家、9 家、9 家，集群发展态势已经形成（见图 6）。国家生物产业基地代表企业及领域如表 2 所示。

从 2015～2017 年研发投入看，恒瑞药业研发投入 27.3 亿元，复星医药研发投入 26.2 亿元，天士力研发投入 13.1 亿元，上海已经形成了研发企业集群，在基因工程、医疗器械、生物医药等领域的市场份额居全国前列。

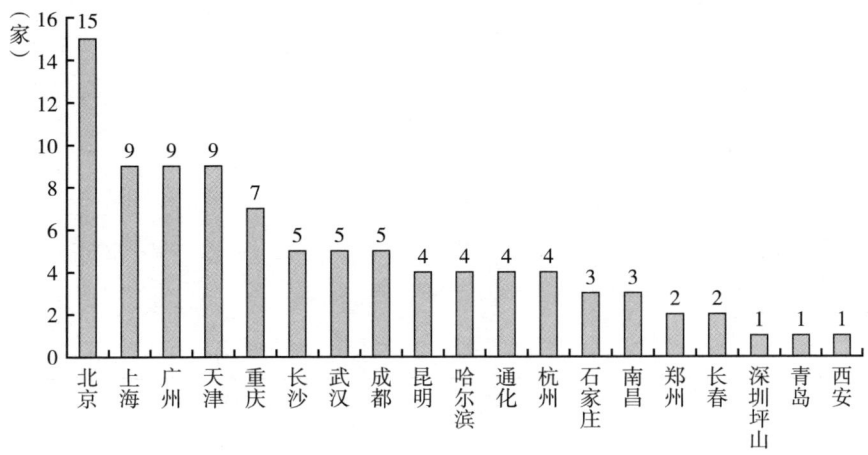

图6 国家生物产业基地所在辖区上市公司总部数量

资料业源：Wind。课题组根据企业地址整理汇总。

表2 国家生物产业基地代表企业及领域

基地名称	代表性企业	主要产品领域
深圳国家生物产业基地	理邦精密仪器、赛诺菲巴斯德	医疗器械设备、疫苗、化学原料药物
上海国家生物产业基地	上药集团、复星医药、罗氏制药、葛兰素史克制药	基因工程药物、现代中药、化学合成创新药物
北京国家生物产业基地	杜邦公司、中美奥达、中农集团	多肽药物、蛋白质产品、基因工程药物
广州国家生物产业基地	广药集团、达安基因、天普生化	现代中药、海洋药物、化学合成药物、基因工程药物
武汉国家生物产业基地	辉瑞制药、永安药业、马应龙药业	基因工程药物、干细胞治疗、医疗器械设备
石家庄国家生物产业基地	神威药业集团、以岭药业集团、石药集团	抗生素、基因工程药品、化学原料药
长春国家生物产业基地	卫尔赛药业、鸿达药业	疫苗、基因药物、蛋白质产品

资料来源：各基地官网。

从粤港澳大湾区范围来看，广州有9家，珠海6家，东莞2家，中山1家（见图7）。

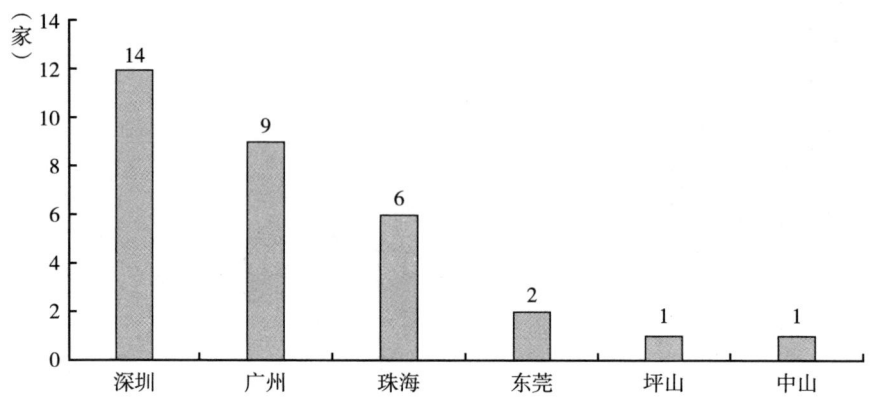

图 7　广东省各市生命健康产业上市公司总部数量

资料来源：Wind。

2. 高校与科研机构

高校是支撑生命健康产业创新发展的重要力量，是凝聚创新人才、创新载体的基础条件。从全国生物产业基地看，发展较快的基地所在辖区均是高校云集。选取第一批获批基地和第二批获批基地进行比较，数据显示，广州基地12家、上海基地11家、北京基地11家、武汉基地10家（见图8）。

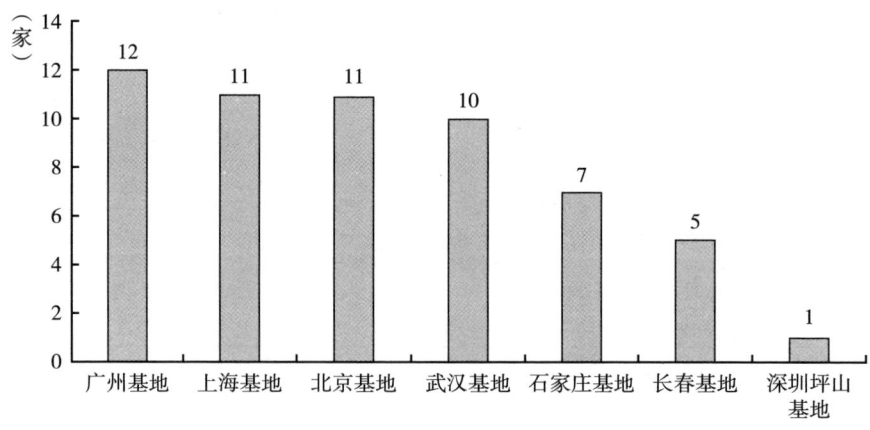

图 8　国家生物产业基地所在辖区大学数量

资料来源：各基地网站，部分城市为课题组统计。

3. 临床机构

从全国生物产业基地看,临床资质机构少是制约产业发展的重要因素。深圳获得临床资质的机构远低于北京的 33 家、上海的 27 家和广州的 27 家(见图 9)。调研发现,深圳生命健康产业基地企业临床试验中心位于深圳的仅占 25%,位于广州的占 25%,位于北京的占 25%,位于其他地区的占 25%。

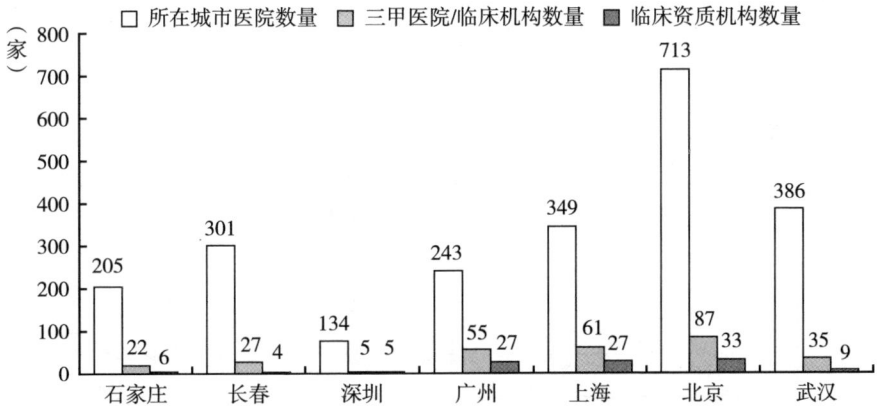

图 9 主要国家生物产业基地所在市临床机构数量

资料来源:临床资质机构数量来自国家食品药品监督管理总局官网,医院数量来自各地统计年鉴。

如图 10 所示,从广东省范围看,具有临床资质的机构集中在广州,共计 28 家,占广东省的 60.9%;深圳拥有 7 家,占 15.2%,且集中分布在福田区(4 家)和罗湖区(2 家)。

4. 医院

医院是生命健康制造业和生命健康服务业的双重载体。如图 11 所示,医疗资源集中在北京(713 家)、武汉(386 家)、上海(349 家)等地。

从广东省范围看,三甲医院集中在广州市,共计 55 家,超过其他城市的总和(见图 12)。

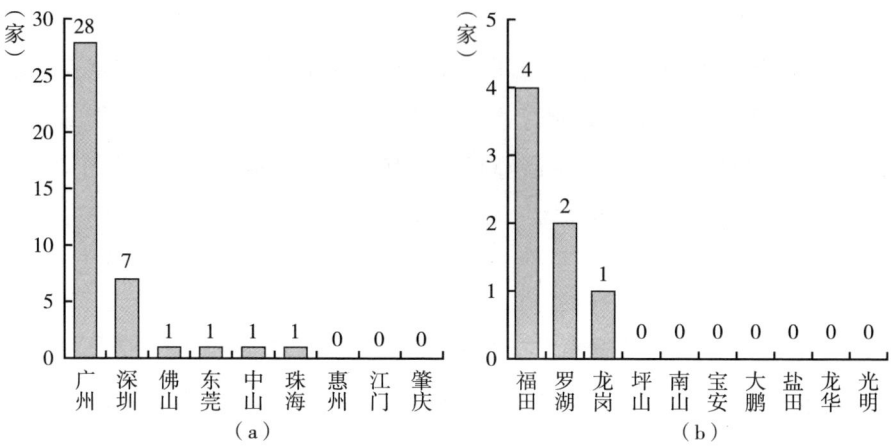

图10 广东省主要市（区）临床资质机构数量

数据来源：临床资质机构数量来自国家食品药品监督管理总局官网。

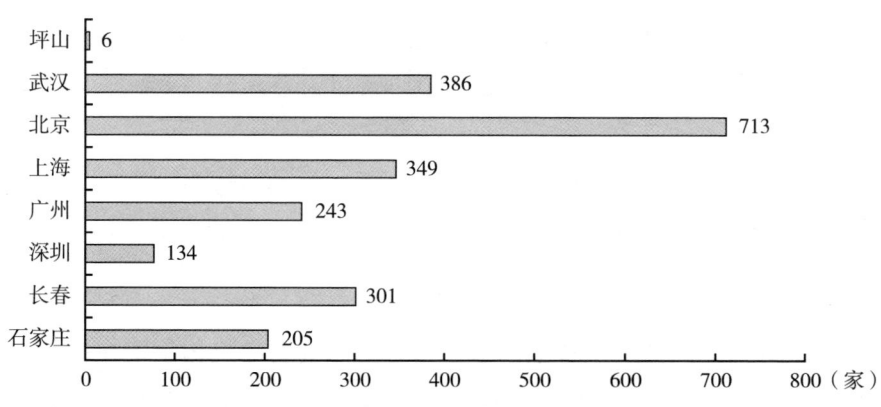

图11 主要基地城市（区）医院数量

注：坪山医院数量含在建项目。
资料来源：各地统计年鉴。

（二）高端创新资源比较

1. 人才

各基地公开数据显示，领军人才竞争加剧。广州基地引进国家"千人

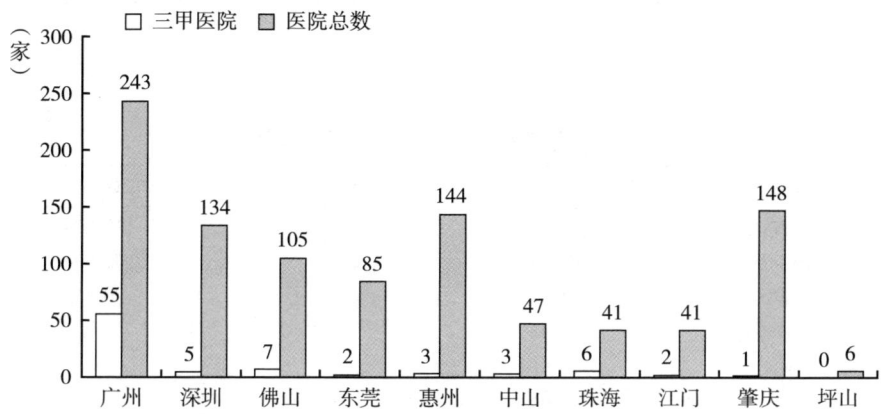

图12 广东主要城市（区）医院及三甲医院数量

注：坪山医院数量含在建项目。
资料来源：各地统计年鉴。

计划"人才39名，武汉基地引进国家"千人计划"人才23名，石家庄基地引进国家"千人计划"人才3名（见图13）。

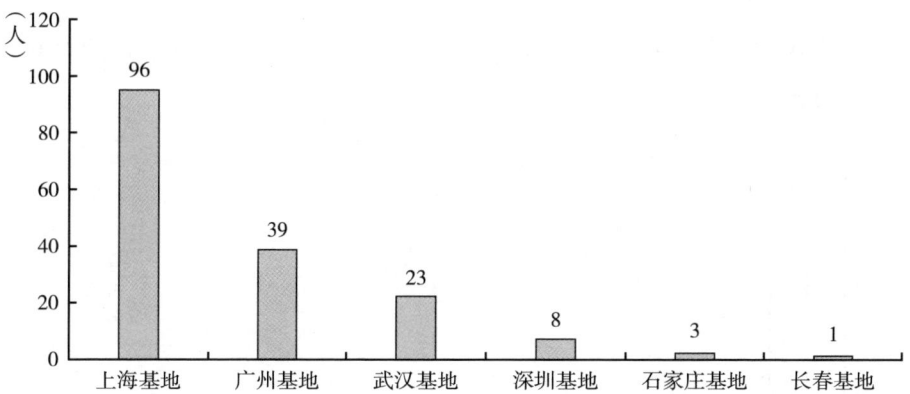

图13 主要基地"千人计划"人才引进情况

资料来源：根据公开资料整理，其中北京基地未公布人才引进数据。

2. 资本

清科数据显示，2016年北京基地融资26个项目，金额8.43亿元；上海基地融资项目15个,金额17.4亿元;南山区融资10个项目,金额45.61亿元(见表3)。

表3 2016年主要基地和地区融资项目及金额

区域	融资金额(亿元)	融资项目(个)	全市融资(亿元)
北京基地	8.43	26	145.9048
上海基地	17.40	15	75.9348
广州基地	0.34	4	70.9525
石家庄基地	0.40	3	0.40
南山区	45.61	10	—
东莞	3.90	3	3.90
中山	0.92	2	0.92
珠海	0.68	4	0.68
佛山	0.28	2	0.28
深圳坪山	0	0	—

资料来源:清科集团;基地数据为课题组根据基地所在区域汇总获得,汇总产业类型为生物技术/医疗健康。

3. 创新载体

从全国生物产业基地数量看,北京有27家、上海有12家、广州有6家(见图14)。

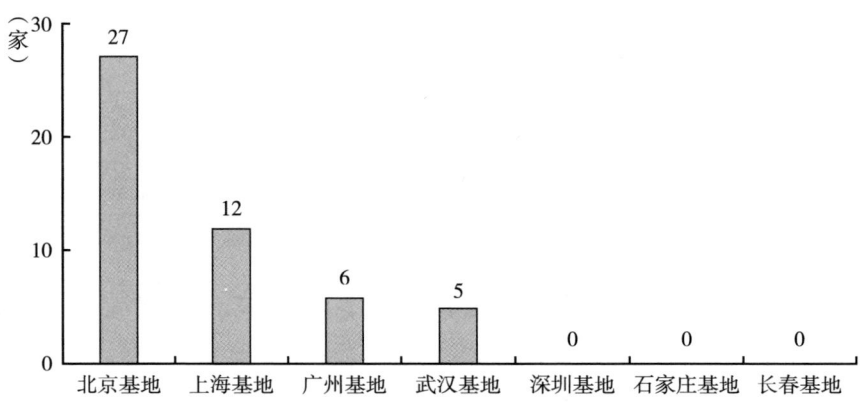

图14 主要基地生物与医学领域国家重点实验室数量

资料来源:中华人民共和国科技部。

4.发展空间

在22个国家生物产业基地中,从全国基地地均产值来看,每平方公里可实现20亿~40亿元产值(见表4)。部分生命健康产业基地的跨越式发展已受制于发展空间,亟须突破"郊区"思维,通过区域协同发展实现空间拓展。

表4 主要国家生物产业基地规模与产值情况

基地名称	占地规模(平方千米)	产值规模(亿元)
深圳国家生物产业基地	3.3	68.3
长春国家生物产业基地	13.4	271
石家庄国家生物产业基地	17	—
广州国家生物产业基地	13	523
上海国家生物产业基地	20	310.6
北京国家生物产业基地	16.5	116
武汉国家生物产业基地	30	1000

注:广州基地和长春基地产值为2012年统计值;上海基地产值为2015年统计值;武汉基地官网发布2016年基地收入超过1000亿元,并未公布具体数值;石家庄基地未公布该数值。

空间资源约束阻碍区内企业扩张。在调研过程中,部分大型企业反映生产用地不够已经成为制约企业发展的瓶颈,16%的调研企业已存在外迁意向。国家生物医药产业基地空间资源有限,亟须开发拓展区。

(三)区域竞合分析启示

1.生命健康产业发展需要突破多重约束

国内大部分生命健康产业基地处于创新发展积累期。这一阶段需要解决的核心问题是突破固有的"封闭创新""郊区发展""跟随战略"思维定式,通过制度重建、要素集聚、尖端引领等各种途径,完成生命健康产业创新的专利积累,在特定产业领域建立可持续的新比较优势。此阶段面临的主要约束条件是人才领军化、创新高端化、环境优质化、制度体系化。

人才领军化——硅谷、上海等地创新发展的历程就是不断实现人才领军化的过程。从招引技术人才，到招引海外归国人才，再到吸引"千人计划"人才、诺贝尔奖获得者等，以人才带动项目、引领创新。这也是建设生命健康产业示范区的重要支撑条件。

创新高端化——产业高端发展必然要求高端创新要素和创新载体不断积聚，一流的企业、高校院所、临床试验机构持续聚集，创新发展的主体能级不断提升。

环境优质化——人口结构的不断升级，要求各地发展和公共配套的不断升级，充分满足中产阶级收入人群的消费需求和生产需求，提高获得感。

制度体系化——无论是产业迈向更高端，还是人才迈向更高端，都需要在改革、创新、协调、绿色、共享的理念下，深化与生命健康产业创新发展相关的制度体系安排。

2. 提升产业创新能力是打破约束的重要路径

全国知名的生命健康产业基地的重要特征，就是充分利用国际、国内的创新资源，实现产业创新能力的快速升级。北京、上海、成都等地均着力提升创新主体的能级，加快高端创新要素的集聚发展，形成产业创新生态环境，加快产业从仿制向创新的转变，逐步在专业领域获得可持续发展能力。

3. 优化营商环境是提升产业创新能力的基础

具备创新能力的产业主体和产业资源需要好的营商环境支撑。其根本原因在于，优良的营商环境有助于通过软性和硬性公共基础设施的完善，降低企业发展的综合成本，从而为企业创新发展提供经济地理的聚集优势。上海、广州等地就是通过着力降低企业制度成本、创新成本、运营成本、融资成本，为产业创新发展奠定了基础。

4. 降低制度成本是优化营商环境的核心

企业家精神是创新的核心要素，生产性企业家精神是推动经济增长和创新发展的关键。通过大幅降低企业家配置在非生产性活动中的时间和资源，提高企业家生产性活动的效率，能够激发地区的创新活力。降低制度成本的方式有两种：主动方式是制度创新，消极方式是行政体制改革。获得发展领先优势的北京、上海等地多采取主动方式建立地区营商环境新优势。

三 国内外生命健康产业经验启示

依据产业相似度、路径相似度、资源相似度三个维度，选取日本神户、日本静冈、美国波士顿，以及上海、武汉、成都等国内外知名生命健康产业发达城市，进行案例研究。通过案例分析，得到如下经验启示。

在壮大专业化集群方面，政府主导吸引大型优质企业，引入高校院所凝聚高端产业资源，发展独立医学实验室丰富临床服务，分阶段有重点稳步落实战略规划。在提升产业创新能力方面，"先人后产"吸引一流人才集聚，合理配置风险资本激发创新活力，联合高校院所建设高端创新载体，打造专业化功能园区提供高端产业空间。在优化企业营商环境方面，优化上市审批是降低企业成本的重点方向，构建体系化服务做好企业全流程支持，以PPP模式提高公共服务平台建设效率，完善生活基础设施留住高端人才与企业，创新区域协调机制促进跨区产业合作。国内外示范区建设经验表明："三维联动"打造示范区，行政资源集聚是产业集群巨大优势，领导挂帅是保障改革创新的重要方式。

（一）壮大专业化集群的经验启示

1. 政府主导吸引大型优质企业

神户医疗产业都市（Kobe Biomedical Innovation Cluster，KBIC）位于享有"二十一世纪的海上城市"之称的港湾人工岛，是日本大型生物医学集群之一，聚集了全球高端生物医疗产业相关资源。日本神户港湾人工岛从1995年地震后的一片荒地，经历20多年的发展，如今已成为海上医疗产业航母。神户港湾人工岛的逆转，主要得益于"政府主导+研发助力"对产业集群的推动力，具体体现在以下三个方面（见图15）。

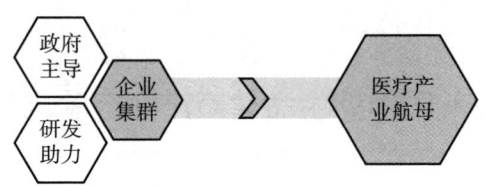

图15　神户医疗产业都市发展模式

一是政府规划确立生物医疗产业主导地位，完善基础设施，实现生物医疗相关资源聚集。实现"研产用"三方联动，缩短研发成果商业化时间，加快产业发展。二是完善政策和服务体系，由政府牵头设立公共服务体系，为企业入驻、研发、生产、经营等各个环节提供便利，助力企业快速成长壮大。三是营造优秀研发集群环境，吸引一大批国内外尖端企业、团体入驻，进一步构筑园区内经济增长的良性循环。

案例　神户医疗产业都市

1998年神户政府提出"神户医疗产业都市"构想，发展至今，产生了巨大的经济带动效应，2014年占地面积仅3.9平方公里的神户医疗产业都市，实现产值1251亿日元，折合约74亿元人民币。2001～2017年，园区内入驻企业由18家增为336家，覆盖中、美、日、德、法等10个国家，所涉领域包括研发支持、医疗设备、再生医学、生物科技、高端医院、养生保健等方面，园区积极面向全球顶尖生物医疗企业招商。此外，园区内有尖端医疗研究类机构13个，高端专业医院8家，包括理化研究所、尖端医疗中心、神户中心医院等。截至2016年底，园区雇用人数已达8100人。

2. 引入高校医院凝聚优质产业资源

高校院所是生命健康产业创新发展的重要资源。推动高校院所建设发展，有利于以此为核心集聚生命健康产业创新资源，提升产业创新能力。美国波士顿生命健康产业的发展经验，充分展现了高校院所对生命健康产业创新发展的强大支撑力。

波士顿生命健康产业以"高校院所+医疗资源"为鲜明特征。高校和研发机构为波士顿生命健康企业提供了积极的智力支持。波士顿市区内聚集了哈佛大学、麻省理工学院、塔夫茨大学、波士顿学院、布兰迪斯大学等全球顶尖院校。优质教育资源集聚，为生命健康产业发展提供了充足的人力资源保障和技术创新支持。

波士顿大量医院建立了数据库为机构和企业提供支撑。丰富的医疗资源吸引大量患者前来就诊，同时积累形成临床案例数据库。据统计，每年有超过103万住院病人到波士顿医疗机构接受治疗，门诊量超过240万人次。巨大的流量带来新鲜的临床案例和病患需求。医院将这些信息反馈给研发机构，不断拓展新的技术领域。波士顿获NIH资助最多的高校及科研机构如表5所示。

表5 波士顿获NIH资助最多的高校及科研机构

机构	获资助项目（项）	资助金额（亿美元）
哈佛大学（医学院）	368	2.03
麻省大学医学院	303	1.40
哈佛大学（公共卫生学院）	177	1.26
波士顿大学	235	1.24
Broad研究所	43	1.19
麻省理工学院	239	1.02
哈佛大学	126	0.64
塔夫茨大学	131	0.50
波士顿大学	119	0.48
布兰迪斯大学	85	0.28

注：NIH为美国国立卫生研究院（National Institutes of Health），是美国主要的医学与行为学研究机构，任务是通过发放经费支持生物医学研究，约82%的预算用于NIH的院外研究项目。表中为2012年数据。

3. 发展独立医学实验室丰富临床服务

发达国家的独立医学实验室已经是作为重要医疗服务机构之一的成熟产业。其中美国的 Quest 和 LabCorp 占据了美国临床检验份额的 24%。加拿大的 MDS，雇员超过 1 万人，是加拿大最大的诊断实验提供者。日本的 BML，其本国员工达 1160 多人，每天处理 10 万份标本，在全日本有 40 多家分支机构，检测项目超过 4000 项。

美国临床检验实验室的商业化运营兴起较早。在 1925 年，美国就已经有医院商业化运营其临床检验实验室，承接来自其他医院的检验业务。目前美国的诊断市场规模约有 550 亿美元，其中 1/3 强被独立医学实验室占据。在这其中，Quest 和 LabCorp 是最大的两家，目前可提供 3000 多种诊断服务测试，项目包括从常规检测到基因检测，服务全美一半以上的医院和医生，已成为美国全国性的大型连锁医学实验室。

我国独立医学实验室真正起步于 21 世纪初，广州金域检验于 2001 年首先将独立医学实验室模式商业化运作，由此开启了我国独立医学实验室的发展进程。此后虽然数量增加缓慢，但每年都在以 50% 以上的增长率高速增长（见图 16）。发展独立医学实验室，是扩大临床试验服务供给的有效方式。

4. 分阶段有重点稳步落实战略规划

富士医药谷位于素有"长寿第一县"美誉的静冈县东部，是世界上癌症发病率最低的地区，同时也是日本屈指可数的健康医疗相关产业以及研究功能集成区。依托于静冈自身优势和前瞻性的三次战略规划，静冈县 2014 年的医药品、医疗器械的产值达 8700 亿日元，连续 5 年雄踞日本首位。

日本静冈基于三次战略规划，实现了医药产业大发展。2001 年，静冈县启动富士医药谷计划，先后提出三次战略规划，确定发展战略五部曲；2014 年，静冈县的医药品、医疗器械的产值达 8700 亿日元，连续 5 年雄踞日本首位。静冈医药谷第一次战略规划（2002~2006 年），建立静冈癌症中心；第二次战略规划（2007~2010 年），关注研发，先后同东京工业大学等

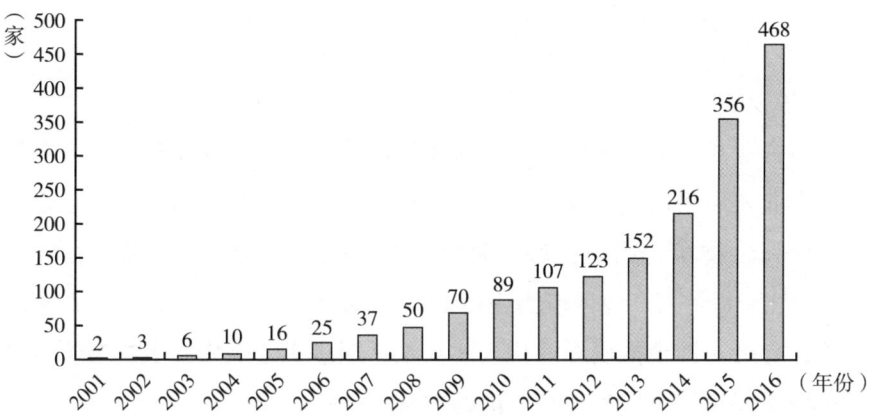

图16　我国独立医学实验室数量

资料来源：前瞻产业研究院《2017~2022年中国第三方医学诊断行业市场前瞻与投资战略规划分析报告》。

机构签订战略合作协议，并设立神户癌症中心研究机构；第三次战略规划（2011~2020年），关注人才培育、当地工业企业培育，旨在打造高层次医疗集聚功能体，最终将静冈推向国际化（见图17）。

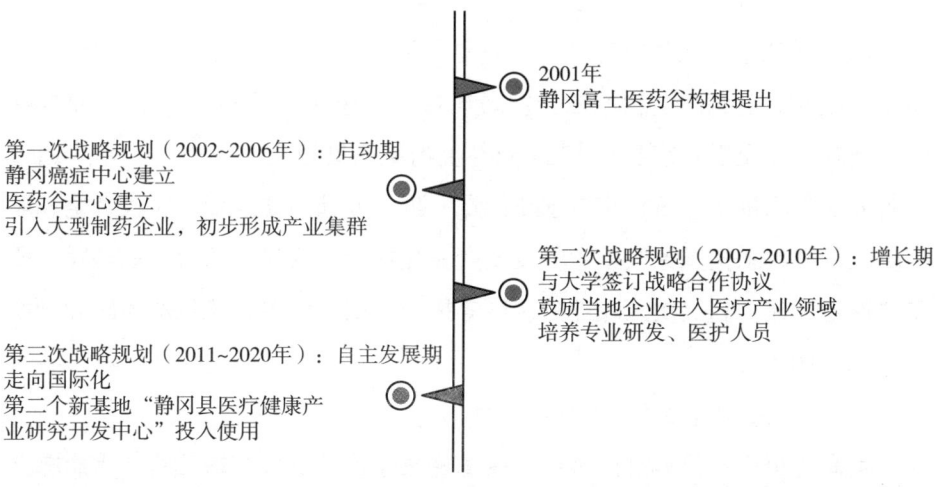

图17　日本静冈富士医药谷三次战略规划

（二）提升产业创新能力的经验启示

1. "先人后产"吸引一流人才集聚

人力资源是产业发展的基础，对新兴产业区尤其重要。缺乏人力资源的支撑，企业发展将面临严重困难，政府招商引资工作也将难见成效。根据成都天府国际生物城、武汉光谷生物城等生命健康产业核心区的发展经验，"先人后产"是新兴产业区应当遵循的基本规律。避免重企业、轻人才的发展逻辑，有针对性地推出专业化人才集聚、促进人才优先发展的措施，是政府在规划发展过程中应当重点考虑的内容。

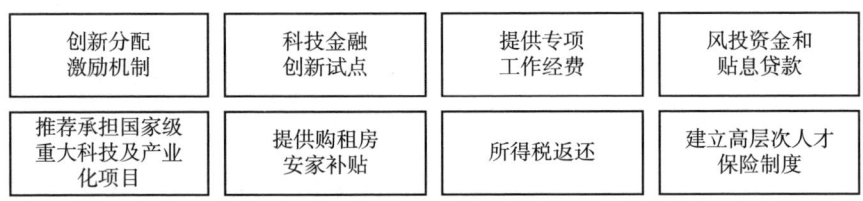

图18 武汉光谷生物城招才引智举措

成都天府国际生物城基于"以人为本、先人后产、以产带城、以城促产"的发展理念，在完成的第一批规划文件中，不仅有常见的产业类规划，还有《成都天府国际生物城社会发展规划（2016~2020）》《成都天府国际生物城旅游发展规划纲要》。武汉光谷生物城高度重视招才引智工作，通过创新分配激励机制、科技金融创新试点、提供专项工作经费、风投资金和贴息贷款、推荐承担国家级重大科技及产业化项目、提供购租房安家补贴、所得税返还、建立高层次人才保险制度等措施，引进世界一流创新团队和领军人才（见图18）。

2. 合理配置风险资本激发创新活力

生命健康产业是典型的资金、技术密集型产业。资金缺乏将严重影响企业的研发动力及最终成果转化。张江药谷、成都天府国际生物城、武汉光谷生物城等国内外发展较好的生命健康产业园区，均在资本方面积极布局。

生命健康产业创新发展趋势与比较分析

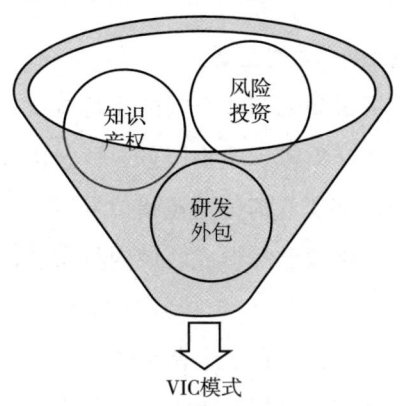

图 19　上海张江药谷 VIC 模式

张江药谷创新推出 VIC 模式激励小企业创新（见图 19）。VIC 模式（风险投资＋知识产权＋研发外包）是指拥有核心知识产权的中小型医药研发企业（IPC）将自己正在研发的新药推荐到新药孵化平台，获平台专家库评审通过后，能够得到政府引导资金和风险投资（VC）的资助，还可用这笔投资"租用"专业研发外包公司（CRO）的研发人员及实验室设备。企业自己掌握新药的知识产权，但将其他环节外包，降低成本，从而使研发进程变得极为高效。

3. 联合高校院所建设高端创新载体

联合研发，促进企业、研发机构、高校的合作，便于最新技术成果转化。如日本静冈在静冈大学设立"药物发现中心"，对企业和大学收集的化合物进行分析和评价，并开展候选药物研究，截至 2012 年，已聚集 115000 个化合物，且已发现可用于癌症治疗的药物。

日本静冈推动产学研联合的举措包括：举办交流会、研讨会，集聚国内外企业、团体召开研讨会，邀请业界资深人士分享研究成果；举办企业战略管理、营销管理研讨会，讨论企业管理运营、市场开发事宜等，为企业家提供新思路；提供创业支持，鼓励本土工业企业进入医疗产业；举办医药、医疗器械知识培训班，识别鼓励有意愿进入医疗领域的企业，如 Tokai Buhin

Kogyo 有限公司成功从汽车零部件制造向医疗设备制造过渡。

4. 打造专业化园区提供高质量空间

专业化功能园区是提供高端产业空间的流行方式。光谷生物城重点围绕生物医药、生物农业、医疗器械、生物服务、智慧医疗与健康、精准医学等领域打造七个不同园区，实现各细分产业错位发展。生物创新园、生物医药园、医疗器械园、医学健康园已经形成区域内具有较高知名度与影响力的高端产业空间。

生物创新园：2平方公里，重点打造生物产业研发创新体系和总部聚集区，主要建设专业孵化器、生物制品审批、检测中心、中试放大平台、仪器共享中心、动物实验中心、金融服务平台、众创空间等。已聚集辉瑞、国药集团、华大基因、药明康德、生物技术研究院等450余家企业和单位，是国家生物服务外包试点园区。

生物医药园：6平方公里，重点发展基因工程药、化学药制剂、诊断试剂等领域，配套中部最大专业物流中心，聚集了人福医药、费森尤斯、国药物流、喜康生物等200余家企业，是国家战略性新兴产业创新生物诊疗制剂及服务的唯一试点园区。

医疗器械园：1.5平方公里，着力推进图像处理、自动化控制等光电子信息产业优势在医疗健康领域的融合应用。重点发展数字化医学影像设备、激光医疗设备、高端生物材料等领域，已聚集国药器械、联影医疗、中科开物、中旗医疗等110余家企业，是国家级生殖健康产业基地。

医学健康园：2平方公里，重点发展高端及智慧健康医疗服务，推进医疗产品的推广应用。建设同济医院、省妇幼保健院、人福医疗集团、同济医学院、中国医药技术交易中心等，打造健康医疗、人才培养、交易和推广应用的专业园区，成为中部地区重要的医学健康中心。

（三）优化企业营商环境的经验启示

1. 落实上市审批改革降低企业成本

上市审批周期过长，是生命健康企业反映的重点问题。上市审批制度改革也是我国制度改革的重点方向。借鉴国际经验,不仅是国家层面优化制度体系的客观要求,也是各地紧跟形势、把握产业变革机遇、塑造产业发展新兴领先优势的重要方面。

美国已形成体系化新药、医疗器械等注册审批上市制度,有效缩短了企业新研制产品的上市时间。具体来说,主要体现在临床试验申请备案制、临床试验机构备案制、搭建企业与评审机构沟通平台、组建专业化技术评审团队、对接国际化通用标准等方面(见图20)。

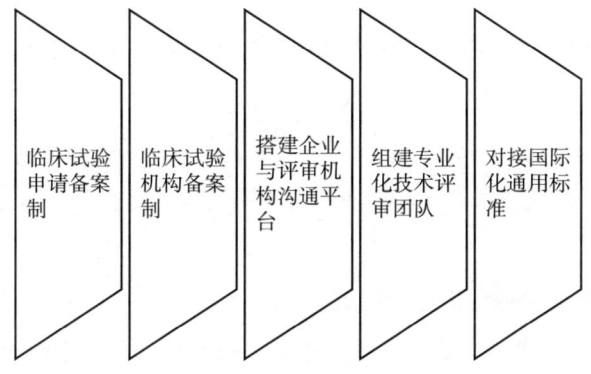

图20 美国新药、医疗器械等注册审批上市制度

案例 美国新药、医疗器械等注册审批上市制度

临床试验申请备案制。美国食品药品监督局(FDA)收到新药试验申请30天内,申报者若未收到FDA任何有异议的反馈,即可展开临床试验。而在国内必须经过省局、中央局双重审批,时间至少在90天左右,更长则可能需要1年左右时间。

临床试验机构备案制。美国不强制指定临床试验的机构,各医疗机构只要具备医师执业资格就可以申请做临床试验。企业对临床机构的选择更具多样性。在市场作用下,竞争促使各家机构不断创新改进,为企业提供更优质快捷的服务。

搭建企业与评审机构沟通平台。FDA在临床试验审批、上市审批环节，为评审机构和企业搭建了完善的沟通平台，便于双方及时解决问题，保证审批效率。

组建专业化技术评审团队。美国负责评审的职员人手充足且都是富有经验的长期稳定的老员工。药审职员多达4000余人，且大部分人都具备临床医生背景，或是药学药理等专业一线研究人员，足以保证药审的高效性、专业性和一致性。

对接国际化通用标准。为缩短药品上市时间，加快新药在世界范围内的开发使用，美国、欧盟和日本于1990年在布鲁塞尔启动了"人用药品注册技术要求国际协调会议"（简称ICH），试图通过协调，为药品研发和审批上市制定一个统一的国际性指导标准，协会成员间临床试验数据可以相互认可，也可促使企业在多国开展国际多中心临床试验，为企业国际化奠定基础。

2. 构建体系化服务促进企业成长

光谷生物城构建了体系化的服务体系，在专门管理机构下设综合秘书处，产业发展处负责产业发展中长期战略、孵化器、技术服务平台构建等，建设融资处，投资服务中心，为企业提供从招商引资到培育上市的全流程服务（见图21）。

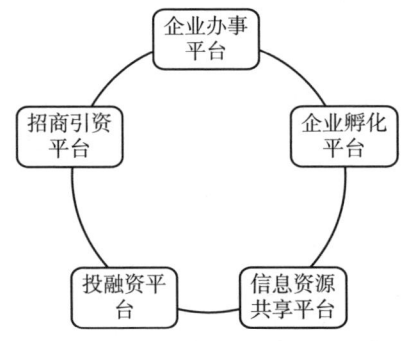

图21　光谷生物城体系化全流程企业服务

企业办事平台。省医工院的 GLP 药物安全性评价中心、省预防医学科学院的 GLP 食品药品安全性评价中心落地光谷生物城，为生物城内项目和企业提供临床前研究服务。模式动物中心、基因检测与蛋白质分析、抗体研发生产平台、蛋白质中试与纯化平台完善了生物技术研发的公共服务体系。此外，创新园形成的行政技术和监督服务板块，实现企业新药检验、检测和申报业务不出园区。

企业孵化平台。建设 6 个生物技术专业孵化器，总面积 34 万平方米。成立了光谷新药孵化平台有限公司，为新药孵化提供从研发、临床研究申请到创新药申请的全过程服务。引进新药创制项目 31 项，其中 16 项获得国家新药创制专项立项，共获国家支持资金 3547 万元。通过国家"十二五"重大新药创制"新药孵化基地"专项专家评审。

信息资源共享平台。集成生物资源、科学数据、科研仪器、分析工具、产品营销等信息，提供综合性专业信息服务。与中科院图书馆武汉分馆联合建设信息共享平台。

投融资平台。成立武汉光谷生物产业创业投资基金公司，募集资金规模近 100 亿元。成立生物医药产业专项资金，为新药研发项目及国家、省、市立项项目提供配套资金支持，2009 年累计支持资金 6000 万元。组建光谷生物城金融超市（基金联盟），首批入驻 21 家风险投资机构。

招商引资平台。招商重点为世界 500 强及国内行业前 5 强、欧美医药研发外包知名企业、国际生物产业转移重大项目等。

3. 利用 PPP 模式提升产业公共服务

公共服务平台有利于降低企业研发创新与运营成本。在公共服务平台建设中，PPP 模式被证明为高效率、可复制的成功策略。PPP 模式一方面发挥了社会资本的市场嗅觉，满足了产业主体最重要的发展诉求；另一方面发挥了政府资金的杠杆作用，提升了政策资金效能。

日本神户通过 PPP 模式，推动了"医疗产业都市"发展。神户政府联合企业成立了独立法人先端医疗振兴财团（FBRI），目的是支持神户医疗产业都市的发展、联合产官学的力量以提高医疗产业、构建适于医疗的发展环境。先端医疗振兴财团理事长由医疗领域资深人士担任，且神户政府给予先端医疗振兴财团较大的自主管理权限，神户市每年拨出40亿日元推动医疗产业都市，其中15亿日元交由先端医疗振兴财团全力推动医疗产业化。

4. 交通先行大力完善生活基础设施

神户医疗产业都市发展至今所产生的巨大经济效应离不开政府强有力的支持。政府政策举措中很重要的一点就是完善的园区配套规划。神户医疗产业都市园区内完善的配套规划是其留住人才和吸引企业入驻的主要因素，配套规划主要体现在以下几方面。

交通设施便利。具体表现为：海、陆、空三方航线交融，拉近了世界与园区的距离，坐拥半小时机场、大阪商务圈，高速全线贯通，提供连接各地的便捷通道。此外，园区内各核心建筑大多分布在轻轨周边，便于内部访问。

生活设施便利。具体体现在：政府将港湾人工岛一期设定为住宅区，配有国际饭店、旅馆、住宅、商店、医院、学校、公园、休假娱乐场等，为园区高科技人才提供优越舒适的生活环境。

5. 创新协调机制促进跨区产业合作

在区内资源约束状态下，跨区合作是有效的破解之道。跨区合作有利于构建生产要素自由流动的软硬基础设施，有利于提升创新资源的经济效率。国内以GDP考核为导向的经济管理体制，制约了生产要素的自由流动。国内生命健康产业跨区合作往往是在互利共赢条件下，由政府主导推动。

成都天府国际生物城是全国首创跨区合作模式。合作双方分别为成都高新区与双流区。成都高新区以生物产业为主导产业，2016年该产业实现产值230亿元，势头良好但空间紧张。双流区土地资源较多。两区之间并无行政管辖关系。天府国际生物城管委会及生物城投资公司主要班子成员均由高新区、双流区抽调，共同组成7个部门。在财政投资、财税收入、经济指标考核等方面，高新区和双流区明确划分比例，形成了"合作共建领导小组会议—执委会议—生物城管理办办公会议"三级决策机制。

（四）国内外示范区建设经验

1. "三维联动"打造国家产业示范区

实现"研发国际化—产业治理能力高级化—区域一体化"三维联动，打造国家级生命健康产业示范区。研发创新国际化是生命健康产业发展的必然趋势。生命健康产业的创新，在全球创新中占据重要地位。推动生命健康产业的创新发展，必须直面科技最前沿，必须在全球视野下调配研发资源。研发国际化需要区域一体化提供支撑。其根本原因在于：一方面，生命健康产业在发展过程中需要通过产业集聚降低综合创新成本；另一方面，要求区域内要素自由流动，依照市场规则将其配置到效率最高的部门。

实现研发国际化与区域一体化的良好互动，需要提升产业治理能力。只有具备较高的产业治理能力，才有可能破除改革进程中的一系列困难，打造高标准国家级生命健康产业示范区。发挥一基地（国家生物产业基地）与一示范区（国家自主创新示范区）的联动作用，是推动生命健康产业加速发展的重要路径。

2. 行政资源集聚是产业集群巨大优势

生命健康产业在很大程度上受到行政法规与政策影响。行政资源的集聚，有利于加强企业与政府部门的沟通，提高企业的审批通过率，降低企业的制度性成本。引入高级行政资源，促进行政资源的集聚，是上海、北京、秦皇岛、武汉、上海等国内主要生命健康产业中心诱导产业集聚的有力抓手，是各地生命健康产业发展值得借鉴的成功经验。

武汉光谷生物城引进高级行政资源，打造立体服务体系。为使1000多家企业办事不出园区，光谷生物城整合省市政务资源，特辟行政服务绿色通道，先后引进湖北省食品药品安全评价中心、湖北省食品药品监督检验研究院等近10家重要的行业监督检测机构，成立湖北省药监局东湖高新区直属分局，就地办理新药检验、检测和申报。

上海张江药谷积极承接改革试点，引入国家行政资源。2015年以来，张江启动生物医药代工试点、国家食药监总局药品审评中心上海分中心等重要改革，对生命健康企业形成了强大吸引力（见图22）。以生物医药代工试点为例，我国的药品上市与生产许可相互"捆绑"，中小创新企业的新药上市，需自建厂房，费时费力且资源浪费极大。试点启动后，研发企业可以将新药外包给专业的代工基地生产。这不仅有利于新药快速进入市场，还解决了产业化的"最后一公里"问题。

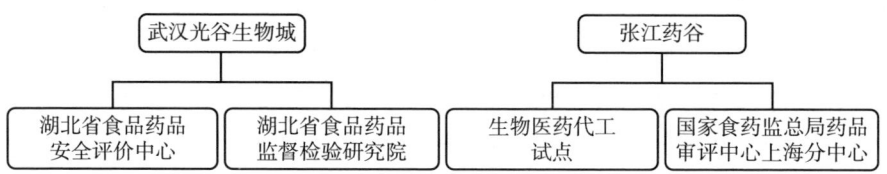

图22　武汉光谷与上海张江积极引入高级行政资源

3. 领导挂帅是保障改革创新的重要方式

在行政主导模式下，领导挂帅是保障改革发展的有效方式。武汉光谷生物城等国内主要生命健康产业基地发展初期，均主要由政府推动（见图22）。在政府起主导作用的情况下，层级越高的领导负责生命健康产业发展，就越能够保障资源导入、信息沟通、项目建设的效率，加速产业发展。

武汉光谷生物城（武汉国家生物产业基地）建设管理办公室主任，由武汉东湖高新区党工委副书记、管委会常务副主任兼任。光谷生物城建设管理办公室下设综合秘书处、产业发展处（重点办）、建设融资处（金融服务中心）、投资服务中心（见图23）。区领导挂帅确保了园区建设与生物产业发展在当地经济工作中的重要地位，有利于优质产业资源优先导入光谷生物城，支持生物产业加快发展。

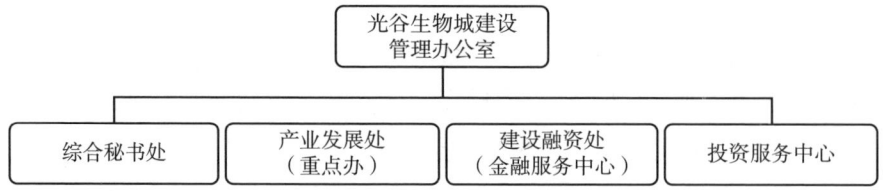

图23　武汉光谷生物城管理机构设置

四 生命健康产业发展建议

1. 在区域竞合中提升专业化集群竞争力

世界经济百年史深刻印证了市场经济专业化大趋势。区域经济的专业化走向,依赖于本地生产要素禀赋决定的比较优势。随着营商环境改善、资源整合力度加大、制度改革推进,未来产业政策、土地资源、基础设施建设,应遵循市场经济专业化发展大趋势,在区域竞合中继续强化优势产业的专业化集群竞争力。

2. 把握历史机遇塑造创新发展新优势

国家重大改革举措为生命健康产业开创了历史性机遇。特别是以中共中央办公厅、国务院办公厅印发《关于深化审评审批制度改革鼓励药品医疗器械创新的意见》为标志,生物医药产业面临的重大制度性障碍松绑。制度松绑意味着临床监测、专利强制许可药品等一直以来被抑制的产业,将迎来爆发性增长期。各地应把握此次重大改革机遇,率先在制度改革上为企业铺路,大力吸引处于改革风口的优质企业,以先发优势强化产业创新发展动能。

3. 优化营商环境打造国家级改革示范区

生命健康产业是满足人民日益增长的美好生活需要的重要内容,是未来改革发展的重点领域。党中央、国务院联合发布的一系列重要文件,表明了中央对生命健康产业发展的高度重视。各地应在已有国家生物产业基地的良好基础上,进一步统筹谋划,申报建立更具改革意义的国家级生命健康产业示范区。通过示范区申报建设,把握改革先发优势,增强对生命健康企业的吸引力,提升产业核心竞争力。

B.8
中国知识产权的保护之路

张　轶*

摘　要： 知识产权刺激技术创新，保护商标品牌，推进文学艺术作品的创作和传播，保障交易公平，维护竞争秩序，促进市场繁荣。然而，要讨论知识产权的保护，首先要明确两个问题：第一，究竟什么是知识产权？第二，保护究竟意味着什么？当我们在汉语中使用"保护"这个概念的时候，与之一同出现的概念或者说（保护）对象，比如说妇女、儿童、祖国、自然环境、弱势群体等，似乎都是些无论如何保护都不过分的事物。因此，我们在讲知识产权保护的时候，似乎对知识产权是否可能存在过度保护的问题不够重视，甚至很少提出这类问题。在进行相关分析之后，也许我们可以更好地考虑如何或者说采用怎样的法律手段去保护它们。

关键词： 知识产权　专利保护　过度保护

一　什么是知识产权

本报告的核心问题之一是什么是知识产权。知识产权是"Intellectual Property"的中文翻译。作为术语，知识产权初见于17世纪法国卡普佐夫

---

* 张轶，深圳大学法学院，研究领域包括专利保护、专利许可等方面。

（Gapzov）的著作，直到 19 世纪末才逐渐被国际社会接受。从知识产权这一概念首次引入中国，一个舶来品已经成为举国上下妇孺皆知的概念，而我们的知识产权事业在各个方面都取得了巨大的成就。这样的成就和普及程度归功于多种内外因素的共同作用。其中功不可没的，是不遗余力推广的政府部门、积极宣传的媒体机构、大力普及的教育机构以及尽职敬业的法律共同体。

然而我们耳熟能详的知识产权究竟指代什么东西？是知识吗？对于数学公式，大家可能没有不同看法。但这些公式不是知识产权法的保护对象。而某些知识产权的保护对象却和我们通常理解的知识没有什么关系，比如说被用作区分商品来源标识的苹果图案。一个简单的苹果图案，原则上可以作为包括手机在内的很多商品的商标，当然作为水果的苹果这种商品除外。一个经过精心设计的苹果图案，如 iPhone 的商标，由于融入了设计创作团队的智力，可能使人联想到知识。但是，一个没有经过任何修饰因此未能蕴含任何智力创作的苹果的图片，同样毫无疑问可以成为商标法意义上的商标。在这种情况下，这个商标恐怕和我们所理解的知识就没有任何关系了。由此可见，有些知识无法赋予我们知识产权，而某些知识产权也可能和知识或者智力没有什么关系。知识产权中的产权指代的是什么？在知识产权之外的其他法学领域，产权这一概念并不多见。在 1986 年《中华人民共和国民法通则》颁布前，我国学者所采用的翻译还是"智力成果权"，而在《民法通则》颁布之后采用知识产权的说法。其他带有产权概念的表述还有"工业产权"，如《保护工业产权巴黎公约》，英文为 Paris Convention for the Protection of Industrial Property，德语为 Pariser Verbandsübereinkunft zum Schutz des Gewerblicher Eigentums。在德语中，Gewerblicher Rechtsschutz（工业产权）und Urheberrecht（著作权）的表述在很多情形下被用来替代知识产权。其中工业产权（Gewerblicher Rechtsschutz）主要指的就是专利权和商标权。然而，似乎产业产权是比工业产权更加适当的表述。依据新西兰经济学家费歇尔（Fischer）1935 年在《安全与进步的冲突》一书中提出的产业分类法，为服务业领域申请的商标毫无疑问地涉及第三产业。所以，工业产

权的说法可能限制过大。与"产权"较为接近的法学概念是财产权或所有权。因而知识产权中的产权也常常被许多人甚至法学专业人士理解为财产权或所有权。然而,财产权的解读与著作权中含有精神权利的组成部分这一事实不符。Intellectual 强调的是权利的智慧因素,从而区别于普通的财产权;而 Property 指的是这种智慧作为"财产权"被法律保护。但这远远不是一个简单的称谓问题。我国民事法律制度源于大陆法系的德国支系,采用物权、债权二元对立区分的财产性权利体系结构。因此,更关注生活经验而非调整对象的英美法系中的财产权制度很难直接借鉴。至于大陆法系的所有权概念,其属于物权,不同于我们通常理解的知识产权这类"无形财产"。有学者试图将知识产权的保护对象视为无体物,同时对物权法中物的概念予以扩张,从而使其包含有体物和无体物,从而达到利用物权法来调整知识产权的目的。我国物权法虽然对德国民法中物必有体(Körperliche Sache)的传统予以了一定突破,却明确将扩大范围限于权利方面。对权利之外其他无体物的吸收,已经违背立法者对权利之外的一切客体予以动产和不动产二元划分的意志。此外,保护对象单纯的是否有体(Körper)的外在表现形态,很难构成能否适用统一法律规范的判断标准。我国知识产权学者确实有将无体物作为有体物的一个(镜面)对应概念去理解并且广泛使用的习惯。但是,对无体物范围之宽泛程度,却未予以充分重视。众所周知,无体物可以是具有物质属性的热能、风能等,从而在法律规制层面更贴近有体物;但也可能是具有非物质属性的技术方案、网络游戏中的装备、道具、货币等,从而在法律规制上与有体物格格不入。而且,不同的非物质性无体物之间也差异迥然。有些非物质性无体物的使用或者利用行为可以在事实层面受到控制,如利用技术手段对使用网络虚拟货币的行为进行控制;或者一定程度上在事实层面被控制,如通过技术措施和保密协议的方法对技术秘密使用的行为进行控制;另外一些则仅能在法律层面加以控制,如通过立法明确法律后果,对非法使用专利技术或商标的行为进行震慑。甚至,对同属技术方案的客体也存在显著的差异,这种差异也反映在立法者的意志层面。一方面,技术秘密被界定为事实状态和一种(未被上升为民事权利的)利益;另一方面,专利这种利益则被立法者通过专利立法明确上升为法定权利。可见，可以广泛适用于所有无体物的统一法律规则难以构建。在法律规制的特定视角之下，规制客体有体与否的存在形式并未构成有体物和无体物之间的核心区别。所以，物权中的有体物和知识产权这类根本不属于物质范畴的无体物之间的差异之大，使得所有权和（知识）产权难以相提并论。我国民法和德国民法基本保持一致，认为所有权的概念主要是针对有体物而言的。事实上，在德国也存在 Geistiges Eigentum（Geistiges 为精神的、智力的、内心的；Eigentum 为所有权）的概念，但德国著名法学家约瑟夫·科勒（Joseph Kohler）早在 19 世纪就质疑了该概念的正确性，认为将对精神产物享有的权利说成所有权是错误的，而应表述为"Immaterialgüterrecht"，这种权利是区别于所有权的非物质性财产的权利。可见，当我们说到知识产权时，无论知识还是产权，都不总是那么名副其实。我们只能粗略地把知识产权理解为法律为部分非物质性财产设定的一种有别于物权的权利。至于哪一部分非物质性财产属于知识产权，所设定的某项知识产权权利的具体边界在哪里，从来都是变动发展的。而这种状态也将持续下去。伴随技术的快速发展，新形态的财产将继续不断涌现，甚至变得越来越重要。诸如大数据是否应被赋予权利，如果可以，那么权利归属于数据的生产者还是加工者？算法直接产生的作品、技术方案等知识创新成果的法律属性如何？而麦肯锡公司预测2025 年由于人工智能而萎缩的旧产业每年将高达 6 万亿美元。

二 保护，还是加强保护？

对知识产权，我们是否应当像保护物权一样，也就是说像保护我们的房子、汽车那样？的确有不少知识产权的权利人发出过这样的呼吁。付出必然要求回报，似乎天经地义。直观看来，创造了一项专利技术和建造了一间房屋没有什么差别。但是正如前文所述，提供某些智力贡献的人如数学公式、科学理论的发现者，在付出卓越劳动后并未获取知识产权。即便对于可以授权专利的技术而言，如果研发人员在成功做出了技术研发后，没有及时向相关行政主管机关申请专利保护，而恰好他人又就同一技术方案提交了专利申请，那么智力活动和研发资金也就得不到相应的回报。依据通说，知识产权保护的正当性理论基础是多样化的。以著作权为例，除了英国著名哲学家约翰洛克的自然权利理论，又称天赋人权理论之外，还有著作权社会规划理论，也就是说国家为了发展文化、艺术才鼓励作者创作，即以培育多元化的公民社会为终极目的。这时候，著作权法的立法动机更多的是对社会公共利益的总体考量。因此，为了作品更好地流通和文化的繁荣发展，权利也受到了立法层面的诸多限制。而经济激励理论则视知识产权客体为公共物品，认为每个人原则上都可以无视创造人的劳动成本，而无偿使用知识产品。青睐经济学的法学家认为，知识产权法律应当更加关注效率，权利配置的方案正当与否，完全取决于是否能够提高资源配置的效率。我国专利法第一条就写道："为了保护专利权人的合法权益，鼓励发明创造，推动发明创造的应用，提高创新能力，促进科学技术进步和经济社会发展，制定本法。"可谓开章明义，将专利制度的功能界定为以专利权保护为手段促进创新，实现科技进步和经济发展。可见，在立法者眼中，法律赋予知识产权权利不完全是权利人辛勤劳动的一种对价。那么，将知识产权保护到什么程度就是一个相当棘手的问题。对于不同类别或者领域的技术，适用统一的保护期限，给予相同的保护力度，是否意味着对某些技术存在过度保护，而对另外一些技术存在保护的不足？而我们所面对的现实是，持续加强保护似乎依然占据了中国媒体的全部声音。我们需要区分，中国经济和社会发展所需要的是在法律制度中继续加大保护力度，还是立法者意志在现实生活中不打折扣。事实上，在我国知识产权法律制度构造方面，权利的设置已经较为到位。在法律实施层面，可能还需要进一步完善。举例而言，知识产权侵权损害赔偿问题是知识产权制度中的一个重要环节。权利人受损难以得到充分赔偿，对于知识产权制度功能的实现有决定性的阻碍作用。事实上，知识产权权利人所获得的侵权损害赔偿不到位的症结往往是知识产权制度自身之外的。在大陆法系制度下，偏离民事赔偿填平原则的做法会带来不少问题。对知识产权侵权单独设置惩罚性制度的主张，以及最新的专利法拟将侵权的法定赔偿数额从

100万元提升到500万元,在很多人看来是一种可喜的现象。但要明确看到的是,赔偿依然会是我们面临的一个非常大的问题。比如说,当事人在较少被赔偿难所困扰的德国法院进行专利诉讼往往会分为两个阶段:第一阶段为判断侵权是否成立阶段,其次才是确定赔偿数额的第二阶段。在德国法院确定侵权行为成立后,权利人可以要求侵权人公开侵权信息。而对处于同一商业领域的竞争对手来讲,公开侵权信息的代价之大,是侵权人难以承受的。试想一下,竞争对手突然知悉了自己的供货商、销售渠道、采购价格、批发价格、零售价格价以及每年的销售数额、营业收入、成本构成、利润率等诸如此类的大量信息。对于日后正常漫长的商业竞争来讲,无疑是极其不利的。信息公开对知识产权人来讲也是收获。因此在赔偿数额的协商过程中,双方往往可以达到一个合理的,甚至是有利于权利人的结果。在这种制度设置之下,侵权人在侵权行为发生之前当然要反复考虑,甚至自觉采取(往往是价格不菲的)Freedom to Operate 的尽职调查,即委托律师和专利律师进行知识产权实施自由的尽职调查,以便自己可以在保证或者基本保证尊重他人专利的前提下对某项技术自由地进行使用。然而,如果侵权人的目的真实性受到质疑,甚至一国的税务机关都有可能受到账目信息真实性的蒙蔽,那么这种制度的移植基础就值得怀疑。当然在中国,对失信被执行人的惩罚力度在逐渐加大,在构建诚信社会的道路之上,我们已经在大踏步前进。当然,这不是仅仅在知识产权领域内可以独立解决的问题。

三 未来的路

前述内容说明,与物质财产和人身的保护相比而言,司法保护对知识产权的存在和发展显得尤为重要。由于知识产权是一种非物质的客体,其保护更加依赖于公正、健全、高效甚至时时刻刻完美运行的司法体系。这是一种必然要求,因为事实上的控制、占有和交付在知识产权领域都不会发生。在对知识产权客体的使用中,具体而言无论是在权利变动的交易中,还是非法的权利侵害中,事实层面的防卫都不存在,权利人甚至没有自力救济的机会。无论是要求侵权人不进行侵权,或者停止侵权,还是要求对侵权行为的损害后果做出相应的赔偿,这些目的的实现都完全依赖于司法的裁判以及公正司法所给予的潜在威慑力。除此之外,我国在许多技术领域发展已经相当迅速。随着国力的提升以及在全球经济一体化中扮演越来越重要的角色,知识产权的保护对于中国在尖端技术领域研发实力日益雄厚的企业来讲,对于公正、健全、高效的司法环境的无论多大力度的建设都必然会得到相应的回报。就目前中国的知识产权保护而言,至少应当尽快努力实现以下几个方面的目标。

(一)坚持不同类型公权力之间的清晰界限和功能充分实现

知识产权领域所涉及的事实问题变化迅速,因而导致新的法律问题层出不穷。所以,裁判者自觉不自觉地站在立法者的位置考虑法律问题。近年来,有些法官对商品化权概念的提出或者各界对游戏直播著作权纠纷的争论,都反映了这类问题的尖锐程度。在这种背景下,以各当事人各方利益平衡,甚至不同产业各方利益平衡为主导思想的解决方案在知识产权学术界和司法实务界越发占据主导地位。直观或表象上看来,这种利益平衡显得合情合理,同时反映出知识产权和其他传统民事权利在权利客体特征和权利内容构成方面的重要区别。然而,这种利益平衡的判断标准未必合法。此外,在笔者看来利益是无法平衡的。因为任何一方利益的增加都意味着另一方利益的减少,要么是同类型利益的减少,要么还可能涉及其他方面的利益。况且,任何一部法律都从未以规制所有社会利益为己任,也并非所有类型利益的转移或消灭都会引发特定的法律后果。可以被我们平衡的,其实只有权利。也就是说,只有被立法者上升为权利的那些利益才需要被纳入考量和斟酌的范围之内,继而进行平衡。立法者对不同利益的态度差异,必须在实践层面以及极为有限的制度续造阶段得到充分的尊重。如何在法律适用的过程中克制对价值判断的选择冲动,继而在现实生活中充分实现立法者体现于纸面上的意志,是一种重要能力。当价值判断不能引导我们得出确切结论时,法律规则的稳定性和透明性的巨大作用就会凸显。借助条款解读方法的统一和明确，至少可以通过法律规则的透明性来保障权利人的信赖利益，并且保证个案中让同案不同判的现象减少到最低，或者说不同判的判决差别不能过大。以知识产权权利和公共利益的边界确定问题为例，专利权人在申请专利时，就需要有一个相对来讲比较确定的预期。自然人或者企业申请专利的时候需要明确地知道，如果把技术作为专利进行申请而不是采取保密措施使其成为技术秘密，所取得的对世性权利在特定法域内会强大到何种程度，在那些特定的、具体的情形出现的时候，权利自有的禁用范围会被迫缩小到什么程度。也就是说，未来的权利人在做决定的那一刻，甚至在投入研发之前，需要有机会权衡在资金方面支付的成本和在法律层面可以期待的回报。

坚持知识产权的行政保护尤为重要。行政维权是中国知识产权保护的一个重要特色。有不少学者认为知识产权是私权，因此反对动用以公共财政为运行成本的公权力机构来维护部分私人的权利，其认为这种维权措施对于所有纳税人而言并不公平。在国外，除了海关执法之外，行政机关知识产权维权的现象的确较为罕见。但是在中国，在刑事处罚和民事赔偿之间，行政机关的介入虽然客观上加大了纳税人的义务，但是其作用是不可估量的。对于专利和商标的侵权中涉及侵权人主观恶性的情形，在中国并不少见。与传统西方知识产权强国不同，侵权并非多由FTO尽职调查的成本畸高或者调查结果不够严谨造成，从而知识产权侵权确实影响到社会经济生活的正常秩序，因此行政维权的整个受益群体包含了支付行政机关运作成本的纳税人。行政机关的作为是正当的，也是必不可少的。因此，我们要考虑的问题不应是向西方靠拢，减弱甚至取消行政保护措施，而是要在当下知识产权侵权动因未改变的情形下继续加大行政保护力度，助力立法者意志在现实生活中精确和快速地实现。

（二）民事法律制度框架下的知识产权理论研究

知识产权法，与民法等较为成熟的法律相比较，是较为年轻的部门法，尚未形成精确的体系和系统的理论基础。如果没有很好地解决制度理论基础

问题，随着科技、社会和贸易的迅速发展，类型化的难题会不断涌现。

现有的研究，一方面陷入头痛医头脚痛医脚的循环，极少在法律系统架构层面发现问题产生的原因，因而在解决一个问题的同时会引发其他（甚至更多的）问题。另一方面，又往往为了制造理论而研究理论。法学（律）研究的终极目的，是解决法律问题，而不是制造法律理论。部门法学的理论存在的首要意义在于解决法律问题，或者说部门法研究的对象是现实世界发生问题的解决方案，而非理论本身。理论所拥有的角色，仅仅是工具而已。在解决问题的时候，探索者自然而然或无法避免地会用到理论，检验理论，发现理论的不足，甚至构建新理论。理论的使用化身于理论的论证之中，无须在问题解决方案中被额外表述。因此，依靠稳定的概念、严格的界定、精确的权利边界以及无懈可击的逻辑推理，才能帮助我们寻找到可以规制社会关系的正确结论。以起源于德国，在中国民法领域已经为众人熟知且广泛应用，但在知识产权领域仍然应用较少的法教义学为例，以在法律适用中如何解释法律规则的理念和手段为主要表现内容的法教义学近年来在国内较受追捧，因此当然可以成为研究对象。但法教义学的精华和不足，只有在法教义学的应用之中才能体现出来，无论是在德国、中国或者任何一个其他法域的法律环境中，对若干篇介绍法教义学的文章进行思考，所能得出的结论，意义必然有限。

（三）知识产权人才培养

更加基础和更加重要的一点，就是教育理念的变革。正如同在新时代知识产权越来越重要一样，和继受性的知识相比，创新能力更为关键。对潜在法律执业人员和技术人员的教育应该以激发创新能力为核心，维护青年人的创造天性以及敢于突破常规的勇气，而非着重于对前人知识的重复和学习（尽管这是创造力的基础之一）。此外，由于知识产权在贸易全球化的背景下，各国共同协作的色彩越来越浓厚，法律执业人员、技术人员和国外研究团队合作的能力，当然也包括了中西方各国文化和价值的沟通能力，都需要继续不断增强。相互理解的增进，以及相关法律系统的构建和完善，以我们对国际规则的尊重为前提。当然，在尊重规则的同时，我们也应该努力参与甚至主导制定规则，掌握更符合我国知识产权权利人根本利益的话语权。这要求的也是不断提升的企业行业团体的综合实力、我国的综合国力以及每一个市场主体对法律和契约的深刻尊重（虽然这种教育已经超出了专业教育的范畴）。

B.9
国家信用、国有企业与经济增长

王学龙 卢旭阳*

摘 要： 本报告从国有企业相对优势与劣势平衡的综合性角度出发，重新思考国有企业的价值，以及国有企业对经济发展的意义。通过理论模型研究发现，国有企业在创新强度较低而资金密集度较高的行业中，相对民营企业更具有优势。国有企业的融资成本因国家信用支持而有所降低，并在资金密集型行业中具有比民企更高的利润效率，能够显著加大投资力度，因此扩大了社会投资规模、增加了产品供给并提高了社会福利。基于中国工业企业数据库，利用多元回归进行实证分析，验证了理论研究结论的正确性。本报告提出的分析视角不仅能够解释国有企业在一国经济起飞与发展过程中的重要意义，而且能够对一些重要的社会理论问题提供相对合理的解释。

关键词： 国企改革 国家信用 融资成本 经济增长

一 引言

改革开放以来，国有企业价值与国有企业改革，始终是一个重要的

---

* 王学龙，经济学博士，北京大学深圳研究院金融创新中心研究员，主要研究领域为科技创新、产业政策、社会流动；卢旭阳，深圳市决策咨询委员会专家，研究领域为环境经济学、国企改革、产业政策。

学术话题。对国有企业的研究不仅涉及制度经济学、发展经济学、信息经济学、劳动经济学等多个经济学学科领域,更涉及"中国道路"这样宏大的实践命题。当前文献更多的是从效率的角度考察国有企业,揭示国有企业在生产效率与创新效率方面的效率损失。"委托-代理"问题,是分析国有企业"双重效率损失"的核心。随着研究的推进,众多实证研究已经表明,在市场竞争的条件下,国有企业的生产效率可以得到显著提升;面对国际竞争的中国国有企业,不仅效率表现良好,而且成为国际市场上的强大竞争者,一些大规模的国有企业通过商业运行,甚至会成为中国与世界经济整合的重要力量。考虑到民营企业的大企业病问题,当企业规模庞大时,国有企业与民营企业的生产效率可能相差不大。但既有文献也表明,国有企业的国有资产属性及其受到的体制机制上的束缚,导致其在创新上难以同民营企业竞争。无论何种理论,都表明国有企业在效率上不可能优于民营企业。

然而,现实情况却是国有企业在一些竞争性领域具有超越民营企业的表现。例如,在环保基础设施、房地产、电力供应等行业中,即便在市场充分竞争的情况下,国有企业仍然具有高于民营企业的利润率,因而更具有竞争力。真实世界的经济表明,国有企业在某些领域可能比民营企业更有效率。

理论与现实的冲突意味着,深入分析国有企业与民营企业的相对效率是一个值得探索的话题。由于历史文化环境与意识形态的原因,多数研究对国有企业持批评看法。这些研究普遍认为国有企业占据了太多资源却提供了非常低的经济回报,因此阻碍经济总体生产效率的提升。但国有企业在中国经济起飞与发展过程中是否仅具有负效应?中国经济的成功是否能够等同于国有企业的衰落与民营企业的兴起?对上述问题,应当从更加客观、综合的角度进行分析。重新审视国有企业的价值,已经成为一个关乎中国特色社会主义市场经济理论体系构建的重要任务。本报告将从国有企业的相对优势、劣势以及优势和劣势平衡的角度出发,重新思考国有企业的价值,以及国有企业对经济发展的意义。

二 文献综述

国有企业的综合效率取决于融资成本这一优势因素与生产效率、创新效率损失这一劣势因素之间的权衡。而这种权衡与行业属性具有密切关系。资金密集型行业更容易发挥国有企业的融资成本优势。既有研究对国有企业效率的讨论往往忽视行业差异,一些研究甚至以国有企业无效率为默认前提。事实上,国有企业在一些竞争性行业领域具有高于民营企业的生产效率,表现为某些竞争性行业中国有企业具有更高的利润水平。

(一)国有企业的融资成本优势

很多研究表明,国有企业具有更低的融资成本。既有研究往往使用负债利息率度量企业融资成本,即用企业支付的贷款利息占其负债额的百分比来衡量企业融资成本(负债利息率得到广泛使用的原因在于企业在融资过程中,除按规定支付贷款利息外,一般还会包括一些费用;此外,部分商业信用行为具有融资性质,但免于支付利息)。一些实证研究在控制了企业规模、行业属性等变量之后,发现国有企业具有较低的融资成本。对国有企业融资成本优势的基础,存在不同的解释。一些研究认为,国家信用支持是国有企业获得较低成本融资的原因。国家信用为国有企业提供了隐性信用背书,为国有企业提供了融资增信,因而降低了国有企业的风险等级,降低了国有企业在融资过程中的风险溢价。另外一些研究认为,金融市场的扭曲是国有企业获得融资成本优势的原因:当前中国金融市场以间接融资为主,而间接融资市场又以国有银行为主,国有银行更加倾向于向国有企业提供贷款,因为即便贷款出现问题也更容易向主管部门推脱责任并请求行政干预。因此,"金融市场扭曲"的根基仍然在于国家对国有企业的信用支持。从世界债券市场的债券利率来看,在高度市场化的发达国家,其国有企业的债券利率仍然显著低于民营企业的利率水平。金融学理论与实践表明,国家信用是国有企业获得较低融资成本的基础。此外，国有企业由财政资金全额或部分注资而成立，财政资金来自国债，国债因国家信用而具有相对较低的融资成本。国有企业的资本结构也意味着，国家信用支持了国有企业较低的融资成本。

（二）国有企业的生产效率与创新效率损失

改革开放以来，国有企业效率问题一直是社会各界讨论的焦点。一些实证研究基于不同时期的数据样本发现，与民营企业相比，国有企业具有更低的生产效率。既有的经济学理论认为，国有企业具有比民营企业更严重的委托-代理问题，加之国有企业的政策性负担，国家所有制必然引发企业低效率。

一些实证研究表明，在市场竞争环境中，国有企业的生产效率可以得到有效提升；面对国际市场竞争的国有企业，不仅有效率，而且具有很强的竞争力。有学者运用随机前沿分析方法分别计算了国有企业和非国有企业20个竞争性行业2000~2009年的年度技术效率。研究结果表明，竞争性领域国有企业和非国有企业的工业行业技术效率之间存在差距，但由于国有企业技术效率上升态势明显，两者的效率总体上趋同。该研究结果意味着，主张目前国有企业必须从竞争性领域全面退出为时尚早，竞争性领域的国有企业改革应当也能够继续深入推进。然而，该研究没有区分创新效率与生产效率。也有学者使用2002~2006年中国工业企业的78000个数据，实证分析发现具备出口能力的国有企业生产效率最高，甚至高于外资以及港澳台企业。他们认为国有企业事实上已经成为国际市场竞争中不可忽视的力量。

既有研究往往将国有企业看成同质化整体，理论上与实证上并未对不同行业的国有企业生产效率的内在决定机制进行充分分析。例如，Elliott和Zhou是为数不多将国有企业划分为出口与非出口两类进行异质性分析的学者。然而他们并未做更加细致的划分。事实上，在某些竞争性行业领域，国有企业也表现出高于民营企业的利润效率（如房地产、金融等资金密集型行业）。在某些资金密集型的竞争性行业中，国有企业的融资成本优势如果高于劳动效率损失，则其会表现出比民营企业更强的盈利能力。

创新效率是评估国有企业绩效的另外一个视角。对国有企业效率的研究，正在越来越多地关注到企业所有制与创新效率的关系。上述文献基于不同的实证方法与数据样本，均发现国有企业比其他所有制企业具有更低的创新效率。一些理论研究表明，集权经济通常采用事前官僚监督机制，从而极易造成项目选择失误并延迟创新；此外，软预算约束也会导致创新效率损失。

吴延兵将生产效率和创新效率的双重损失问题纳入统一研究框架，通过理论分析和实证检验阐明国有企业两类效率损失的相对大小。研究表明，国有企业改革通过监督和激励机制设计在一定程度上实现了生产中的剩余索取权与剩余控制权的匹配，从而提高了国有企业的生产效率。但由于国有企业改革措施并不能实现创新中的剩余索取权与剩余控制权的匹配，因而无法提升国有企业的创新效率。该研究在理论与实证层面对国有企业效率问题做出了全面考察，但仍未深入分析不同行业领域国有企业与民营企业相对效率的异质性。

国有企业的综合效率取决于国有企业融资成本优势与劳动效率、创新效率之间的替代。行业的创新强度越高、劳动密集度越高，国有企业的创新效率和劳动效率损失将表现得越明显。行业的创新强度越低（或行业处于技术成熟期）、资金密集度越高，国有企业的融资成本优势将越能够充分发挥。行业创新强度与资金密集度直接影响国有企业优势与劣势之间的平衡。因此，国有企业有可能在某些行业领域拥有比民营企业更高的效率。当前的研究更多是从效率角度对国有企业进行批判性反思，较少关注到国有企业由国家信用支撑而获得的融资成本优势。本研究将在区分创新效率与生产效率的基础上，以综合性的视角考察国有企业的相对优势与劣势，分析国有企业在经济发展过程中的价值和意义。

三　理论模型

（一）前提假设

1. 国有企业具有融资成本优势

国有企业具有国家信用背书，国家信用为国有企业的债务提供了隐性担保。这种隐性担保降低了投资者对国有企业融资风险溢价的要求，因而国有企业能够以比民营企业更低的利率获得融资。假设国有企业融资利率为 r_s，民营企业融资利率为 r_p，y 代表融资规模，t 代表融资年限，$r_s < r_p$。

2. 国有企业具有创新效率与劳动效率损失

在竞争性市场环境下考察国有企业与民营企业的相对效率问题，意味着产品价格由市场决定，在企业生产函数中是外生变量。本研究在生产函数设定中略去价格变量，使用生产函数 $Y = AK^\alpha(\sigma L)^\beta$ 探讨国有企业与民营企业的相对效率问题。生产函数中 Y 代表产出，A 代表技术水平，K 代表资本投入，L 代表劳动投入，α 代表资本产出弹性，β 代表劳动产出弹性。生产函数重点关注资本和劳动两种生产要素，并未将其他所有生产要素纳入其中，因此 $\alpha + \beta < 1$。以 σ 衡量劳动效率损失，为简化分析，假定民营企业的劳动效率损失为 0，国有企业则 $0 < \sigma < 1$。以角标 S 与 P 分别代表国有企业和民营企业，则国有企业和民营企业的生产函数分别为 $Y_s = A_s K^\alpha(\sigma L)^\beta$ 和 $Y_p = A_p K^\alpha L^\beta$。由于国有企业具有较弱的创新动力，随着时间演进，最终 $A_s < A_p$。

3. 不同行业的资金密集度

行业资金密集度表现为资本劳动比，记为 $\delta = K/L$。一个行业的资金密集度越高，意味着生产过程中要求的资本劳动比越高，即 δ 越大。在资本劳动比给定的情况下，国有企业与民营企业的生产函数分别变形为 $Y_s = A_s \sigma^\beta \delta^{-\beta} K^{\alpha+\beta}$ 和 $Y_p = A_p \delta^{-\beta} K^{\alpha+\beta}$。

（二）国有企业与民营企业的相对利润

国有企业的利润如公式（1）所示，其中 π_s 代表国有企业利润，w 代表工资水平。民营企业利润如公式（2）所示，其中 π_p 代表民营企业利润。

$$\pi_s = A_s \sigma^\beta \delta^{-\beta} K^{\alpha+\beta} - \left(r_s + \frac{w}{\delta}\right)K \tag{1}$$

$$\pi_p = A_p \delta^{-\beta} K^{\alpha+\beta} - \left(r_p + \frac{w}{\delta}\right)K \tag{2}$$

由利润最大化的一阶条件可得公式（3）与公式（4）。根据公式（3）与公式（4）可分别求得利润最大化情况下国有企业与民营企业的最佳资本配置（K^*）。

$$\frac{\partial \pi_s}{\partial k} = (\alpha+\beta) A_S \sigma^\beta \delta^{-\beta} K^{\alpha+\beta-1} - \left(r_s + \frac{w}{\delta}\right) = 0 \tag{3}$$

$$\frac{\partial \pi_s}{\partial k} = (\alpha+\beta) A_p \delta^{-\beta} K^{\alpha+\beta-1} - \left(r_p + \frac{w}{\delta}\right) = 0 \tag{4}$$

本研究关注的核心问题是在技术差别与融资成本差别情况下，国有企业的相对利润。根据公式（3）与公式（4）以及求得的最佳资本配置（K^*）可得公式（5）所示的比例关系。公式（5）描述了国有企业的相对利润，即国有企业利润与民营企业的利润比例。从公式（5）可知，国有企业的创新效率越低（即 A_s/A_p 比例越小），则国有企业相对利润越低；而国有企业融资成本优势越大（即 r_s 相对于 r_p 越低），则国有企业相对利润越高；行业资金密集度越高（即资本劳动比 δ 越高），则国有企业相对利润越高。

$$\frac{\pi_s^*}{\pi_p^*} = \frac{\beta}{\sigma^{1-\alpha-\beta}} \left(\frac{A_s}{A_p}\right)^{\frac{1}{1-\alpha-\beta}} \left(\frac{\delta r_p + w}{\delta r_s + w}\right)^{\frac{\alpha+\beta}{1-\alpha-\beta}} \tag{5}$$

如果不考虑技术进步，则国有企业与民营企业的相对利润表达式如公式（6）所示（大部分基础设施建设属于技术较为成熟的行业，技术进步率较低）。

$$\frac{\pi_s^*}{\pi_p^*} = \frac{\beta}{\sigma^{1-\alpha-\beta}} \left(\frac{\delta r_p + w}{\delta r_s + w} \right)^{\frac{\alpha+\beta}{1-\alpha-\beta}} \tag{6}$$

当行业资金密集度足够大时，$\frac{\delta r_p + w}{\delta r_s + w} \rightarrow \frac{r_p}{r_s}$，即相对利润极限决于劳动效率与融资成本的平衡。具体关系如公式（7）所示：

$$\frac{\pi_s^*}{\pi_p^*} = \frac{\beta}{\sigma^{1-\alpha-\beta}} \left(\frac{r_p}{r_s} \right)^{\frac{\alpha+\beta}{1-\alpha-\beta}} \tag{7}$$

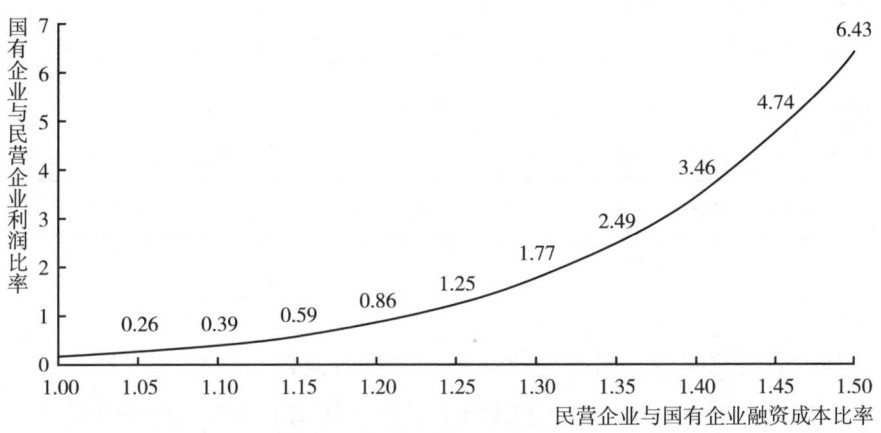

图 1　国企融资成本对国有企业相对利润的影响

注：在模拟过程中，资本产出弹性取值 0.55，劳动产出弹性取值 0.35。国有企业劳动效率损失率为 0.6，即国有企业的劳动效率是民营企业的 60%。

根据中国工业企业数据库的微观数据统计，我国国有企业的融资成本显著低于民营企业（见图1）。在 2005 年以来的统计期间，中国工业企业数据库中民营企业的负债利息率为 2.56%，而国有企业的负债利息率为 1.78%，表明国有企业与民营企业在融资成本上具有显著差异，民营企业与国有企业的融资成本比率为1.44。以此融资成本比率为参数，并设定国有企业的劳动效率损失为0.6，对劳动产出弹性与资本产出弹性做多种组合，所得国有企业与民营企业利润比率如表1所示。无论在何种情况下，在其他条件相同的情况下，国有企业的利润要显著高于民营企业。

表1　国企融资成本对国有企业相对利润的影响

$\alpha+\beta=0.9$			$\alpha+\beta=0.8$			$\alpha+\beta=0.7$		
α	β	利润比	α	β	利润比	α	β	利润比
0.35	0.55	1.60	0.35	0.45	1.36	0.35	0.35	1.29
0.40	0.50	2.07	0.40	0.40	1.55	0.40	0.30	1.40
0.45	0.45	2.67	0.45	0.35	1.76	0.45	0.25	1.53
0.50	0.40	3.45	0.50	0.30	2.00	0.50	0.20	1.67
0.55	0.35	4.45	0.55	0.25	2.27	0.55	0.15	1.81
0.60	0.30	5.75	0.60	0.20	2.58	0.60	0.10	1.97
0.65	0.25	7.42	0.65	0.15	2.93	0.65	0.05	2.15

注：在模拟过程中，国有企业的劳动效率损失率为0.6，即国有企业的劳动效率是民营企业的60%。民营企业的融资成本与国有企业的融资成本比率为1.44（根据中国工业企业数据库所得比率）。

模型分析意味着，国有企业在创新强度较高的行业中并不具备竞争优势。而当行业创新强度不高、技术比较成熟、国有企业与民营企业的技术差距不大时，国有企业在资金密集度较大的行业中具有相对优势。表2总结了国有企业相对优势集中的领域。

表2　国有企业与民营企业相对效率的行业差异

	行业创新强度高	行业创新强度低
资金密集度高	—	国有企业相对效率更高
资金密集度低	国有企业相对效率更低	国有企业相对效率更低

(三)国有企业与民营企业的相对产出规模

当国有企业与民营企业达到利润最大化状态时,其最优产出比率关系如公式(8)所示。从公式(8)可知,国有企业的创新效率越低(即 A_s/A_p 比例越小),则利润最大化状态下国有企业的相对产出量越低;国有企业融资成本优势越大(即 r_s 相对于 r_p 越低),则利润最大化状态下国有企业相对产出量越高;行业资金密集度越高(即资本劳动比 δ 越高),则利润最大化状态下国有企业的相对产出量越高;国有企业劳动效率损失越大,即 σ 越小时,则利润最大化状态下国有企业的相对产出量越低。

$$\frac{Y_s^*}{Y_p^*} = \frac{1-\alpha}{\sigma^{1-\alpha-\beta}} \left(\frac{A_s}{A_p}\right)^{\frac{\alpha+\beta}{1-\alpha-\beta}} \left(\frac{\delta r_p + w}{\delta r_s + w}\right)^{\frac{\alpha+\beta}{1-\alpha-\beta}} \tag{8}$$

对于技术趋于成熟、创新强度较低的行业,A_s/A_p 接近于1。当行业资金密集度足够大时,$\frac{\delta r_p + w}{\delta r_s + w} \rightarrow \frac{r_p}{r_s}$,即利润最大化状态下相对产出量极限取决于劳动效率与融资成本的平衡。具体关系如公式(9)所示:

$$\frac{Y_s^*}{Y_p^*} = \frac{1-\alpha}{\sigma^{1-\alpha-\beta}} \left(\frac{r_p}{r_s}\right)^{\frac{\alpha+\beta}{1-\alpha-\beta}} \tag{9}$$

为了更加形象地理解国有企业融资成本优势导致产出扩大,进而推动经济增长的效应,我们采用数值模拟来对利润最大化情况下国有企业投资规模与民营企业产出规模的比率进行描述。由图2可知,当国有企业与民营企业的融资成本相同时,国有企业的劳动效率损失将导致其均衡状态产出规模显著小于民营企业。当国有企业的融资成本优势逐渐提升时,国有企业与民营企业的产出规模比率逐渐提升,意味着国有企业的融资成本优势逐渐抵消其劳动效率损失。

表3中数值模拟结果也说明,当资本产出弹性相对于劳动产出弹性较大时,国有企业产出规模与民营企业产出规模之比显著大于1,说明国有企业融资成本优势带来的产出扩张效应越来越明显。数值模拟在多种资本产出弹

性与劳动产出弹性组合情况下,验证了理论分析的结论,即国有企业融资成本优势使国有企业在资金密集度较高的行业中可能抵消劳动效率损失,并且实现更高的利润与更大的产出规模。

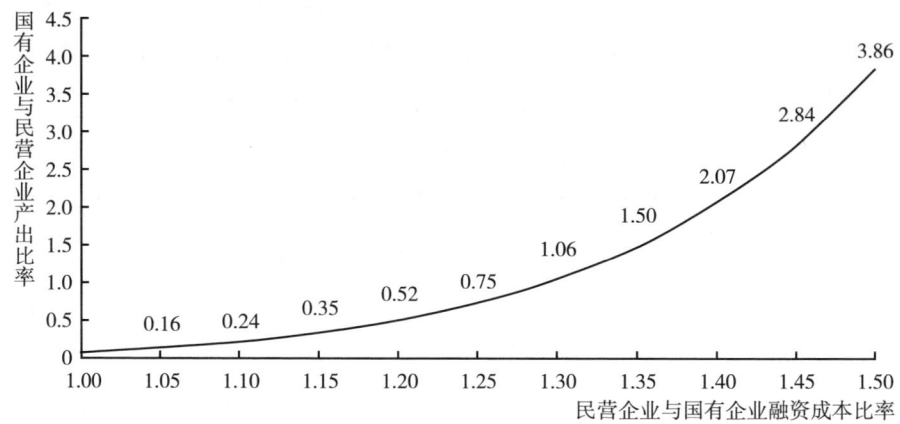

图2 国企融资成本对国有企业相对产出规模的影响

注:在模拟过程中,资本产出弹性取值0.55,劳动产出弹性取值0.35,土地资源产出弹性为0.10。国有企业的劳动效率损失率为0.6,即国有企业的劳动效率是民营企业的60%。

表3 国企融资成本对国有企业相对产出规模的影响

α+β=0.9			α+β=0.8			α+β=0.7		
α	β	规模比	α	β	规模比	α	β	规模比
0.35	0.55	0.96	0.35	0.45	0.82	0.35	0.35	0.77
0.40	0.50	1.24	0.40	0.40	0.93	0.40	0.30	0.84
0.45	0.45	1.60	0.45	0.35	1.06	0.45	0.25	0.92
0.50	0.40	2.07	0.50	0.30	1.20	0.50	0.20	1.00
0.55	0.35	2.67	0.55	0.25	1.36	0.55	0.15	1.09
0.60	0.30	3.45	0.60	0.20	1.55	0.60	0.10	1.18
0.65	0.25	4.45	0.65	0.15	1.76	0.65	0.05	1.29

注:在模拟过程中,国有企业的劳动效率损失率为0.6,即国有企业的劳动效率是民营企业的60%。民营企业融资成本与国有企业融资成本的比率为1.44(根据中国工业企业数据库所得比率)。

四 实证分析

本研究的实证分析对理论分析结论进行检验，具体检验命题如下。

H1：国有企业在创新强度低且资金密集度高的行业具有比民营企业更高的利润效率，即控制了行业属性、企业规模等个性因素下，国有企业在创新强度低且资金密集度高的行业中利润水平更高。

H2：在创新强度低且资金密集度高的行业，国有企业比民营企业具有更大的产出规模，即在控制了行业属性、企业规模等个性因素的前提条件下，国有企业在创新强度低且资金密集度高的行业中产出规模更大。

（一）数据、变量与描述性统计

1. 数据来源

本研究使用中国工业企业数据库（全称"全部国有及规模以上非国有工业企业数据库"）提供的企业微观调查数据进行实证分析。数据库由国家统计局建立，样本范围为全部国有工业企业以及规模以上非国有工业企业（规模以上工业企业是指2011年以前每年主营业务收入在500万元及以上的企业，以及2011年及以后主营业务收入为2000万元及以上的企业）。数据库样本涵盖的行业包括国民经济行业分类中的采掘业、制造业以及电力、燃气及水的生产和供应业三个门类，其中主体是制造业（占比达90%以上）。1999~2007年中国工业企业数据库包括了200多万个观测值，每年的样本企业数量从1999年的大约16万家逐年递增到2007年的大约33万家。该数据库变量包括企业的基本情况以及企业的财务数据。企业的基本情况包括法人代码、企业名称、所属行业、注册类型（所有制）等指标。企业的财务信息包括资产、负债、费用、税收、产值等内容。全部指标约为130个。

中国工业企业数据库样本大、指标多、时间长，但其缺陷包括样本匹配混乱、指标存在缺失、指标大小异常、测度误差明显和变量定义模糊等。本研究使用最新一期调查的截面数据进行实证检验，一方面是因为截面数据的变量与观察值数量已经足以满足实证需求，另一方面也是为了避免数据库样本匹配混乱等问题对实证可靠性的影响（构建一个以企业ID和年份为识别变量的面板数据，对于中国工业企业数据库而言是一个棘手的问题，因为在该数据库中，难以找到一个识别每个样本企业的唯一特征来进行编码）。

2. 变量

变量的描述性统计见表4。

（1）国有企业与民营企业界定。本报告使用注册类型来定义国有企业与民营企业。数据中表示控股情况的变量将企业分成5大类，即国有、集体、私有、港澳台以及外资企业。由于集体企业无法识别国有控股情况，本报告将其删除，样本最后只保留国有和私有企业两类。

（2）企业融资成本。本研究中融资成本是以企业的负债利息率度量的，即以企业支付的利息占其负债额的百分比作为衡量融资成本的指标。

表4 变量的描述性统计

变量名	变量定义	均值	标准误
人均利润(100元)(profit)	利润总额/雇用人数	0.276	1.724
人均产出(100元)(output)	工业生产总值/雇用人数	5.465	13.649
国有企业(state)	1表示国有;0表示民营	0.072	—
创新效率(innov)	新产品价值/R&D经费投入	29.570	10.842
行业资金密集度 (capden)	各行别业固定资产总额/用人数	3.914	1.328
交叉项 (sta_cap)	国有企业×行业资金密度	0.347	1.315
企业生存时间 (age)	企业成立时间-2007	7.861	9.175
企业规模大 (size1)	—	0.008	—
企业规模中等 (size2)	—	0.080	—
企业规模小(基组)(size3)	—	0.912	—
平均工资(千元)(wage)	企业人均工资的对数	2.700	0.541
企业出口 (expo)	企业出口/总销售收入	0.093	0.261

总观察数:240662;所在地区哑变量忽略

（3）企业创新效率。既有实证研究往往选择研究投入或研究产出度量企业的研发能力，投入指标包括 R&D 人员、R&D 经费等，产出指标包括新产品销售收入、发明专利数等。在总体投入方面，已有的实证研究一般采用 R&D 经费投入；在研发产出方面，由于只有把专利转化成产品才能完成创新的全过程，新产品产值成为很多实证研究使用的指标（何国华，2007）。本研究结合中国工业企业数据库的变量，使用新产品产值与研发费用比例（创新指数）作为度量创新效率的指标。

（4）行业资金密集度。行业资金密集度以行业固定资产投资总额与行业职工人数比例描述。

（5）控制变量。在回归方程中控制了其他影响企业创新绩效的主要变量，引入资产规模、员工人数、出口规模等作为控制变量。

（二）模型与方法

1. 资金密集度与国有企业相对利润

为了检验命题"国有企业在创新强度低且资金密集度高的行业具有比民营企业更高的利润效率"，本研究首先使用模型（8）进行初步分析，检验国有企业是否在资金密集度较高的行业中具有优势。其中 $PROF_i$ 代表企业的利润率，SOE_i 为国有企业虚拟变量，INT_i 为行业资金密集度，X_i 为控制变量向量，γ_0 为截距项，γ 为控制变量系数向量，ε_i 为随机干扰项。交叉项 $SOE_i \times INT_i$ 的系数 γ_2 预期为正，意味着在资金密集度更高的行业，国有企业利润效率更高。为比较国有企业资金密集度优势在不同创新强度行业的差异，对模型（8）的回归建立在低创新强度与高创新强度分样本数据之上。

$$PROF_i = \gamma_0 + \gamma_1 SOE_i + \gamma_2 SOE_i \times INT_i + \gamma_3 INT_i + X_i \gamma + \varepsilon_i \quad (10)$$

2. 资金密集度与国有企业相对产出规模

为了检验命题"在创新强度低且资金密集度高的行业，国有企业比民营企业具有更大的产出规模"，本研究首先使用模型（9）进行多元回归分析，考察国有企业的产出规模是否受资金密集度的影响。其中 γ_i 代表企业的营业收入，SOE_i 为国有企业虚拟变量，INT_i 为行业资金密集度，X_i 为控制变量向量，γ_0 为截距项，γ 为控制变量系数向量，ε_i 为随机干扰项。交叉项 $SOE_i \times INT_i$ 的系数 γ_2 预期为正，意味着在资金密集度更高的行业中，国有企业的产出规模更大。为分析国有企业产出水平与资金密集度的关系在不同创新强度行业中的差异，本研究基于高创新强度与低创新强度分样本数据对模型（9）进行回归分析。

$$\gamma_i = \gamma_0 + \gamma_1 SOE_i + \gamma_2 SOE_i \times INT_i + \gamma_3 INT_i + X_i \gamma + \varepsilon_i \tag{11}$$

（三）实证结果

对命题 H1 与 H2 的实证检验结果展示在表 5 中。从回归结果来看，资本密集度和国有企业属性是影响企业利润与产出规模的重要变量。资本密集度与国有企业虚拟变量的交叉项在表 3 的所有回归结果中均具有较高的统计显著性。这与理论预期高度一致，说明了国有企业在资金密集度高的行业中具有比民营企业更高的利润效率，且在资金密集度高的行业中，国有企业比民营企业具有更大的产出规模。

表 5 全部样本的 OLS 结果

解释变量	利润率		产出率	
	模型（1）	模型（2）	模型（1）	模型（2）
capden	0.125	0.107	1.818	1.643
	(0.003)***	(0.003)***	(0.033)***	(0.033)***
state	-1.363	-1.224	-10.044	-8.116
	(0.414)***	(0.410)***	(3.096)***	(3.022)***
sta_cap	0.298	0.269	2.059	1.755
	(0.091)***	(0.090)***	(0.681)***	(0.665)***
age		-0.004		-0.059
		(0.001)***		(0.004)***
size1		-0.151		-1.839
		(0.079)*		(0.594)***

续表

解释变量	利润率		产出率	
	模型(1)	模型(2)	模型(1)	模型(2)
size2		-0.075 (0.024)***		-1.686 (0.180)***
expo		-0.044 (0.005)***		-0.814 (0.067)***
wage		0.294 (0.042)***		3.251 (0.273)***
常数项	-0.216 (0.009)***	-0.869 (0.169)	-1.638 (0.117)***	-8.612 (1.056)***
省份	No	Yes	No	Yes

注：*、**、*** 分别代表参数在10%、5%、1%水平上显著。括号中的数字表示怀特稳健型标准误。

为进一步分析创新强度对国有企业融资成本优势的影响，基于每个企业的创新率，计算出了各个行业的创新；然后根据行业创新率，分别生成两个不同的创新分布样本，并重新进行估计。回归结果展示在表6中。在表6的大部分回归中，资本密集度与国有企业虚拟变量的交叉项同样具有较高的统计显著性。在高创新强度的行业中，国有企业属性与资金密集度的交叉项在统计上不显著，这符合本研究的理论结论：国有企业在高创新强度行业并不具有优势，而是在低创新强度且高资金密集度行业中才能获得相对竞争力。依据工业企业数据库提供的大规模样本分析，各实证结果均表明实证结论具有较高的稳健性。

表6 分样本的异质性效果

解释变量	利润率		产出率	
	下端50%	上端50%	下端50%	上端50%
capden	0.117 (0.004)***	0.093 (0.003)***	1.761 (0.051)***	1.831 (0.051)***
state	-1.620 (0.572)***	-0.003 (0.071)	-11.135 (4.278)***	-5.641 (1.177)***
sta_cap	0.345 (0.120)***	-0.012 (0.018)	2.450 (0.921)***	1.721 (0.322)***

注：*、**、*** 分别代表参数在10%、5%、1%水平上显著。其他未加入表中的控制变量包括企业规模、生存长度、平均工资、出口及省份哑变量。括号中的数字表示怀特稳健型标准误。

五 结论和建议

本研究考察了国有企业与民营企业的相对竞争优势。理论分析表明,国有企业在创新强度较高的行业并不具备竞争优势。而当行业创新强度不高或处于技术成熟期时,国有企业在资金密集度较大的行业中具有相对优势。这意味着,即使在具有竞争性的行业中,也不必然要求国有企业完全退出。国有企业改革应当以行业特性(创新强度与资金密集度)为指引,而非竞争性领域或公益性领域。实证分析基于中国工业企业数据库和多元回归分析,验证了理论分析结论,并且发现国有企业融资成本优势与创新效率损失是两个重要的经济现象,能够显著影响国有企业与民营企业的相对效率。

"国有企业在创新强度低且资金密集度高的行业具有比民营企业更高的利润效率,并且国有企业比民营企业具有更大的产出规模"这一结论,对深入分析国有企业的价值具有重要启示。虽然国有企业面临以生产效率损失、创新效率损失为核心的一系列批判,但仍然在众多领域发挥了关键作用。尤其是在技术成熟度高、创新强度低、资金密集度大的行业领域,国有企业不仅能够通过融资成本优势获得更高的利润,而且能够带来更大的生产规模。这意味着,国有企业在这些领域不仅具有更强的竞争力,而且能够通过扩大产出规模撬动经济增长,为经济起飞奠定基础。在市场充分竞争的前提下,政府可以通过国家信用在资本市场变现(国债),注资成立和运营国有企业,扩大在基础设施等资金密集度行业的产品供给,推动经济增长,提升社会福利。国有企业借助国家信用能够以较低的成本获得融资支持,有可能在扣除生产效率损失之后,仍然能够获得比民营企业更大的利润空间。从这个意义上讲,国有企业的终极价值在于借助国家信用获得融资成本优势,从而通过基础设施建设等资金密集型行业推动经济增长,提升社会福利。

本研究提出的分析视角不仅能够解释国有企业在经济起飞与发展过程中的重要意义,而且能够为一些重大理论问题提供解释。根据本研究的理论分析,至少可以获得如下认识。第一,在市场充分竞争的前提下,国有企业在某些资金密集型行业中具有相对优势;在实践中,国有企业也充分利用了这个优势,扩大了产品供给,为推动经济增长做出了不可替代的贡献。第二,"国进民退"与"国退民进"是一个周期性现象,由技术进步、制度变革导致的创新加速与减速决定。第三,坚持多种所有制为主体的经济制度,比单一所有制经济更具有优势,因而为中国特色社会主义市场经济理论提供了支撑。第四,国有企业可以作为一种经济工具,加速基础设施等资金密集型行业的发展,推动经济增长,这是"中国模式"的核心内容,对发展中国家具有积极启示,对"一带一路"国家倡议具有重要意义。第五,从经济效率的角度出发,完全取缔国有企业的主张是错误的。即使是在具有竞争性的行业,也不必然要求国有企业完全退出。国有企业改革应当以行业特性(创新强度与资金密集度)为指引,而非竞争性领域或公益性领域。以行业特性为指引进行国有企业改革,至少存在两大优点:首先,公益性与竞争性的行业界定往往具有主观性和模糊性,而行业资金密集度是客观事实,很容易界定清楚;其次,以行业特性为指引的国有企业改革,将充分发挥国有企业在某些领域的效率优势,符合市场经济条件下的效率原则。

国 际 篇
International Reports

　　为促进我国双创活动与国际接轨，本书进一步探索了国际创新创业的发展状况、包括外资企业在深圳的创新发展情况、国际科技创新中心的发展经验，以及日本氢燃料电池汽车行业的发展经验等问题。

　　在外资企业在深圳的发展经验方面，本书梳理了北京、上海、新加坡及法国等促进外资企业在本土发展的经验，总结出深圳促进外资企业发展的方向：首先要应对外部冲击，稳定外资发展信心；其次要加速国际化进程，提高外资投资热情；最后要优化营商环境，降低外资企业成本。

　　在国际科技创新中心发展经验方面，本书阐述了经济全球化的内涵，介绍了全球中心城市及创新中心等相关理论，并对国际科技、产业创新中心的成功发展路径进行分析，总结创新中心建设的共性和个性经验，试图为深圳成为现代化、国际化的创新型城市提供智力支持。

　　在日本氢燃料电池汽车行业发展经验方面，本书对日本氢燃料电池汽车产业的发展历程、政策体系、核心技术定位和生态协同发展路径进行详细剖析，探索精准有效的氢燃料电池汽车产业发展路径，助力我国新能源汽车产业的发展。

B.10
外资企业在深圳创新发展状况研究

王正潮*

摘　要： 本报告从外资企业实践五大发展理念的角度出发，分析了深圳外资企业的发展和创新特征、机遇与挑战、优势与不足，并提出了对策和建议。从研发资金结构来看，深圳研发本土化的趋势不可逆转。但是随着深圳市创新扶持政策的持续推出和创新环境的改善，外资企业研发支出占主营业务收入的比重正在不断提升，反映了外资企业研发和创新意愿的回升。特别是在前海自贸区，不管是生产性服务业外资企业还是制造业外资企业，其科技水平都很高，科研投资意愿也很足。未来深圳推动外资企业发展，重点应当做好三方面工作：一是以更大的改革力度应对国际贸易环境的外部冲击，二是以更新的举措加速深圳建设国际创新中心进程，三是以更优的理念打造具有国际水准的营商环境。

关键词： 外资企业　深港合作　自贸区改革

一　深圳市外资企业发展基本情况

深圳市外资企业以代工起步，在发展过程虽有曲折，但整体呈增长势头。在完成代工、外贸出口等阶段性使命之后，外资企业正在逐步扎根本

---

* 王正潮，深圳市工业和信息化局，研究领域包括外资企业管理、产业政策、产业创新。

土，并不断转型升级。当前，深圳市外资企业正在向服务业集中，特别是金融业等生产性服务业；制造业方面也从传统的低附加值工业往高端制造业发展。从空间来看，外资企业多中心的分布特征也很明显，前海、福田、南山、宝安成为外资企业的集聚中心；每个区域外资企业的产业布局与该区域的产业结构紧密关联。从外资企业的组织结构来看，外资企业独资化是趋势。

（一）总量：外资企业发展韧性足、增速快

三次危机，三次反弹，展示了良好的韧性。从1994年到2017年，深圳市实际利用外资出现了三个重要的节点，分别是1997年全球金融风暴、2003年"非典"事件、2008年全球次贷危机。在1997年，受到全球金融风暴的影响，深圳市实际利用外资同比下降，降幅达到19.02%；在2004年，同样出现严重下降，降幅达到35.08%；2008年全球金融危机爆发，2009年实际利用外资出现大幅下滑，从之前三年年均10%以上的增长，下降到3.23%，并在2013年再次下滑到4.59%。即使困难重重，从1994年到2017年，深圳市实际利用外资依然保持着年均8%的增长势头，体现了强大的韧性（见图1）。

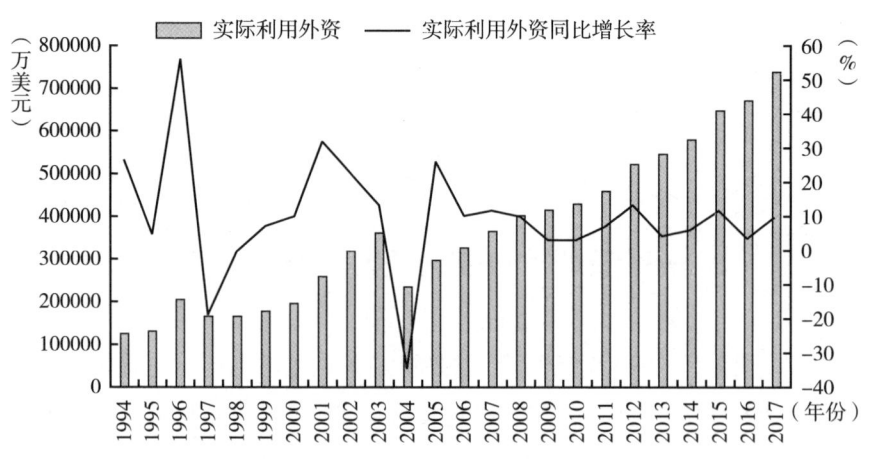

图1　深圳市1994~2017年实际利用外资趋势

（二）影响：从经济主导者转变为推动者

回顾发展历程可以看出，深圳的起点不过是蛇口开发区的两平方公里，从引进香港等境外企业搞加工出口起步，深圳在短时间内成为最受外资企业青睐的投资地，加工贸易使它获得了爆炸式的增长。之后深圳也率先完成了从外贸加工主导到内生发展的转变。不同的发展阶段，外资企业的经济角色从主导者转变为推动者，这可以从深圳市外实际利用外资和 GDP 的关系一窥端倪，具有如下特点。

一是实际利用外资金额占 GDP 的比例越来越小。深圳市实际利用外资占 GDP 的比例，从 1994 年的 17.13%，下降到 2014 年的 2.25%。虽然整体来看，深圳市实际利用外资的金额在不断提升，但是由于全市 GDP 发展更加迅速，其占 GDP 的比例在下降（见图 2）。

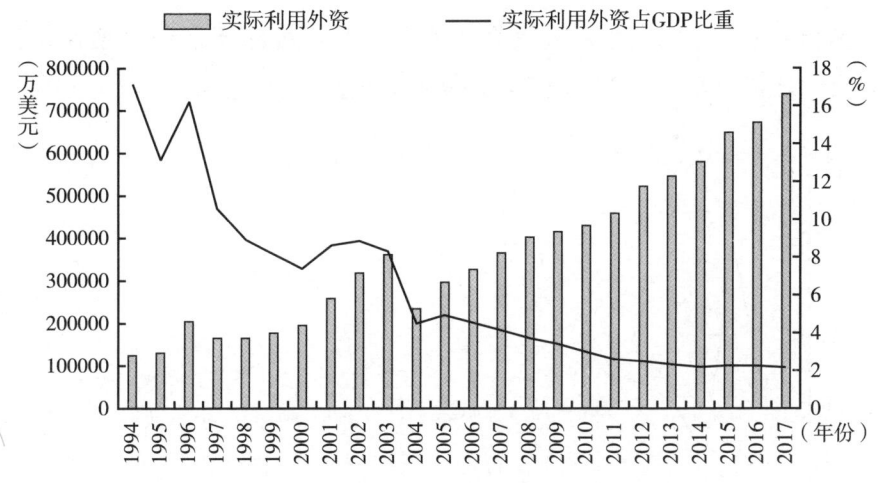

图 2　深圳市实际利用外资金额及占 GDP 的比重

二是深圳市 GDP 年均增速是实际利用外资增速的两倍（见图 3）。从 1994 年开始，深圳市的 GDP 每 4.17 年在原有的基础上翻一番；与此同时，深圳市实际利用外资的金额，大约每 8.7 年在原有的基础上翻一番。

三是实际利用外资同比增长率围绕历年 GDP 增速上下浮动。总体来看，

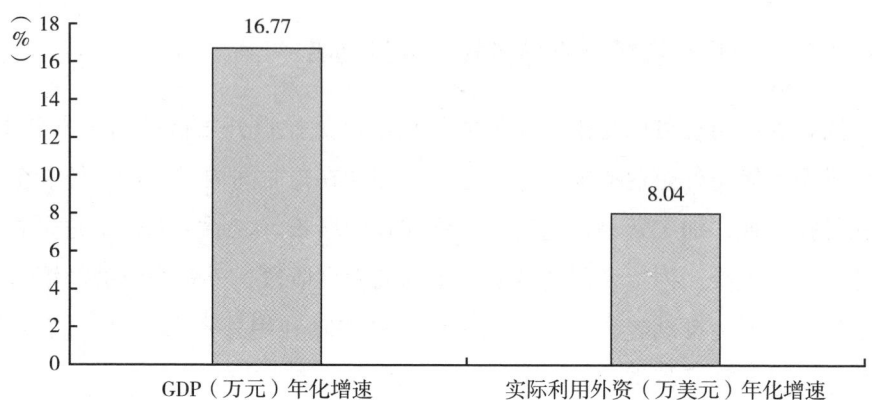

图3 1994~2017年深圳市GDP及实际利用外资年化增速

深圳市实际利用外资的增长率波动很大，甚至会有负增长的情况出现；而深圳市GDP的增速趋势平稳（见图4）。因此，从短期来看，外界经济环境波动、经济政策的调整，还有产业政策的变动都会影响实际利用外资的金额。但是从长期来看，深圳市对外资企业的吸引力与其自身的GDP增速相关。换言之，外资企业还是会从地区经济基本面出发进行投资决策。

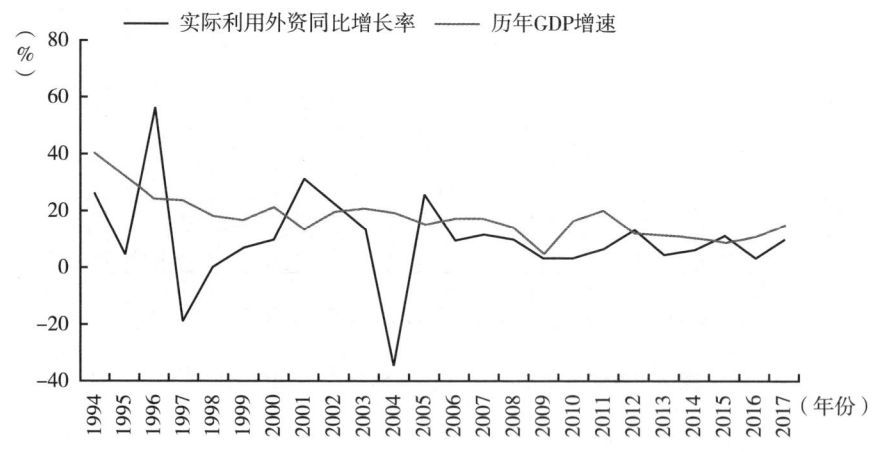

图4 1994~2017年深圳市GDP及实际利用外资同比增长率

综上，改革开放40年来，诸多外资企业从不起眼的来料加工企业，通过转型升级，逐步成长深度融入深圳市产业创新体系，并根据自身发展战略扎根深圳市。在深圳市产业的吐故纳新过程中，外资企业不断进出，其角色和作用也在不断发生变化。从深圳市实际利用外资与GDP的关系来看，外资企业已经从最初的主导者，发展到了今天的推动者。虽然角色发生了变化，但是外资企业国际化的视野、全球资源配置能力、以及身处全球创新前沿的优势，都将对深圳的经济发展和创新起到独特的作用。

（三）动力：深港紧密合作吸引外资企业

2017年全年，共有90个国家/地区的外商来深圳市新设企业6257个，其中港商投资增势迅猛：新设港资项目5693个，同比增长70.55%；吸收合同外资316.09亿美元，同比下降35.2%；实际使用外资65.72亿美元，同比增长9.74%。三项指标分别占全市的84.25%、85.8%、88.79%。实际使用外资金额排前三位的国家/地区（中国香港、韩国、英属维尔京群岛）合计投入69.94亿美元，占全市实际使用外资金额的94.50%（见表1）。

表1 2017年深圳利用外资前十位分国别（地区）列表

国家/地区	项目数量			合同外资金额			实际使用外资金额		
	项目数量（个）	比重（%）	同比（%）	金额（万美元）	比重（%）	同比（%）	金额（万美元）	比重（%）	同比（%）
总计	6757	100	63.53	3683975	100	-29.42	740126	100	9.94
中国香港	5693	84.25	70.55	3160917	85.8	-35.2	657165	88.79	9.74
韩国	59	0.87	-10.61	3896	0.11	-69.9	29317	3.96	6765.81
维尔京	26	0.38	36.84	51727	1.4	-4.52	12935	1.75	-50.52
开曼	13	0.19	18.18	84704	2.3	102.95	10547	1.43	-30.66
新加坡	54	0.8	25.58	128550	3.49	45975.27	4714	0.64	17.73
萨摩亚	16	0.24	-33.33	7203	0.2	-34.58	1578	0.21	-52.74
日本	27	0.4	125	490	0.01	-92.48	1483	0.2	-79.02
德国	20	0.3	42.86	1638	0.04	-43.75	1313	0.18	3448.65
美国	101	1.49	26.25	1495	0.04	-80.84	1238	0.17	-13.06
丹麦	1	0.01	-66.67	73	0	-90.64	700	0.09	0

2013～2017年，来自中国香港的外资企业比例维持在75%～80%，随后分别是中国台湾、英属维尔京群岛、美国、萨摩亚，但是占比均不足4%（见表2）。从这个角度讲，中国香港依然是深圳市吸引外资企业的窗口和中转站，因此加速粤港澳大湾区的建设对于深圳市的发展至关重要。在吸引外资企业投资方面，深圳市可以"借鸡生蛋"，充分利用香港的国际知名度和两地毗邻的优势。

表2 深圳外资企业数量分国别（地区）情况（2013～2017年）

单位：家

国家/地区	2013年企业数量	2014年企业数量	2015年企业数量	2016年企业数量	2017年企业数量
合计	21625	20663	21828	24631	32911
中国香港	16372	15587	16511	18839	26021
中国台湾	928	959	1009	1080	1214
英属维尔京群岛	927	812	793	811	847
美国	468	469	473	500	586
萨摩亚	456	410	406	398	443
中国	—	—	1	199	428
新加坡	277	285	296	328	376
日本	368	357	352	340	354
韩国	214	224	275	305	344
中国澳门	99	132	140	131	176
塞舌尔	111	96	103	116	152
加拿大	97	100	102	117	148
英国	97	96	99	114	145
马来西亚	72	60	78	113	140
开曼群岛	91	77	88	104	132
澳大利亚	87	69	83	98	115
德国	82	85	86	95	114
毛里求斯	109	91	92	87	86
文莱	125	110	107	101	77
印度	35	37	43	49	70

二　深圳市外资企业高质量发展状况

党的十八届五中全会是我们党在全面建成小康社会决胜阶段召开的一次重要会议，会议审议通过的"十三五"规划建议，明确了今后五年我国发展的指导思想、目标任务、重大举措，在发展理念、发展政策、发展体制上有一系列重大突破，其中最突出的是鲜明提出创新、协调、绿色、开放、共享五大发展理念。五大发展理念，集中体现了今后五年乃至更长时期我国的发展思路、发展方向、发展着力点，深刻揭示了实现更高质量、更有效率、更加公平、更可持续发展的必由之路。

深圳外资企业在践行五大发展理念方面，既具有国内企业的一般特点，也有外资企业特有的属性，那就是外资企业的国际性。外资企业国际化的特征要求其在处理创新、协调、绿色、开放、共享五大方面，需要兼顾国内与国际的创新需求，协调国内与国际的政治商贸关系，满足国际与国内的环保要求，桥接国际开放交流，最终为打造人类命运共同体做贡献。深圳作为全国外资企业最活跃的地区之一，具备研究外资企业践行五大发展理念成果与不足的客观条件，可以为五大发展理念在全国外资企业的推广总结经验。

（一）深圳市外资企业创新发展

1. 外资企业研发机构基本情况

截至2017年底，全市有经认定[①]的研发中心10个；全市外资企业拥有重点实验室、工程实验室、工程（技术）研究中心、企业技术中心、公共技术服务平台、孵化器共282个，占全市各类创新载体总数的16.2%，其中国家级20个，省级42个。研发中心和创新载体所属企业共172家，涉及总投资260亿美元，注册资本136亿美元，合同外资67亿美元。另

[①] 根据《商务部财政部海关总署税务总局关于外资研发中心采购设备免退税资格审核办法的通知》（商资发〔2010〕93号）认定。

外，全市还有大量外资企业设立的研发部门、研发分支机构等，主要有以下特点。

一是研究领域相对集中。从事研发的领域主要集中在电子信息、先进制造、生物生命、新材料四大技术含量较高的领域，在292个外资研发中心和创新载体中个数占比分别为45%、17%、15%、10%，这与深圳以电子信息和机械装备制造为经济发展双引擎的产业特征相符合。

二是主要进行应用性研究。技术支持与技术改进型研发机构占多数，用于技术的本地化研究，尤其是在通信设备、软件等行业，由于我国庞大的市场需求特点，进行适应性研究和专有技术研究十分必要，例如，英特尔、苹果等都瞄准中国市场投资研发新项目，但也有部分公司从全球市场战略角度出发，在深圳设立从事基础研究的研发机构，面向全球市场提供研究成果，如甲骨文、三星等外资企业。

2. 外资企业研发支出占比较高

如图5所示，一是全市及外资企业R&D经费支出呈上升态势。2009~2017年，深圳市R&D经费支出从2009年的279.71亿元，上升到2017年的926.71亿元；外资企业的R&D经费支出从2009年的188.82亿元，上升到2017年的418.14亿元。

二是外资企业R&D经费支出波动较大。外资企业R&D经费支出占全市R&D经费支出额的比例从2009年的67.51%，急剧下降到2014年的21.82%，之后从2015年开始快速上升到45.92%。因此，在全市R&D经费支出逐年提升的情况下，足以说明外资企业R&D经费支出缺乏持续的成长性。

虽然外资企业研发支出的波动性很大，但是近几年其研发投入依然占据了全市研发投入的40%，是深圳整体研发不可忽视的重要积极因素。因此，提高外资企业研发的意愿，对深圳市建设国际创新城市具有重大的影响。

3. 外资企业创新意愿快速回升

一是外资企业R&D经费支出增速高于实际利用外资增速（见图6）。

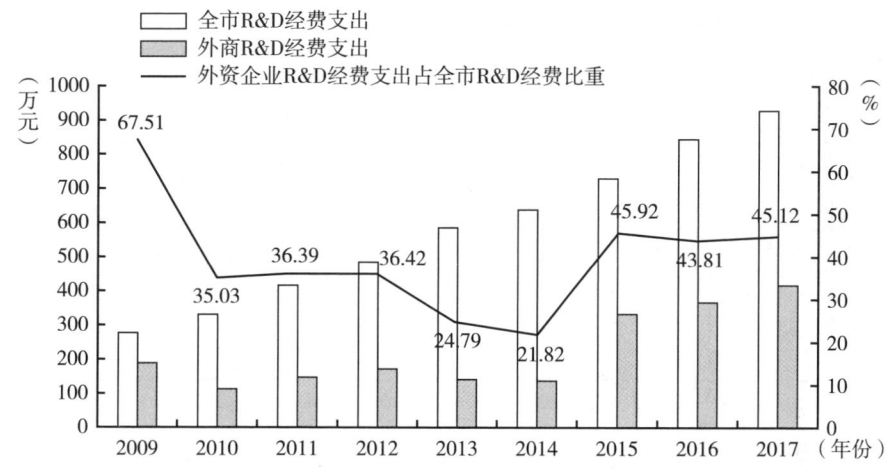

图 5　深圳市 2009~2017 年全市及外资企业 R&D 经费支出变动

外资企业的 R&D 经费支出从 2009 年的 188.82 亿元，上升到 2017 年的 418.14 亿元，年均增幅达到了 10.45%；同期实际利用外资的年均增速为 7.47%；R&D 经费支出年均增速高出同期实际利用外资增速 2.98 个百分点。

二是自双创以来，深圳市外资企业研发投入增速加快。2009~2017 年，全市 R&D 经费支出增速高于外资企业 R&D 经费支出增速；其中深圳市的 R&D 经费支出年均增幅为 16.2%，同期外资企业 R&D 经费支出年均增幅为 10.4%。两相比较，全市 R&D 经费支出年均增幅高出 5.7 个百分点。这说明，全市的研发投入增速越来越依靠本土企业的研发投入。

但是，2014 年以来深圳市推出了一系列的创新激励政策。对这一系列的创新利好，外资企业的反应最为迅速，从 2014 年到 2017 年，外资企业 R&D 经费支出的年均增速高达 44.1%，同期全市 R&D 经费支出的年均增速仅为 13.1%。

三是外资企业研发投入占主营业务收入的比例快速上升。外资企业研发投入占主营业务收入的比例在 2010~2014 年低位徘徊在 0.8% 左右

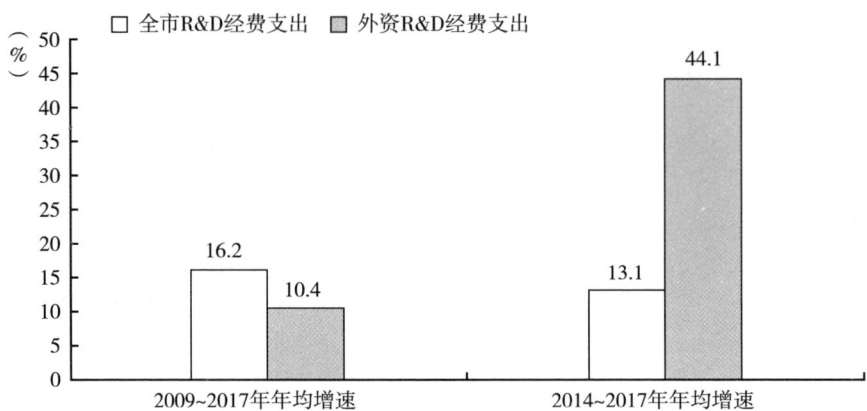

图6 全市和外资企业R&D经费支出不断阶段增速对比

之后，在2015年迅速上升到1.77%，并在2017年达到1.95%（见图7）。

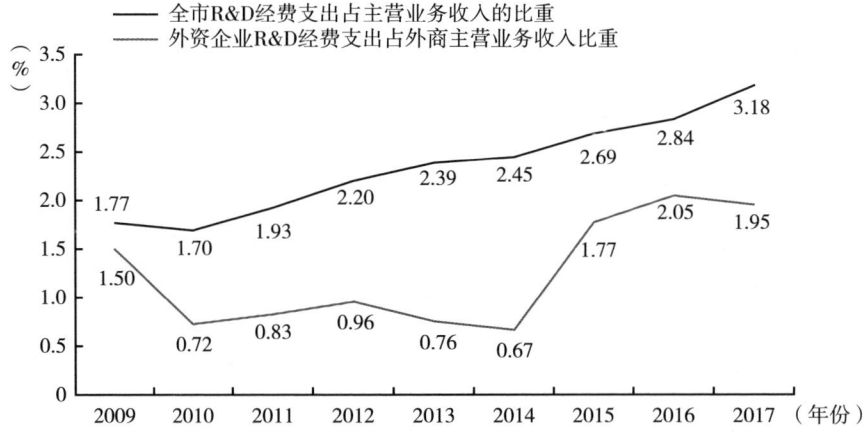

图7 历年深圳市外商投资企业研发强度

这一方面说明，深圳外资企业的创新意愿没有本土企业那么强烈；另一方面也说明，外资企业在国内创新的信心正在不断上升，研发支出的比例也在迅速提高。

4. 外资企业创新的集聚与外溢

一是前海自贸区外资服务业的创新实力突出。在前海自贸区注册的科学研究和技术服务业的外资企业中，24.9%是高新技术企业，并且平均每家企业拥有2.93项和1.37项境内和境外授权的发明专利。即使传统的住宿和餐饮业，平均每家企业也拥有4.95项和4.98项境内和境外授权的发明专利（见表3）。

表3　前海自贸区2017年外资企业科技含量数据

所属行业（门类）	独立研发部门（%）	高新技术企业（%）	技术先进型服务企业（%）	有效发明专利数——境内授权（项）	有效发明专利数——境外授权（项）
其他行业	0.0	0.0	0.0	0.05	—
住宿和餐饮业	0.0	0.0	0.0	4.95	4.98
制造业	—	—	—	—	—
信息传输、软件和信息技术服务业	0.1	1.2	0.0	0.46	0.01
科学研究和技术服务业	0.3	24.9	0.1	2.93	1.37
批发和零售业	0.1	1.2	0.0	0.30	0.27
租赁和商务服务业	0.0	0.2	0.0	0.17	0.07
金融业	0.0	0.0	0.0	0.00	0.00
总　　计	1.7	6.5	0.0	1.08	0.44

注：根据2017年深圳市外资企业年报数据汇总。

二是宝安外资企业创新显现集聚效应。从制造业的高科技含量来看，14.3%的制造业企业拥有独立的研发部门，25.0%的制造业外资企业为高新技术企业。虽然这一比例不足前海外资制造业企业，但是由于宝安区外资制造业企业的数量（3292家）[①]将近前海（327家）的10倍，因此从高新技术企业的绝对数量上来讲，宝安区还是占有很大的优势。同时，宝安区外资制造业企业中拥有独立研发部门的比例（14.3%）只低于前海的49.7%，极具创新潜力。

同时，宝安区的外资制造业企业平均拥有的境内发明专利和境外发明专利数量为24.46和0.19件，这个数值甚至高于前海自贸区的外资企业制造企业（见表4）。

---

① 截至2017年12月31日的数据。

表4　宝安区2017年外资企业科技含量数据

所属行业(门类)	独立研发部门(%)	高新技术企业(%)	技术先进型服务企业(%)	有效发明专利数——境内授权(项)	有效发明专利数——境外授权(项)
其他行业	0.0	1.2	0.0	—	—
房地产业	0.0	0.0	0.0	—	—
交通运输、仓储和邮政业	0.0	0.0	0.0	0.08	—
信息传输、软件和信息技术服务业	0.6	3.8	0.0	0.99	0.19
租赁和商务服务业	0.0	0.0	0.0	0.03	—
科学研究和技术服务业	0.7	1.4	0.3	0.11	0.77
批发和零售业	1.2	3.6	0.0	0.37	0.05
制造业	14.3	25.0	0.2	24.46	0.19
总　计	8.2	14.9	0.1	13.39	0.16

注：根据2017年深圳市外资企业年报数据汇总。

三是南山外资企业创新引领高端制造。首先，外资高新技术企业数量多。从制造业的高科技含量来看，4.2%的制造业企业拥有独立的研发部门能，但是84.3%制造业外资企业为高新技术企业，这一比例甚至高于前海外资制造业企业。同时，南山区的外资制造业企业平均拥有的境内发明专利和境外发明专利数量为436.1和179.93件（见表5）。

表5　南山区（不含前海）2017年外资企业科技含量数据

所属行业(门类)	独立研发部门(%)	高新技术企业(%)	技术先进型服务企业(%)	有效发明专利数——境内授权(项)	有效发明专利数——境外授权(项)
其他行业	4.4	5.0	0.0	1.56	—
租赁和商务服务业	1.3	13.6	0.3	0.17	0.07
科学研究和技术服务业	1.7	33.7	0.6	5.63	6.18
信息传输、软件和信息技术服务业	2.6	9.9	0.7	4.59	1.99
批发和零售业	2.5	28.9	0.2	1.71	1.20
制造业	4.2	84.3	0.1	436.11	179.93
总　计	3.2	50.5	0.2	200.23	82.99

注：根据2017年深圳市外资企业年报数据汇总。

其次，高端制造业研发投入比重大。其中，专用设备制造业中 4.2% 的外资企业内设独立研发部门，98.3% 的企业为高新技术企业，平均拥有境内外发明专利数分别为 588.1 件和 261.4 件（见表 6）。其研发投入占销售额的占比为 10.1%，高于发达国家 4% 的水平，基本达到了华为的研发投入比例。再次，占比第二的计算机、通信和其他电子设备制造业中 0.4% 的外资企业内设独立研发部门，67.2% 的企业为高新技术企业，平均拥有境内外发明专利数分别为 231.8 件和 44.6 件，其研发投入占销售额的比例为 7.6%。

表6 南山区（不含前海）2017年外资企业制造企业按类分析

所属行业（门类）	内设独立研发部门（%）	高新技术企业（%）	有效发明专利数——境内授权（项）	有效发明专利数——境外授权（项）	研发销售比例（%）
其他制造业	1.3	10.4	1.3	0.0	1.8
纺织服装、服饰业	0.0	0.0	—	—	0.1
电气机械和器材制造业	44.9	59.8	10.6	2.7	5.8
铁路、船舶、航空航天和其他运输设备制造业	96.4	96.4	13.5	—	16.3
计算机、通信和其他电子设备制造业	0.4	67.2	231.8	44.6	7.6
专用设备制造业	4.2	98.3	588.1	261.4	10.1

注：根据2017年深圳市外资企业年报数据汇总。

5. 小结

一是深圳外资企业创新基础雄厚，创新机构数量快速增加；创新领域契合全市产业结构和发展方向，特别是重点发展的电子信息、先进制造、生物生命、新材料等产业；创新应用性较强。

二是深圳外资企业创新意愿回升，外资企业 R&D 经费占全市的比例在双创之后开始不断回升至 40% 左右。同时，外资企业研发投入占主营业务收入的比例快速上升。

三是深圳外资企业创新的集聚和外溢效应明显。目前，前海集聚了大量的外资创新服务业，福田集聚了外资的商贸业，南山集聚了外资高端制造业，同时向宝安区不断外溢外资制造业和服务业。

（二）深圳市外资企业协调发展

1. 外资企业产业结构协调

一是第三产业外资企业大幅增加。从总量来看，第二产业实际利用外资在2013年之前都比较平稳，但是从2006年后就开始逐步下降，并从2014年后开始迅速减少（见图8）。

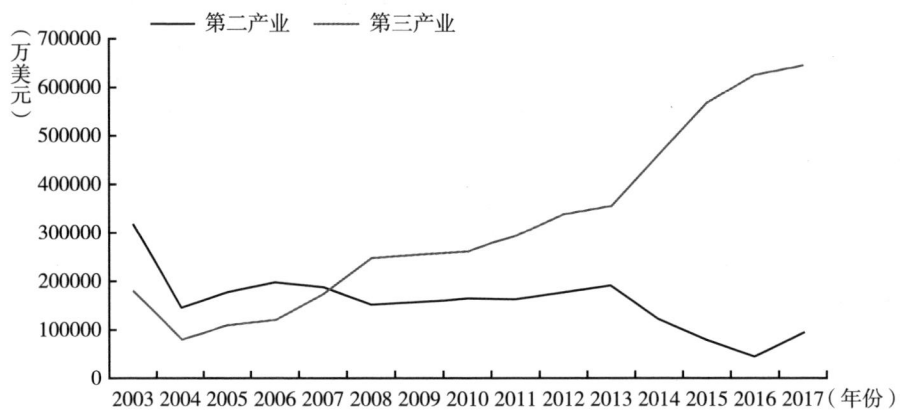

图8 深圳三次产业实际利用外资额（2003～2017年）

从第二、第三产业实际利用外资金额的变动来看，在2007年，第三产业实际利用外资首次超过第二产业（见图9）。这说明，外资企业投资对第二产业的投资兴趣正在减弱，对第三产业的投资热情不断高涨。第三产业实际利用外资，从2003年到2017年的年均增长率达到了10.3%，2007年之后更是高达13.73%。

二是外资企业变动与产值变动总体同步。首先，第三产业实际利用外资金额占比接近九成。从相对比例来看，外资企业直接投资中三次产业的比例在不断变化，第二产业的外资企业直接投资在总量下降的同时，其占比也不断下降,从2003年的54.9%下降到了2017年的13.1%;第三产业吸引的外资企业直接投资总额增加,且比例也从2003年的44.8%上升到2017年的86.9%。

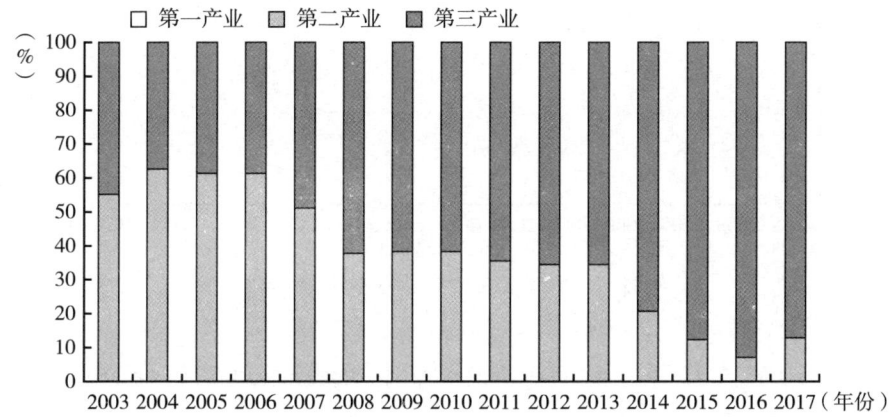

图9 深圳市2003~2017年外资企业直接投资三次产业比例分布

其次,深圳市三次产业增加的变动趋势更为平缓。2007~2008年,深圳市第三产业的增加值超过第二产业(见图10)。对于区域经济来说,第三产业占比超过第二产业是一个重要的转折点。也是在2007~2008年,深圳市外资企业直接投资在第三产业的投入超过第二产业。2008年之后,深圳市第三产业增加值的比重也在逐年增加,在2017年达到了58.6%;同期,第三产业的外资企业直接投资的比例也上升为86.9%。因此,结合实际利用外资占GDP比例越来越小的趋势,外资企业在区域产业结构调整时,会更具有敏感性,同时也更容易发挥"船小好调头"的优势。

三是外资工业投资回升,金融业回调。首先,从历年数据来看,工业和物流业的实际利用外资水平呈下降趋势。从2003年即"非典事件"当年开始,深圳市实际利用外资的总体增速在放缓,2003~2017年的总体年均增速为2.9%(见图11)。

从分行业的数据来看,交通运输、仓储和邮政业的实际利用外资金额以

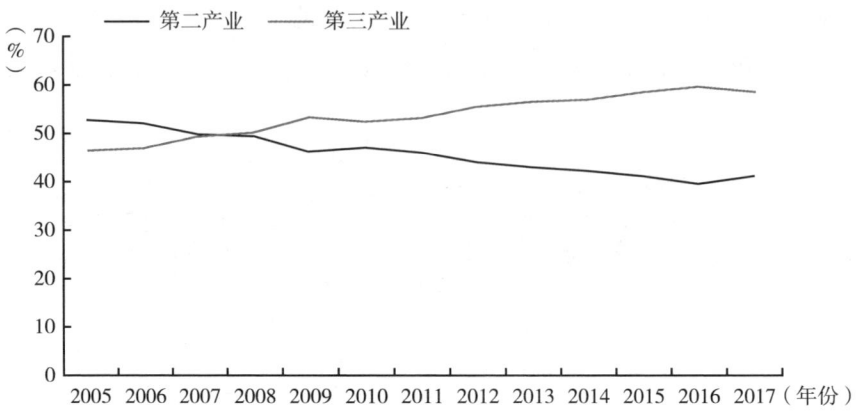

图10 深圳市三次产业占GDP比重

年均9.6%的速度下降,从2003年的4.56亿美元下降到2017年的1.1亿美元;而工业以年均8.2%的速度下降,从2003年的31.57亿美元下降到2017年的9.55亿美元。

增长较快的行业是科研、综合技术服务业和地质勘查业(也就是高端生产性服务业),从2003年的0.28亿美元上升到2017年的4.88亿美元,增速为22.6%;其次是租赁和商务服务业以及金融业,年均增速分为13.2%和11.8%;增长较快的还有商业、住宿和餐饮业以及房地产业,年均增速分别为9.9%和8.6%。

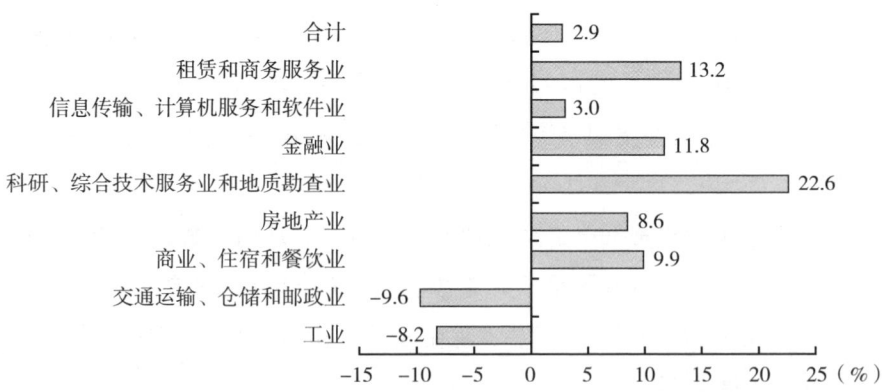

图11 深圳市实际利用外资分行业年均增速(2003~2017年)

其次，外资企业存量变动趋势反映投资热点。从2013～2017年外资企业投资企业数量来看，批发和零售业的外资企业数量最多，占比保持在30%以上，并在2017年达到了36.8%（见表7）。但是2017年直接利用外资企业额（新增投资）占比前五大行业中的房地产业、租赁和商务服务业、金融业的外资企业，其总数量在所有存量外资企业中的占比并不高。当前外资企业投资的热点行业，依然是深圳市未来招引外资企业的发力点，也是深圳市未来经济发展的新动力。

表7 深圳市外资企业数量分行业情况（2013～2017年）

单位：家，%

外资企业投资行业	2013年 企业数量	占比	2015年 企业数量	占比%	2017年 企业数量	占比
批发和零售业	6537	30.7	6038	28.1	11983	36.8
制造业	8625	40.6	7844	36.5	7267	22.3
租赁和商务服务业	2045	9.6	1766	8.2	4429	13.6
科学研究和技术服务业	1719	8.1	690	3.2	2508	7.7
信息传输、软件和信息技术服务业	666	3.1	1602	7.5	2142	6.6
金融业	87	0.4	372	1.7	2022	6.2
交通运输、仓储和邮政业	557	2.6	552	2.6	751	2.3
房地产业	438	2.1	488	2.3	477	1.5
住宿和餐饮业	244	1.2	318	1.5	278	0.9
居民服务、修理和其他服务业	153	0.7	1356	6.3	272	0.8
合　计	21266	100.0	21493	100.0	32563	100.0

最后，从2017年的同比数据来看，外资企业投资的热门行业出现了回调，而之前下降的工业却出现了反弹。深圳市各行业实际利用外资的整体情况良好，保持了同比9.9%的增速（见图12）。但是，从细分行业来看，外资企业投资的热点行业（主要是金融资本行业），比如租赁和商务服务业、金融业都出现了不同程度的下滑。这与金融资本的特征有关，金融资本对区

域政治稳定和经济安全特别敏感，而2017年发生的中美贸易摩擦带来了很大的不确定性。

即使如此，外资企业对金融业的投资信心依然强劲，2017年的投资总额、注册资本和实收资本同比都大幅上升，这主要得益于中国金融业进一步开放的良好预期。

另外一个值得关注的特点是工业实际利用外资的大幅回升，同比增长了90%。虽然深圳高企的土地成本和人工成本不断地淘汰者低端的制造业，但是凭借优秀的创新配套设施和雄厚的创新人才基础，不断地吸引着高端本土制造业和外资企业制造业，与之相呼应的是外资企业对高端生产性服务业的投入也在大幅上升。

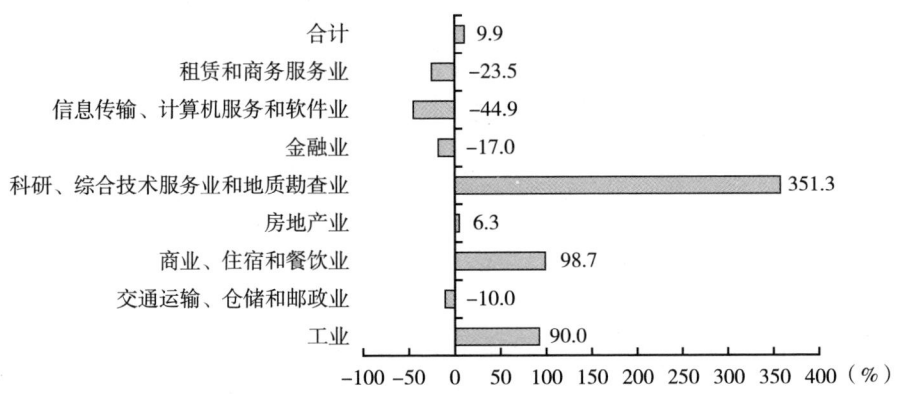

图12　深圳市实际利用外资分行业2017年同比情况

四是行业准入限制解除，外商增加投资。首先，房地产行业从"限制类"转为"允许类"。房地产行业外资企业直接投资的比例2003～2014年维持在18%左右，但是从2015年开始，其比例迅速上升，2015年、2016年、2017年房地产行业外资企业直接投资的额度分别为22.59亿美元、19.19亿美元和20.41亿美元，比例分别为39.8%、30.8%和31.7%（见图13）。原因是2015年国家发改委公布《外资企业投资产业指导目录（2015年修订）》，将房地产相关产业从"限制类"中删除，意味着"土地成片开发（限于合资、合作）、高档宾馆、别墅高档写字楼和国际会展中心的建设、经营、房地产二级市场交易及房地产中介或经纪公司"这些曾经多年被视为"限制类"的业务将在实践中被归为"允许类"。这种修订，从宏观层面代表了国家对房地产产业政策的调整倾向。

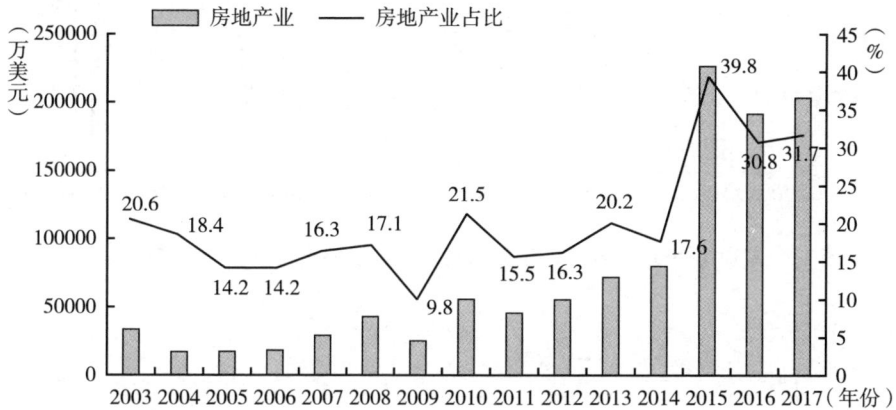

图13 深圳市2003~2017年房地产业外资企业直接投资额及占比

其次，租赁和商务服务业经历了两个阶段（见图14）。第一阶段：总量稳定阶段。2003~2010年，深圳市租赁和商务服务业的外资企业直接投资额度在2亿~4亿美元。第二阶段是总量和比例都快速上升阶段。2011~2017年，深圳市租赁和商务服务业的外资企业直接投资额年均增速达到19.8%。其原因是2011年修订的《外资企业投资产业指导目录》将外资企业投资医疗机构、金融租赁公司等从"限制类"调整为"允许类"，进一步积极引导外资企业投资服务业。

最后，金融业对外资企业开放力度加大。金融业属于严格管控的行业，因此金融业外资企业投资金额与政策变动的吻合度非常高。回顾过去，我国在2015年"8·11汇改"、人民币成功加入SDR货币篮子后，金融开放的进程开始加速。2018年，将是中国新一轮金融开放的元年。

综上，从数据来看，随着金融开放力度的不断加大，深圳市金融业的外资企业投资在2014年出现了爆发式增长，并在2016年达到顶峰（见图15）。

图14 深圳市2003~2017年租赁和商务服务业外资企业直接投资额及占比

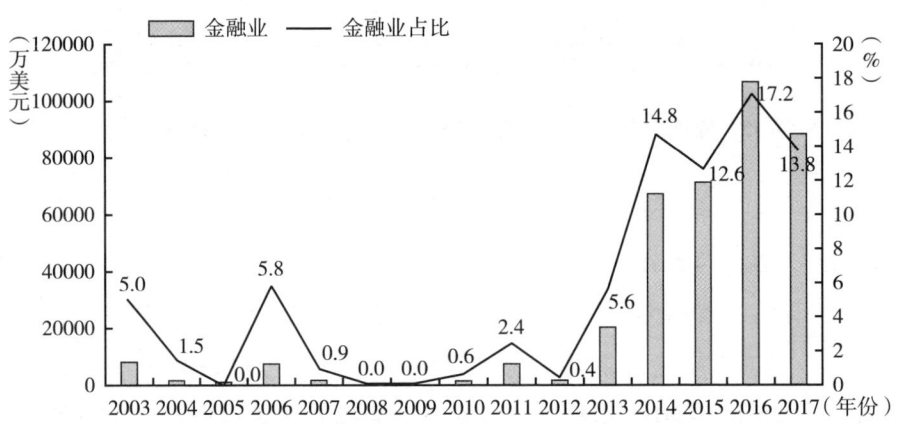

图15 深圳市2003~2017年金融业外资企业直接投资额及占比

2. 外资企业空间结构协调

一是外资企业增长分布呈现多中心格局。在空间上，深圳市外资企业分布呈现多中心的格局。主要是南山区的高端制造业和高端生产性服务业外资企业、前海快速增长的金融业、宝安的制造业、福田的金融外贸业等各有特色的外资企业产业布局。

经过几年的发展，前海自贸区的外资企业数量不断攀升，从2013年的

0家上升到2017年的6842家；其次是福田区，外资企业数量从2013年的4131家上升到2017年的5702家；龙岗区和南山区的增量分别为1035家和708家；宝安区的增量并不明显，但是总量排名全市第三，显示出了深厚的底蕴（见图16）。

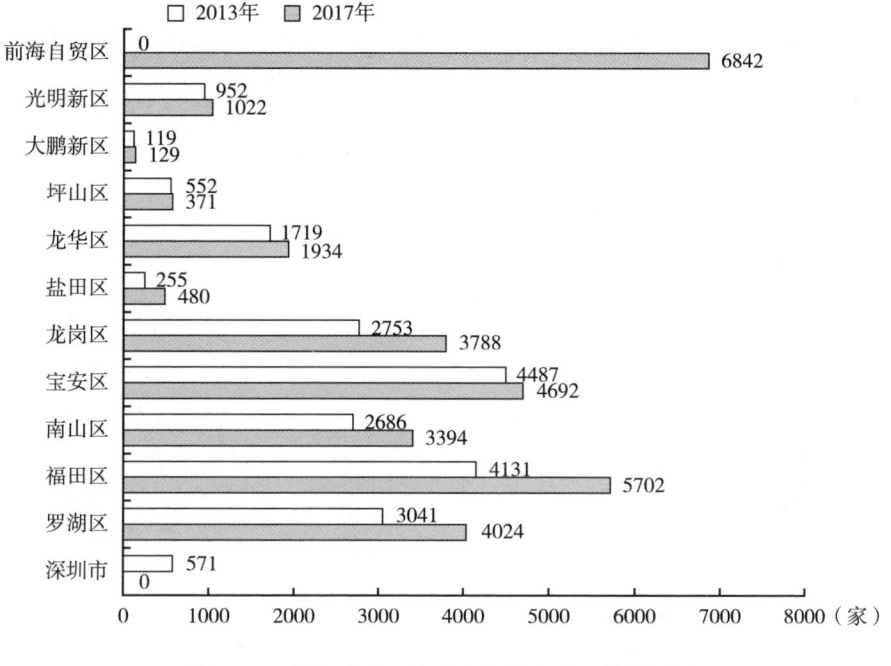

图16 深圳市分地区外资企业投资企业数量对比

二是前海外资企业偏重商贸金融。从数量比例上看，中国（广东）自由贸易试验区深圳前海蛇口片区（以下简称前海自贸区）占比最大的外资企业是商贸金融行业。其中金融业及租赁和商务服务业，分别占21.95%和21.91%，批发和零售业占18.55%。其次是高新技术服务业，主要是制造业，信息传输、软件和信息技术服务业，科学研究和技术服务业，三者占比分别为3.23%、13.08%、15.10%。

这与前海三个产业形态功能区的定位息息相关。一是前海金融商务区，即前海区块中除保税港区之外的其他区域主要承接服务贸易功能，重点发展金融、信息服务、科技服务和专业服务，建设我国金融业对外开放试验示范窗口、亚太地区重要的生产性服务业中心。二是以前海湾保税港区为核心的深圳西部港区，重点发展港口物流、国际贸易、供应链管理与高端航运服务，承接货物贸易功能，努力打造国际性枢纽港。三是蛇口商务区，即蛇口区块中除西部港区之外的其他区域，重点发展网络信息、科技服务、文化创意等新兴服务业，与前海区块形成产业联动、优势互补。

三是福田外资企业偏重批发零售业和租赁业。从企业数量来看，福田区的外资企业以批发和零售业为主，占比为46.7%；其次是租赁和商务服务业，占19.6%；剩余的外资企业中，制造业占5.7%；信息传输、软件和信息技术服务业以及科学研究和技术服务业（技术型服务业）分别占5.4%和7.1%（见图17）。

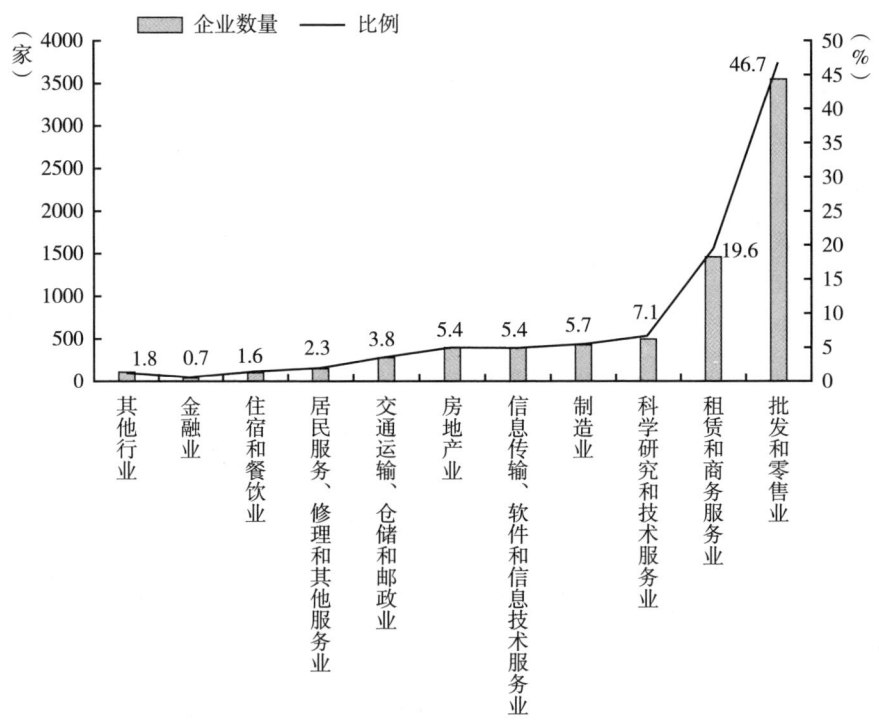

图17　福田区2017年申报的外资企业分行业统计

根据福田区2017年的统计公报，其三次产业结构为0.03∶5.50∶94.47，其中金融业实现增加值占地区生产总值的比重为35.4%，批发和零售业占比为19.6%，工业增加值占4.3%。福田区分行业外资企业的数量比例与地区生产总值的比例大体吻合。但在吸引外资企业金融企业方面，福田区的金融业态优势还没有发挥出来。

四是宝安偏重制造业和零售业。从数量来看，2017年宝安区的外资企业中，制造业占54.1%；其次是批发和零售业，占31.7%（见图18）。除此之外，宝安区对其他行业的外资企业吸引力不够。

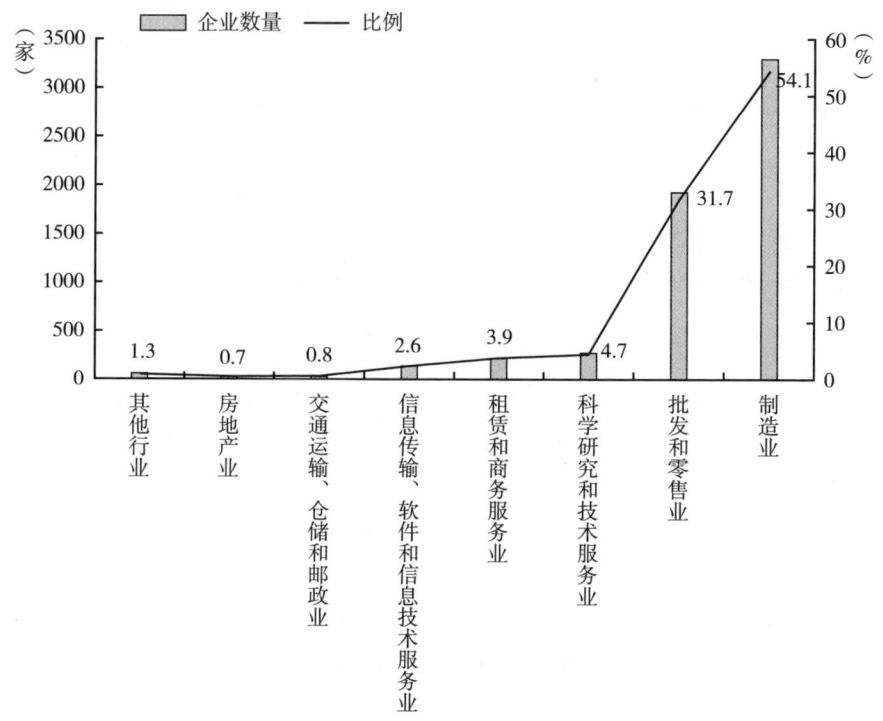

图18　宝安区2017年申报的外资企业分行业统计

从金额来看①，宝安区新批外资企业直接投资项目296宗，比上年增长58.3%，协议（合同）外资企业金额9.62亿美元，下降17.1%。外资企业实际投资额4.82亿美元，增长48.9%。

---

① 数据来自《宝安区2017年国民经济和社会发展统计公报》。

五是南山区外资企业偏重专用设备和电子通信。如图19所示,南山区的外资企业中,制造业占45.6%,这与南山区全市高端制造业聚集区的地位相吻合。其次是批发和零售业,占26.6%。初步看来,南山区外资企业的行业结构与宝安区相类似。

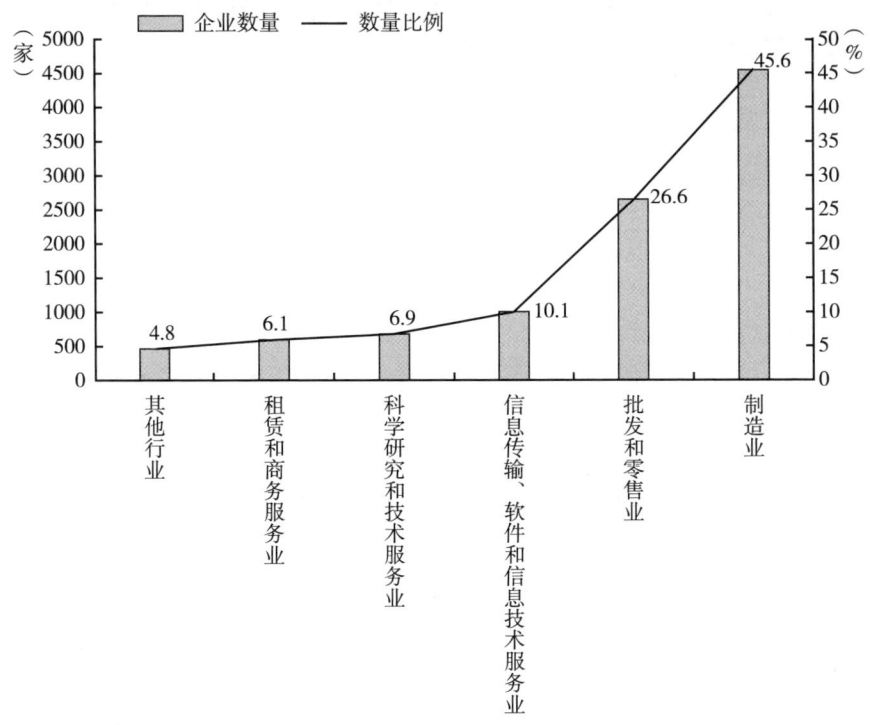

图19 南山区2017年申报的外资企业分行业统计

更进一步分析,南山区外资企业制造业中,专用设备制造业,计算机、通信和其他电子设备制造业占比分居前两位,分别为64.8%和23.4%(见图20)。

3. 外资企业组织结构协调

一是从组织形态来看,目前深圳市外资企业独资企业接近九成。外资独资企业的数量从2013年的18896家上升到2017年的27790家,但是占比从2013年的88.9%下降到了2017年的85.3%(见图21)。

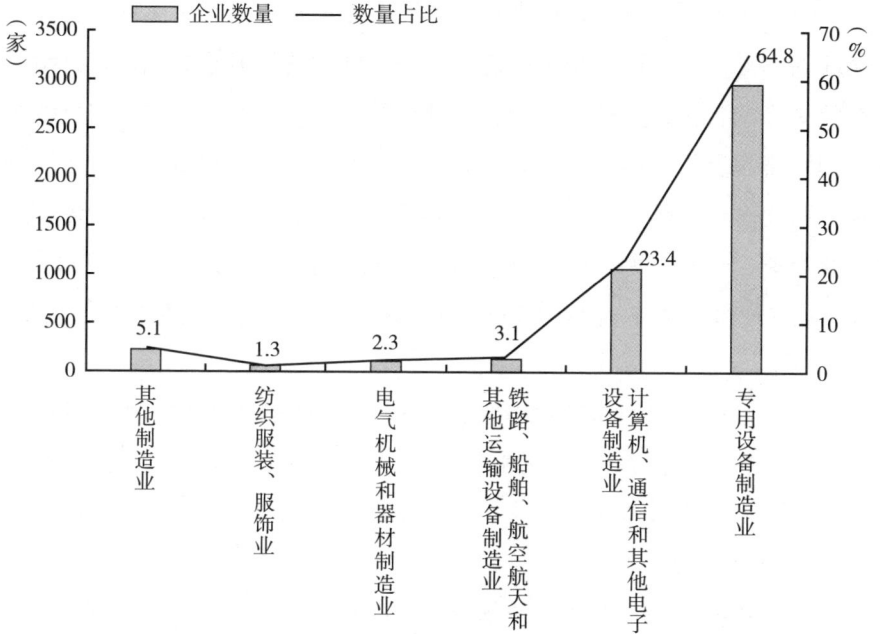

图20 南山区2017年外资企业制造业企业分行业情况

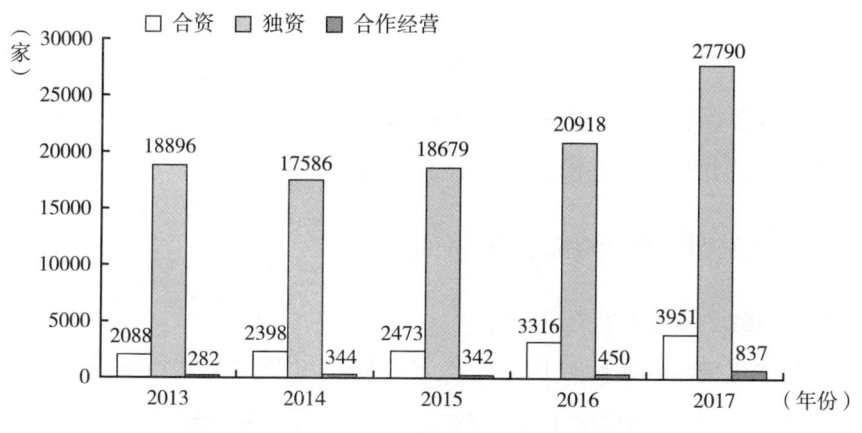

图21 2013~2017年深圳市外资企业组织形态

另外较常见的外资企业组织模式是合资企业,深圳合资企业的数量从2013年的2088家上升到2017年的3951家,占比也从2013年的9.8%上升到了2017年的12.1%。其他形式的外资企业,数量和占比都微不足道。

二是从扩大对外开放角度来看，外资企业独资化具有必然性。首先，它表明我国的对外开放政策越来越适应经济全球化的发展趋势，也就是给予外资企业更高的自主权，这对外资企业具有很强的吸引力。其次，它反映了跨国公司对华投资战略的变化。如今，越来越多的跨国公司以中国为生产制造基地，面向全球市场。为了实现全球经营一体化的战略目标，在全球范围快速整合企业、配置资源，跨国公司因而多采取独资的方式。再次，它符合一般企业发展的规律。目前，世界上跨国公司的投资基本上是以独资形式存在的。

4. 小结

一是在产业方面，实际利用外资三次产业的分离与全市三次产业的分离趋势保持一致，都在2007～2008年实现了第三产业对第二产业的超越。但是外资企业的分离速度更加迅速，在2018年，实际利用外资在第三产业的分布接近90%。

二是在空间方面，外资企业增长分布呈现多中心格局。在空间上，深圳市外资企业分布呈现多中心的格局，主要是南山区的高端制造业和高端生产性服务业外资企业、前海快速增长的金融业、宝安的制造业、福田的金融外贸业等各有特色的外资企业产业布局。

三是在组织结构方面，目前深圳市外资企业独资企业接近九成。这一方面是中国以及深圳不断扩大对外开放的结果，另一方面也是外资企业谋取更大的自主权，并积极参与国内创新竞争的信号。

（三）深圳市外资企业开放特征

1. 外资企业数量多投资规模大

从总体规模看，实际使用外资稳定发展。2017年深圳市新批外商直接投资项目6757个，同比增长63.53%；吸收合同外资368.40亿美元，同比下降29.42%；实际使用外资74.01亿美元，同比增长9.94%。截至2017年12月底，深圳市历年累计批准外商直接投资项目67191个，累计吸收合同外资2251.01亿美元，累计实际使用外资916.5亿美元。吸收外商直接投资呈现以下特点。

从数量上看，2013～2017 年，全市外资企业的数量基本保持稳定，维持在 21000 家左右；2016 年外资企业数量开始上升，达到了 24684 家，并在 2017 年快速上升，达到 32578 家（见图 22）。

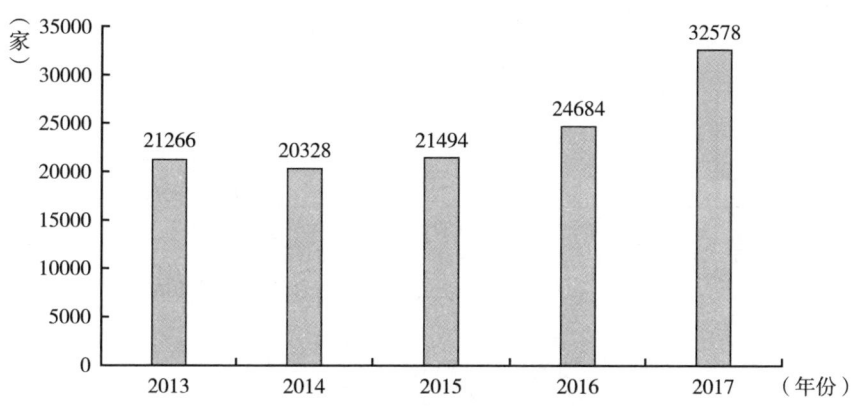

图 22　2013～2017 年深圳市外资企业数量

2. 外资企业盈利能力逐步提高

一是外资企业销售净利率逐步提高。销售净利率指标反映每一元销售收入带来的净利润的多少，表示销售收入的收益水平，也是最能反映企业综合盈利能力的指标。2015～2017 年，深圳外资企业的销售净利率分别为 5.61%、8.08% 和 8.49%，同期上市公司的销售净利率分别为 11.43%、10.45% 和 11.27%（见图 23）。2015～2017 年，深圳外资企业平均销售净利率由 5.61% 提高 8.49%，提高了 2.88 个百分点，表现出了良好的发展趋势。但与深圳上市公司的平均销售净利率数据对比，外资企业在盈利能力上还有进步的空间。

二是外资企业销售毛利率稳步提升。2015～2017 年，深圳外资企业的销售毛利率分别为 13.20%、16.54% 和 18.49%，三年间提高了 5.29 个百分点。同期深圳上市公司的平均销售净利率分别为 21.20%、21.75% 和 22.09%（见图 24）。相对于上市公司的毛利率，深圳外资企业在营业总成本方面还有下降的空间。

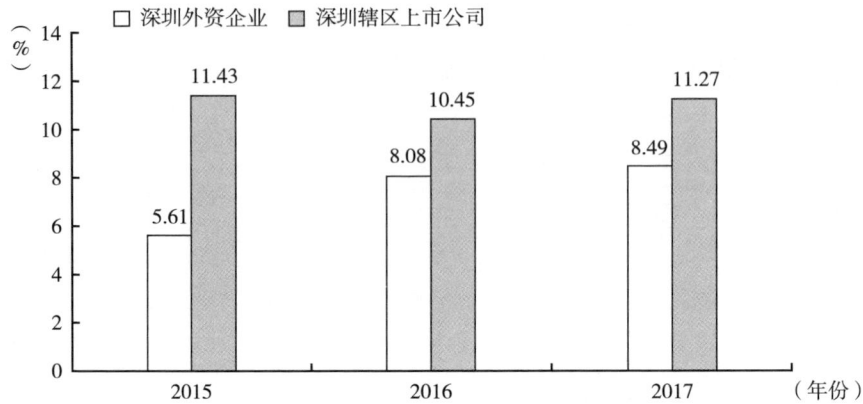

图23　2015~2017年深圳外资企业和上市公司销售净利率

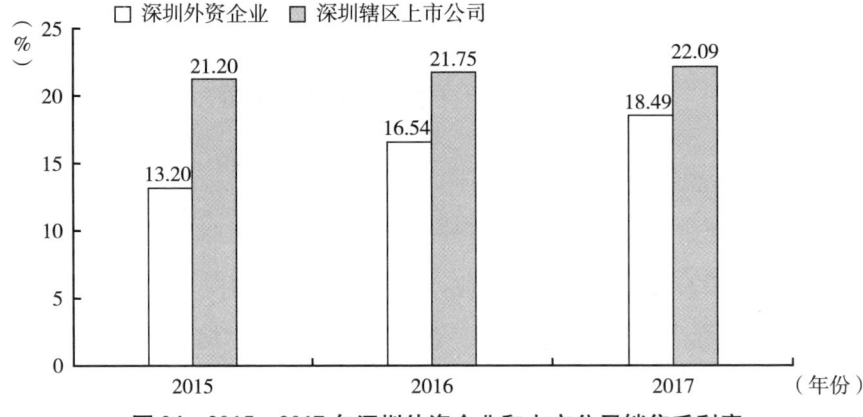

图24　2015~2017年深圳外资企业和上市公司销售毛利率

三是外资企业权益净利率（ROE）相对较低。ROE指标反映股东权益的收益水平，用以衡量公司运用自有资本的效率。指标值越高，说明投资带来的收益越高。该指标体现了自有资本获得净收益的能力。由于深圳辖区内上市公司的单位资产中股东权益占比较低（即资产负债率高），同时上市公司盈利能力较强，因此导致了上市公司的ROE水平远高于外资企业的ROE水平（见图25）。

3. 外资企业资产负债结构良好

一是深圳市外资企业的负债结构较为健康。深圳市外资企业2015~

外资企业在深圳创新发展状况研究

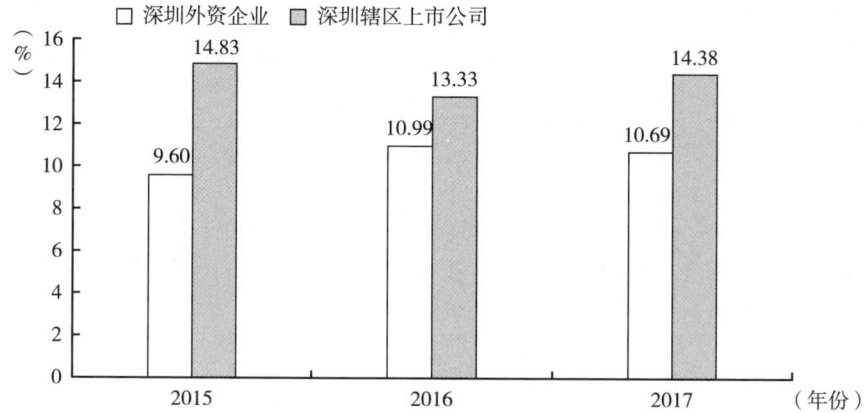

图25 2015~2017年深圳外资企业和上市公司ROE

2017年的资产负债率分别为65.97%、63.27%和63.60%，同期深圳辖区内上市公司的资产负债率分别是86.65%、86.06%和85.95%（见图26）。近三年以来，辖区内上市公司的资产负债率比外资企业的资产负债率高20多个百分点。不可否认，上市公司在国内拥有更加多元化的融资渠道，因此能够获得更多负债。但是也反映了上市公司通过负债进行扩张的冲动，意味着上市公司最大化地利用了其信用额度。相比较而言，外资企业更少地依靠负债进行发展，更多的是依靠自身的资本进行扩张，发展更加稳健。

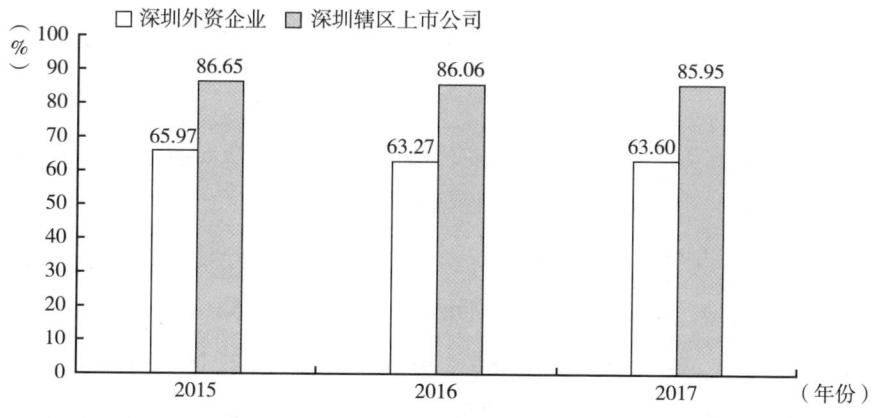

图26 2015~2017年深圳市外资企业和上市公司资产负债率

二是深圳市外资企业的短期偿债能力稳定。流动比率是流动资产对流动负债的比率，用来衡量企业流动资产在短期债务到期以前，可以变为现金用于偿还负债的能力。一般说来，比率越高，说明企业资产的变现能力越强，短期偿债能力亦越强；反之则弱。2015~2017年，深圳市外资企业的流动比率分别为1.26、1.25和1.25，低于上市公司的1.42、1.41和1.33，这说明外资企业的短期债务风险较高（见图27）。结合之前的资产负债率分析，可以推断出外资企业的资产中更多是非流动资产，也就是固定资产投资较多。在供给侧改革的大背景下，外资企业稳健的投资风格值得本土企业好好学习。

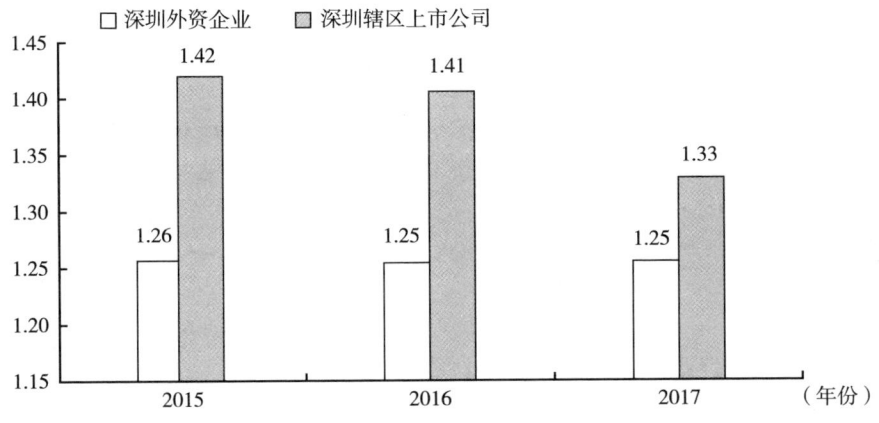

图27 2015~2017年深圳外资企业和上市公司流动比率比较

4. 引进外资以现代服务业为主

从产业分布看，引进外资以现代服务业为主。自贸区带动深圳市第三产业大幅增长。2017年，第三产业实际使用外资64.31亿美元，同比增长3.26%，占全市的86.88%。如表8所示，实际使用外资前三位行业分别为：房地产业（20.41亿美元，同比增长6.35%）、租赁和商务服务业（16.04亿美元，同比下降23.38%）、批发和零售业（10.93亿美元，同比增长99.34%）。制造业实际使用外资9.55亿美元，同比增长97.26%。

从合同利用外资数据来看，金融业、租赁和商务服务业、批发和零售业是外资企业的关注重点。其中金融业合同利用外资 140 亿美元，同比涨幅为 38.03%。租赁和商务服务业合同利用外资 72 亿美元，同比涨幅为 25.75%。批发和零售业合同利用外资 56 亿美元，同比涨幅为 15.21%。

表 8 深圳市实际使用外资前十位行业情况表

单位：万美元，%

行业	合同外资金额			实际使用外资金额		
	本年	比重	同比	本年	比重	同比
总计	3683975	100	-29.42	740126	100	9.94
房地产业	106256	2.88	-62.29	204094	27.58	6.35
租赁和商务服务业	722467	19.61	25.75	160434	21.68	-23.38
批发和零售业	560472	15.21	47.78	109316	14.77	99.34
制造业	183435	4.98	6.58	95539	12.91	97.26
金融业	1400925	38.03	-58.02	88726	11.99	-17.05
科学研究、技术服务和地质勘查业	197859	5.37	35.63	48787	6.59	351.31
信息传输、计算机服务和软件业	367195	9.97	438.42	19727	2.67	-44.89
交通运输、仓储和邮政业	42376	1.15	901.32	11041	1.49	-10.05
建筑业	8733	0.24	-53.06	1525	0.21	797.06
住宿和餐饮业	4610	0.13	-86.57	754	0.1	32.98

5. 小结

首先，无论是从数量还是投资规模来看，深圳外资企业的体量都十分巨大，增长速度也很明显，同时投资产业以现代服务业为主。因此在制定外资企业政策的时候就需要更加具有针对性。

其次，外资企业在产能或者市场扩张方面会更加谨慎，反映在资产负债结构方面，相较于深圳辖区内的上市企业，外资企业的平均资产负债率会低 20 多个百分点。

三 深圳市外资企业发展环境分析

深圳市外资企业面临的最大挑战是中美贸易摩擦带来的外贸不确定性、政治风险和资金自由流动的风险、全球总需求趋紧,以及吸收外资的优势弱化,这些不确定性和风险对外资企业金融资本的影响最直接。在机遇方面,粤港澳大湾区、自贸区改革、深港深度合作都是利好。同时,深圳市雄厚的创新基础对高端制造业外资企业极具吸引力,也为外资生产性服务业提供了成长的沃土。

(一)深圳外资企业发展的机遇与优势

1. 粤港澳大湾区提供创新驱动力

(1) 粤港澳大湾区的目标。粤港澳大湾区为国家战略,有望引领中国新一轮对外开放和科技创新。粤港澳大湾区的目标是打造国际一流湾区和世界级城市群,其战略意义在于:深化内地与港澳的合作,拓展港澳发展新空间和新动能,促进港澳长期繁荣稳定,确保"一国两制"基本国策;助力"一带一路"倡议,建设高水平参与国际经济合作的新平台,探索建立高标准贸易规则,引领对外开放。

(2) 粤港澳大湾区城市分工。强化广东作为全国改革开放先行区、经济发展重要引擎的作用,构建科技、产业创新中心和先进制造业、现代服务业基地。香港侧重国际金融、航运、贸易职能中心,澳门推进建设世界旅游中心。

(3) 粤港澳大湾区对深圳外资企业创新的影响。香港和深圳分别为国际、国内金融中心之一,保持着强劲的发展势头。因此,粤港澳大湾区下一步的合作主要在于推进湾区内金融机构的协同,进一步完善深交所和港交所的互联互通,为现代金融服务业的发展提供强有力的支持。通过融合香港和深圳创业投资、私募融资的优势,并与实体经济充分对接,借助香港作为国际金融中心的地位,吸引全球资本进入粤港澳大湾区和深圳进行投资。

2. 自贸区改革为外资发展添活力

（1）前海自贸区的使命。前海自贸区是新时期深圳推进改革开放的重中之重，突出以制度创新为核心，在转变政府职能、创新管理模式、促进贸易和投资便利化等方面大胆探索，着力构建符合国际惯例的运行规则和制度体系，积极营造国际化、市场化、法治化营商环境，重点发展金融、现代物流、信息服务、科技服务等战略性新兴服务业，加快建设我国金融业对外开放试验示范窗口、世界贸易重要基地和国际枢纽港，努力成为粤港澳深度合作的示范区和全国新一轮改革开放的先行地，为我国实施自贸区战略、探索开放型经济新体制、构建全方位对外开放新格局、积累新经验、做出新贡献。

（2）前海自贸区的改革。前海蛇口自贸片区挂牌几年来，国务院出台的《中国（广东）自由贸易试验区总体方案》中涉及前海的115项任务，已完成110项，完成比例达到95.7%。近期还将谋划出台"实施改革创新提速提质提效工程的总体方案"等一系列重大改革创新举措，计划推出132条具体改革措施。2017年前海新推出82项制度创新成果，已累计推出401项制度创新成果，全国首创或领先的达133项。

3. 深港合作的要素自由流动利好

（1）河套开发的进展。2017年初，深港双方签署合作备忘录，明确在落马洲河套地区打造"港深创新及科技园"，香港支持深圳将深圳河北毗邻河套地区的3平方公里区域打造为"深圳科创园区"。2018年初，该地区分区计划大纲草图已获香港行政长官会同行政会议核准，确立了该地区土地用途的规划纲要。土地用途大致分为5大类，其中超过一半面积（约53.49公顷）规划用于研究与发展、教育及文化与创意产业等在内的特定发展用途。借助粤港澳大湾区规划的东风，落马洲河套地区乃至整个大河套地区的发展不断提速。深港联手打造的这个新的科技创新特别合作区，其最大的突破在于实现生产要素的自由流动，这将助推河套地区乃至整个粤港澳大湾区的腾飞。

（2）中英街"老街新容"。盐田区将通过深港合作，活化开发中英街，

合力打造一个以文化旅游、免税购物、国际教育、健康医疗、研发服务等现代服务业为主导产业的国际化商贸旅游文教区域。其近期目标包括：启动中英街第二关口建设，改善周边交通配套，为中英街转型升级以及深港更紧密合作打通瓶颈。该关口建成后，将可实现中英街居民与游客分流，提升游客的购物体验。同时，盐田区还将通过智慧管理提升通关效率和游客体验感，并将沙头角口岸改造，引入智慧管理系统，推进"合作查验，一次放行"新型通关模式，试点实行居民游客分离、人车分离（或进出关分离）管理，提升各类人群的通关体验。

4. 科技产业创新中心的品牌效应

（1）深圳创新具有坚实基础。改革开放以来，逐步积累的人才、科技、产业等高端要素，为深圳向更高层级发展提供了基础。而在粤港澳大湾区建设的背景下，合作是大湾区建设的关键词。香港拥有多所世界一流大学，其科研成果需要落地，深圳成为首选。

（2）深圳创新具有先发优势。深圳身处全国对外开放的最前沿，正从应用技术创新向基础技术、核心技术、前沿技术创新转变，从跟随模仿式创新向源头创新、引领式创新跃升。如今，深圳拥有了在中国甚至新型工业化国家创新驱动的先发优势，即使与发达国家科技城市相比，深圳也有自己的比较优势，在石墨烯芯片、柔性显示、新能源汽车、无人机等领域的创新能力处于世界前沿。

（3）深圳创新具有效率优势。制度创新是最大的改革红利，好的制度让社会充满创新活力，极大地解放和发展了社会生产力。深圳作为改革开放的"试验场"，担负着突破旧体制的历史使命。当前，深圳正在充分发挥前海蛇口自贸片区的制度创新优势，优化监管模式，打破行政壁垒，加快建设深港组合港，构建粤港澳大湾区组合港体系。

（4）高效的供应链配套。从企业角度来看，外资越来越认可深圳产业链优势，并主动与深圳供应链体系深度融合。深圳不断提升的全球资源整合能力，更是外资眼中的新亮点。富士康等企业大项目在深圳的发展，大力吸引电子产业链上下游企业加速集聚，促进深圳在计算机、消费类电子、通信、汽车电子、光电、仪器仪表等领域，构建完整的上下游产业链，从而打造了全球独有的先进制造产业体系，完整又高效。

（二）深圳外资企业发展的问题与挑战

近年来，深圳市外资大项目投资额呈现下降趋势。2017年合同外资千万美元以上大项目795个，同比下降24.93%，引进合同外资322.3亿美元，同比下降37.34%，占全市合同外资的87.49%。其中，合同外资超1亿美元的大项目43个，较2016年同期减少33个，引进合同外资137.27亿美元，同比下降41.53%，占全市合同外资的37.26%。

1. 外部冲击力度大，影响了外资企业预期

世界经济仍处于金融危机后的深度调整期，有效需求疲弱，全球经济复苏乏力。随着国际资源、能源价格持续下跌，发达国家的制造业成本明显下降，再工业化和产业回归进程加快，美国劳工部《制造业成本比较》报告称，2020年前美国从中国进口的10%~30%的产品将改由本土生产。欧美居民储蓄率显著上升，例如美国居民储蓄率2008年前基本维持在1%以下，而2009年以来一直保持在7%~10%，居民消费减少，增长不确定、不稳定因素增多。主要货币汇率和大宗商品价格波动加剧，国际贸易潜在风险增大。

在此背景下，中美贸易战又为外资企业发展带来负面影响。当前，中美贸易摩擦的主要问题，总结起来有三个：第一个问题是中美贸易逆差；第二个问题是所谓强制性技术转让；第三个问题是知识产权保护。

中美贸易冲突的范围与深圳产业结构契合度高。从中国海关的数据来看，2017年中美贸易总额为5837亿美元。已经加征关税的340亿美元和可能加征关税的2000亿美元占中国对美出口总额的54%。7月6日美国对我国340亿美元加征关税的产品主要是汽车、电脑磁盘驱动器、泵部件、阀门、打印机和其他诸多工业用零部件，其中有200多亿美元（占比59%）是在华外资企业生产的产品。除了拟加征关税清单上的食品和饮料、化工、电子、纺织品、金属、机械、家具等行业企业，贸易摩擦还可能对汽车、农

业和航空等行业和企业产生较大的影响。

中美贸易冲突对深圳外资企业的引进具有长期影响。从历史进程来看，由于中美贸易的必然性，深圳势必会受到或大或小的消极影响，特别是外贸出口方面。但是由于深圳外资企业绝大部分来源于香港，因此从短期来看，中美贸易冲突对深圳吸引外资企业的影响不大。但是从长期来看，由于中美贸易战的不确定性会影响外资企业企业对国内营商环境的预期，也就是说国内的经济形势会不明朗，而且世界经济也将区域封闭化，因此长期来说会极大地不利于深圳的外资企业引进。最后，如果深圳能够率先在知识产权保护，特别是涉外知识产权保护方面出台新举措、取得新成就，势必能最快地消化中美贸易冲突带来的消极影响。

2. 国际化程度较低，降低了对外资的吸引力

在走向国际科技产业创新中心的进程中，国际化是基础支撑，也是历史大势。但深圳在国际化方面还处于较低水平，严重制约了与国际科技前沿的对接。深圳的国际化短板，突出表现在"三个缺少"。

一是缺少世界级科学家。世界级科学家具有整合创新资源、引领科技发展的强大力量，是国际创新中心最重要的支撑。从诺贝尔自然科学奖得主分布来看，硅谷有32名，伦敦有90名，纽约有83名，波士顿有69名，慕尼黑有34名。深圳仅有不足10个诺奖实验室。

二是缺少国际化人才。国际人才是联系各类创新资源、支撑科技创新的重要力量。旧金山、纽约、洛杉矶外国出生人口占常住人口的比重分别达37.9%、37%和38.2%。官方语言并非英语的巴黎，外国出生人口比重也高达25.1%。深圳外国出生人口比重仅为0.2%，人口国际化程度偏低。

三是缺少世界级高校。高校是培育创新人才、实现技术突破的大本营。美国创业公司科学家、企业家"双长制"模式，充分说明了高校在创新中的重要作用。从高等教育机构数量来看，东京为193家，纽约为120家，洛杉矶为50家，首尔为48家，而深圳不足20家。

3. 营商环境待优化，增加了外资企业成本

一是要素成本不断上升。劳动力、土地、资源等要素供求关系趋紧，成

本持续攀升，生态环境恶化趋势尚未得到根本好转，区域竞争明显加剧，传统比较优势明显弱化，制约吸收外资的因素明显增多。从经营成本方面来看，人口红利优势逐步弱化，用工成本优势弱化，供地趋紧，用地成本不断增高。从政策优惠方面来看，2007年内外资两税合一，对外商投资企业税收征管实行国民待遇，外商投资企业税收、补贴等优惠政策取消。而部分东南亚国家仍然借鉴中国经验，比如，越南对电子信息、服装鞋帽实行为期15年的10%~15%所得税优惠，免征固定资产和前五年进料关税。印度建立经济特区，区内企业所得税实行"五免五减半"。深圳市吸收外资的综合优势相对弱化。

二是服务贸易准入障碍限制。由于服务业扩大开放综合试点的唯一性，深圳市服务业对外开放领域并不能达到同等的规模，制约了深圳市吸引外资企业服务业投资的重要因素。2015年5月，北京成为全国唯一的服务业扩大开放综合试点城市。2017年，北京服务业增加值占GDP的比重达80.6%，实际利用外资跃居全国首位。北京作为全国唯一的服务业扩大开放综合试点城市，对北京服务业扩大开放具有战略引领作用，持续推动北京市金融、航空、科技、旅游、文化等服务业扩大开放向纵深推进。深圳在服务贸易上还需政策突破。

三是知识产权保护有待完善。外资企业在华开展研发时面临许多阻碍，部分企业甚至放弃将核心研发成果引入中国。从对问题"外资企业在华开展研发时面临的最大障碍"的调查结果来看，最主要的消极因素是知识产权保护乏力（28.8%），其余影响因素占比都低于20%。位列第二的消极因素"政府政策向本地企业倾斜/不平等竞争"，占比为19.2%。在高端制造业领域，知识产权保护乏力和不公平竞争这两个问题尤为突出（分别占31.8%和27.3%），并成为受访群体选出的最突出的两项消极因素。而生物制药行业内的企业代表将这两项列为第二位和第三位的阻碍因素，并将"政府政策和法规不明确/缺乏透明度"列为阻碍研发的首要因素（40%）。与发达国家城市相比，深圳还存在知识产权质量水平不高、知识产权运营体系不够健全、知识产权保护水平不够高等问题。

双创蓝皮书

四 促进外资企业发展的经验借鉴

在案例选择方面,既考虑国情对外资企业发展的影响,也参考国际上对外资企业的有益方式。在国内,北京充分利用全国唯一的服务业扩大开放综合试点城市的机会,在2017年一举超越上海,成为全国实际利用外资的第一;其次是上海,作为传统上外资企业投资中国的首选之地,在外资企业创新方面颇有成就,其外资企业研发中心数量居全国首位。相邻的亚洲城市中,新加坡的营商环境在全球范围内都是顶尖的,这也是其吸引外资企业的最大优势。英国退出欧盟之后,法国通过一系列的变革,终获得外资企业的青睐,纷纷将欧洲总部从伦敦迁往巴黎,成为欧洲城市和国家中外资企业投资的首选。

(一)国内代表性地区发展经验

1. 北京促进外资企业发展经验

1995年,北京、上海和深圳市的实际利用外资额分别为140277万、325000万和131000万美元,其中深圳市基数最小。截至2017年,深圳市实际利用外资金额是北京的30.4%,相当于北京2011~2012年的水平;是上海实际利用外资金额的43.5%,相当于上海2006~2007年的水平(见图28)。

从增速来看,1995~2017年,全国以及北京、上海和深圳市的年均增速分别为4.5%、10.7%、8.2%和7.6%,深圳市的年均增速也是最低的,与其他两个地区的距离在不断拉大(见图29)。

2015年5月,北京成为全国唯一的服务业扩大开放综合试点城市。北京服务业扩大开放推出的两轮共226项措施已基本实施。2017年,北京服务业增加值占GDP比重达80.6%,实际利用外资跃居全国首位。目前,新一轮服务业扩大开放措施正进行战略设计。

北京促进外资企业发展的主要措施如下。

一是利用综合试点突破外资企业准入限制。北京作为全国唯一的服务业

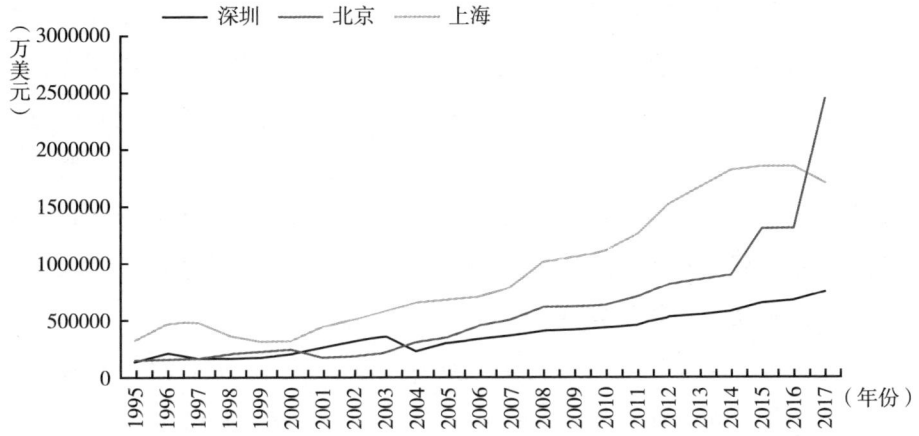

图28 1995~2017年深圳、北京、上海实际利用外资金额

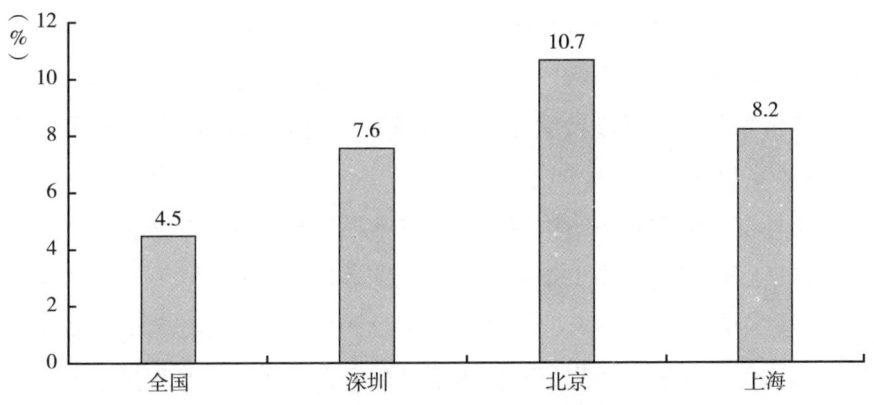

图29 全国及各地实际利用外资金额年均增速（1995~2017年）

扩大开放综合试点城市，可以对北京服务业扩大开放进行战略设计，借鉴国际先进国家和地区的改革创新实践，持续推动金融、航空、科技、旅游、文化等服务业扩大开放向纵深推进。同时，吸取世界最优营商环境的先进经验，提高市场主体进入的透明度和可预期性，着力营造公平竞争的市场环境。

二是综合试点带动跨国公司总部加速聚集。在服务业扩大开放综合试点的带动下，北京的跨国公司总部呈现加速聚集的态势。数据显示，北京入围

2017《财富》世界500强的企业达56家,连续五年位居世界城市榜首。此外,境外世界500强企业在北京设立外资企业及分支机构的达到70%,服务业企业总部占比超过90%,在北京地区总部中,投资性公司占比达到68%,商业服务业高精尖企业占比达到90%,苹果、特斯拉等一批全球知名企业将研发销售资金链管理高端环节放在北京。众多境外跨国公司选择落户北京,本身就是对北京经济结构、服务配套的肯定,这些企业反过来也会对北京的经济增长尤其是吸引外资企业产生较强的推动力。

三是人才和营商环境对外资企业具有足够吸引力。北京是中国政治中心,这是跨国公司选择入驻的重要原因之一。不少境外跨国公司会在中国承接一些大型政府项目,需要与商务部、工信部等主管部门保持密切沟通,作为政治中心的北京就成为这类企业的首选落脚地。此外,北京也是全国排名靠前的空港城市,物流渠道便捷,可直接将货物发往海外。另外,北京作为文化中心,坐拥各类高等院校、科研机构,高端人才聚集;服务业扩大开放综合试点带来的营商环境改善也十分显著。上述因素均构成了北京对世界500强企业的吸引力。

四是外资企业与经济结构调整形成良性循环。世界500强企业认准了北京的经济活跃度,通盘考虑未来的长久预期才选择进驻,这些企业也会将北京视为进驻中国的入口平台,在此设立高端研发基地,并聚集大量资金、资源加以运作。这无形中助推了北京吸引外资企业的规模,且促进了北京产业结构的调整,反过来,北京产业结构转型日益深化,也会吸引更多的跨国公司进驻,长此以往,就形成了一个良性循环。

2.上海促进外资企业发展经验

上海的外资企业研发中心数量居全国首位。在上海的外资企业研发中心已占内地总数1/4的规模,居全国首位。2016年新增跨国公司地区总部45家,其中亚太区总部15家;投资性公司18家;外资企业研发中心15家。截至2016年末,在上海投资的国家和地区达168个,在上海落户的跨国公司地区总部达到580家,投资性公司330家,外资企业研发中心411家(见图30)。

2017年新增跨国公司地区总部45家。其中，亚太区总部14家，投资性公司15家，外资企业研发中心15家。截至2017年末，在上海投资的国家和地区达175个，在上海落户的跨国公司地区总部累计达到625家。其中，亚太区总部70家，投资性公司345家，外资企业研发中心426家。在426家外资企业研发中心中有40家全球研发中心，17家亚太区研发中心；20家外资企业研发中心投资超过1000万美元；吸收中方研发人员总数超过4万人，硕士以上学历占52%。

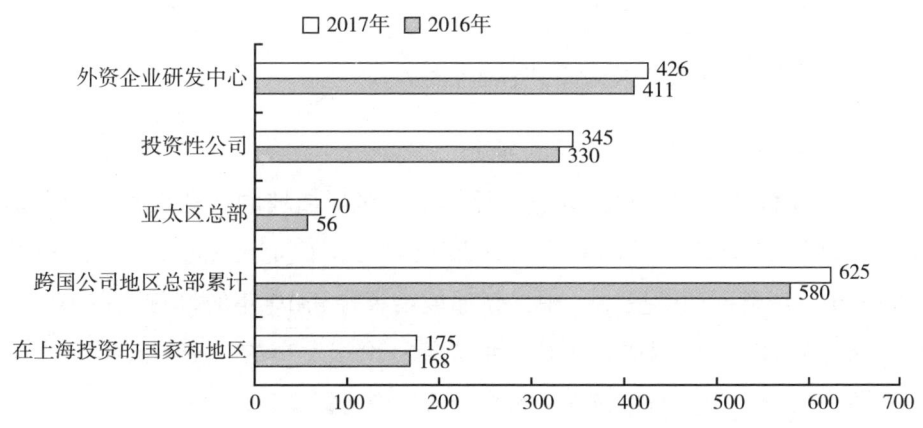

图30 2016年和2017年上海外资企业研发情况

上海促进外资企业发展的主要措施如下。

一是开放式创新平台。强生、英特尔、联合利华、罗氏、微软等跨国公司纷纷在上海设立了开放式创新平台。此类开放式创新平台的特征是外资企业与本土的创新元素加速融合。中外共生共享创新成果已成为上海具有全球影响力的科技创新中心建设中不可或缺的一股力量。

二是公共服务型创新平台。面向全社会创新主体的上海研发公共服务平台，也活跃着外资企业研发中心的身影。飞利浦、霍尼韦尔、诺基亚贝尔、药明康德等35家外资企业的研发中心加盟上海研发公共服务平台，通过研发平台对外共享的30万元以上大型科学仪器共149台/套，仪器原值总额近2亿元人民币。

三是创新政策与时俱进。创新新常态呼唤政策制度新供给。为加快外资企业研发中心融入上海的创新体系，2017年10月，上海市出台了《上海市关于进一步支持外资企业研发中心参与上海具有全球影响力的科技创新中心建设的若干意见》（简称"16条"），其中"支持跨国公司设立开放式创新平台"，以及"鼓励外资企业研发中心参与重大项目研发""鼓励外资企业研发中心的研发成果在本地转移转化""支持外资企业研发中心参与本市研发公共服务平台建设""吸收外资企业研发中心的科技人员参加政府计划项目专家库"等都被明确写入。

（二）国外代表性地区的发展经验

1. 新加坡促进外资企业发展的经验

2017年标普、穆迪和惠誉三大评级公司对新加坡的长期主权评级分别为"AAA""Aaa""AAA"，评级展望均为"稳定"。世界银行发布的《2017年全球营商环境报告》中，新加坡结束蝉联10年的榜首，在190个国家及地区的排名中退居第2位。世界经济论坛发布的《2016~2017年全球竞争力报告》中，新加坡在138个经济体中排第2位。

新加坡促进外资企业发展的主要措施如下。

一是有吸引力的税收制度。对投资者友好且简易。新加坡最高的企业所得税税率是17%，而资本收益税率为0。至于从新加坡支付的税后分红，并没有征收预扣税。最重要的是，只要在一个征税率至少15%的国家纳税，外国来源的收入就可以免税。由于新加坡的监管框架优良，新加坡在公平的竞争环境进行税收制度，对投资者没有外资企业所有权限制和外汇管制。

二是避免双重税收协定（DTA）。新加坡避免双重税收的协定广泛，遍布全球70多个国家。这些DTA的重要好处包括避免双重征税、降低预扣税和有利于税收优惠的制度，这些都有助于减轻企业的财务负担。

三是高端国际化人才的补充。由于新加坡欢迎外国投资以帮助发展，因此有资格的企业家可以利用各种各样的移民计划在这里开展工作。同时，新加坡由多元种族组成，提供能掌握多种语言的劳动力；新加坡拥有庞大的人才规模,是亚洲最具生产力和积极劳动力的一个国家,对提升国家声誉起到一定作用。

四是知识产权保护和高效的法律体系。新加坡有强大的知识产权基础设施,有值得信赖的法律体系,旨在改善知识产权状况,进一步将新加坡建设成为亚洲最好的知识产权枢纽。新加坡被认为是亚洲官僚作风最不严重国家之一,因此,这个国家的法律制度受全球公认,它高效和强调诚信。企业不必担心繁文缛节、贿赂或缓慢的合法程序的问题。

2. 法国促进外资企业发展的经验

巴黎取代伦敦成为欧洲最吸引外资企业的城市。根据安永发布的2018年欧洲吸引力调查,2017年欧洲吸引外资企业达6653个项目,创历史新高。但由于地缘政治缘故,增长率在三年来首次放缓至10%,过去三年平均增长15%。而分城市来看,巴黎以37%的得票率成为投资者眼中最具吸引力的城市,伦敦(34%)退居第二,再次是柏林和法兰克福。这是自2003年安永开始这项调查以来,巴黎首次超过伦敦。

法国促进外资企业发展的主要措施如下。

一是外资企业投资环境极大改善。法国总统马克龙上任后迅速展开了经济领域的结构性改革进程,法国的投资环境与国家形象得到了显著改善。同时,欧洲经济复苏也放大了政府改革政策效果,使法国拥有良好的外部经济环境。

二是制度改革奠定基础。在过去5年,法国前政府在改革领域的相关措施效果不断显现,为现政府的系列改革奠定了坚实基础,也在与英国、德国等国的竞争中积累了丰富经验,"追赶效应"日益显现。同时,随着英国脱欧进程逐步展开,法国正日益从中获益,特别是有针对性地加强了对高科技及初创企业的优惠扶持,积极吸引英国外流投资。

三是减轻企业和投资者的税负。法国《2018年财政法案》减轻了企业和投资者的税负:到2022年,法国的企业税税率将从33.3%逐步降至25%。非金融企业利润率将因此净增32%,这是自金融危机以来的最高水平。

四是国际人才引进力度加大。自从马克龙政府执政以来,已经扭转法国对低端及中端人才的引进需求,转而吸纳具备财力、高端技术能力及创新创业实力的国际人才。法国推出"人才护照"(Passeport Talent),其目的在于吸引愿意为法国经济做出贡献的受薪或非受薪外籍专业人士定居法国。同时法国也在谋划启动"科技签证",以让各国顶尖的高科技人才、创新者与创投家,能尽快拿到法国居留许可,并以多项优惠吸引各国顶尖人才来法国,让法国成为科技创新创业国家。

(三)深圳促进外资企业发展的重点方向

1. 应对外部冲击,稳定外资发展信心

一是充分认识中美贸易战的长期性和战略性。应当做好中美贸易冲突长期存在、国际市场长期动荡的充分准备,既要有应急预案,又要有长期战略安排。

二是向外资企业表明中国经济长期增长的韧性。中美贸易战无法阻止我国经济的增长势头。中国经济增长已经转换为内需驱动:2017年国内消费对经济增长的贡献率为58.8%,而货物和服务净出口贡献率仅为9.1%。换言之,2017年出口对我国经济增长率的贡献很低。此次美国要征税的500亿美元占中国出口的比例不足我国出口总额的2.0%。

三是向外资企业表明中国应对贸易战推动开放的决心。经济学家斯宾塞研究表明:三个根本力量决定了经济全球化的历史大趋势,包括大资本、技术所有者、信息所有者。大资本谋求在全球资源配置的过程中获得超额收益;技术所有者具有足够的动力将技术应用于全球从而获得更高回报;信息所有者在全球化背景下能够通过信息不对称获取更大收益。上述三类主体是主导全球经济的支配性力量,其根本利益决定了全球化的历史大趋势。2008年全球金融危机之后,经济全球化进程受阻,但决定经济全球化的根本力量没有改变。经济全球化由于之前发展过快但利益分配引发意见分歧,出现短期停滞,但并非停止。

2. 加速国际化进程，提高外资投资热情

深圳加快推进国际化进程、创建国际科技创新中心可采用"内外远近，两个平衡"的发展思路。"内外远近"：一是在国内，通过区域创新一体化支撑国际竞争力提升；二是在国际，以人才为突破口提升创新人才的国际化水平；三是在远期着重发展创新产业；四是在近期努力集聚国际创新资源。"两个平衡"：一是平衡内源式创新与外源式创新的资源分配；二是平衡科技中心与金融中心的战略资源分配。

"双轮驱动"打造国际科技创新中心。对外"研发创新国际化"，通过国际化的研发创新整合全球优势资源，提升创新效率与层次；对内"区域创新一体化"，通过一体化降低成本，为创建国际科技产业创新中心发展提供腹地支撑。

分阶段、分步骤打造国际科技创新中心。分阶段、分步骤打造创新引领型全球城市。以促进全球优质创新资源集聚为近期主要任务，促进国际创新人才与国际创新资本集聚；以发展创新产业为中远期目标，打造区域创新产业链。

平衡内源式创新与外源式创新资源分配。在内源式创新与外源式创新之间实现创新资源的平衡分配，保持科技创新中心的竞争力。完善产业梯队建设，发挥中小企业作为外源式创新主体的作用，为中小企业创新准备充足的人才与资本。

平衡科技中心与金融中心的战略资源分配。处理好金融中心与科技创新中心的对立性，平衡两个战略的资源分配，积极发展科技金融，降低科技创新成本，使金融发展更好地服务科技创新。

3. 优化营商环境，降低外资企业成本

优化营商环境，要把改革创新与法治建设结合起来。深圳要在坚持依法办事的基础上，进行改革创新；在法治的轨道上，推动企业服务机制创新和文件审批流程简化等重大改革落地见效。通过建立柔性执法机制，建立执法部分领导与企业沟通机制，实施智慧式信息化管理，提高行政管理效率，进一步营造公平公正的法治环境，把企业投资发展的活力激发出来。要坚持标

本兼治，加强制度创新与法治建设，建立并完善长效机制。

优化营商环境，要把简政放权与提升服务结合起来。深圳打造一流营商环境，必须重塑为政理念，加快政府职能转变。继续深化"放管服"及政府管理服务七大领域改革，实施行政流程再造，明确具体操作规范，把更多的精力放到服务企业和群众上来。各部门要强化过程服务，深入企业、深入项目工地，主动上门提供服务；要善于把监管寓于服务之中，优化企业服务机制，有效提高政府监管服务水平，提高企业满意度。

优化营商环境，要把落实责任与合力推动结合起来。深圳政府要加强对打造一流营商环境工作的领导，切实推动营商环境的优化。要围绕解决深圳实体经济及营商环境中存在的突出问题，制定落实到具体部门的详细措施，并加大监督和引导执行力度。各部门要直面存在的问题，真抓实干，积极整改，鼓励敢作为、善作为，定期向上级汇报实施进度，切实形成全方位、各领域共同推动营商环境优化的工作格局。

优化营商环境，要把攻坚克难与争创一流结合起来。打造一流营商环境，要推动各部门把责任担起来，破除各类障碍，让企业和群众看到实实在在的变化。一方面，加强舆论引导，既让企业和群众成为优化营商环境的受益者，又要引导企业和群众成为优化营商环境的参与者、建设者和维护者；另一方面，主动向国际国内先进地区对标看齐，积极借鉴各地成功做法，善于从观念、思想上提升，从体制、制度上创新，从监管、服务上突破，推动深圳营商环境成为国际一流。

五 对策与建议

从深圳外资企业的现状来看，其已经具备了通过高质量发展推动全市经济发展的基础，同时也为深港进一步合作奠定了一定的基础。从行业现状来看，外资企业趋向于第三产业，但是也在不断投入高端制造业，这些都是外资企业的创新的产业基础，并在空间上形成了多中心的格局。但是，虽然深圳外资企业创新意愿在近年有所回升，但是依然面临研发投入过低、波动性较大等不足。深圳应该充分把握粤港澳大湾区、前海自贸区以及深港合作的政策机遇；利用自己创新基础雄厚、创新产业高端、创新配套齐全的优势，结合外资企业的诉求，参考现有的北京、上海、新加坡、法国四地促进外资企业创新的有益尝试。未来深圳推动外资企业发展，重点应当做好三方面的工作：一是以更大的改革力度应对国际贸易环境的外部冲击；二是以更新的举措加速深圳建设国际创新中心进程；三是以更优的理念打造国际水准的营商环境。

（一）以更大的改革力度应对外部冲击

1. 提前谋划应对措施，做好风险预案

（1）建立外贸风险信息共享机制。鼓励出口企业与美国进口商密切沟通，深入了解美国外贸政策的走向，并将信息汇总至市经信委。由深圳市经信委牵头建立出口企业外贸信息共享平台，将企业级前沿信息进行整理、分析、研判之后，通过信息共享平台告知出口企业。

（2）建立外贸信息调查服务系统。完善外经贸运行分析的系统建设，以前沿信息技术和完善的经济模型提升分析质量，增强与企业互动和服务企业的能力。根据市场变化，进行重点行业、重点产品和重点市场定向调查分析。

（3）建立深圳外贸风险准备金制度。联合外贸企业、行业协会、金融机构，共同研究建立外贸风险准备金制度。鼓励企业在外贸风险发生前预留准备金，以便在风险发生后能够及时获得应急资金。建立企业外贸风险准备金的风险共担机制，将外贸风险准备金的一定比例作为保险资金，促使外贸企业实现风险共担。

（4）督促对美出口企业做好风险预案。对纺织服装产业、机电产业等对美出口重点产业的出口企业财务状况进行全面摸底、评估，建立出口企业财务预警系统。鼓励对美出口企业做好风险预案，尤其是要保持充足现金流，防范局部贸易战带来的负面冲击。

（5）加大出口信用保险支持力度。通过短期出口信用保险支持，加大

对中小微企业及新兴市场开拓的扶助力度。鼓励保险公司开发适合深圳市产业特色的保险产品，不断完善出口信用保险服务。联合相关保险公司深入企业举办出口信用保险政策宣讲，帮助企业提高风险防范能力。

（6）对重点企业跟踪监测，谨防"高端转移"。加强对6类百强企业、领先企业等重点企业开展跟踪监测。做好对华为、富士康、比亚迪等企业的动态研判和分析，稳定重点外商投资龙头企业。

（7）培育贸易服务平台，扩大对外合作。积极引进国内外知名贸易服务企业，大力支持外贸综合服务企业发展，为中小企业开拓国际市场提供一站式服务。发挥行业协会及中介服务的组织作用，为出口企业提供国外市场信息与相关服务。

2. 拓展国内外市场，实现平衡发展路径

（1）加大对出口企业的扶持力度。持续优化退税服务，提速退税办理，加大对出口企业的扶持力度。在严格审核审批、严防骗税的前提下，准确及时办理出口退税，做到快审快批、应退尽退，有力地支持出口企业稳定健康发展。

（2）加强辅导，助力企业"走出去"。不断加大对"走出去"企业的辅导力度，让企业了解"走出去"的税收政策和贸易政策，适应各国的政策，帮助企业享受相应税收协定的优惠待遇，增强企业运用税收协定维护企业在境外的合法权益的意识，防范涉税风险。

（3）推动企业进行AEO认证。加大对深圳市企业AEO认证的宣传力度，鼓励企业进行AEO认证，提升出口企业在国际市场上的信用度。对从事出口业务的企业进行AEO认证给予资金支持与流程辅导。

（4）加大对国际税收优惠政策的宣传力度。大力宣传高新技术企业税收优惠政策、研发费用加计扣除优惠政策等优惠政策，帮助企业及时了解和准确掌握税收优惠政策，引导企业正确利用各项税收优惠政策，避免涉税风险，切实维护企业自身的合法权益，确保国家税收优惠政策真正落到实处。

（5）提升境外展会水平与影响力。联合全市各区打造具有一定国际影响力的境外展会。在开展境外展会过程中，重点扶持受美国关税政策影响较大的企业，帮助其在新兴市场经济国家开市场、保份额。

（6）推动企业在海外设厂，规避关税壁垒。针对技术水平和盈利能力相对不足的纺织制品和其他制品产业，鼓励企业在海外设厂，支持企业在全球化配置资源的过程中获得更高利润，以促进技术创新和模式创新。通过海外设厂，规避美国涉华关税壁垒以及其他形式的贸易保护主义措施，并鼓励企业将设计环节、研发环节留在深圳，实现就地升级。

（7）支持外贸企业在海外建立自主营销渠道。支持外贸企业直接对接国外最终零售商和品牌运营商，优化目标客户。支持传统的外贸加工生产企业在海外建立渠道、售后服务体系，推动解决自主品牌在海外跨境支付、国际物流、本地配送、全球仓储、大数据系统、备件维修以及当地税务、财务、法务等问题。

3. 构建危机救助体系，帮助企业渡过难关

（1）增加贷款支持，保证企业资金链安全。针对受到贸易战冲击的企业，加大贷款贴息力度，帮助企业获得稳定的贷款支持，保证企业资金链安全，帮助企业在贸易战期间度过危险期。

（2）制定债务延迟计划，减轻企业财务负担。对于受外贸风险冲击较重而出现财务困难的企业，帮助其与金融机构协调，延迟企业贷款本息支付期限。由于还款延迟而产生的财务成本由企业、金融机构与财政资金共担。

（3）制定税收延迟计划，缓解企业的短期困难。对于受美国关税壁垒影响严重的企业，延迟税收缴纳期限，缓解企业的资金压力，降低企业的短期财务负担。在税收延迟支付期间，免收滞纳金，并允许企业进行合理避税。

（4）构建企业托管体系，帮助企业进行危机管理。联合国内外知名资产管理公司，针对深圳市外贸企业做好企业托管体系。当企业受到关税壁垒严重冲击时，可以由资产管理公司临时托管，帮助企业在危机期间做好风险处理、市场拓展与管理提升。

（二）以更新的举措加速国际化进程

1. 以点带面构建国际人才大都会

（1）建立"深圳国际人才城"。以福田保税区及周边规划填海造陆区域

为发起点，构建国际人才集聚区，以点带面推进深圳人才国际化建设。建立"深圳国际人才城管理委员会"，加强国际人才城基础设施、生活配套、制度环境建设，总结可复制、可推广的人才国际化建设经验，促进深圳全市人才国际化发展。

（2）成立"深圳国际移民办公室"。优化深圳市外国专家局（深圳市涉外就业管理办公室）服务机制，在深圳市外国专家局下设"深圳国际移民办公室"，统筹外国人才移民事务与公共服务；以单一窗口对接国际人才，实现国际人才一站式服务；提高服务内容英语化程度，减少沟通障碍；为国际人才提供线上和线下免费语言学习服务。

（3）完善外籍人才永居申请及居住证制度。优化外籍人才永居积分制度，降低外籍人才永居申请门槛。建立高端外籍人才"永居直通车"服务，对高端外籍人才简化永居申请流程，凭深圳主管部门认定书可直接申请永居资格。优化国际人才居住证申请流程，缩短申请时间，明确国际人才居住证服务范围。简化和缩短国际人才就业、留学、创业、居住等的申请限制、申请流程、申办周期，给予国际人才就业和居住的社保、医疗、教育等"国民待遇"。发挥自贸区制度创新的优势，在深圳前海探索建立国际领事馆线上网络平台和线下领事馆集聚区，搭建国际交往新平台，提高深圳的国际影响力。

（4）提高高校、企业的人才国际化动力。优化面向发展中国家和欠发达国家的国际留学政策，为优秀国际人才提供全额奖学金。以博士后和留学生建设为突破口，提升高等院校人才国际化水平。加强自贸区离岸创新创业基地建设，为国际人才创新创业提供低成本、高效率的服务平台。发展人才中介服务机构的国际业务，降低国际人才来深圳的成本。以才引才，建立国际人才库，搭建国际人才征信系统。

2. 从国内移民城市向国际移民城市转型

（1）加强城市交通设施国际化建设。强化深圳在国际航空、国际铁路、国际港口的枢纽作用，着力打造海陆空综合枢纽城市和"一带一路"双枢纽城市。增加宝安机场的国际航线数量，对接更多国际科技创新中心,高标准打造宝安空港创新区。建设国际高铁枢纽城市,依托高铁优势,打造连接东亚、东南亚、欧洲的高铁枢纽中心;建设深圳北站新城为深圳新国际商务中心。增强港口的国际化能力,提升港口在国际贸易中的运输能力和信息节点作用,依托盐田港深水港优势和深圳湾信息港优势,建设"临港国际创新区"。

(2)完善"全球城市"的基础生活设施。借鉴国际科技创新中心城市的规划建设经验,在英文标识、路牌、招牌、地图指引、公交站点等细处着眼,为国际交流合作准备硬件。聘请具有丰富海外留学、工作经验的顾问团队,对深圳城市建设国际化方面急需解决的问题进行研究,形成系列专题研究报告,为城市建设提供"有高度、有细节"的国际化发展建议。

(3)启动政策法规文件翻译工程。使主要法律、法规、政策均有对应英文版本。减少法律、法规、政策的原则性表述,提升实操性内容。撰写不同语言版本的政策指引,以图文并茂、中英对照等形式,加强法规、政策宣传。建立国际化便民服务网站,展示深圳国际相关法规、政策,推动公共服务信息化、网络化。

(4)打造适应国际科技创新中心地位的社会生活环境。设立市民国际化礼仪必修课,以国际化规则、礼仪为培训内容,结业颁发证书;围绕结业证书建立激励机制,提升市民参与学习的积极性、主动性。从幼儿园阶段起,强化国际化标准的文明礼仪和道德教育,为构建"讲秩序、守规则"的国际化文明社会奠定基础。

(5)以合作促文化,深化国际创新文化交流。深化社科领域的国际合作,在合作关系上,建立长效机制,吸引和鼓励以深圳城市发展为对象开展的国际研究,支持开展"一带一路"沿线国家的政治经济研究,为深圳企业全面国际化提供国际文化背景研究支持。

3. 打造国际创新资本与机构集聚高地

(1)发展知识型资本,打造国际创新资本集聚地。改革科技金融领域外商投资的制度性障碍,研究税收等政策,积极引进国际知名天使投资、风险投资，鼓励国内知名创新资本与国际知名创新资本合作，支持国际创新资本吸引国际创新项目到深圳发展。

（2）吸引全球有影响力的国际智库、国际组织和协会在深圳设立总部、分支机构和研发中心。与香港高校建立更加紧密的交流关系。改善国际学者来深圳工作和交流的制度环境。积极举办国际活动，提升深圳国际知名度。以企业、NEO组织、社区、创客中心、社群组织等为主体，持续开展国际文化交流活动。

（3）丰富国际合作基金种类，支持国际交流与研发合作。扩大已有的深圳市国际交流合作的基金规模，更广泛地支持国际交流项目以及资助民间机构和市民的国际交流活动。鼓励深圳各区根据自身情况设立国际交流与合作基金，用于国际化推进项目的实施。建立"自主创新示范区国际化发展专项资金"，提升深圳企业的国际化水平。

4. 构建开放创新的发展环境

（1）打造深港科技创新特别合作区。充分发挥深港优势，将深港边界地区的保税区和河套地区连片建设成为两地创新要素无缝对接的特定区域，试行人、财、物的自由流通，建立有利于科技产业创新发展的制度体系，营造国际领先的创新创业环境，为推进全国科技创新重要领域和关键环节的改革探索新路径。

（2）建设粤港澳大湾区创新高地。争取国家在粤港澳大湾区城市群发展规划中充分发挥深圳改革开放试验田和创新发展主力军的作用，支持深圳开展先行先试，充分发挥深圳与港澳紧密合作的独特优势，打造更高水平的对港合作和对外开放的先导区。

（3）完善深圳市对外交通网络。深圳机场三跑道空域需求涉及整个珠三角的空域调整，以珠三角地区空域精细化改革试点为契机，加快制定珠三角地区空管规划与空域结构整体优化方案。以粤港澳大湾区规划建设为契机，争取国家和省支持深圳完善对外铁路通道及城际网规划，持续加大对外铁路、城际铁路沟通协调力度，提升深圳市铁路枢纽城市地位。

（三）以更优的理念打造一流营商环境

1. 强化知识产权保护与服务

（1）实施最严格的知识产权保护制度。深入落实《深圳市关于新形势下进一步加强知识产权保护的工作方案》，确定各项工作任务，实施最严格的知识产权保护措施，加强督促落实，定期通报工作进度，确保任务落实。加强知识产权特区立法，吸收借鉴国际通行的知识产权保护规则，制定涵盖专利权、商标专用权、著作权、商业秘密等知识产权各领域的"深圳经济特区知识产权保护条例"，在调整知识产权损害赔偿标准、实施惩罚性赔偿制度、举证责任分配、标准必要专利保护制度等方面先行先试，提升知识产权保护标准，切实降低企业维权成本，加大对知识产权侵权违法行为的惩治力度。

（2）助力完善国家知识产权法律法规。基于深圳发展经验与研究，建议国家加快推动专利法修改，引入惩罚性赔偿措施、行政强制措施和行政处罚措施，加大对侵权行为的惩治力度，让侵权者付出沉重代价。同时建议加快对商标法和版权法的修订，全面提高知识产权保护标准。

（3）加快建设国家技术转移南方中心。启动深圳科技创新服务大厦、深圳技术交易中心建设工作，健全技术交易中心管理办法、管理架构、运行机制，引导技术交易中心高效规范运营。支持与各区（新区）、其他技术转移转化服务平台的联动，建设技术转移全球交易、知识产权运用、技术项目中试熟化、国际并购等服务平台网络。依托深圳的技术转移国际化、市场化优势，将国家技术转移南方中心建设成为技术转移机制完善与商业模式创新的试验田，成为高校、科研机构、企业技术转移体制机制创新的示范区，成为我国技术成果集成转化和区域创新合作的核心区，成为具有全球影响力的国际技术转移中心。

（4）打造大湾区知识产权服务中心。争取国家新闻出版总署的支持，联合知识产权相关单位，打造大湾区知识产权服务中心。集聚专利技术运营、知识产权人才培养、企业知识产权顾问、信息检索与分析、知识产权维

权援助、知识产权法律服务等相关资源，为企业提供高品质的知识产权服务。

2.切实降低企业负担

（1）着力降低中小企业的融资成本。在降低中小微企业融资成本方面，探索将间接融资转变为直接融资。银行融资成本相对较高，且利率的调节由国家根据市场的变化进行宏观调控，地方政府无法决定利率的高低，仅能通过对银行、担保机构运用风险补偿、贴息等方式，让更多的企业获得贷款，但地方政府无法通过此方式从根本上实现小微企业融资成本有效明显的降低。建议将间接融资的思路转变为直接融资，更多地通过培育企业上市、发行债券、设立创业投资引导基金、发展股权投资等方式让企业进行融资。

（2）改善企业物业、电力等基础服务。鼓励物业服务龙头企业开放物业服务云平台，为企业、居民提供优质物业服务。支持物业服务龙头企业构建开放型生态系统，以采购、标准、平台优势，帮助中小微物业企业提升服务质量。与南方电网合作研究解决方案，保障重点企业全年供电安全；通过三年努力，实现全市重点企业不断电目标。对大数据企业等用电大户，制定专门供电方案；鼓励企业开发节电、储能、错峰用电技术，降低高峰期电网负荷。

（3）建立融资租赁服务中心。参考上海融资租赁服务中心的做法，支持国内外知名金融机构、融资租赁协会，联合打造大湾区融资租赁服务中心，为制造业提供设备融资租赁服务，推动产业升级。以区位条件较好的楼宇为载体，采用市场化运作模式，推动大湾区融资租赁服务中心在融资租赁服务、产业研究、人才培养等方面充分发挥产业支撑力。

（4）建设技术先进型服务业培育中心。依据财政部、税务总局技术先进型服务企业所得税减免政策，鼓励并辅导符合标准的服务业企业申报技术先进型服务企业。梳理具备申报潜力的企业名单，建设技术先进型服务业企业库，宣传减税政策，对照认定标准，帮助企业缩小差距，争取服务业企业所得税减免在最大范围内落实。

3. 优化产业支持政策

（1）实施技术改造倍增计划。利用产业发展专项资金支持企业技术改造，降低企业技术改造项目申报门槛，提高资金资助标准，主要支持数字化工厂、智能化工厂、工业互联网等智能制造投资项目。建设重大工业项目库，对经政府认定的重大工业（技术改造）项目，给予重点支持。

（2）打造辐射全国的高标准虚拟孵化器。支持专业机构建立虚拟孵化器运营平台，通过平台对接中小企业与银行、担保机构、风险投资、管理咨询、商务服务等企业成长所需的各种资源，形成可复制的商业化模式。依托虚拟孵化器，开设"中小企业成长指数班"，服务全国范围内的创新创业活动，并力争将优质项目引入深圳市。

（3）开发基于政策与数据的产业服务平台。将企业成长性评估作为产业资金政策申报的前置条件，根据权威机构的评估结果，按企业成长性确定其可享受的产业资金上限。以此机制建立产业在线服务平台，鼓励企业填报并及时更新数据，形成全市优质企业数据库。依托数据库，联合金融机构对企业进行债权与股权支持，形成精准支持的产业服务体系。

（4）开发"一带一路"产业服务平台。支持深圳市国际交流合作基金会、行业协会等机构，研究制定建设方案，开发"一带一路"产业服务平台，支持企业拓展"一带一路"沿线市场。健全"走出去"金融支持体系，发挥政策性金融机构的作用，鼓励社会资本参与，拓宽海外投融资渠道。支持成立"'一带一路'诚信促进中心"，对沿线政府、企业及其他经济主体开展诚信评估，定期发布《"一带一路"诚信发展报告》，缓解"一带一路"倡议推进过程中的信息不对称。

4. 推进"放管服"工作创新

（1）加强省市联动优化企业服务。建议省有关部门进一步明确在推进全省政务服务事项实施清单"十统一"工作中的有关标准，并给予各地市一定的自主权，保留各地市在推进"互联网+政务服务"工作中好的做法，避免走回头路。建议省有关部门考虑深圳人行受理企业开户实施"2+2"审核制度（即商业银行在受理企业开户申请之日起2日内完成开户审核，

深圳人行随后在 2 日内完成开户核准）的实际情况，进一步研究深圳市企业开办评价是否包含银行开户时间。

（2）探索合作成立"放管服议事厅"。探索建立全市范围内的"放管服议事厅"，专门负责政府文件、政策、流程的审查清理与优化工作。借助"放管服议事厅"，调动专家学者、企业家等社会各界的经验与智慧，为全市构建世界一流、全国领先的营商环境提供强有力、可持续的支撑。

（3）推进政府服务法治化建设。与国家和省层面沟通，建议研究出台"互联网＋政务服务"相关行政审批法律法规，明确电子档案、电子签名、电子审批数据、数据化审批的法律效力，并且进一步推动事权管理重心下移，使地方在推行政务服务时能够对整个业务流程进行全面再造，进一步推动"互联网＋政务服务"发展。

（4）形成更加统一的经济改革权责体系。建议通过政府部门内部核查、告知承诺、政府部门间信息共享、自律管理等方式，优化审批流程，创新工作模式，取消调整涉及国家部委的相关证明事项，方便企业群众办事。

B.11
国际科技创新中心发展经验与启示

魏建漳*

摘　要： 加快推进创新型城市建设，对于增强自主创新能力、加快经济发展方式转变、促进区域经济社会又好又快发展和建设创新型国家意义重大。本报告在对相关文献进行总结分析的基础上，阐述了科技创新中心相关概念以及理论，对国际科技、产业创新中心的成功发展路径进行分析，总结国际科技、产业创新中心建设的共性和个性，从建设创新型全球城市战略、建设创新型全球城市的创新驱动战略、建设创新型全球城市的区域一体化战略、建设创新型全球城市的制度创新战略等方面进行战略分析并提出相关建议。

关键词： 科技创新　创新中心　创新战略　全球城市

一　绪论

（一）经济全球化推动中心城市向国际化发展

1. 经济全球化的内涵

经济全球化（Economic Globalization）是指世界经济活动超越国界，通

---

* 魏建漳，经济学博士，"一带一路"国际合作发展（深圳）研究院研究员，主要研究领域为创新创业、产业政策、产业规划。

过对外贸易、资本流动、技术转移、服务提供、相互依存、相互联系而形成的全球范围的有机经济整体的过程。在这个过程中，商品、货币、技术、信息、人员等生产要素实现全球流动，世界经济逐渐成为一个紧密联系的整体。经济全球化不仅是全球经济发展的一个特征，也是全球经济发展的显著趋势之一。

经济合作与发展组织（OECD）认为，"经济全球化可以被看作一种过程，在这个过程中，经济、市场、技术与通信形式都越来越具有全球特征，民族性和地方性在减少"。对于经济全球化可以从三个方面进行解读：各个国家之间的经济活动联系逐渐增强，各国之间相互的经济依赖程度不断提高；各个国家内部的经济发展逐渐趋于一致化；随着经济的发展，国际经济协调机制不断强化，各种区域性组织和多边组织发挥着协调和约束世界经济活动的作用，并且逐渐增强。总体而言，把市场经济作为基础，把先进科技以及生产力作为方式，把发达国家作为主导力量，把利润最大化和经济效益最大化作为发展目标，经过跨国公司以及分工、贸易、投资等要素的流动，达到了各个国家之间的市场协作及分工，把实现互相融合发展的过程看作经济全球化。

2. 经济全球化的表现

（1）贸易自由化。伴随着全球经济的快速融合发展，各国之间货物贸易、技术贸易以及服务贸易得到迅速发展，全球多边化贸易体制的发展及形成在很大程度上受到经济全球化的促进和推动，从而国际贸易得到加快发展，同时促进了统一的国际准则在WTO成员之间的推进。

（2）生产国际化。人类社会不断发展和进步的根本动力是生产力，正是生产力推动了世界市场的范围不断扩大。科技革命的到来以互联网的产生及发展为标志，科技革命缩小了各个国家之间在时间以及空间上的距离，推动世界贸易结构产生巨大的改变，生产要素在此过程中形成跨国流动。科技革命为全球化生产奠定了基础，更是推动经济全球化发展的根本动力。

（3）资本全球化。跨国界进行的金融业务不断增多，全球性金融机构网络逐渐形成，跨国贷款、跨国并购以及跨国证券发行等跨国金融活动发展势头良好。全球主要的金融市场表现出时间上的相互连续、价格上的相互联动，成千上万亿的交易活动在几秒内的时间就可以完成，最为突出的是外汇市场，其已经表现出最具流动性和全天候的特征。

(4) 科技全球化。科技全球化表现出各个国家的科技资源在世界范围内实现流动及优化配置的特征。科技全球化是经济全球化的最新拓展以及快速发展的领域，突出表现在先进的科学技术和领先的科研能力发生大范围及大规模的跨国转移，跨越国界的联合开发活动是广泛存在的。具有代表性的产业是信息技术产业，此产业的各个国家技术标准不断地朝着一致性方向发展，跨国公司通过在垄断技术标准使用方面的控制，掌握了行业发展的控制权，同时获得行业发展的超额利润。经济全球化发展过程中的4个载体均同跨国公司有紧密的联系，抑或说在经济全球化发展的过程中，跨国公司就是推动者以及承担者。

3. 中心城市国际化

(1) 中心城市的内涵。中心城市，是指在一定区域内和全国社会经济活动中处于重要地位、具有综合功能或多种主导功能、起着枢纽作用的大城市和特大城市。国家中心城市是处于国家发展战略的要津、展现国家意志、承担国家使命、主导区域性发展、跻身国际竞争性领域、呈现国家整体形象的特大城市。同时，国家中心城市是属于现代化发展的领域。2005年，我国第一次出现建设国家中心城市的概念，是在中国住房和城乡建设部编制《全国城镇体系规划》的时候提出的，由此城镇体系格局发生了改变，无论是中国传统意义上的直辖市、省会城市、地级市还是县级市都处于中心城市之下，"中心城市"占据了全国城镇体系金字塔的"塔尖"位置。而后逐渐步入国家中心城市行列的城市有北京、天津、上海、广州、重庆、成都、武汉、郑州、西安。在中国住房和城乡建设部2010年2月发布的《全国城镇体系规划（草案）》中，国家中心城市在中国具备的引领、辐射、集散等功能得到国家层面的确认。

经济综合能力、国际竞争力、辐射带动力、交通便捷能力、信息传递能力、可持续发展力以及科技创新力这7个方面的指标是国家中心城市主要的评价指标。中心城市是一个区域范围内的增长极，中心城市和区域内其他城市互动联系以达到各要素和资源实现最优配置，这推动城市和区域以共同体的形式发展。在我国改革开放初期，学术界、管理层从城市发展、经济体制改革等方面展开对中心城市的研究，着眼于中心城市发挥其强大功能以及实现对周边经济区的发展带动作用，这是中国对经济发展的大胆探索，也是对中国经济发展做出成功的指引。

（2）中心城市国际化的表现。第一，贸易国际化。中心城市在国际市场范围内活跃发展，与国际市场关系密切，形成统一发展的大市场。中介贸易在整体贸易中发挥着重要作用，多边化复式贸易逐渐增加，信息、专利、技术、商标等无形贸易比重不断提升。上交会、博览会、招商会、洽谈会等具有国际影响力的会议、活动定期召开，不断推动中心城市在国际贸易中形成国际化联系。

第二，生产国际化。中心城市在国际产业分工以及合作的过程中实现社会化的大生产，并促使中心城市的产品市场朝着全天候、国际化以及多元化方向发展，与此同时，在生产流程、产品质量、技术标准等方面向国际化方向发展，同国际社会认可的标准一致，提升中心城市产业发展在国际市场上的竞争力，在世界经济体系中产生一定影响力。

第三，信息国际化。信息资源以商品化的形式作为生产要素融入全球经济发展的大环境。

第四，科技国际化。科技的国际化首先表现在科技成果的商品化呈现，这个过程让科技实现其社会性和实用性价值。科学技术受到专利保护，实现科学技术有专利无国界，让知识产权具有法律保障同时受到社会的尊重。科学技术在世界范围内流动，实现国际水平分工和共同开发，推动科技共同进步。

第五，产业国际化。第三产业在世界范围内迅速发展，这使得全球性城市在金融、商贸、会计、广告、法律、信息等行业发展较为发达，交通、通信、网络、咨询等设施完善，各种服务业都能提供高效、便捷、舒适的服务。金融产业在无差别非歧视性原则的诱导下，通过遵循国际惯例和基本程序实现公平竞争，金融产业的国际化发展是中心城市发展的突出特征之一。金融行业中的保险以及证券等也同步发展，使得银行资本的流动与汇兑业务实现自由化发展，推动金融大系统的良性发展。

第六，开放国际化。全球性城市的社会经济发展对很多国家以及地区开放，资本的国际交流和对外贸易在一个城市社会经济中占较大比重。国际性人员流动增速，人员往来频繁，出入境程序更加简便。

（二）经济全球化对中心城市国际化的驱动作用

（1）优化配置和合理利用。一个国家的市场和资源禀赋在一定程度上约束该国经济运行的效率。经济全球化促进全球经济以最有利的方式进行生产，在最有利的市场环境下进行销售，促进经济效率的提升，呈现全球经济发展的最优状态，提高契合消费者需求的程度。在此过程中，中心城市参与全球经济活动，加强与世界各国的经济联系，其市场发展同世界经济发展紧密相连。

（2）促进国际分工。经济全球化促进国际分工的不断深化，世界市场随之不断扩大，区域经济发展呈现一体化，参与到国际分工的过程中，发挥各自优势，在可以实现比较优势的领域从事产品生产，扩大其生产规模，达到规模效益的最大化。在国家参与世界分工的过程中，中心城市发挥着重要作用，在无形中促进了中心城市的国际化发展。经济全球化的过程中，生产要素的加速流动是由产业发展推动的，在产业演进发展过程中推动资本、技术等生产要素流动。各个国家在以中心城市为主导的参与世界分工的过程中，通过技术、资本的国际交流，提升本国在技术和资本方面的发展水平。同时，在参与的过程中，通过与其他各国的市场竞争和生产要素的交流活动，不断改进管理，努力开发符合市场需求的新产品，从而使本国的国际竞争力得到提升。在这个过程中，中心城市发挥着重要作用，同时其自身的国际竞争力和国际化程度不断提升。

（3）促进经济结构合理优化。中心城市在经济全球化的过程中发挥着重要作用，是以城市为单位推动全球经济发展的重要力量。当前世界上的研究成果是各个国家的科学技术活动发展推进的基础，在经济全球化的过程中推动科学技术在全球范围内流动，进口本国需要的先进技术成为提升国家科技发展水平的一种渠道，尤其是发展中国家的科技发展在这方面表现突出，借助"后发优势"实现科技发展水平的提升以及经济结构的优化。

（4）促进经济多极化发展。经济全球化不仅是一个相互竞争的过程，同时也是各国经济发展融合渗透的过程，呈现跨越国界的更加复杂的经济关系，国别关系、地区关系等朝着多极化和全球化的方向发展，提升各国处理各种复杂关系的能力，促进合作机制的不断完善，在一定程度上推动世界上中心城市的国际化发展。各国以及世界级中心城市在处理复杂国际关系的过程中，共同探讨符合全球性经济合作发展要求的经济规则，这些规则的产生会让参与到经济全球化过程中的国家或地区在部分主权上做出协商和让步，同世界经济规则相适应，中心城市在此国际活动中同世界经济规则相适应，加速了其国际化发展。

（5）促进发展模式创新。生产、资源、贸易、投资以及金融等生产要素在全球化的过程中实现优化配置。跨国公司在全球展开研发、生产和销售链条的全球网络布局，推动发展模式的创新演进。中心城市受国际经济发展环境的影响，发展模式也不断创新演进。一国的经济开放程度同国内人均GDP增长呈正比，一国的经济发展模式要适应国际经济发展的需要，发展模式需要不断创新，融入世界经济发展的大环境中，提升本国的经济发展水平，中心城市在此过程中会根据发展需要创新发展模式，同世界经济发展一致，所以中心城市的国际化程度会提升。

（6）促进国际利益融合。国际利益的融合表现在不同的领域，既有经济领域，也有经济以外的其他领域，不仅在双边领域呈现融合，也在多边领域实现利益融合。因为利益的融合，中心城市之间或者其他经济体之间的联系更加密切。各国之间、各中心城市之间的经济相互依赖程度加深，形成共荣共损的利益格局。全球经济链条越来越紧凑，全球中心城市对世界经济发展的依赖性逐渐增强。中心城市同全球经济体的联系越来越密切，促进中心城市朝着国际化方向发展，中心城市的国际化特征越来越突出。

（7）促进安全内涵扩展。随着世界各国在不同领域的融合发展，各个领域的安全发展要求也越来越高。政治上的安全、经济上的安全相互联系，一个层面出现安全隐患所带来的影响是无法估量的。全球经济的联系加深，各个经济体之间的稳定发展需要良好的安全环境，而经济的繁荣发展对安全环境的要求是多方面，所以传统意义上的安全已经不能适应全球经济的发展要求，非传统意义上的安全已经逐渐得到重视。经济、民生、社会及自然方面的安全问题受到重视，应协调各方面的安全因素，加强国际安全合作，缓和各国及区域之间紧张的军事关系，由传统意义上的安全协作发展到非传统安全方面的协作，模糊安全和发展的界限。多领域的安全协作促进中心城市同世界经济体的联系，国家或地区紧张的关系会因为共同利益而得到缓和。例如，恐怖主义和气候变化问题不是任何单一国家能够解决得了的，美国在反恐中不得不多方借重国际社会。又如，美俄在导弹防御问题上矛盾尖锐，但在非传统安全领域总的来说合作顺利。

（8）推进人类文明进步。中心城市在世界范围内的活跃表现影响着世界经济的发展，经济全球化也推动着中心城市朝着国际化的方向发展。人类文明随着国际化快速发展，中心城市的人类文明进程同世界人类文明进程逐渐同步，所以在这个层面中心城市的文明程度逐渐国际化，中心城市的国际化趋势也在增强。

（9）对地区发展的作用。国家中心城市是《全国城镇体系规划纲要》中提出的位于中国城镇体系中最高位置的城市，国家中心城市发展外向型经济，促进国际经济、文化、政治等方面的交流，在国际发展中具有重要作用。中心城市具有发展成为世界贸易、金融、文化、管理中心的潜力。中心城市对地区发展具有辐射带动作用，地区的繁荣发展会促进各国国际方面的交流，以政治、经济、文化等方面较为显著。中心城市对本国地区发展的影响较大，处于国家发展的战略层面。中心城市的特征可以总结为5个方面：处于国家经济活动及资源配置的中枢地位；国家信息网络以及国家综合交通的枢纽；集国家的文化、科教以及创新中心于一体；在国际上具有竞争力以

及影响力；在一个国家内部处于城市体系中综合实力最强的"塔尖"。国家中心城市所具有的五大特征同中心城市所具备的功能是分不开的，综合服务功能、物流枢纽功能、产业集群功能、人文凝聚功能以及开放高地的功能是中心城市突出表现的功能。中心城市促进区域经济的发展，缩小地区之间的发展差异，加强区域间的交流和联系，同时区域的发展也推动中心城市朝着国际化方向发展。

二 创新中心城市的基本特征

全球城市体系从数量上呈现金字塔形分布，分为三个城市级别。这种分布体系是对跨国公司内部分布状态的一种反映。最高级别作为第一级，发挥全球管理中心的作用，如纽约、伦敦、东京等一些发达国家的特大城市。大量的地方性金融、管理及服务中心构成第二级别的城市体系，发挥着协调上下级关系的作用，很多发达国家的一些城市及少数发展中国家的特大城市属于这个层级。大量进行生产加工、装配制造的发展中国家城市属于第三级即最低层级。城市体系是一个总体上相对粗略的划分，对城市的划分一直存在着异议，但是多数学者将全球城市体系按上述三个等级进行归类。显而易见，这种全球城市体系的划分同世界经济体系存在相互作用，城市经济发展状态基本决定了城市所处的层级。对第一层级全球城市的划分存在的异议很少，基本同意将纽约、伦敦、东京、巴黎等特大都市作为第一层次。对第二、第三级别全球城市等级的划分则有异议，有学者认为层级分类的指标体系不统一导致在不同的视角下会产生不同的指标分类体系。主要有两大分类全球城市分类指标，分别是动态类指标和静态类指标。动态类指标侧重城市的连接、交流能力方面，静态指标侧重城市本身所具有的实力，静态类指标又划分为单项指标和综合指标两类。现在的研究发展来看，对全球城市整体实力的评价需要综合考虑这两类划分指标。

结合创新中心城市的功能和全球城市的特征分析，创新中心城市是全球城市的新形态。城市是区域经济社会发展的中心，是国家经济产出最重要的基地，是各类创新要素和资源的集聚地，城市的发展对区域和国家发展影响重大。创新中心城市是指自主创新能力强、科技支撑引领作用突出、经济社会可持续发展水平高、区域辐射带动作用显著的城市。随着全球化水平的不断提升，国家与国家、城市与城市的联系日益密切，创新中心城市这种城市新形态在全球城市中发挥的作用越来越突出，也是全球城市发展的新形态。

（一）创新中心城市的概念

1. 创新中心的概念

所谓创新中心城市，是指在特定区域内（一个国家或地区乃至全球）创新要素集聚、创新基础雄厚、创新活动频繁、创新文化发达、创新氛围浓郁、具有较强创新辐射及示范引领功能的城市群或中心城市。在建设创新中心城市过程中可以实现城市的全方位升级，在新一代信息技术、知识社会支撑下的社会创新环境中，创新中心城市具有全面感知及广泛运用互联网和智能融合的条件，形成有利于创新发展的制度环境及产业生态环境，达到以开放创新、用户创新、大众创新及协同创新为突出特点的且以人为本的可持续性创新，提升城市公共价值，同时为城市中的市民创造城市独特价值，达到城市通区域可持续发展的城市发展状态。

2. 创新中心城市的特征及功能

创新中心城市具备创新性、集聚性、系统性、成长性和辐射性五个方面的特征。创新是创新中心城市的灵魂，创新性这个特点是创新中心城市必须具有的根本特征。创新中心城市是其所在国家或地区甚至可以是全球的新知识、新技术及新产品生产的中心。创新中心会集聚各种创新资源和创新要素，形成集聚效应。这种创新资源及创新要素的集聚会形成区域创新系统，由诸多因素集成，相互关联，在整合作用下影响创新的结果。创新中心城市会经过一个不断积累壮大的过程，是一个国家或地区甚至世界的创新枢纽，具备强大的辐射能力，带动区域创新发展。

创新中心城市作为创新驱动发展环境下的一种新模式，在促进城市及其所在地区创新发展中发挥着引领作用。雄厚的经济实力、完整的产业体系、丰富的科技资源、完备的基础设施、发达的信息网络等是创新中心所拥有的城市发展优势，这些优势也让创新中心城市具有强大的城市综合实力，形成区域自主创新的密集区及核心区，发挥着集聚创新资源的重要作用。通过技术扩散、知识的传播及协作生产，创新中心城市辐射周边城市圈、区域及经济带，促进点、线、面的网络化科技创新体系形成，建立起具有关联性的创新文化、创新体制。创新中心城市以其创新外溢及辐射带动作用在创新区域体系中发挥着支撑和引领作用，是创新体系中的增长极和动力来源。创新驱动发展战略受到国家大力支持，其核心目标是转变经济增长方式、优化产业结构。创新中心城市为国家实施创新驱动战略提供经验，起到示范作用。

（二）国际科技产业创新中心的主要特征

（1）强大的科技成果转化能力。科技产业创新中心也具有产业性特点，只是侧重点不一样，两者融合后更有利于科技成果转化，更具推动创新成果产业化发展的条件，形成强大的科技转化能力。

（2）技术育成加速功能。科技产业创新中心对产业技术的孵化、育成等方面起到促进作用，加速服务发展。科技产业创新中心是实现新发明、新知识、新技术落地的区域载体，尤其是在新兴技术的孵化方面有很强的能力，相较于单纯的知识发源地而言具有强劲和规模化的产业发展驱动力。

（3）城市发展优化功能。科技产业创新中心推动城市向更高层次发展的能力，在各个产业均具有较强的资源配置及承载能力，是新兴产业发展繁荣的支点。反之，新兴产业和新兴技术在科技产业创新中心的发展也会推动创新中心的发展，给当地经济发展注入活力。这种良性的循环促进城市发展，推动创新型城市建设。

总而言之，科技产业创新中心除了技术创新的基本属性外，其产业属性和城市属性也是非常突出和重要的，这是有别于其他创新中心的重要特征。

三 国际经验借鉴与启示

（一）国际化是创新中心建设的必由之路

国际分工从产业间分工到产业内分工，即同行业不同商品生产的分工，一直在深化。近年来，同一商品不同部分零件的生产分工，甚至同一零部件的不同生产过程中的分工也出现了。这样，一个地区就不必具有整个行业的优势，只要它具有某种商品生产环节的优势或者某些部分乃至行业的某个程序上的优势，就可以展开国际竞争。随着各生产环节和生产现场的比较优势和竞争优势的不断变化，产业的跨国转移在受利益驱动的跨国公司推动下不断发生。在这样的环境下，一个地区可以从某些过程、某些零部件和某种货物的生产上从发达国家那里承接过来，实现生产的转移，并通过建立开发区和打造良好的投资环境使得国际产业得到集聚。

贸易的国际化、人才的国际化、资本的国际化等生产要素的国际化发展使得创新中心建设也要朝着国际化的方向发展。根据联合国的统计数据，每年接近10万亿美元的国际贸易中，跨国公司参与的比例占到2/3，跨国公司之间的内部贸易占其中的一半，跨国公司和非跨国公司的贸易占1/3。这种以跨国公司为主的国际贸易活动显然跨越了国界。跨国公司在全球范围内的经济布局必然使得资本呈国际化发展。发达国家对发达国家的投资以及发达国家对发展中国家的投资是国际投资的主要方向。自1994年，世界范围内的跨国并购大幅增加，并且成为国际直接投资最重要的方式。人才的国际化包含人才素质的国际化、人才活动空间的国际化。国际化人才流动让地区及国界的概念越来越模糊，人才在世界经济竞争中处于关键地位。具备国际素质的人才对于开拓国际市场是至关重要的，熟知国际规则、世界格局和战略眼光独到、文化沟通能力强的国际人才会提升管理效益。经济全球化发展推动资本和技术配置的全球化发展，同时促进人才的国际化流动。

（二）一体化是创新中心建设的内在要求

综合国际创新中心的发展情况，创新中心的发展成为区域创新一体化的特点，硅谷、东京、德国巴符州等国际创新中心都呈现这一特征。

促进创新要素在世界范围内合理地流动及高效率地发展，打破城市间、城乡间、区域间的行政区划限制，寻求创新资源要素的无障碍流动共享机制，形成区域发展合作一体化的创新机制，提高创新发展的效率。对各地区创新系统进行整合，促进区域创新能力的提升，从而推动区域经济快速发展，让资源在区域间实现合理有效的配置和科学的利用。打破行政壁垒、提升区域间创新协作和配置资源的能力、促进集成创新等是区域一体化发展的要求和作用，让各区域在创新全球化过程中成功应对世界挑战。

（三）法治化是创新中心建设的基本保障

创新体系的良好运行离不开健全完善的科技法律制度。科技法律制度可以对创新主体之间的关系进行调节，让创新机制实现分工协作、运行高效的良好状态，并且法律制度可以引导资源在科技创新领域集聚，激发创新者的创新活力，推动科技创新活动有序进行。同时科技法律制度对科技成果的转化运用起到规范和促进作用，缩小科技创新带来的负面影响，保障科技创新活动的可持续发展。宪法在支持和保护各国科技创新和高科技产业方面发挥着重要作用，也是各国的坚实后盾。深圳在科技法律制度方面需要借鉴关于科技创新的立法经验，结合深圳自身的实际发展情况，在原有基础上逐步建立契合深圳创新发展要求和经济发展要求的科技创新法律保障体系，为深圳建设成为全球科技产业创新中心提供基础保障。

（四）制度创新是创新中心建设的根本路径

技术创新及管理创新的良好运行离不开合理完善的创新机制，创新的前提条件是制度创新。企业制度需要随着社会经济的发展变化调整，落后的企业制度不适应新的发展环境，会阻碍和制约创新的发展。社会政治、经济和管理制度等方面的革新是制度创新的核心内容，人的行为以及相互之间规则的变化受到制度创新的支配，组织与其外部环境发生变化使得相互关系发生变更，激发和提升人们的创造力及积极性，推动社会资源科学合理地配置，持续创造新知识和社会财富，推动人类社会发展进步。

　　自主创新毋庸置疑是强国之路，制度创新是自主创新的重要保障，不仅推动着自主创新活动的展开，也促进社会经济的发展。因此，制度创新应该是一个需要解决的首要问题，也是自主创新取得突破性进展的关键。鼓励并支持自主创新发展的良好文化氛围及制度环境需要从体制改革、作风建设、政策扶持、人才培养等方面展开。制度创新是创新中心建设的根本之路，所以需要从各个层面完善和优化创新制度，助力创新中心建设和发展。

B.12 日本氢燃料电池汽车产业发展经验研究

钟利红 胡 政*

摘 要： 通过对日本氢燃料电池汽车产业的发展历程、政策体系、核心技术定位和生态协同发展路径的分析，吸收成功经验，规避风险陷阱，探索提出精准有效的氢燃料电池汽车产业发展建议，助力新能源汽车产业基地的打造。通过对日本氢燃料电池汽车产业生态进行分析后发现，氢燃料电池汽车在日本受到大力推广，成为未来重要的产业领域，中国在发展新能源汽车产业时需加强技术攻关，克服短板，强化中日产业链条合作，构建汽车智能时代的产业生态。

关键词： 氢燃料电池 汽车产业 新能源汽车

一 日本氢燃料电池汽车发展现状

（一）日本新能源汽车总体情况

1. 全球新能源汽车产业保持高速增长

从销量上看，全球新能源汽车产业增速迅猛。如图1所示，2017年全球新能源汽车销量达到155万辆，同比增长36%。2011~2016年，全球新

---

* 钟利红，深圳市坪山区发展研究中心研究员，研究领域为经济政策、创新创业；胡政，深圳市坪山区发展研究中心研究员，研究领域为制度经济学、环境经济学。

能源汽车销量分别为 5.1 万辆、11.6 万辆、17.9 万辆、36.4 万辆、54.9 万辆、114.7 万辆。2011～2017 年，全球新能源汽车销量保持了 76.7% 的复合增长率。

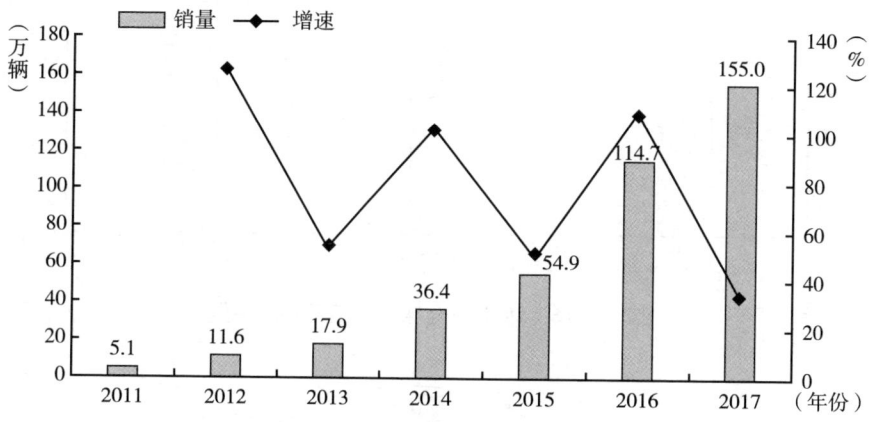

图 1　全球新能源汽车销量情况

资料来源：电动汽车资源网，http://www.evpartner.com/daas/。

从功能上看，乘用车是全球新能源汽车主体，在新能源汽车销量中占比近 80%。根据知名市场研究机构 EV-Sales 的数据，2017 年全球新能源乘用车累计销量突破 122 万辆，同比增长 58%，市场份额突破 1%；2016 年全球新能源乘用车累计销售则达到 77.4 万辆，同比增长 40%（见图 2）。

从技术路线上看，纯电动汽车依然是主要方向。新能源汽车包括四大类型：混合动力电动汽车（HEV）、纯电动汽车（BEV，包括太阳能汽车）、燃料电池电动汽车（FCEV）、其他新能源（如超级电容器、飞轮等高效储能器）汽车等。据 EV-Sales 发布的数据，纯电动汽车占全球新能源汽车市场的比例约为 66%，插电混合动力汽车占比约为 34%，燃料电池汽车与其他新能源汽车体量仍很小，还处在商业化探索期（见图 3）。

2. 日本新能源汽车产业呈多元发展格局

发展新能源汽车是日本重要的产业战略。2010 年，日本经济产业省在《下一代汽车战略 2010》等战略文件中明确了下一代汽车未来的普及目标：

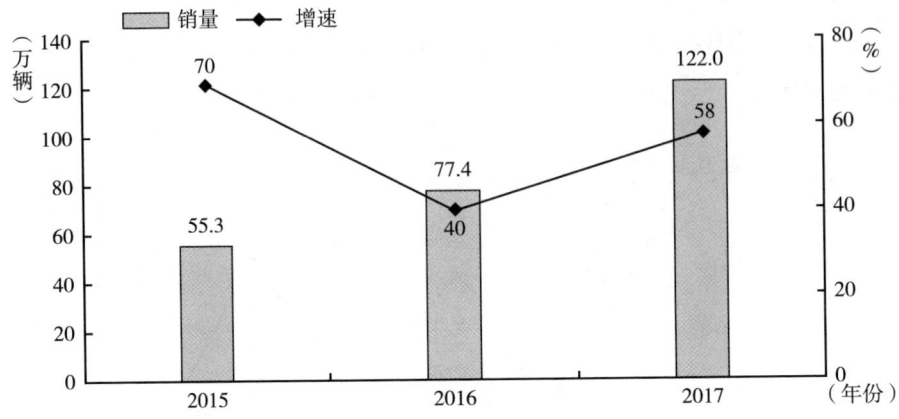

图 2　2015~2017 年全球新能源乘用车销量

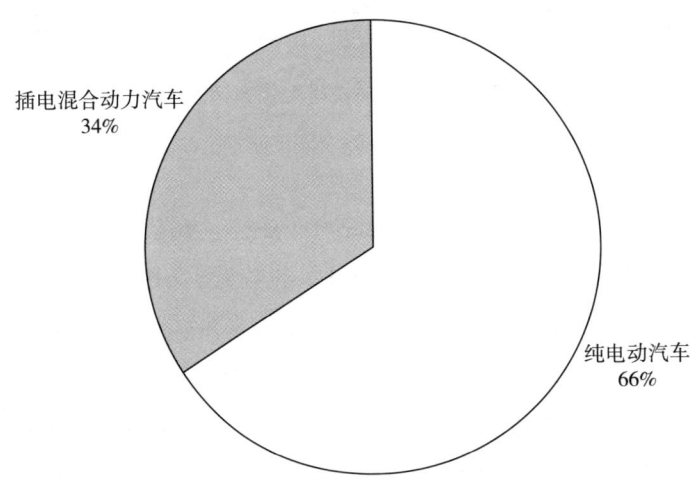

图 3　全球新能源汽车市场比例

到2020年，下一代汽车将在新车销量中力争达到20%~50%的份额；到2030年，市场占比要达到50%~70%。日本政府将"下一代汽车"定义为"非插电式混合动力汽车、纯电动汽车、插电式混合动力汽车、燃料电池汽车、清洁能源汽车、清洁柴油汽车、压缩天然气汽车"等节能与新能源汽车。

坚持多个技术路线并行的发展思路。目前，以丰田普锐斯为代表的非插电式混合动力汽车，受到市场普遍欢迎，新能源汽车的市场接受度相对较低。在此市场背景下，日本政府制定了下一代汽车普及目标，其中非插电式混合动力汽车将在整个汽车市场中长期维持30%左右的占比；传统燃油车市场份额将逐渐让位于新能源汽车。2016年3月，日本政府根据市场实际情况，通过《氢能/燃料电池战略路线图》《纯电动汽车、插电式混合动力汽车路线图》对新能源汽车普及目标进行了适度调整，调整后纯电动汽车、插电式混合动力汽车的实际目标值较原定目标有所减少，燃料电池汽车则大幅调高了普及要求（见表1）。

表1 日本下一代汽车普及目标

类型	2016年实际	2020年	2030年
传统汽车	65.2%	50%~80%	30%~50%
下一代汽车	34.8%	20%~50%	50%~70%
非插电式混合动力汽车	30.8%	20%~30%	30%~40%
纯电动汽车、插电式混合动力汽车	0.4%/0.2%	累计100万辆（原15%~20%）	20%~30%
燃料电池汽车	0.02%	累计4万辆（原约1%）	累计80万辆（原约3%）

资料来源：日本经济产业省《下一代汽车战略2010》《氢能/燃料电池战略路线图》《纯电动汽车、插电式混合动力汽车路线图》。

3. 日本氢燃料电池汽车被寄予厚望

纯电动汽车与插电式混合动力汽车在日本本土发展缓慢，主要销售市场在欧洲。其主要原因有两点。一是在节能方面，其相对优势并不突出。纯电动汽车的市场需求受到非插电式混合动力汽车的挤压。日本本土汽车保有量虽大，但主体是小排量汽车，油耗很低，且随着油电混合动力技术的引入，油耗进一步降低40%左右，因此纯电动汽车的减排优势并不明显。二是日本本土电力价格较高。日本福岛核电站事故造成核能安全疑虑，核能机组全停，以致电价上升。工业用电价格从13.55日元/千瓦时提高到17.53日元/千瓦时，增加28.4%；居民用电价格从20.37日元/千瓦时增至24.33日元/千瓦时，上升19.4%。

日本大力推进氢燃料电池汽车，主要出于两点考虑：一是保障能源安全，二是促进碳排放量降低。在保障能源安全方面，日本一次能源的对外依赖度一直很高，在福岛核电站事故停止核能发电后的2013年高达94.6%。为了保障能源安全，日本逐步调整能源产业政策，促进能源结构变革。氢能源所具有的优越性能和广泛的供应渠道，使日本政府决定开发氢能源，并使其成为提高日本能源自给率和保障能源安全的手段之一。在促进碳排放量降低方面，日本政府承诺到2050年CO_2排放量比1990年减少80%。根据日本东芝公司测算，与以前家庭生活的供热系统相比，ENE-FARM燃料电池可减少49%的CO_2排放量。日本运输部门的能源消费量占其社会总能源消费量的20%，且消费的几乎全部是石油制品，通过燃料电池汽车的推广，CO_2排放量的降低潜力将十分巨大。

（二）日本氢燃料电池汽车发展情况

1. 全球氢燃料电池汽车产业仍处在市场导入期

氢燃料电池汽车被称为"终极环保汽车"，具有零污染、高续航等优点，是新能源汽车的研发重点。但由于全产业链成本居高不下，氢燃料电池汽车的推广面临较大挑战。

氢燃料电池汽车面临全产业链成本过高问题。在整合成本方面，氢燃料电池汽车相对独立复杂的动力系统直接导致氢燃料电池汽车的成本增加。如丰田Mirai售价6.9万美元，远高于其他动力形式的同级别车辆。在加氢站成本方面，建成一座加氢能力大于200公斤的加氢站需要1000多万元，高昂的建设成本显然是加氢站快速发展的严重阻碍。在关键环节成本方面，氢燃料电池的催化剂铂金纯度要求达到99.99%以上，但铂金世界产量很低（全球年产量约为200吨）且价格昂贵（约为黄金的2倍）。

氢燃料电池汽车面临全产业链成本较高的问题，距大规模商业化仍有较长距离。氢燃料电池汽车的商业化，仍需突破四项关键技术：一是基础技术研发，包括燃料电池核心材料和燃料电池过程机理研究等；二是集成技术研发，包括燃料电池动力系统集成技术和整车集成技术；三是关键零部件研发，包括空压机、加湿器等重要零部件；四是基础设施相关技术，包括低成本、低能耗的制氢、运氢和储氢技术。

2. 日本氢燃料电池汽车产业在技术上引领全球

（1）市场地位：日本引领全球氢燃料电池汽车市场。根据《2018年全球氢燃料电池车市场》数据，2013～2017年全球氢燃料电池汽车累计销量达到6475辆，其中50%销售在美国加利福尼亚州，剩余的50%销量中日本汽车制造商占据了绝大部分，其中丰田占比超过75%。在引领全球氢燃料电池汽车产业发展的背景下，2017年丰田氢燃料电池汽车实现销量翻倍，进一步巩固了日本车企在该产业领域的支配地位。

（2）基础设施：加氢站数量全球最多。截至2017年底，日本已成为世界上加氢站最多的国家，公共加氢站数量为94座，德国和美国的加氢站数量分别为45座和40座。其余国家加氢站的建设数量均在20座及以下，与日本、德国、美国有一定差距（见图4）。根据氢能源和燃料电池战略协会发布的《氢能源和燃料电池战略路线图》（2016年3月22日修订）的官方目标，到2021年3月之前建设160座加氢站、普及4万辆氢燃料电池电动汽车。

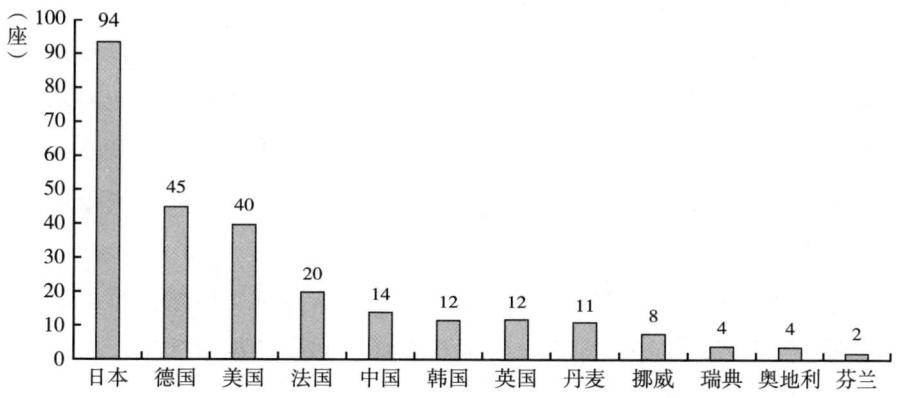

图4　2017年底代表性国家公共加氢站数量

资料来源：前瞻产业研究院，https://www.qianzhan.com/analyst/detail/220/180927 - f76f77f2.html。

3. 日本氢燃料电池汽车将更加关注成本与服务

（1）基础设施建设：以财政补贴加速推进基础设施建设。为降低投资成本，日本政府为新建加氢站提供部分补贴，由"下一代汽车振兴中心"（Next‑Generation Vehicle Promotion Center，NEV）具体管理和发放。补贴的上限根据供应能力进行差异化设计，每年的上限标准有增加的趋势。补贴额取补贴对象所用经费的1/2和其补贴上限二者中最低的额度，移动式和箱式加氢站的补贴额取补助对象所用经费和其补贴上限二者中的最低额度。日本加氢站成本构成如表2所示。

表2　日本加氢站成本构成

分类	成本细分	金额
建设成本	设备采购成本	约3亿日元
	设备安装成本	约5000万日元
	土建施工成本	约7000万日元
运营成本	氢气制备成本	约4000万~5000万日元/年
	氢气运输成本	
	日常维护成本	

（2）关键技术研发：政府大力支持基础技术创新。日本大力投资燃料电池相关技术的研究和示范推广，1995年日本燃料电池的投资只相当于美国的2/3，而在2000年投资额度已高于美国20%。在政府与企业协同创新之下，日本已经形成雄厚的技术积累，仅丰田汽车对同行开放使用权的专利就达到5680个，涵盖燃料电池堆专利、高压储氢瓶专利、燃料电池系统控制专利以及加氢站技术专利等。

（3）整车制造：跨越技术难关进入成本与服务优化阶段。日本氢燃料电池汽车已经突破了技术难关，开始攻克成本和服务设施问题，但是国内仍然面临着技术瓶颈。丰田Mirai与本田Clarity是日本氢燃料电池汽车在成本与服务优化阶段的代表性产品（见表3）。日本氢燃料电池和氢燃料电池汽车技术的突破，使得氢能源技术再次受到重视，其后氢能源应用得到不断发展。

表3 本田 Clarity 与丰田 Mirai 对比

	2017 本田 Clarity	2016 丰田 Mirai
3年租金	15783美元	15063美元
零售价	约6万美元	约5.8万美元
电动机	永磁交流同步电机	永磁交流同步电机
最大功率	174马力	152马力
电池	空冷锂离子电池	空冷镍氢电池
百公里加速	8.1秒	8.9秒
最高时速	169公里	179公里
储氢量	5.5公斤	5.0公斤
EPA换算燃耗（综合/城市/高速）	3.46/3.41/3.51 升/公里	3.51/3.51/3.51 升/公里
续航里程	750公里	500公里

资料来源：2017Honda Clarity vs. 2016 Toyota Mirai, https://www.caranddriver.com/reviews/honda-clarity-and-toyota-mirai-hydrogen-fuel-cell-cars-compared-comparison-test。

（三）日本氢燃料电池汽车技术评估

1. 日本氢燃料电池汽车专利数量压倒世界各国

从氢燃料电池汽车专利受理的地域分布来看，日本明显占据着氢燃料电池汽车发展的技术优势。日本的氢燃料电池研发水平全球领先，尤其是丰田、日产公司，在氢燃料电池的耐久性和成本方面处于全球领先地位。

从专利申请人来看，全球各技术分支排名前10的申请人主要来自日本、韩国、德国、美国等国家。日本企业集体优势明显，4个技术分支专利申请量均居全球首位，且每个分支均有不少于5家日本企业进入全球排名前10（见图5）。

2. 日本氢燃料电池汽车技术具有全产业链优势

家用氢燃料电池和氢燃料电池车所使用的重要部件和材料、加氢站的构成要素和氢气运输技术等构建"氢能源社会"所需要的技术基本都与日本企业有关。

（1）制氢储氢：70MPa储氢瓶已经成为主流。其中，丰田已经上市和

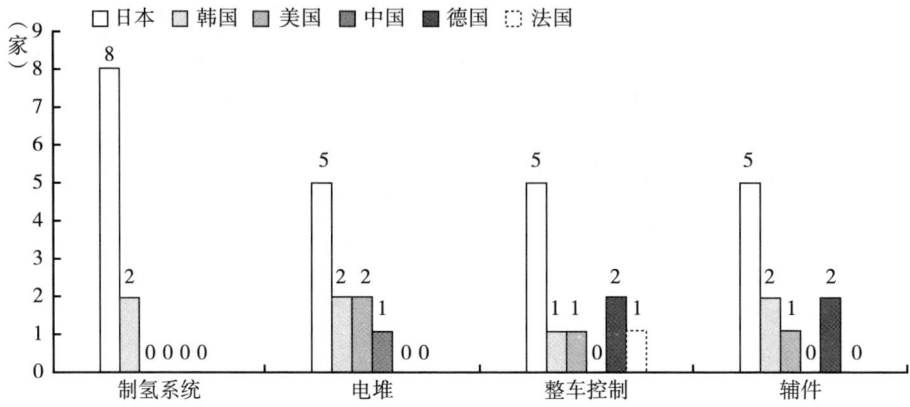

图 5　全球专利申请前 10 名申请人国别分布

资料来源：燃料电池汽车技术专利态势分析。

本田、日产即将上市的氢燃料电池轿车均采用 70MPa 车载供氢系统，而丰田即将投入示范运行的氢燃料电池客车和马自达开发中的氢发动机混合动力轿车则仍采用 35MPa 系统。各类高压储氢气瓶不同的特点如表 4 所示。

表 4　各类高压储氢气瓶介绍

高压储氢气瓶	材质与结构	特点
Ⅰ型气瓶	金属气瓶	笨重，有氢脆问题，车载储氢无法采用
Ⅱ型气瓶	金属内胆环向缠绕气瓶	
Ⅲ型气瓶	金属内胆全缠绕气瓶（通常为铝胆碳纤维全缠绕气瓶）	无渗漏、可快充，我国车用氢气瓶均为该类型
Ⅳ型气瓶	非金属内胆全缠绕气瓶	目前气瓶研究热点，是 70MPa 气瓶主要结构形式。重量轻、循环寿命长、成本低，但对温度较为敏感，存在渗漏隐患

资料来源：氢云研究院，http://www.wzr168.com/IndustryNews/375.html。

（2）氢燃料电池堆：技术专利独步全球。日本氢燃料电池的专利数世界第一，是第二名欧美国家专利数的 5 倍多。家庭用氢燃料电池系统商品化程度和氢燃料电池车技术均领先世界，氢能源产业相关技术和资源占据行业的领先和主要地位。氢燃料电池车的国际标准一般采用日本方案。氢燃料电池电堆部件中的核心是"质子交换膜",目前全球能够商业化供应氢燃料电池质子交换膜材料的公司,只有日本旭化成 Alciplex、日本旭硝子 Flemion,以及美国杜邦 Nafion、中国山东东岳 DF988 和 DF2801 等产品。同时,为了维持日本氢燃料电池汽车的产业竞争力,日本企业拒绝对任何国家销售高端质子膜。

(3)辅助系统:已形成系统性技术优势。丰田与本田等日本车企,已经在流体供给与循环装置、增湿装置、水热管理、燃料电池控制系统(压力控制、温度控制、电压电流检测)等辅助系统方面形成系统性技术优势。在辅助系统全球专利申请前 10 名申请人的国别分布中,日本企业有 5 家,占 50%(见表 5)。

表 5 全球专利各技术分支主要申请人分布

分支	前 10 名申请人国别	前 5 名申请人国别	前 3 名申请人
制氢系统	日本 8 家,韩国 2 家	日本 4 家,韩国 1 家	松下、丰田、三星
电堆	日本 5 家,美国 2 家,韩国 2 家,中国 1 家	日本 4 家,韩国 1 家	丰田、三星、松下
整车控制	日本 8 家,德国 2 家,美国 1 家,韩国 2 家,法国 1 家	日本 3 家,韩国 1 家,德国 1 家	丰田、本田、现代-起亚
辅件	日本 5 家,德国 2 家,韩国 2 家,美国 1 家	日本 3 家,德国 1 家,韩国 1 家	丰田、本田、日产

资料来源:《中国汽车产业知识产权发展报告(2016)——新能源汽车》。

(4)整车制造:综合性能远超中国车企。日本丰田、本田等车企在氢燃料电池汽车核心技术、质量控制、供应链管理方面已经形成比较深厚的积累,较我国行业水平高出一等。全球首台量化氢燃料电池汽车丰田 Mirai,各项参数全球领先。以多次参展,并开始进行小范围推广的国内上汽荣威 950 插电混动燃料电池汽车做对比:上汽荣威 950 的最大功率为 55kW,而丰田 Mirai 的最大功率为 114kW;在续航里程上,上汽荣威 950 的最大续航里程为 400km,而丰田 Mirai 为 502km;上汽荣威 950 的系统体积功率密度为 400W/L(见表 6),而丰田 Mirai 为 1400W/L。丰田氢燃料电池汽车整体性能远高于上汽荣威 950 插电混动燃料电池汽车。

表 6　Mirai 性能参数

项目	Mirai
续航里程	502km
最高输出功率	153HP(114kW)
最高时速	175km
0～100km/h 加速	9s
阻力系数	0.29
冷启动能力	-30℃

3. 日本氢燃料电池汽车技术使用权向行业开放

专利方面，目前丰田已经开放部分专利的免费使用权（见图6）。丰田拥有燃料电池技术并于 2015 年率先量产氢燃料电池汽车 Mirai，凭借近 40 年的研发经验掌握了大量氢燃料电池方面的专利，并在 2015 年的国际消费电子展上对外公布了有关氢燃料电池技术的 5680 件专利。丰田公司公布的专利涉及从氢气的制取到电车整车应用的整个过程。其中氢气生成和供应方面的专利无限期免费，其他方面的专利可以免费使用到 2020 年。

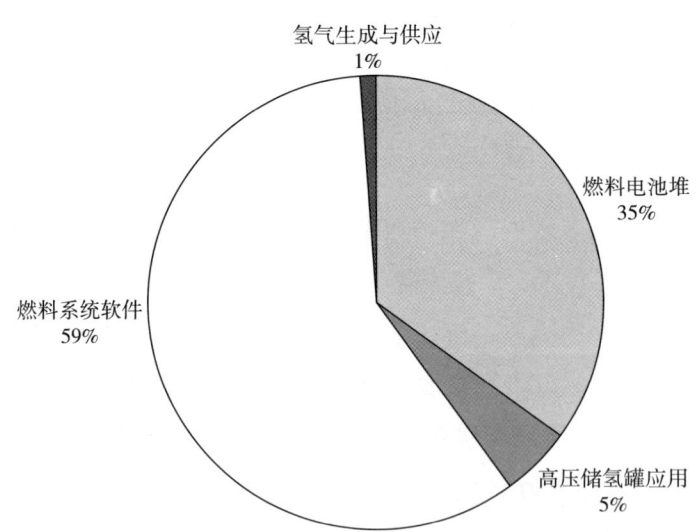

图 6　丰田公布专利的比例与种类

资料来源：根据中国商务部公开资料整理。

二 日本氢燃料电池汽车技术演进

(一) 日本新能源汽车技术路线演进现状

1. 日本新能源汽车产业坚持多元化技术路线

能源安全与产业竞争优势是日本新能源汽车的战略初衷。20世纪60、70年代在汽车产业赶超美国时，日本就提出了电动汽车发展规划；20世纪末期主要提出新能源技术研发计划；21世纪之后，明确新能源汽车发展战略。2010年4月，日本经济产业省发布了《下一代汽车战略2010》，成为目前日本新能源汽车发展战略的主要指导纲领，并从不同类型车辆数量比重、电池性能及成本、充电站等方面提出战略目标值。如到2020年，"下一代汽车"的新车销量比例达50%，总保有量达到1350万辆；到2030年，比例达到50%~70%。

日本政府制定了多元格局的新能源汽车产业规划。2010年，日本经济产业省在《下一代汽车战略2010》中首次明确了包括新能源汽车在内的下一代汽车未来的普及目标：到2020年，下一代汽车将在新车销量中力争达到20%~50%。2016年3月，日本政府根据市场实际情况，通过《氢能/燃料电池战略路线图》《纯电动汽车、插电式混合动力汽车路线图》对新能源汽车普及目标进行了适度调整。日本汽车市场属于成熟市场，目前年销量基本稳定在500万辆左右，调整后纯电动汽车、插电式混合动力汽车的目标值实际较原定目标有所减少，燃料电池汽车则相对调高了普及要求。

2. 日本氢燃料电池汽车技术路线是国际主流

（1）车型开发技术路线：由SUV车型到普通小轿车。对于燃料电池汽车的车体类型，最初因为电堆及氢瓶等系统部件较大，日本各企业前期研发的燃料电池汽车大多是车体较大的SUV车型。后来，随着技术进步，动力系统逐步集成，多数厂家将燃料电池量产车型定位在量大面广的普通三厢乘用车，只有日产考虑利用本公司SUV车型的基础和优势，准备量产一款全时四驱的小型SUV燃料电池汽车。

(2)电堆技术路线：坚持固体高分子型燃料电池。目前，日本各企业研发或生产的燃料电池汽车普遍采用由燃料电池和动力蓄电池组合的动力驱动系统，系统所用的动力蓄电池，普遍选用锂离子电池。选择因素包含电池性能的适应性及自身产业技术体系的特点。例如，丰田燃料电池汽车是移植了其混合动力汽车用的锂离子电池，本田和马自达有关车型也采用了锂离子电池系统。锂离子电池作为"二次电池"具有十大优点（见表7）。

表7　锂离子电池作为"二次电池"的十大优点

优点	详情
循环寿命长	锂离子电池以1C倍率进行充、放电，其循环寿命≥500次；铅酸电池以0.5C放电、0.15C充电，其循环寿命≤350次，电容量≤60%
低温度放电性能好	锂离子电池可在-25℃时正常工作，其电容量可达标称容量的70%；铅酸电池在-10℃时电容量为50%，在-25℃时不能正常工作
荷电保持能力强	将充满电的锂离子电池组放置2个月后，其电容量≥80%；铅酸电池放置2个月，仅为标称容量的40%~50%
续行能力强	锂离子电池组的重量仅为铅酸电池的30%，在相同的电压、电容量下，锂离子电池的续行能力更强
比能量高	锂离子电池的体积仅为铅酸电池的30%，在使用相同的空间时锂离子电池的能量储备更大
工作温度范围宽	锂离子电池可在-25℃~55℃范围内工作；铅酸电池只能在10℃~40℃范围内工作
充电时间短	锂离子电池可大电流充电，充电时间只要4~5小时；铅酸电池需要8~10小时
绿色环保性能高	锂离子电池是高环保型产品；铅酸电池含有大量对人体、环境有害的重金属铅。
可以大电流放电	锂离子电池在1C倍率下大电流放电，其容量仅为额定电容量的60%
大电流放电不影响循环寿命	锂离子电池在1.5C倍率下大电流放电，对其循环寿命毫无影响；相同条件下铅酸电池循环寿命仅为标称循环寿命的30%~40%

资料来源：钜大锂电，http://www.juda.cn/news/9079.html。

(3)产品优化技术路线：依托已有基础连续迭代。日本氢燃料电池汽车是在混合动力的基础上逐步解决相关技术问题，逐渐完善氢燃料电池汽车技术体系。例如丰田的基本做法是先做混合动力的平台，丰田的普锐斯即是在普锐斯原有基础上用燃料电池替换原有的发动机。

（4）辅助系统技术路线：强化智能化功能。在全新开发燃料电车汽车及加氢基础设施的过程中，各家车企普遍采用了最新的IT技术、智能化技术，以发挥燃料电池汽车本身具有的电动化、电子化、智能化潜力，满足车辆安全行驶、维护、与加氢基础设施交互及用户智能化需求。

（二）日本氢燃料电池汽车技术演进趋势

1. 实现氢的规模制造、运输和储藏

实现氢的规模制造是氢能源应用的基础。目前常用的制氢方法主要有伴生氢、电解水、生物质制氢、高温分解和光催化剂等（见表8）。每种制氢过程各有优点，也存在 CO_2 排放、可供应量和成本等问题的制约。在短期内，因本土自然资源的限制，日本倾向于从海外进口氢。按照《氢和燃料电池战略路线图》，2030年前日本将实现氢海外进口量达到200亿~300亿标准立方米。从长远看，日本希望借助碳捕集和封存（CCS）技术减少 CO_2 排放，丰田公司将建立不排放 CO_2 的氢供应系统。

表8 制氢方法对比

	原料	优势
伴生氢	制烧碱、煤炼焦炭、合成氨制化肥、钢铁等	环保、减少能源耗损
化工原料	甲醇、乙醇、液态氨	纯度高、反应要求低
石化原料	石油、水煤气、天然气	规模效应、原料易获取
生物质能	水	原料可再生、可依赖
电解水	生物质	环保、可再利用
光催化	太阳光	环保

氢的规模运输和储藏是氢能源应用的关键。日本的氢能源运输主要有液化氢、有机物甲基环己烷和氨气运输三种方式。高压储罐的大型化、防止蒸发气体、氢压缩机以及加氢站建设材料防腐等存在技术困难和原料成本高的问题。此外，加氢站的定期安全检查需要长达半个月的时间，其间存在加氢站不能营业的问题

2. 降低氢燃料电池的成本，提升耐用性

目前，日本家用氢燃料电池包括安装费在内消费者需承担的费用约为150万日元，比销售初期的价格下降了一半，与刚上市阶段相比有一定的降低，但是从降低用户的成本负担和缩短成本回收期来看，成本依然较高。此外，氢燃料电池汽车的氢燃料电池系统成本在不同的市场发展阶段具有对应的侧重点。在推出初期阶段的电解质膜、在普及阶段的催化剂和绝缘材料的成本占比较大，需要有侧重地降低成本（见图7）。

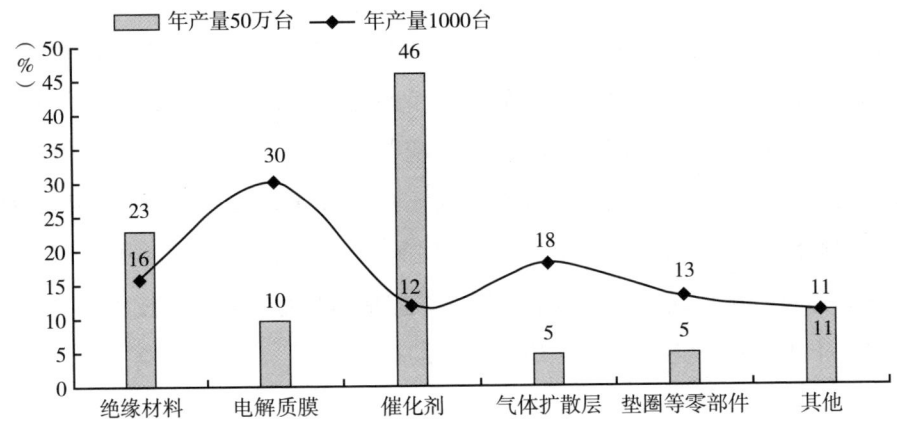

图7 氢燃料电池成本分解（1995~2017年）

需要提高氢燃料电池的耐用性。2017年，在已普及的磷酸型燃料电池的基础上推出发电效率更高的固体酸化型燃料电池，降低电池成本、提高性能，使燃料电池的使用范围进一步扩大。此外，由于氢燃料电池直接采用空气中的氧做氧化剂，空气中的杂质如二氧化硫、氨气、硫化氢等有害气体进入氢燃料电池，引起氢燃料电池阴极催化剂"中毒"，造成阴极催化剂不可逆转的损伤，从而导致氢燃料电池性能迅速显著下降。测试表明，氢燃料电池只要接触含二氧化硫浓度为0.2ppm的空气，就足以对电池的性能造成非常大的损耗。只要空气中含有千万分之二的二氧化硫，氢燃料电池就将受到损害。因此，提高氢燃料电池的耐用性是未来技术重点攻克方向。

3. 降低氢燃料的价格，增加加氢站数量

氢燃料价格最终的目标是与汽油价格持平，日本加氢站与加油站成本比较见表9。目前，日本氢燃料的成本主要来源于加氢站的建设和经营费用，占总成本的比重高至60%。一般而言，日本加氢站的建设费用约为4亿~5亿日元（供应能力为340标准立方米/小时的固定式加氢站），比欧美同等加氢站的建设成本高1.5亿日元。除了降低成本，加大建设投资，还要进一步推进箱式加氢站和移动式加氢站的建设，前者成本相对较低且集造氢装置、压缩机、液压储压器等主要设备于一体，后者可在不同地区灵活提供服务，提高加氢站的覆盖面积。

表9　日本加氢站与加油站成本比较

	加氢站	加油站
建设成本	约4亿~5亿日元	约1亿日元
经营成本	4000万~5000万日元/年	600万~1000万日元/年

资料来源：日本产经省、华泰证券研究所。

4. 提高氢发电技术的经济效率

日本要实现"氢能源社会"，在建造燃料电池车加氢站之后，需要通过氢能源发电站的商业运作来增加氢能源流通量并降低价格。现在的目标是在2020年底前造出实验炉，2030年左右开展发电业务，但在技术及成本方面仍存在有待解决的问题。例如，在数十兆瓦规模下检验化石燃料和氢混合燃烧发电技术的可行性；开发单纯氢发电在不喷发蒸汽和水的条件下，控制NO_x排放量的干燥型氢发电天然气涡轮用燃烧器；根据氢气特性采用的稳定燃烧方法等。

5. 根据氢技术发展调整制度和规范

为了尽快在社会生活中使用氢能源，并广泛普及氢和燃料电池技术，需要放宽制度限制，进一步降低使用成本，例如，修改对家庭用燃料电池的实施监察，放宽燃料电池车和加氢站等的建设距离。为尽快使用可降低成本的新技术，要及时编订新技术的安全基准，建立氢发电以及从海外进口氢能源

的运输和储存等相关制度和标准，例如，在海外利用伴生氢、原油伴生气和褐煤等利用率较低的能源制造氢再运送到日本国内，需要有在制造国回收生产过程中产生的 CO_2 并加以储存的技术规范。完善氢能源发电中燃气涡轮发电机的相关制度和技术基准；制定加氢站出现意外事故的处置策略，对工作人员进行安全培训。

（三）日本氢燃料电池汽车技术创新经验

1. 制定技术路线图引导系统化创新

目前国内对氢能与燃料电池技术发展的规划和发展技术路线图不够全面、具体，需进一步完善《能源技术革命创新行动计划（2016~2030年）》和《能源技术革命重点创新行动路线图》对氢能与氢燃料电池技术发展的规划和技术路线图。例如，尚未包含对氢能与燃料电池的经济性核算、成本目标及产业化目标等；技术路线的走向比较突出，但没有反映氢能与氢燃料电池行业的走向。

2. 政府立项侧重产业基础技术研发

加大政府和社会资金对氢能技术的研发投入。目前国家对氢燃料电池和氢能研究的相关政府投入仍有较大的提升空间。此外，除了政府支持，氢能研究还需获得社会资本的投入，包括金融投资、众筹等方式。

3. 制定标准协调企业主体的技术规范

构建符合中国氢能技术发展趋势的氢能技术标准体系。中国氢能源技术标准化工作还处于初级阶段（见图8），不同氢能产品之间的标准还需协调，新技术也需及时确定标准；对氢能源利用的管理、规范性技术要求和产品认证等综合标准研究需进一步加强。构建系统、科学、全面、符合中国氢能技术发展趋势的氢能技术标准体系，是当前面临的重要课题。

4. 鼓励企业合作推动产业协同创新

企业主动参与，利于推动氢能源的商业化进程。在日本，氢能源的发展是由政府规划，业界和科研界等社会力量共同参与，但由企业发挥主体作用。例如，丰田公司将氢燃料电池汽车作为发展目标，并努力推进其商业

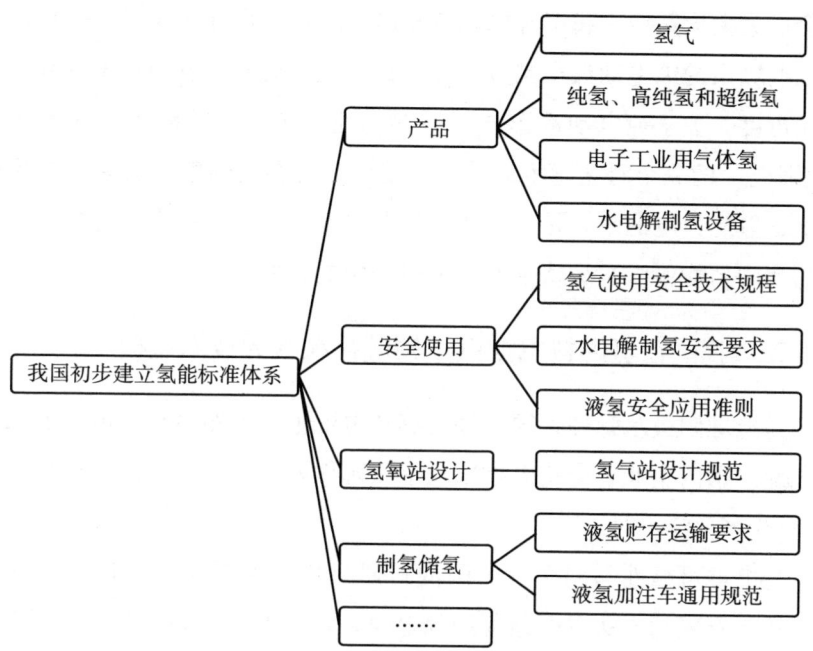

图 8　我国现有氢能标准体系

资料来源：《国内外氢能技术规范和标准发展现状简介》。

化。而中国以高校和中国科学院等少数科研院所为研究主力，本应作为主体的大企业却处于缺失状态。

三　日本氢燃料电池汽车产业对我国的启示

（一）氢燃料电池汽车是未来重要的产业领域

短期来看，非插电式混合动力汽车在中国没有得到认可，以后也难有发展机会。"国六标准"与"双积分"政策，对纯电动汽车的市场推动力强于插电式混合动力汽车。虽然两者销量都会攀升，但纯电动汽车的攀升速度要强于插电式混合动力汽车。长期来看，任何化石燃料的车型在中国均不具有市场前景。非插电式混合动力汽车和插电式混合动力汽车会保持较低的市场占有率，是新能源汽车体系构建过程中的辅助角色，纯电动汽车和燃料电池

汽车会成为主流路线。我国纯电动汽车已经取得了良好的发展，并且，2017年非限购城市的纯电动汽车销量已经占据四成，说明纯电动汽车具有一定的市场认可度。关于纯电动汽车与氢燃料电池汽车的发展前景，两者并不是"非此即彼"的完全对立竞争关系，而是存在着不同的市场机会。在政策推动之下，氢燃料电池汽车是未来作为能源多元化的重要补充，与纯电动汽车将成为我国新能源汽车战略多元发展格局中的重要内容。

（二）我国在氢燃料电池汽车领域存在八大技术短板

一是电堆阳极水管理。国内外氢燃料电池上的差距主要在电堆的阳极水管理方面。国内企业若能将电堆阳极水管理做好，燃料电池的使用时间有望提高1000~2000小时。

二是电堆可靠性与耐久性。国内科研机构能够与生产单位进行深层合作，把控制衰减的方法更好地运用到电池系统当中，以提高电堆的可靠性和耐久性。

三是空压机和氢循环泵。对于控制燃料电池系统成本而言，降低空压机和氢循环泵的成本很重要。空压机主流技术是螺杆压缩机和涡旋压缩机，国内尚无成熟产品。

四是催化剂。丰田、本田等企业已经能够将铂用量控制在较低水平，并且还在进一步降低铂用量。目前国内可以小规模生产氢燃料电池催化剂，未来超低铂或无铂是研发重点。

五是储氢瓶。国际主流汽车厂商均采用70MPa储氢瓶，国内企业已经掌握了35MPa储氢瓶的制造技术，70MPa储氢瓶仍在研发中。

六是安全控制。一旦发生碰撞，氢燃料电池堆的高电压与残存氢结合，非常危险。应当从实验和标准方面进行解决，实现撞车后燃料电池电堆电压迅速降至安全电压以下。

七是MEA在线水含量测量。这是丰田的一个技术优势，既能在线测量MEA水含量，又能在线控制MEA水含量。目前世界上在燃料电池发动机领域，只有丰田具备该测量能力。

八是加氢站。我国企业已掌握加氢站建设相关技术，但如何降低成本依然是重要问题。目前加氢站建设需要近1400万元，国家补助400万元。加氢站建设还需进一步降低成本。

（三）中日在技术研发与标准制定上存在合作空间

在充电基础设施操作性方面，日本较早地开展了充电设施的操作性测试，在测试流程、方法和内容等方面积累了大量的实际工作经验，制定了新能源汽车充电设施测试认证体系，并开展了相应的认证工作。与日本合作开展充电设施操作性研究，为我国开展充电设施互换互通相关研究提供经验，有助于我国制定相关政策标准，建立认证体系，形成安全高效的充电环境。

在充电基础设施布局规划方面，为提高新能源汽车使用的方便性及充电设施的运营效率，充电设施的优化布局是重要的研究课题。日本利用电动汽车交通模拟器来进行运算分析，将其结果应用于充电需求预测及设施分布规划，可以借鉴日本的运算分析方法，开发适合我国实际情况的交通模拟器，为充电设施布局优化提供科学依据。

在充电基础设施商业模式方面，充电设施的发展也需要可持续的商业模式。目前，我国面临一些现实问题，如充电设施建设场地有限、资金不足。通过进一步的合作，探讨适合我国国情的充电基础设施商业模式，可为政府出台相关支持政策提供建议。

四　我国新能源汽车产业发展建议

充分发挥国家新能源汽车产业基地的作用，在汽车产业智能时代大国竞争中续写辉煌，打造智能时代氢燃料电池汽车产业创新策源地。

（一）加大产业链关键领域技术攻关力度

1. 制定产业链关键技术领域招商指引

研究制定"氢燃料电池汽车关键技术领域招商指引"，引进具有核心技术的企业，与知名企业成立联合实验室，对上述指引中所列关键技术领域进行技术攻关。对已完成实验室研发、具技术先进性、尚未进行产业化的项目，给予高度关注，积极引进项目团队到新能源汽车产业基地进行产业化工作。如在碳纸方面，中南大学开发的产品性能已超过日本 Torry 公司的产品，但由于缺少资金支持，产业化进展缓慢；在薄金属双极板领域，国内冲压和激光焊接技术攻关已完成，进入表面改性阶段。对在关键技术领域取得突破的研究团队，要在资金、空间、人才政策上给予充分支持，形成系统性招商引资策略。

2. 建立氢燃料电池检测平台

针对氢燃料电池测试与检测环节平台支撑较弱的问题，建立氢燃料电池检测平台，对国内外燃料电池产品进行对比测试，确定产品具体差距，提高研发活动的精准性和有效性。与巴拉德等氢燃料电池知名企业或国际权威研发机构加强合作，共同讨论建立一个氢燃料电池检测平台，建立统一的燃料电池产品检测和技术标准，提升氢燃料电池汽车产业化能力。

3. 对接技术导向型产业投资基金

对接国内优质氢能产业基金支持项目落地。在产业投资基金日益重视核心技术的趋势下，与国内知名氢能产业基金开展合作，利用国家新能源汽车产业基地的空间、政策优势，支持项目落地。建立以氢燃料电池汽车为主题的"虚拟孵化器"，整合国内高校、科研机构、企业等资源，为氢燃料电池汽车领域创业项目、人才提供优质服务，吸引项目到基地发展。

（二）构建适应汽车智能时代的产业生态

1. 建立氢燃料电池代工生产线

通过政府引导，缓解市场规模有限导致的短期内投资利润率较低、社会资本投资氢燃料电池企业热情不高的问题。与国内知名氢燃料电池企业合作建立代工生产线，集中生产以实现规模经济，为有技术、有市场渠道的企业提供代工服务。通过代工，集聚国内各类氢燃料电池企业，充分利用我区新能源汽车产业基础，形成在氢燃料电池汽车关键领域上的突出优势。

2. 组建共创共享型产业平台公司

参照日本加氢站网络公司（Japan H2 Mobility）设立经验，成立中国版共创共享型产业平台公司。重点关注加氢站建设、氢燃料电池研发两个领域。在加氢站建设方面，通过市场化平台公司负责加氢站的建设和运营，破解基础设施投资巨大、回收期长、标准不统一和民营企业难受益的问题。在氢燃料电池研发方面，顺应未来汽车电动化时代产业价值链分布大趋势，为构建开放型产业生态做好准备，通过平台公司锁定未来市场需求，占据氢燃料电池汽车产业生态有利地位。创新机制赋予共创共享型产业平台公司两大功能：一是集中力量攻关核心技术，二是通过产业联盟锁定未来市场。

3. 打造关键零部件供应商集聚基地

针对整车企业缺乏稳定零部件供应体系、供应链薄弱的问题，在全国范围内筛选工程化和工艺流程创新能力较强、零部件工艺质量高、产品一致性与可靠性高、耐久性突出的零部件供应商，以优惠的产业空间政策和系统性科技金融政策吸引企业在国家新能源（汽车）产业基地集聚。通过零部件供应商的集聚，形成整车产品快速研发和产业化能力，提高产业的全国影响力。

（三）在产业链非竞争环节加强中日合作

1. 联合进行基础设施研发与标准制定

推动基础设施建设标准的共研共享，制定储氢、加氢相关的设备、规程、安全标准，推动中日两国形成统一大市场，有效降低基建成本。充分利用日本在氢燃料电池汽车基础设施方面已形成的深厚积累，支持国内企业、协会与日本JH2M等企业联合进行基础设施的技术攻关、标准制定。

2. 打造中日合资项目产业化基地

把握日本氢燃料电池汽车行业对外扩张阶段的开放性，在中日合作升温的背景下，鼓励日本企业与中国企业进行技术合作。建立"中日产业基金"，建立中日合资项目产业化基地，加大宣传力度，形成中日合作新阶段的重要内容。

B.13 后 记

本年度的"双创蓝皮书"由深圳大学、"一带一路"国际合作发展（深圳）研究院、北京大学深圳研究院、中央民族大学、深圳市南山区科技创业服务中心、深圳市龙华区工业和信息化局、深圳市坪山区发展研究中心、深圳市实维经济咨询有限公司等智库的研究人员组建的学术队伍共同完成。原深圳市委常委、宣传部部长，现国务院参事王京生先生担任蓝皮书主编。

"双创蓝皮书"是一个以样板城市为考察对象，持续追踪创新前沿理论与实践的探索，旨在通过聚焦深圳这座在中国双创探索与发展进程中具有先行先试意义的城市的实践分析，以及国内外创新中心城市与前沿产业的理论研究，刻画双创日新月异的发展现状及充满无限生机的发展趋势，揭示双创持续提升的内在机理规律、制度机制与理论依据，总结、提炼对我国不断推进"大众创业，万众创新"实践具有积极意义的经验与做法，期望为中国实施创新驱动发展战略、实现经济高质量发展目标贡献探索的智慧和具有启迪意义的思想。

"双创蓝皮书"总体分为四大部分：总报告、中国双创指数篇、产业篇和国际篇。其中，总报告介绍"双创蓝皮书"编撰的宏观背景与研究意义，系统阐述双创指数构建与评估机制，展示中国双创指数测度结果与综合分析，并提出了对双创发展的基本判断和对策建议；中国双创指数篇对我国的双创趋势进行深入探讨，构建了符合中国国情且强调创新创业发展特色的指标体系，同时计算并剖析了样本城市各级指标及双创指数，着重分析了构成双创指数体系的双创环境、双创资源和双创绩效三个子特征；产业篇全面、系统地分析了我国双创背景下的产业发展情况，瞄准国内双创重点产业进行实证与案例分析，对粤港澳大湾区的高铁产业发展状况、深圳市南山区科技

后 记

金融产业发展动态以及生命健康产业创新发展趋势进行了深入分析，并对知识产权保护进行了系统思考；国际篇为促进我国双创活动与国际接轨，进一步探索了国际创新创业的发展状况，包括外资企业在深圳的创新发展情况、国际科技创新中心发展经验以及日本氢燃料电池汽车行业发展经验等问题。

"双创蓝皮书"的副主编分别由"一带一路"国际合作发展（深圳）研究院研究员魏建漳博士与北京大学深圳研究院研究员王学龙博士担任。魏建漳研究员获深圳大学理论经济学博士学位，为北京大学汇丰商学院博士后，曾在爱尔兰都柏林大学访学，勤勉踏实并富有创造性。王学龙研究员是日本北海道大学毕业的经济学博士，在深圳大学从事过博士后研究工作，具有良好的国际教育背景和较强的独立研究能力。两位年轻的副主编在工作中展现了专业素养与团队精神，为蓝皮书的编撰做出了重要贡献。

"双创蓝皮书"的撰写团队是一个充满活力且视野开阔、富有创新精神的研究团队。蓝皮书具体分工如下："中国双创指数报告（2018~2019）"由魏建漳博士和杨维诚博士撰写；"双创主要指标与数据分析"由于潇博士与朱文静撰写；"城市双创指数评价分析"由于潇博士与刘莉红撰写；"城市双创指数子特征分析"由于潇博士与李佳熙撰写；"粤港澳大湾区背景下高铁经济发展路径"由聂细文与龙金林撰写；"2018年深圳市南山区科技金融发展动态"由黄恒中研究员撰写；"生命健康产业创新发展趋势与比较分析"由方海舟博士撰写；"中国知识产权的保护之路"由张轶撰写；"国家信用、国有企业与经济增长"由王学龙博士与卢旭阳研究员撰写；"外资企业在深圳创新发展状况研究"由王正潮研究员撰写；"国际科技创新中心发展经验与启示"由魏建漳博士撰写；"日本氢燃料电池汽车产业发展经验研究"由钟利红与胡政撰写。在这里真诚感谢团队所有成员，没有你们的努力，就没有今天的收获；你们在撰写、分析双创的同时，也在践行着自己富有挑战性与充满创新精神的人生征程。

在这里要感谢深圳市委宣传部陈金海副部长、理论处杨健处长、宣传文化基金办公室林久华主任等给予的支持与厚爱；感谢我的老朋友社会科学文献出版社谢寿光社长和周丽副总编的建议与专业指导。我相信，每一部著作的诞生，都蕴含着真挚的友谊和来自他山的智慧。

任何创新首先源于思想的活力与创造力的迸发。先有创新的思想，然后才有创新的行为与行动。苹果树常常会掉下来苹果，但是只有牛顿在平常中悟出了改变世界的伟大发现。当然我们的探索还谈不上伟大，但希望我们的探索会铺就一条通往伟大的道路。

陶一桃

2019 年 5 月 10 日于荔园

Abstract

Over the past 40 years of reform and opening up, China's economy has grown rapidly and become the second largest economy in the world. However, during the economic transformation period, China is facing an austere situation such as a decline in the demographic dividend and rising labor costs. In 2018, the State Council, China's Cabinet, issued a document on promoting high-quality and upgraded mass entrepreneurship and innovation, which promoted mass entrepreneurship and innovation to the national strategic level, and endowed further development of kinetic energy, mass entrepreneurship and innovation has also entered a new stage, but urban development is still the theme and core carrier of the mass entrepreneurship and innovation strategy. Based on the research of mass entrepreneurship and innovation at home and abroad, "China's innovation and entrepreneurship (2018 – 2019)" has built a quantitative framework to comprehensively assess the innovation environment and capabilities of major cities in China, and strive to provide policymaker with operational references.

In order to grasp the major cities' development and changes of the mass entrepreneurship and innovation competitiveness in China, reveal and discover its potential rules, and make scientific assessments and reasonable predictions of cities innovation and entrepreneurial trends, the reports constructs a mass entrepreneurship and innovation index model comparing the theory and method of the mass entrepreneurship and innovation index system at home and abroad, which include three dimensions: environmental support, resource capacity and performance value. Through the collection, processing and calculation analysis of 100 cities' data (4 municipalities and 96 prefecture-level administrative regions), the model has carried out comprehensive and dimension evaluation of cities mass entrepreneurship and innovation development. According to the results, Shenzhen ranks first in the list of innovative and entrepreneurial cities, Beijing and Shanghai

rank second and third respectively. Overall, through the assessment of the mass entrepreneurship and innovation environment, the mass entrepreneurship and innovation resources and the mass entrepreneurship and innovation performance, the eastern economically developed regions are generally better than the central and western regions on comprehensive development level of mass entrepreneurship and innovation, while the cities with extensive economic development models score lower in terms of performance value.

The environment, resources and performance of mass entrepreneurship and innovation are affected by different index factors. , while regional factors have the most significant impact. Compared with the northeastern and western cities, first class cities and regional central cities occupy a large amount of high-quality human capital, which is knowledge-intensive, and has strong advantages in resources of mass entrepreneurship and innovation; The Yangtze River Delta and Pearl River Delta regions have typical industrial-intensive characteristics, which are the main agglomeration areas of manufacturing and innovation industries, and have significant advantages in environment and performance of mass entrepreneurship and innovation. In order to change this regional imbalance, it is necessary to pay attention to the coupling relationship between urban regional factors and its dominant industries, and accelerate the segmentation of the hacker space, improve efficiency of the multi-double model of mass entrepreneurship and innovation.

Keywords: Mass Entrepreneurship and Innovation; Cities; Index

Contents

I General Report

B. 1 China's Double Development Report (2018 -2019)
Wei Jianzhang, Yang Weicheng / 001

1. Macro-Background and Research Significance / 002
2. Mass Entrepreneurship and Innovation Index Construction and Evaluation Mechanism / 005
3. Measurement Results and Comprehensive Analysis / 009
4. Basic Judgements and Suggestions / 013

Abstract: The report systematically analyzes the national " mass entrepreneurship and innovation" activities by constructing the China Mass Entrepreneurship and Innovation Index. The Index Indicator System measures and compares the degree of innovation and entrepreneurship development in 100 major cities across the country from 9 secondary indicators and 30 three grade indicators in three dimensions: environmental support, resource capacity and performance value. Through collecting, processing and calculating and analyzing the relevant data of 100 cities in China, the comprehensive and sub-dimension evaluation of urban mass entrepreneurship and innovation development will be helpful to accurately understand the situation development of China's mass entrepreneurship and innovation.

Keywords: Innovation; Entrepreneurship; Index

双创蓝皮书

II The Mass Entrepreneurship and Innovation Index of China

B.2　Innovation Index and Major Indicators　*Yu Xiao, Zhu Wenjing* / 016

Abstract: Using the specific indicators related to the development of dual-innovation to summarize and analyze the mass entrepreneurship and innovation activities, and basing on the double-invasion index evaluation system determined in the general report, this part calculates and analyzes the mass entrepreneurship and innovation index of each city at all levels. Through the comparative and correlation analysis of the key indicators of mass entrepreneurship and innovation, we can better understand the overall situation and development characteristics of the "mass entrepreneurship and innovation" activities in China. Through the quantitative analysis of the relationship among the environment, resources and performance, we can better understand the structure of mass entrepreneurship and innovation.

Keywords: Key Index; Comparative Analysis; Correlation Analysis

B.3　Mass Entrepreneurship and Innovation Index City Ranking
　　　　　　　　　　　　　　　　　　　　Yu Xiao, Liu Lihong / 037

Abstract: In order to further grasp the development and change law of national urban innovation and entrepreneurship competitiveness, the reports draws lessons from the theories and methods of index construction and evaluation at home and abroad. From the three dimensions of urban environmental support, resource capacity and performance value, it constructs the evaluation model of "mass entrepreneurship and innovation" by using 3 first-level indicators, 9 second-level indicators and 30 third-level indicators, and measures sample cities' index of mass entrepreneurship and innovation. From the urban point of view, the overall momentum of China's development of mass entrepreneurship and innovation is good, while there are obvious stratification phenomenon, a few major cities have strong development, and most cities still have huge room for improvement.

Keywords: Key Index; Cities; Evaluation; Sub-character

B. 4 Mass Entrepreneurship and Innovation Index Sub-characteristic Ranking Analysis *Yu Xiao, Li Jiaxi* / 050

Abstract: The report constructs the evaluation model of mass entrepreneurship and innovation index from three dimensions of environmental support, resource capacity and performance value. This chapter mainly analyses the three sub-characteristics of mass entrepreneurship and innovation index. From the sub-characteristics of the mass entrepreneurship and innovation index, our country as a whole is good at "environmental support", but the top 100 cities still has room for improvement. In terms of "resource capacity", the resources are abundant and hierarchical, and there is a huge room for improvement in other cities besides the first-tier cities. In terms of "performance value", the polarization trend of top 100 cities of mass entrepreneurship and innovation is obvious.

Keywords: Sub-character; the Environment of Mass Entrepreneurship and Innovation; the Resources of Mass Entrepreneurship and Innovation; the Performance of Mass Entrepreneurship and Innovation

Ⅲ Industrial Reports

B. 5 The Development Path of High-speed Railway Economy under the Background of Guangdong-Hong Kong-Macao Greater Bay Area *Nie Xiwen, Long Jinlin* / 079

Abstract: Under the background of Guangdong-Hong Kong-Macao Greater Bay Area, high-speed rail can connect the "9 +2" cities more closely, which is

conducive to form a synergistic development pattern of complementary advantages, co-construction and sharing. Establishing the concept of regional synergetic is critical to the development of the economics of high-speed rail; innovation synergy mechanism is the basic guarantee for promoting high-speed rail city linkage; leveraging high-speed rail is expected to achieve a leap in regional industrial status. The basic effect of the economics of high-speed rail is the deepening of regional division. High-speed rail promotes polarized development of regional service industry market, which is conducive to large manufacturing headquarters in developed cities; and the industrial spillover in the core area is an important opportunity for the new high-speed railway zone. The general path of the economics of high-speed rail is to gather popularity first and then achieve production: gathering popularity is an important goal in the first stage of development; and industrial space is the core content in the second stage of development; major events are a powerful impetus for the rise of urban status. The conditions for the development of the Economics of high-speed rail are traffic interconnection. Improving traffic micro-circulation is conducive to enhancing the attractiveness of high-speed rail, and promoting air-rail linkage can expand the influence of high-speed rail.

Keywords: the Economics of High-speed Rail; Guangdong-Hong Kong-Macao Greater Bay Area; Innovation Synergy; Regional Division

B.6 Development Trend of Technological Finance in Nanshan District of Shenzhen *Huang Hengzhong* / 100

Abstract: The system of technological finance is an important part of the institutional environment in Nanshan District. Relying on the "Nanshan Technological Finance Online Platform", the technological finance ecology of Nanshan District has been gradually improved, the cooperation team has expanded and the products have become increasingly abundant. The loan amount of financial institutions in Nanshan District has been rising steadily, reaching the highest level in history, and the promotion of technological finance has achieved remarkable results. More than half of the loans are unsecured loans, which significantly reduces the financing threshold of small and middle-hi-tech enterprises. In terms of cooperation institutions, Nanshan District has formed the support of technological finance institutions with different market positioning and targeting different types of scientific and technological enterprises. In terms of products, Nanshan District has constructed a system of technological finance products covering the whole life cycle of enterprises, and constantly explores new products to improve the docking efficiency between supply and demand of technological finance.

Keywords: Nanshan District; Technological Finance; Ecosystem

B.7 The Trend of Innovation and Development of Life and Health Industry and Comparative Analysis *Fang Haizhong* / 185

Abstract: Creating specialized and innovative national reform demonstration zone is the basic direction of the development of life and health industry. From a global perspective, innovation is a trend of the industry. Innovation and development momentum of life and health industry is rapid, and technology and mode innovation is the key period leading the great change of life and health industry. From a national perspective, reform creates new opportunities for the industry. China's health care reform has entered the fifth stage, life and health industry is facing historic development opportunities, these fields have become hot spots including medical big data (including artificial intelligence), precision medicine (molecular diagnosis, targeted therapy), POCT, non-public healthcare. From the perspective of regional co-corporation, only professional development can shape core competitiveness. Regional co-corporation is increasingly focusing on high-quality industrial resources, and regional cooperation is focusing on the co-construction and sharing of production factors and living facilities.

Keywords: Life and Health; Regional Co-corporation; Biological Medicine

双创蓝皮书

B.8 China's Road to Intellectual Property Protection *Zhang Yi* / 214

Abstract: Intellectual property stimulates technological innovation, protects trademark and brand, promotes the creation and dissemination of literary and artistic works, and even ensures fair trade, maintains competition order and promotes market prosperity. However, to discuss the protection of intellectual property, two questions should be clearly raised: first, what is intellectual property; Second, what does protection really mean. When we use the concept of "protection" in Chinese, the concepts or objects that appear with it, such as women, children, motherland, natural environment, vulnerable groups and so on, seem to be things that can not be overprotected in any way. Therefore, when we talk about the protection of intellectual property rights, it seems that we have not paid enough attention to the possibility of over-protection, and even rarely raised such issues. After the relevant analysis, perhaps we can better consider how, or what legal means to protect them.

Keywords: Intellectual Property; Patent Protection; Overprotection

B.9 State Credit, State-owned Enterprises, and Economic Growth: Research on the Growth Effect of State-owned Enterprises under the Perspective of Financing Cost *Wang Xuelong, Lu Xuyang* / 224

Abstract: This research reconsidered the value of state-owned enterprises and its significance for economic development from the perspective of comparative advantage and disadvantage balance. Based on the theoretical model, compared to the private enterprises, state-owned enterprises have advantages among the industries with low innovation intensity but high capital intensity. Due to the support of state credit, state-owned enterprises can reduce the financing costs, and benefit more from the high-capital-intensity industries. Therefore, state-owned enterprises can increase the investment in the industries that private enterprises wouldn't invest due to the low profits, which finally enlarges the scale of social investment, increase product supply, and improve social welfare. The paper gives empirical analysis by the methods of multiple regression by using China Industry Business Performance Data, and inspect the conclusions. It is believed that this research can explain the importance of state-owned enterprises during economic take-off and development. In addition, it could also give reasonable explanations on some crucial social theoretical issues.

Keywords: Reform of State-owned Enterprises; National Credit; Financing Cost; Economic Growth

Ⅳ International Reports

B.10 Research on Innovation and Development of Foreign-funded Enterprises in Shenzhen *Wang Zhengchao* / 243

Abstract: From the perspective of the five development concepts, this article analyses the development and innovation characteristics, opportunities and challenges, advantages and disadvantages of Shenzhen's foreign-funded enterprises, and puts forward the countermeasures and suggestions. From the perspective of R&D fund structure, the trend of R&D localization in Shenzhen is irreversible. However, with the continuous release of Shenzhen's innovation support policy and the improvement of the innovation environment, the proportion of R&D expenditure of foreign-funded enterprises in the main business income is increasing, reflecting the rising willingness of foreign-funded enterprises to R&D and innovation. Especially in Qianhai Free Trade Zone, whether it is a foreign-funded enterprise in productive service industry or a foreign-funded enterprise in manufacturing industry, the level of science and technology is very high, and the willingness to invest in scientific research is also sufficient. In order to promote the development of foreign-funded enterprises in the future, Shenzhen should focus on three aspects: firstly, to deal with the external impact of the international trade

environment with greater reform efforts; secondly, to accelerate the process of Shenzhen's construction of an international innovation center with new measures; and thirdly, to create an international business environment with better concepts.

Keywords: Foreign-funded Enterprises; Shenzhen-Hong Kong Cooperation Free Trade Area Reform

B.11 Development Experience and Enlightenment of International Science and Technology Innovation Center　*Wei Jianzhang* / 299

Abstract: Accelerating the construction of innovative cities is of great significance for enhancing the capacity of independent innovation, accelerating the transformation of economic development mode, promoting the rapid development of regional economic society, and building an innovative country. On the basis of summarizing and analyzing the relevant literature, the article expounds the relevant concepts and theories of the science and technology innovation center, analyses the successful development path of the international science and technology and industry innovation center, and summarizes the "commonness" and "individuality" of the construction of the international science and technology and industry innovation center, strategic analysis and recommendations are made from the aspects of building an innovative global city strategy, like innovation-driven strategy, regional integration strategy, institutional innovation strategy, etc.

Keywords: Technological Innovation; Innovation Center; Innovation Strategy; Global City

B.12 Research on the Development Experience of Japan's Hydrogen Fuel Cell Automobile Industry　*Zhang Lihong, Hu Zheng* / 312

Abstract: The research objective of this report is to absorb successful experience and avoid risk traps through the analysis of the development process, policy system, core technology positioning and ecological coordinated development path of Japan's hydrogen fuel cell motor vehicle industry, then explore and put forward precise and effective suggestions for the development of hydrogen fuel cell motor vehicle industry, and help build a new energy automobile industry base. In order to achieve the above research purposes, this study found that hydrogen fuel cell vehicles have been promoted in Japan and become an important industrial field in Japan through the ecological analysis of the Japanese hydrogen fuel cell vehicle industry. China needs to strengthen technical research when developing new energy automobile industry. Overcome shortcomings, strengthen cooperation between China and Japan's industrial chain, and build an industrial ecology in the era of automotive intelligence.

Keywords: Hydrogen Fuel cell Motor Vehicle; Automobile Industry; New Energy Vehicles

社会科学文献出版社　　皮书系列

❖ 皮书起源 ❖

"皮书"起源于十七、十八世纪的英国，主要指官方或社会组织正式发表的重要文件或报告，多以"白皮书"命名。在中国，"皮书"这一概念被社会广泛接受，并被成功运作、发展成为一种全新的出版形态，则源于中国社会科学院社会科学文献出版社。

❖ 皮书定义 ❖

皮书是对中国与世界发展状况和热点问题进行年度监测，以专业的角度、专家的视野和实证研究方法，针对某一领域或区域现状与发展态势展开分析和预测，具备原创性、实证性、专业性、连续性、前沿性、时效性等特点的公开出版物，由一系列权威研究报告组成。

❖ 皮书作者 ❖

皮书系列的作者以中国社会科学院、著名高校、地方社会科学院的研究人员为主，多为国内一流研究机构的权威专家学者，他们的看法和观点代表了学界对中国与世界的现实和未来最高水平的解读与分析。

❖ 皮书荣誉 ❖

皮书系列已成为社会科学文献出版社的著名图书品牌和中国社会科学院的知名学术品牌。2016年，皮书系列正式列入"十三五"国家重点出版规划项目；2013~2019年，重点皮书列入中国社会科学院承担的国家哲学社会科学创新工程项目；2019年，64种院外皮书使用"中国社会科学院创新工程学术出版项目"标识。

中国皮书网

（网址：www.pishu.cn）

发布皮书研创资讯，传播皮书精彩内容
引领皮书出版潮流，打造皮书服务平台

栏目设置

关于皮书：何谓皮书、皮书分类、皮书大事记、皮书荣誉、
皮书出版第一人、皮书编辑部

最新资讯：通知公告、新闻动态、媒体聚焦、网站专题、视频直播、下载专区

皮书研创：皮书规范、皮书选题、皮书出版、皮书研究、研创团队

皮书评奖评价：指标体系、皮书评价、皮书评奖

互动专区：皮书说、社科数托邦、皮书微博、留言板

所获荣誉

2008年、2011年，中国皮书网均在全国新闻出版业网站荣誉评选中获得"最具商业价值网站"称号；

2012年，获得"出版业网站百强"称号。

网库合一

2014年，中国皮书网与皮书数据库端口合一，实现资源共享。

权威报告·一手数据·特色资源

皮书数据库
ANNUAL REPORT(YEARBOOK) DATABASE

当代中国经济与社会发展高端智库平台

所获荣誉

- 2016年，入选"'十三五'国家重点电子出版物出版规划骨干工程"
- 2015年，荣获"搜索中国正能量 点赞2015""创新中国科技创新奖"
- 2013年，荣获"中国出版政府奖·网络出版物奖"提名奖
- 连续多年荣获中国数字出版博览会"数字出版·优秀品牌"奖

成为会员

通过网址www.pishu.com.cn访问皮书数据库网站或下载皮书数据库APP，进行手机号码验证或邮箱验证即可成为皮书数据库会员。

会员福利

- 已注册用户购书后可免费获赠100元皮书数据库充值卡。刮开充值卡涂层获取充值密码，登录并进入"会员中心"—"在线充值"—"充值卡充值"，充值成功即可购买和查看数据库内容。
- 会员福利最终解释权归社会科学文献出版社所有。

卡号：581254614439
密码：

数据库服务热线：400-008-6695
数据库服务QQ：2475522410
数据库服务邮箱：database@ssap.cn
图书销售热线：010-59367070/7028
图书服务QQ：1265056568
图书服务邮箱：duzhe@ssap.cn

S 基本子库
SUB DATABASE

中国社会发展数据库（下设12个子库）

全面整合国内外中国社会发展研究成果，汇聚独家统计数据、深度分析报告，涉及社会、人口、政治、教育、法律等12个领域，为了解中国社会发展动态、跟踪社会核心热点、分析社会发展趋势提供一站式资源搜索和数据分析与挖掘服务。

中国经济发展数据库（下设12个子库）

基于"皮书系列"中涉及中国经济发展的研究资料构建，内容涵盖宏观经济、农业经济、工业经济、产业经济等12个重点经济领域，为实时掌控经济运行态势、把握经济发展规律、洞察经济形势、进行经济决策提供参考和依据。

中国行业发展数据库（下设17个子库）

以中国国民经济行业分类为依据，覆盖金融业、旅游、医疗卫生、交通运输、能源矿产等100多个行业，跟踪分析国民经济相关行业市场运行状况和政策导向，汇集行业发展前沿资讯，为投资、从业及各种经济决策提供理论基础和实践指导。

中国区域发展数据库（下设6个子库）

对中国特定区域内的经济、社会、文化等领域现状与发展情况进行深度分析和预测，研究层级至县及县以下行政区，涉及地区、区域经济体、城市、农村等不同维度。为地方经济社会宏观态势研究、发展经验研究、案例分析提供数据服务。

中国文化传媒数据库（下设18个子库）

汇聚文化传媒领域专家观点、热点资讯，梳理国内外中国文化发展相关学术研究成果、一手统计数据，涵盖文化产业、新闻传播、电影娱乐、文学艺术、群众文化等18个重点研究领域。为文化传媒研究提供相关数据、研究报告和综合分析服务。

世界经济与国际关系数据库（下设6个子库）

立足"皮书系列"世界经济、国际关系相关学术资源，整合世界经济、国际政治、世界文化与科技、全球性问题、国际组织与国际法、区域研究6大领域研究成果，为世界经济与国际关系研究提供全方位数据分析，为决策和形势研判提供参考。

法律声明

"皮书系列"(含蓝皮书、绿皮书、黄皮书)之品牌由社会科学文献出版社最早使用并持续至今,现已被中国图书市场所熟知。"皮书系列"的相关商标已在中华人民共和国国家工商行政管理总局商标局注册,如LOGO( )、皮书、Pishu、经济蓝皮书、社会蓝皮书等。"皮书系列"图书的注册商标专用权及封面设计、版式设计的著作权均为社会科学文献出版社所有。未经社会科学文献出版社书面授权许可,任何使用与"皮书系列"图书注册商标、封面设计、版式设计相同或者近似的文字、图形或其组合的行为均系侵权行为。

经作者授权,本书的专有出版权及信息网络传播权等为社会科学文献出版社享有。未经社会科学文献出版社书面授权许可,任何就本书内容的复制、发行或以数字形式进行网络传播的行为均系侵权行为。

社会科学文献出版社将通过法律途径追究上述侵权行为的法律责任,维护自身合法权益。

欢迎社会各界人士对侵犯社会科学文献出版社上述权利的侵权行为进行举报。电话:010-59367121,电子邮箱:fawubu@ssap.cn。

社会科学文献出版社